전염병의 문화사

고려시대를 보는 또 하나의 시선

이 저서는 2005년도 한국학술진흥재단의 지원에 의해
연구되었음(KRF-2005-079-AS0013)

이화한국문화연구총서 14

전염병의 문화사

고려시대를 보는 또 하나의 시선

김영미 · 이현숙 · 김순자 · 이정숙 · 권복규

혜안

필자 소개

김영미　이화여자대학교 사학과 교수
이현숙　연세대학교 의학사연구소 연구원
김순자　한신대학교 연구교수
이정숙　부산가톨릭대학교 강사
권복규　이화여자대학교 의학과 교수

이화한국문화연구총서 14

전염병의 문화사 고려시대를 보는 또 하나의 시선

김영미·이현숙·김순자·이정숙·권복규

2010년　9월　30일　초판 1쇄 발행

펴낸이·오일주
펴낸곳·도서출판 혜안
등록번호·제22-471호
등록일자·1993년 7월 30일

☉ 121-836 서울시 마포구 서교동 326-26번지 102호
전화·3141-3711~2 / 팩시밀리·3141-3710

E-Mail hyeanpub@hanmail.net

ISBN 978-89-8494-400-8　93910

값 25,000 원

책머리에

사람들은 태어나면서부터 질병의 괴로움과 함께 살아간다. 질병은 죽음으로도 이어질 수 있기에 때로는 사람들을 큰 충격에 빠트린다. 질병 중에서도 전염병은 더욱 그러하다. 전염병은 현대 의학이 발전한 오늘날에도 사람들을 정신적 공황상태에 빠뜨리며 나아가 사회불안을 야기하기도 한다. 최근 유행한 싸스(SARS)와 조류독감(AI), 그리고 지난해 유행한 신종인플루엔자 등의 경험에 비추어 보면, 의학이 전염병에 효율적으로 대처할 수 없었던 시기에는 더욱 그러했을 것이다.

중세에 혹독한 페스트를 경험하였던 서구 역사학계에서는 일찍부터 전염병 유행의 역사적 의미와 인간의 대응에 관한 연구가 이루어져, 문화사 및 생활사로 역사 연구의 영역을 넓혀 왔다. 이들 연구에 의하면, 페스트(흑사병, The Black Death)는 몽골군이 유럽을 공격하던 1332~1333년 사이에 옮겨진 것으로 보고 있다. 페스트가 유행한 결과 유럽인구의 1/3 정도가 감소됨으로써 노동력이 부족해졌고 농노가 '流亡'한 결과 영주와 농노의 관계는 변화되었다. 사람들이 죽어갔으나 교회가 효과적으로 대처하지 못했으므로 봉건영주계급인 교회의 특권과 영적인 권위가 쇠퇴하였으며, 사람들에게 죽음에 대한 생각을 각인시켜 정신세계까지 변화시켰다. 즉 죽음에 대한 공포가 강조되고 죽음 이후의 사후세계에 대한 관심이 증대하게 되었다. 이러한 경향은 '죽음의 무도'나 지옥이 강조된 그림 등 당시의 예술작품에도 반영되었다. 그리고 聖者에게 질병 치유를 의지하거나, 기적을 강조하게 되었다.

서구의 전염병 연구로 미루어 본다면 근대 이전의 사회에서 전염병은 전쟁과 함께 인구를 감소시키고 사회를 변화시키는 대표적인 요인 중 하나였다. 더구나 전염병은 다른 질병보다 사회에 미치는 영향력이 매우 컸으므로, 사람들의 심성과 문화적 흐름에도 큰 영향을 미쳤다.

본 연구는 싸스와 조류독감이 유행하던 즈음, 전염병의 유행이 고려 사회와 문화에 끼친 영향을 탐구하기 위해 시작되었다. 최근 한국사학계에서 일상문화에 대한 연구가 진행되면서 질병과 의학에 대한 관심이 높아졌다. 그러나 사회와 인간의 심리상태에 보다 큰 영향력을 미치는 전염병에 대한 연구는 주로 조선 후기의 痘疹과 호열자 등에 집중되어 있다. 이는 사대부의 일기 등 자료가 비교적 많이 남아있기 때문이다.

이와 달리 고려사의 경우 전염병의 유행과 관련된 기록이 많지 않으므로 그 규모와 영향을 이해하기 어렵다. 더욱이 전염병의 유행은 인과 법칙으로 설명하기 어려울 뿐 아니라 전쟁, 기근 등과 함께 오는 경우가 많기 때문에, 고려사 연구자들은 고려 사회의 변화를 설명할 때 전염병이란 요인에 거의 관심을 기울이지 않았다. 아마도 14세기 유럽을 휩쓴 페스트처럼 강력한 전염병에 대한 기록을 찾을 수 없었던 사실도 중요한 요인일 것이다.

　그러나 고려시대에는 이민족과의 잦은 전쟁 외에도 12세기 초반의 기후 변화 등 전염병이 발생할 소지가 충분하였다. 실제로 전염병으로 시체가 길에 넘쳤다는 표현이 나올 정도로 그 영향이 심각한 경우도 있었다. 이 경우 많은 인구가 감소하고 사회가 혼란해졌을 것이다. 이러한 시기에 통치자들은 사회를 유지하기 위해서 전염병에 대처하려는 노력을 기울여야 했다. 그러나 고려시대에 의료 행위로 전염병을 치료하는 것에는 한계가 있었기 때문에, 종교행위로서의 의례를 통해 기적을 기원하는 방법이 모색되었다.

　본 연구는 고려시대 전염병에 대응하기 위해 국가가 보여준 노력과 전염병이 사회 문화적으로 끼친 영향을 찾아보기 위해 다섯 편의 논문으로 구성되었다.

　먼저 「전염병, 치료, 권력 : 고려 전염병의 유행과 치료」는 고려시대에 발생한 전염병의 원인과 이에 대한 의학적 치료, 정부의 대응책을 분석한 연구이다. 고려시대 문집과 금석문 자료를 통해 기존에 알려진 전염병 발생 사실에 13회의 사례를 추가하였다. 고려의 정권 담당자들은 의학적 치료가 가장 우선적이라는 사실을 알고 송나라 선진 의학을 적극적으로 수용하였다. 그러나 의학적 치료는 모든 민을 대상으로 한 것이 아니라 권력과의 관계에 따라 그 양과 질이 결정되었음을 밝혀 보았다.

당시 전염병이 발생하는 주된 원인은 기근과 전쟁이었다. 주로 유행하였던 전염병은 홍역과 두창과 같은 발진성 전염병과 瘴疫 및 瘟疫이라고 불리는 열성 전염병이었다. 원 간섭기 이후에는 피부탄저병과 같은 人獸공통 전염병의 사례도 발생하였다. 이는 이민족의 침입으로 전파되었을 가능성이 큰데, 인간뿐 아니라 가축까지 그 영향을 받았음을 알 수 있다.

「고려시대의 전쟁, 전염병과 인구」는 전염병의 발생이 전쟁과 밀접한 관련이 있다는 사실을 토대로 전쟁 시기에 인구가 감소했을 가능성을 추정한 연구이다. 인구가 급격하게 감소했다면 전쟁 이후의 군현체제와 수취체제, 신분제도의 변화는 기존 연구에서처럼 발전론적 시각에서 설명하기 곤란하다는 문제를 제기하였다.

고려시대 475년 동안 전염병은 35회 발생했다. 그 중에서 전쟁 기간 152년 동안 25회 발생했다. 전쟁기에 역병은 비전쟁기보다 2.2배 자주 발생한 것으로 추정하였다. 고려시대 인구에 관한 유일한 기록은 『宋史』高麗傳의 210萬口인데, 1130년경의 인구수로 보고 있다. 조선시대 1461년의 호구조사와 대조하여 1130년대부터 1461년까지 인구증감률을 0.335%로 추정하면 1231년 몽골의 침략 당시 고려인구는 294만 명이 된다. 몽골과의 전쟁기간과 일본원정이 이루어진 1231~1281년까지 인구 변동은, 東北面과 西北面의 영토 상실로 인한 인구감소, 전쟁포로로 인한 감소, 전쟁 중의 인명 살상 및 역병, 기근으로 인한 감소를 합산하여 추적하면 인구감소율은 46%에 달한다. 사망으로 인한 순인구 감소율은 최소한 14% 이상, 41.6萬口 이상으로 추정하였다.

몽골과의 전쟁 후 고려에서는 만성적인 재정 부족, 陳田과 流民의 발생, 신분제와 지방제도의 변화가 일어난 것으로 이해해왔다. 이러한 변화는 사회의 토대를 이루는 인구가 급격하게 감소한 것이 주요한 배경이었을 것이다.

전염병이 유행하면 국가는 의원을 파견하거나 의약을 나누어주는 등 의료적 노력을 하였다. 그러나 이러한 조치가 한계에 부딪히고 사망자가 속출하여 사회적 파장이 커지면 종교의 힘을 빌려야 했다. 또 의료적 혜택을 받을 수 없던 사람들, 특히 피지배층은 무속 등 접근하기 쉬운 방법에 의존할 수밖에 없었다. 「고려시대 도교, 무속과 전염병 치유문화」는 국가와 일반 민들이 도교와 무속의례를 동원해 전염병에 대응하는 모습을 치유문화의 측면에서 조망한 연구이다.

치병의례 가운데 미신이나 신비주의로 치부해왔던 무속과 도교가 질병 치유에서 민간은 물론 왕실의 신뢰를 얻을 수 있었던 이유는 사회의 모든 역량과 관심을 모아야 할 위기 상황이 도래했을 때 '가능한 한 모든 해답'을 추구하는 인간의 기본적인 욕구 때문이었을 것이다. 의약이 모든 것을 해결해 줄 수 없고, 모든 사람들이 의학적으로 치료받을 수 없는 상황이었으므로 무속과 도교의 치유 체계는 오랫동안 살아남을 수 있었을 것이다.

「고려시대 불교와 전염병 치유 문화」는 다양한 불교 의례를 거행함으로써 전염병을 치유하고자 했던 모습을 분석한 연구이다. 특히 12세기 초~13세기 중엽에 전염병이 기근, 전쟁과 함께 자주 발생했으므로, 국가가 大禪師를 임명하는 임명장에서도 전염병을 치유한 업적을 강조할 정도로 전염병의 치유는 불교계의 현안이 되었다. 당시 사람들은 자신들이 살던 시기가 전쟁의 재난, 전염병의 재난, 굶주림의 재난이 일어나는 三災의 시기라고 의심했던 듯하다. 14세기의 승려 無寄는 충숙왕대 저술한 『석가여래행적송』에서 자신이 살던 시대가 삼재겁에 해당하지 않는다고 강조하기도 했다.

따라서 당시 사람들에게 승려들이 제시할 수 있는 해결책은 斷瘟眞言 등을 인쇄해 유포하는 주술적 처방과 불보살 특히 관세음보살의 영험을 강조하는 것이었다. 관음신앙의 영향은 예술품에 잘 나타난다. 고려 중기의 포류수금문 淨甁과 고려 말에 봉안된 수월관음도 도상의 정병과 버드나무 가지는 전염병 치료와 관련된 것이다. 또 관음신앙을 고취한『천수경』의 각종 판본이 고려 때 유통되었다. 빈발하는 전염병은 종교적 열정을 고취하였고 그 결과 관음신앙이 더욱 성행하였다.

「고려시대 전염병과 질병관」은 고려시대 사람들이 질병과 전염병을 어떻게 인식하였는지 살펴본 연구이다. 13세기 중엽 몽골과의 전쟁기에 강화도에서 출간된『향약구급방』에서 다룬 질병 내용을 1466년에 편찬된 『구급방』의 내용과 비교 분석하였다.『향약구급방』에 선정된 질병은 흔하지만 신속하게 대처해야 하는 질병이면서 증상이 분명하거나 눈에 명확히 보이는 특성을 지닌 것들이다. 환자의 성별과 연령에 따라 남성과 여성, 성인과 소아 질병으로 나누어 서술하였다.

질병이 발생하는 원인은 기존 동양의학서와 마찬가지로 六淫(風寒暑濕燥火)이 부조화하여 발병하는 것으로 파악하였다. 급성 전염병과 같은 사회적 질병보다 일상생활에서 부딪히는 개인 질병을 보다 중요시하였는데, 이는 당시 의학이 전염병 치료에 큰 역할을 하지 못하였기 때문일 것이다. 전염성 질환으로는 광견병과 소아완두창만 다루었다. 두 전염병은 몽골전란기에 가장 문제가 되었던 병으로서, 두창이 소아전염병으로 정착되는 단계였음을 알 수 있다.

이 연구가 이루어지는 데에는 연구조교로서 수고를 아끼지 않은 박광연 박사, 이화여대 박사과정 김수연 씨, 석사과정 최혜원 씨의 노력이 있었다. 고마움을 표한다. 그리고 연구비를 지원해준 한국학술진흥재단과 연구를 뒷바라지해 준 이화여대 한국문화연구원, 수월관음도 사진 사용을 허락해 준 한국미술연구소, 출판을 맡아주신 도서출판 혜안의 오일주 사장님과 편집진에게 감사를 전한다.

이 책에 실린 논문들은 이미 학술지에 발표되었다. 이 책을 엮는 과정에서 제목이나 목차, 내용을 수정하거나 보완하기도 했다. 원래의 제목과 게재되었던 학술지는 다음과 같다.

「전염병, 치료, 권력－고려 전염병의 유행과 치료」(『梨花史學研究』 34, 2007)
「고려시대의 전쟁, 전염병과 인구」(『梨花史學研究』 34, 2007)
「고려시대 도교, 무속과 전염병 치유문화」(원제 : 「고려시대 전염병과 치병의례」, 『梨花史學研究』 34, 2007)
「고려시대 불교와 전염병 치유 문화」(『梨花史學研究』 34, 2007)

「고려시대 전염병과 질병관―『향약구급방』을 중심으로」(『史學硏究』 88, 2007)

　연구를 진행하는 과정에서 고려시대 문집들을 함께 강독하며 기존에 언급되지 않았던 전염병 자료를 발굴하고 연구 시야를 넓히는 성과를 거둘 수 있었다. 아울러 전염병과 질병 및 의학에 관한 연구가 더욱 필요함을 확인하게 되었다. 이 연구가 그 시발점이 되는 데 기여하기를 바란다.

2010년 8월
필자 일동

목 차

16

Ⅰ. 전염병, 치료, 권력
고려시대 전염병의 유행과 치료

이 현 숙

1. 머리말

최근에 유행한 싸스(SARS)와 조류독감(AI), 狂牛病의 예에서도 알 수 있듯이, 전염병의 유행은 의학이 발달한 현대 사회에서도 사회 불안과 동요를 유발시킨다. 특히 2009년 신종플루라는 새로운 독감으로 인해 사망자가 발생할 때마다 우리 사회가 감당해내야 했던 것들은 상상 이상이었으며 일종의 사회적 히스테리 현상까지 일어났다. 만일 의학이 발달하지 못한 전근대 사회에서 정체를 알 수 없는 전염병으로 내 이웃과 가족들이 죽어간다면 어떻게 되었을까? 이러한 일이 조선시대 또는 고려시대에 일어났다면? 과학적으로 이해가 가능하고 또 충분한 방역대책도 갖추어진 21세기 현대 사회에서도 패닉상태가 일어날 수 있다는 것을 우리는 생생하게 경험하였다. 사망자가 속출하는 급성전염병이 발생하면 그 파괴력과 사회적 영향력으로, 아마도 그 사회는 위기에 직면하게 되었을 것이다. 단기간 내 수많은 사상자가 발생하는 급성 전염병, 이른바 '역병'에 직면하여 적절한 대응책을 마련하지 못하는 경우, 역사적으로 정권의 붕괴까지 초래하기도 하였다.

그 대표적인 예가 바로 서양 중세체제가 해체되는 데 일조한 페스트라고

하겠다. 페스트나 두창과 같이 이환율과 사망률이 높은 전염병이 유행하게
되면, 무엇보다 인구가 격감하고 사회 전반에 걸쳐 질병의 고통과 죽음에
대한 두려움이 만연하게 된다. 이는 노동력 부족과 더불어 사회경제적인
근간을 와해시키고 정치사회적인 불안까지 초래함으로써, 한 사회의 붕괴
를 촉진시키는 것이다.[1]

2009년 신종플루도 멕시코에서 처음으로 발생하였고, 한국에서는 멕시
코 지역을 여행하였던 한국 여행자들로 인해 처음 발병하였다. 이처럼
인류의 역사에서 전염병은 지역 간의 교통과 교류가 활발해질수록 그
전파력도 왕성해져 왔다. 한국 전근대사 중에서 고려시대는 전쟁이나 외교
적 교류, 교역과 통상 등을 통해 외국과의 교통이 가장 활발히 이루어졌던
시기였다. 이에 따라 전염병의 발생도 빈번하였다.

해외교류가 활발하게 이루어졌던 고려사회에서는 어떠한 전염병들이
어느 정도의 빈도로 유행하였으며 그에 대한 치료는 어떻게 이루어졌을까?
고려 전염병의 발생 양상과 이에 대한 대응책에 대해서는 그간의 연구
성과로 인해 상당 부분 밝혀졌다.[2] 그러나 기존 연구는 주로 『고려사』와

---

1) 전염병이 역사에 끼친 영향을 분석한 대표적인 연구로 Willam McNeill, *Plagues
and Peoples* (Suffolk : The Chaucher Press, 1977)/허정 역, 『전염병과 인류의 역사』(한울,
1998)를 들 수 있다. 그는 역사를 거시 기생(정치권력)과 미시 기생(세균)이라는
관점에서 분석하면서, 세균 특히 전염병의 역사로 인류의 역사를 재구성하였다.
이를 통해 전염병(특히 페스트)이 역사 변동에 미친 영향을 설명하고자 하였다.
한편 맥닐의 영향을 받아 전염병이 일본 고대사에 미친 영향을 분석한 책도
주목할 만하다. William Wayne Farris, *Population, disease and land in early Japan, 645-900*
(Cambridge : Harvard University Press, 1985). 이 책은 현재 하와이 대학의 일본고대사
교수로 재직 중인 William Wayne Farris의 박사학위논문이다. 패리스는 735년부터
9세기 말까지 일본에서 유행한 전염병으로 인구가 급감하였고, 이 때문에 농사지
을 사람이 대폭 줄어 경작지가 황폐화되는 등 불경기가 계속되는 악순환이 지속되
면서 율령국가가 해체되기에 이르렀다고 해석함으로써, 전염병이 일본사에 미친
영향을 구체적으로 밝혀냈다.

『고려사절요』등 正史類에 의지하여 분석하였기 때문에, 고려시대에 만들어진 문집이나 금석문 등 동시기 자료에 깃들여진 생생한 전염병의 모습을 아우르지 못하였다. 무엇보다 기존 연구는 고려에서 발생한 전염병만을 다루고 있다. 전염병 발생에서 인접 국가와의 상관성을 논하지 않은 것은 전염병이 가지는 특성, 高度의 전파성을 간과한 것이다.

본 연구에서는 고려 전염병을 인접 국가인 중국과 일본에서 발생한 전염병과 비교 분석해 봄으로써, 고려 전염병의 유행양상을 보다 구체적으로 조망하고자 한다. 또한『고려사』와 같은 정사류 이외에도 개인 묘지명을 비롯한 금석문 자료,『동국이상국집』과『동안거사집』등 고려시대에 발간된 문집에 기록된 전염병 자료를 적극 활용할 것이다.

비교사적 시각과 새로운 자료 발굴을 통해 본고에서는 다음과 같은 점을 구명해 보고자 한다. 첫째, 새로운 전염병 유행 사례에 대한 소개와 고려 전염병의 구체적인 모습을 그려보는 것이다. 이를 통해 전염병 유행 속에 내재된 사회적 맥락을 찾아볼 것이다. 둘째, 고려 사회에서 가장 문제가 되었던 전염병은 瘴疫과 瘟疫이었는데, 이들 전염병이 어떠한 것이었는지 왜 유행하게 되었는지를 살펴볼 것이다. 셋째, 역병이라는 위기상황에서 고려 사회의 다양한 대응 가운데 의학적인 측면을 집중적으로 살펴볼 것이다.[3] 현전하는 고려 醫書와 중국 의서에 나타난 전염병의

---

2) 고려 전염병에 관해서는 三木榮,『朝鮮疾病史』(自家出版, 1962), 6~12쪽의 간략한 선행 연구가 있으며, 본격적인 연구는 다음과 같다. 김남주,『고려시대 유행한 전염병의 史的 연구』(서울대 보건대학원 박사논문, 1988) ; 송효정,「고려시대 疫疾에 대한 연구 : 12·13세기를 중심으로」,『明知史論』11·12 합집(2000).

3) 기존 연구를 통해 전염병에 대한 국가적 대응책의 개략은 어느 정도 밝혀졌다. 김남주는 ①의학적 대책으로서 약의 分給과 醫員의 파견, 각종 救療 제도 ②무속적 대책으로 역신을 逐鬼하는 성황과 諸臣에 제사 ③유교적 災異論에 따른 정치적 대책으로 죄수 사면, 조세감면(恩免制, 災免制), 納贖補官制, 賑貸制 등을 지적하였다. 동아시아 전근대 사회에서 전염병 유행에 대한 대응책의 대체는 비슷하였는데,

처방전을 구체적으로 비교 분석함으로써, 기존의 논의에서 배제되었던 전염병에 대한 의학적 치료를 그려볼 수 있을 것이다.

2. 전염병의 유행

전염병에는 페스트, 두창이나 홍역과 같은 급성 전염병도 있지만, 결핵이나 性病 또는 무좀과 같은 만성 전염병도 있다. 본고에서 사용하는 '전염병'의 개념은 고려사 관계 자료에서 疫 또는 癘, 疫疾 등으로 표현한 것을 의미한다.4) 조선시대에는 역병을 '熱病' 또는 '모진 병'이라고 불렀다.5) '모진 목숨을 모질게 끊어버리거나 혹은 모질게도 아프다'라는 의미에서 모진 병이라고 불렀다면, 역병의 특성을 아주 잘 드러낸 표현이라고 생각한다.6)

이 3가지 큰 틀 속에 대부분의 방책이 모두 있다고 생각한다. 한편 송효정은 여제와 반야도량, 초제 등과 같은 각종 종교적 의례 거행과 더불어 구제도감과 동서대비원의 설치 등 제도적인 것을 지적하였다. 그러나 의학적 대응에 관해서는 주로 『鄕藥救急方』, 『御醫撮要方』 등 의학서의 출간만을 언급하였다.

4) '疫'에 관한 자세한 개념 정의는 富士川遊, 『日本醫學史』(賞花坊, 1904) ; 富士川遊/ 박경·이상권 역, 『日本醫學史』(법인문화사, 2006), 705쪽 ; 三木榮, 앞 책(1962), 3쪽 ; 권복규, 「조선전기 疫病의 유행에 관하여」(서울대 의대 석사학위논문, 1999), 4~9쪽 참조.

5) 1489년에 간행된 『救急簡易方諺解』 권1, 傷寒時疫, "傷寒及時疫用蒼朮 : 샹한과시 긧열병이어든삽듓불휘"에서 보건대, 時疫(때로 유행하는 역병)을 時期의 熱病이라고 언해하였다. 또한 이어서 "春夏之交 或夏秋之交 (중략) 漸成瘟疫 (하략) : 봄과 녀름괏ᄉᆡ나녀름과ᄀᆞ술왓ᄉᆡ (중략) 졈졈열병이ᄃᆞ외ᄂᆞ니 (하략)"이라 하여, 온역을 열병이라고 지칭하였다. 또한 중종 19년에 간행된 『簡易辟瘟方』의 첫 장에서 "疫癘病候 : 모딘병증후"라고 하여, 역려나 역병을 '모진 병'이라고 불렀다 는 것을 알 수 있다.

6) 16세기 전반 중종 연간 이후에는 역병의 명칭이 거의 癘疫으로 통일되어 갔다고 한다. 권복규, 앞 논문(1999), 7쪽.

일찍이 조선후기 학자 이규경(1788~?)은 중국 東漢代(23~220)의 역병에 관한 학설을 살펴보면서, 疫이란 모든 사람들이 걸리는 것으로 전염되는 질병이라는 점을 지적하였다.[7] 서양의학을 전공한 의사로서 일본 의학사를 집대성하였던 후지카와 류는 1904년『日本醫學史』에서 "領內의 많은 사람들이 질병에 걸려 마치 徭役의 役과 같은 것을 疫病이라고 이름을 붙였다. 그 글자의 의미는 희랍어의 Epidemie와 부합되는데 이를 직역하면 國民病이 된다"고 하면서, 오늘날의 전염병과 같은 의미라고 하였다. 따라서 전근대 사회에서 '疫'이나 '癘' 등을 포함한 용어는 오늘날의 급성 전염병에 해당한다고 파악하여도 무방할 것이다. 본고에서는 '역질'이라는 전근대적 용어를 '급성 전염병'이라는 의미로서 '전염병'이라 약칭하기로 한다. 그러나 자료에 나타난 疫疾, 癘疫 등의 용어는 번역하지 않고 그대로 사용하기로 한다.

본격적인 논의에 들어가기에 앞서 현재 남아있는 역병 자료에 내재되어 있는 정치성을 염두에 둘 필요가 있다. 전근대사회에서는 전염병이 발생하는 원인 중의 하나로 백성들이 원망하는 마음 즉 寃氣도 작용한다고 생각하였는데,[8] 한국 고유의 '天'사상이 중국의 天人相關說과 災異論 등과 결합한 것이다.[9] 더불어 통치자에 대한 하늘의 譴責이 왕이나 왕족의 사망,

---

7) 이규경,「痘疫有神辨證說」,『五洲衍文長箋散稿』人事篇, 疾病, "《釋名》疫役也 有鬼行役也《說文》疫 民皆疾也 蓋民皆疾 則是傳染之疾也".

8) 변정환,『조선시대 역병에 관련된 질병관과 救療시책에 관한 연구』(서울대 박사학위논문, 1984), 14~15쪽에 따르면, 조선시대에는 역질의 발생 원인을 ①기상이변, ②음양의 부조화, ③하천이나 하수도가 막혀 썩어서 냄새가 나는 것, ④억울하게 죽은 자의 寃氣, ⑤雜鬼의 소행, ⑥감옥이나 科場 墓地 神祀 등 사람이 많이 모이는 곳에 군집하는 것 등으로 파악하였다고 한다. 이는 중국 중세의 역병관과 같은 것으로, 고려에서도 이와 유사하였을 것이다.

9) 이희덕,「三國史記에 나타난 天災地變 기사의 성격」,『東方學誌』23·24(1980) ; 김남주, 앞 논문(1988), 46~47쪽.

질병 등으로도 나타난다고 한다.[10] 후술하겠거니와, 이러한 인식 하에 정치권력은 전염병의 유행 사실을 가능하면 남기지 않으려는 경향을 가져 왔다. 실제 기근은 면역체계의 약화를 초래하기 때문에 전염병의 유행으로 이어지는 경우가 대부분이었지만, 기근 기사만이 남아있는 경우를 종종 확인할 수 있다.[11]

『고려사』에 나타난 전염병 유행 기사는 20여 개에 불과하다.[12] 이는 고려시대에 발생하였던 역병을 모두 반영하는 것은 아닐 것이다. 한중일 3국 중 전근대 역병관련 기사를 정리해 보면, 일본이 가장 자료가 풍부하게 남아있는 편이다.[13] 이는 다양한 종류의 고중세 자료가 매우 풍부하게 일본에 현전하고 있기 때문이다.[14]

이렇게 볼 때, 『고려사』의 역병 기사가 20여 개에 불과한 것은 고려의

---

10) 송효정, 앞 논문(2000), 212쪽.
11) 대표적인 사례로서 682년 唐 사회를 강타한 전염병을 들 수 있다. 고종과 측천무후 는 기근으로 쌀값이 폭등하고 민심이 흉흉하다고 낙양으로 移居 과정에서 젊고 건장한 근위대의 상당수가 굶어죽었다고 하는 기록에서 역병발생 사실을 은폐하 려는 권력 측의 의도를 감지할 수 있다. 이현숙, 『신라의학사연구』(이화여대 박사학위논문, 2002), 74~75쪽.
12) 송효정, 앞 논문(2000) 참조.
13) 필자가 조사한 바에 따르면, 10~14세기 역병 유행 기록이 중국(63회), 일본(56회), 고려(36회) 순으로 나타났다. 중국은 지역이 넓고 인구가 많아서, 특정 전염병이 어느 지역을 시발로 하여 전국에 퍼지기까지 상당한 시일이 소요되었기에 가장 많은 횟수를 기록할 수밖에 없었을 것이다. 그러나 중국은 구체적인 병명이나 상황에 대한 설명이 많지 않아, 질병사적 측면에서는 일본측 자료가 훨씬 풍부하다 고 할 수 있다.
14) 『續日本記』,『日本紀略』,『日本後記』,『文德實錄』,『三代實錄』 등 일본의 正史類에 남아있는 전염병 기사는 "疫疾流行"과 같이 단순하게 표기된 경우가 많았지만, 『榮華物語』(平安時代 중엽 문학작품)와 『中右記』(中御門右大臣 藤原宗忠의 1087 년부터 1138년까지 일기),『小右記』(平安時代 귀족 藤原實資의 日記) 등의 일기류, 각종 寺記 등에는 구체적인 전염병의 이름이나 유행상황에 대해 비교적 자세하게 기재된 경우를 종종 발견할 수 있다. 富士川遊, 앞 책(1904), 169~174쪽.

史官과 조선 초 『고려사』 편찬자들이 전염병에 관한 모든 자료를 채록할 수는 없었던 것에 기인한다고 할 수 있겠다. 어떤 자료를 남길 것인가 하는 史官의 고민 속에 고도의 정치성이 스며들 여지가 있었다.

전염병 기사에 내재된 정치성은 왕조 교체기마다 각종 재해가 발생하고 역병이 유행하였다는 점이 강조되고 있다는 사실에서도 확인해 볼 수 있다. 그 대표적인 예로서 궁예 정권의 역병 유행과 고려 마지막 왕이었던 공양왕대에 각종 재해와 역병의 유행을 언급한 許應의 상소 기사를 들 수 있다. 이는 두 가지로 해석해 볼 수 있다. 첫째, 재해와 전염병의 빈발이 정권 교체의 원인이 되었다고 해석하는 것이다. 둘째, 재해와 전염병 발생이 정권 교체의 정당성을 보여주는 하나의 증거로 과장되었다고 파악하는 것이다. 전자와 같은 인식하에서 정치적 신진 세력은 구세력의 과오를 드러내 보이기 위해 전염병 유행을 과대 포장하도록 하였을 것이므로,[15] 역병 기사에는 두 가지 면모가 서로 혼재되어 나타날 수도 있다고 생각한다.

고려시대에 疫이 유행하였다는 기록은 981년(경종 6)을 서두로 하여 1391년(공양왕 3)까지 20여 차례 발생하였다고 한다. 본고에서는 13회에 달하는 새로운 전염병 유행 사례를 중심으로 시대별로 나누어 구체적인 모습을 살펴보기로 한다.

---

15) 공민왕대 신돈이 田民辨整都監을 설치하는 근거를 들면서 전염병 발생을 강조한 것은 후자의 경우라고 할 수 있겠다. 신돈은 당시 水災와 旱災, 時患이 끊이지 않고 있는데, 이는 억울하게 田民을 강탈당한 자들의 원망하는 마음이 크기 때문이라고 하였다. 즉 하늘이 寃氣에 感應하여 각종 재해가 일어났다는 것이다. 『고려사』 권80, 지34 식화3.

1) 고려 전기(태조~현종)

고려 전기에 남아있는 전염병 발생 사례를 이해하기 쉽게 표로 만들어 본 것이 다음의 <표 1>이다.[16]

<표 1> 고려 전기 전염병 발생

	연도	역병 발생과 의료책	典據	비고	기존 연구
1	918 (태조 원년)	8월 궁예 정권시 기근과 疫疾 발생/930년 서경에 의학설치	고 권1/절요 권1	光宗 濟危寶 설치 960년 송 건국	①
2	981 (경종 6)	경오 疾疹	고 권2/절요 권2	983년 압록강 유역 여진 정벌	三, 김
3	991 (성종 10)	10월 西都의 民戶에 역질/醫官 파견 賜藥 12牧에 醫學설치(987년 8월)	고 권80 진휼/절요 권2	993년 거란의 1차 침입 994년 송에 사절단 파견 1010년 거란의 2차 침입	三, 송
4	1018 (현종 9)	4월 경오 黃霧가 4일간 지속된 뒤 서울에 瘴疫/왕이 의원을 보내 치료하게 함	고 권55 오행지3 土/고 권85 형법지2 恤刑/절요 권3	1015년 송 진종에게『聖惠方』받음 1018년 거란의 3차 침입, 강감찬의 귀주대첩 1021년 송 진종에게『聖惠方』두 번째로 받음	三, 김, 송
5	1030 (현종 21)	12월 서울에 역질, 사망자 다수	고 권5/고 55 오행지3 土	1036년 東大悲院 수리 1052년 3만명 구휼	三, 김, 송

가장 먼저 고려 태조 원년에 역질 관계 기사가 나온다. 이때의 전염병은 궁예 정권하에서 발생한 것이기에, 기존의 연구에서는 언급하지 않았다. 그러나 고려 개국 후 역시 전염병으로부터 자유롭지 못하였음을 짐작할 수 있으니, 다음의 자료를 살펴보자.

---

16) 기존 연구에서 언급하였던 사례는 三(三木榮), 김(김남주), 송(송효정)이라고 표기하고, 필자가 새롭게 찾은 것은 번호로 표시하였다. 전거의 '고'는『고려사』, '절요'는『고려사절요』이다(이하 표에서 동일함).

A. 신해일에 다음과 같은 조서를 내렸다.

"이전 임금(궁예)이 백성을 보기를 초개와 같이 하면서 오직 자기의 욕심만 채우려고 하였다. 이리하여 허무한 도참설(예언)을 믿어 갑자기 송악 도읍을 버리고 철원으로 돌아가 궁전들을 지으니 백성들은 토목공사에 시달리고 농사철을 빼앗겼었다. 게다가 또 기근이 거듭 들고 역질이 계속 유행하여 가정을 버리고 길에서 굶어 죽는 자가 허다하였다. 곡식 값이 폭등하여 細布 한 필 값이 겨우 쌀 5승밖에 못되어 백성들은 자기 몸과 처자를 팔아 남의 노비로 되는 자가 많았다. 나는 이를 심히 불쌍히 여기노니 이들을 다 그 현재 있는 곳에서 등록하여 나에게 보고하라!"[17]

신해일 조서에서 왕건은 궁예 정권 하에서 억울하게 노비가 된 자의 신분을 회복시켜주겠다고 하였다. 기근과 역질로 물가가 급등하자 가난한 빈민은 노비가 될 수밖에 없었다는 것이다. 근본적인 원인은 궁예가 철원에 도읍지를 조성하기 위해 각종 토목공사를 실시하였기 때문이라며, 궁극적으로 궁예 정권이 부도덕하였다는 점을 강조하고 있다. 즉 토목공사로 인해 농사지을 시기를 놓쳤고, 이것이 기근과 연결되면서 역질이 유행하게 되었다는 것이다.

궁예가 송악에서 철원으로 천도한 시기는 904년이다. 이듬해 대궐과 樓臺를 수리하였는데 극히 사치스럽게 하였다고 한다.[18] 왕건이 전염병이 발생했다고 지목한 시기는 아마도 이 무렵이었을 것이다. 궁궐을 조영하기 위해 열악한 환경에서 수많은 인원이 한꺼번에 숙식하는 와중에 전염병이 발생하였을 가능성은 분명 크다.[19]

---

17) 『고려사』 권1, 세가1 태조 원년 4월.
18) 『삼국사기』 권50, 열전10 궁예.
19) 태조는 궁예 정권하에서 발발하였던 전염병을 천명이 궁예를 떠났음을 강조하는 장치로 이용하고 있지만, 전염병이 발생하였던 사실은 분명하다고 생각한다.

  역사상 역병이라고 불렸던 전염병의 특징 가운데 하나는 특정 지역에서 한번 발생하면 인근 지역으로 꾸준히 전파되느라 수년간 같은 질병이 유행하는 것이다. 이렇게 볼 때, 과연 궁예 정권하에서만 전염병이 발생하였을까? 그렇지 않았다는 것이 필자의 생각이다. 태조는 930년 서경에 국립의과대학격인 '醫學'을 설치하고 醫生 교육을 실시하였다.[20] 서경에 의학을 설립하였다는 것은 개경에는 이미 궁예 정권 때부터 의학 교육기관이 존재했다는 의미이기도 하다.[21]

  태조 13년 서경에 의학을 설립한 것은 당시 지방사회에서 전염병이 유행하였기 때문은 아닐까? 당시 이웃 일본은 天疱瘡이라고 불렸던 두창이 유행하고 있었다. 그 발생 양상을 살펴보면 다음과 같다.[22]

  903년 甲斐에서 疫
  909년 春夏에 역질
  915년 8월 疱瘡과 疫痢를 물리치기 위한 佛事 거행
       10월 宇多천황에 疱瘡
  922년 京都에 疫癘
  923년 정월 咳疫유행 夭死者 多
  928년 역질
  929년 京畿와 諸國에 역질
  930년 京都에 疫癘
  932년 春夏 京都에 疫癘
  943년 疫癘
  947년 6월 疱瘡으로 夭死者 多

---

20)『고려사』권74, 지28 선거2 國學.
21) 손홍열, 「高麗時代의 醫療制度」,『歷史教育』29(1981) 참조.
22) 富士川遊, 앞 책(1904)에 근거하여 정리해 보면, 10세기 전반 일본을 괴롭혔던
    역병은 주로 두창이었음을 알 수 있다.

903년 甲斐에서 발생한 역병을 시작으로 947년까지 꾸준히 나타나고 있다. 그 가운데 922년과 923년의 역병, 928년에서 932년까지 역병은 동일한 것일 가능성이 크다. 특정 지역에서 시작하여 전국적으로 유행하기까지 매년 발생하였던 것이 아닌가 생각한다.

고려 사회도 일본과 크게 다르지 않았을 것이다.[23] 13세기 무렵에는 고려에서 송나라로 갈 때 순풍이면 2~3일에 갈 수 있고, 일본에는 아침에 떠나서 저녁에 도착하였다고 한다.[24] 따라서 10세기 전반기 일본이 두창으로 고통 받았다는 사실에서 고려도 마찬가지 상황이었다고 짐작할 수 있다. 이는 <표 1>의 2번 사례, 즉 981년 27세에 불과한 경종(955~981)이 발진성 질환으로 사망한 사실에서도 유추해 볼 수 있다.

> B. 왕이 병든 지 오래되었으므로 갑신일에 堂弟인 開寧君 治를 불러서 왕위를 물려주었다. 유언으로 남긴 조서에서 "한번 태어나고 한번 죽는 것은 훌륭한 사람도 피하기 어렵고, 수명이 짧거나 긴 것도 예나 지금이나 모두 이렇다. 과인이 위 4대 왕의 남은 위엄을 잇고 三韓을 통일한 패업을 받아서 산천, 토지를 보전하고 종묘, 사직을 평안하게 하기에 힘써 나날이 근신하여 온 지 전후 7년이 되었다. 이 노고로 말미암아 마침내 疾疹이 생겼다"라고 하였다.[25]

위의 자료 B는 경종의 遺詔로서, 자신의 병이 國政에 대한 스트레스로 인한 것이라고 천명하고 있다. 이는 국왕의 유조에 나타나는 의례적인

---

23) 일본에서 두창이 본격적으로 유행하기 시작한 것은 735년이다. 2년간의 유행으로 인구의 반이 사망하였다고 한다. 당시 일본에서는 신라 사절단이 이 역병을 가져왔다고 비난하였다. 이현숙, 「신라통일기 전염병의 유행과 대응책」, 『한국고대사연구』 31(2003) 참조.
24) 『고려사』 권102, 열전15 李藏用.
25) 『고려사』 권2, 세가2 경종 6년 7월.

표현이기도 하다. 여기에서 주목할 점은 경종의 질환을 '疾疹'이라고 표현하였다는 사실이다. 疾疹은 785년 신라 宣德王이 발병 13일 만에, 또 857년 문성왕이 7일 만에 사망한 원인이었다.[26] 질진이란 발진성 질환을 의미하는데, 發疹을 보이는 대표적인 전염병으로는 홍역과 두창, 성홍열, 발진티푸스 등이 있다.[27] 아마도 981년 당시 발진성 질환의 피해자는 경종에만 해당되는 것은 아니었을 것이다. 세속과 격리된 왕궁에서 최고의 의료 혜택을 누렸을 경종이 전염병으로 인해 20대의 젊은 나이로 삶을 마쳐야 했다면, 주변 인물 가운데 상당수는 경종과 같은 질환으로 고통을 받았거나 사망하였다고 추정된다. 다시 말해서 10세기 일본과 마찬가지로 고려 전기에는 궁예 정권대부터 두창이 주기적으로 유행하였다고 파악된다. 이로 인해 성종은 12牧에 의학교육 기관을 세우고 늘어나는 의료 수요에 대처하고자 하였던 것이다.

그러나 991년 서경지방을 중심으로 전염병이 크게 번졌다(<표 1> 3번). 성종이 직접 평양을 방문하여 인민과 군사를 위로해야만 할 정도로 그 파장은 컸다고 여겨진다. 당시 성종은 지나는 州郡의 民戶 가운데 역질이 발생하여 失農한 자에게는 租賦를 면제하고 篤疾이나 廢疾이 있는 사람들에게는 약을 주며 남녀 가운데 나이가 80세 이상인 자에게는 有司에게 명하여 특별히 賑恤을 베풀었다.[28]

1018년 현종 9년 4월 개경에는 瘴疫이라는 새로운 전염병이 발생하였다(<표 1> 4번).[29] 장역이 유행하게 된 원인이 마치 누런 안개 때문인 것처럼 서술하였는데,[30] 여기서 주목할 것은 여름철 역병인 瘴疫이라는 구체적

---

26) 이현숙, 앞 논문(2003), 232쪽.
27) 三木榮, 앞 책(1962), 23쪽 ; 권복규, 앞 논문(1999), 12쪽.
28) 『고려사절요』 권2, 성종 10년 10월.
29) 『고려사』 권4, 세가4 현종 9년 4월 4일.
30) 김연옥, 「고려시대의 氣候環境-사료 분석을 중심으로」, 『論叢』 44(이화여대 한국

병명을 적시한 점과 사망자에 관한 이야기가 없다는 점이다. 그 병명을 명확히 밝힌 것은 당시 사람들이 이 병에 대한 실체를 알고 있었다는 의미이기도 하다. 이때 유행한 장역은 치사율이 높지 않았던 것으로 보인다.

그런데 이 무렵 중국에서도 瘴疫이 유행하고 있었다. 즉 1010년 현재 중국의 甘肅省에 해당하는 西涼府에서 장역이 유행하였다.[31] 1015년에 이르면, 감숙성 옆에 있는 사천성 경내 戎州·瀘州·富順監 일대까지 퍼져서 사망자가 많았다.[32] 그런데 宋 眞宗代(998~1022) 宜州에서 발생한 陳進의 亂을 진압하기 위해 파견된 군인들 사이에 역질이 돌았으며, 仁宗代 (1023~1047) 남방 군인들 사이에는 학질이 유행하였다. 특히 1117년 全椒縣(현 滁州市)에 학질이 대유행을 하였다고 한다.[33]

고려에서 역질이라는 일반적인 표현을 사용하지 않고, 굳이 장역이라고 명기한 이유는 무엇이었을까? 아마도 중국에서 경험한 장역과 같은 것이라는 인식이 고려에 있었기 때문일 것이다. 현종대 고려는 중국의 송·요와 밀접한 외교관계를 맺고 있었기에, 중국내 역병 발생 사정을 잘 알고 있었을 것이다. 즉 고려는 장역이 중국에서 왔다는 사실을 알고 있었던 것 같다. 1020년 고려가 송 진종에게 『聖惠方』을 재차 요구한 것에서도 이러한 사실을 짐작해 볼 수 있다. 당시 장역이 중국에서 전파되었던 만큼, 중국에서 효과를 본 처방을 담은 최신 중국 의학서가 필요하였던 것이다.

1030년(현종 21) 12월 개경에서 전염병이 다시 발생했다(<표 1> 5번).[34]

문화연구원, 1984), 124~129쪽에 따르면, 누런 안개는 중국의 황사가 송도까지 온 것을 말한다고 하였다.
31) 『宋史』 권7, 本紀7 眞宗2 大中祥符 3년 5월 임오.
32) 『續資治通鑑長篇』 권84, 眞宗 大中祥符 8년 하4월 기사.
33) 張劍光, 『三千年疫情』(江西高校出版社, 1998), 198쪽. 중국 전염병에 대한 이해는 본서에 많이 의지하였다.

현종 9년의 전염병과는 달리 이때는 사망자가 많이 발생하였다. 역병의
특성 상 1030년 한해 개경에만 발생한 것은 아닐 것이다. 몇 년에 걸쳐
꾸준히 전국적으로 퍼져나갔을 가능성이 높다. 이에 현종은 1036년 동서대
비원의 기능을 활성화시킴으로써, 일반 백성을 위한 의료책을 수립하고자
하였다.

주목할 점은 1012년(현종 3) 8월에 日本國의 潘多 等 35人이 來投하였으
며,[35] 1019년(현종 10) 3월에는 鎭溟船兵都府署, 張渭男 등이 해적 8艘를
포획하였기에, 이들 해적이 掠取한 일본 生口 男女 259人을 供驛令 鄭子良
의 인솔로 일본에 압송해 주는 등 일본과의 교류도 상당하였다는 사실이
다.[36] 당시 일본은 1011년 一條天皇이 咳病으로 사망하였으며 1017년,
1020년, 1021년, 1022년, 1023년에 연속적으로 전염병이 유행하였다. 1020
년의 역병은 疱瘡(두창)이었으며, 1025년의 것은 적반창(홍역)이었다.[37]
이는 모두 발진성 질환이다. 즉 다수의 유이민을 통해 일본에서 유행하던
전염병이 유입되었을 가능성도 부정할 수 없으며, 역으로 고려가 일본에
전염병을 전파해 주었을 수도 있다.

요컨대 고려 전기는 신라 하대를 이어 중국·일본 사이에서 역병 전파의
통로 역할을 하며, 발진성 전염병이 지속적으로 유행하고 있었다. 이로
인해 경종이 27세의 젊은 나이로 세상을 하직함으로써, 고려 초기 정치적
변동에 큰 영향을 미쳤다. 전염병이 유행하면, 정권 담당자는 의원을 파견
하여 환자를 치료하거나 해당 약재를 시중에 유통시키고자 하였다. 또한
태조대 의학 설치, 광종대 제위보 설치, 현종대 동서대비원 운영 등에서

---

34) 『고려사』 권5, 세가5 현종 21년 12월.
35) 『고려사』 권5, 세가5 현종 3년 8월 무술.
36) 『고려사』 권5, 세가5 현종 10년 3월 병진.
37) 富士川游/박경·이상권 역, 앞 책(2006), 169~170쪽.

보는 바와 같이, 전염병에 대한 대응책을 제시하고자 노력하였다.

2) 고려 중기(덕종~의종)

고려 중기에 유행한 전염병의 사례를 이해하기 쉽게 표로 제시해 보면 다음과 같다.

<표 2> 고려 중기 전염병 발생

	연도	역병 발생과 의료책	典據	비고	기존 연구
1	1100 (숙종 5)	6월 경오 五溫神을 五部에 제사하여 溫疫을 제거 祈禳	고 권63 예지5 雜祀	1095년 요에 사절 1098년 송에 사절	三, 송
2	1101 (숙종 6)	2월 병신 溫疫 제거를 위해 五部에서 溫神에게 제사 3월 五溫神 제사	고 권11/고 권63 예지5 雜祀	1104년 1차 여진 정벌	三, 송
3	1109 (예종 4)	4월 박연폭포와 제신묘에 기우제, 瘟神을 五部에 제사하고 疾疫 제거를 위한 반야도량 실시 5월 京城 전국에 역병 사망자 多	고 권13/고 권80 식화지3 水旱疫 癘賑貸之制/절요 권7	1105년 10호 중 8,9호 유민 1107~8년 여진 정벌 17만군, 남방에서 徙民	三, 송
4	1109 (예종 4)	12월 을유 질역제거를 위해 松嶽과 모든 神祠에 제사	고 권13/절요 권7		三, 송
5	1110 (예종 5)	4월 갑술에 疫癘가 창성하여 시체와 해골이 길에 가득 차서 사천대에서 매장을 상소	고 권13/절요 권7	1118년 송에서 醫官 파견	三, 김, 송
6	1120 (예종 15)	8월 여름부터 비가 오지 않고 오곡이 익지 않으면서 疫癘 발생	고 권14/고 권54 오행지2/절요 권8	1123년 宋 서긍 고려에 使臣	三, 송
7	1122 (예종 17)	하4월 을미 疾疹으로 예종 사망	절요 권8		②
8	1128 (인종 6)	인종의 瘟病	『東文選』 권10 김부식의 「俗離寺점찰회소」	1125년 遼 멸망 1126년 이자겸의 난 宋 臨安으로 移都	③

9	1146 (인종 24)	춘2월 갑자 인종 疾疹으로 사망	절요 권10	1132년 개경에 굶어죽은 시체가 길거리에 즐비 1135년 묘청의 난	④
10	1152 (의종 6)	6월 기근, 開國寺에서 疾疫人에게 飯賜, 疾疫제거 위해 수창궁에서 醮祭	고 권17/절요 권11	1142년 西南路州郡 지역 牛馬에 역병→日官 파견	三, 송
11	1162 (의종 16)	3월 임오일 한발에 의한 흉년과 疫病으로 인하여 서울과 지방에 시체가 길가에 잇대었음 5월 민간에 역질이 창궐	고 권17/절요 권11	1162년 4월에 여러 도의 군, 현에서 미납된 조세를 면제 1170년 고려 무신란 발생	三, 김, 송

고려 중기 전염병의 유행은 1100년(숙종 5) 온역이 발생하면서 시작되었다. 그러나 현종의 뒤를 이은 덕종(1032~1034)이 채 20세가 못되어 사망한 것도 이와 무관하지 않은 것으로 보인다. 이 무렵 고려 왕실의 희생이 컸는데, 중기에 이르러 예종(<표 2> 7번)과 인종(<표 2> 9번)이 발진성 질환으로 사망한 것도 이에 해당한다.

    C-1. (예종 17, 1122) 여름 4월 을미일 왕께서 병이 위중하므로 부축을 받고 앉아서 재상들에게 말씀하셨다. "내가 덕이 없어 하늘이 벌을 내려 疾疹이 낫지 아니 하니 어떻게 臣民들의 윗자리에 앉아서 軍國 대사를 총람하겠는가!"[38]

    2. (인종 26, 1136) 2월 갑자일 왕께서 위독하여 태자 睍에게 왕위를 전하고 다음과 같이 制文하셨다. "내가 덕이 박한 몸으로 외람되게 대업을 계승한 후 깊은 못에 임한 듯하고 썩은 새끼로 말을 몬 것과 같아서 어찌할 바를 알지 못하였다. 이제 하늘이 내린 벌로 疾疹에 걸려 낫지 않으니, 위로는 天意가 두렵고 아래로는 백성들 보기에 부끄럽다."[39]

---

38) 『고려사』 권13, 세가13 예종 17년 4월 을미.

예종은 향년 45세이고, 인종은 38세였다. 한창 건장한 장년의 국왕이 疾疹, 즉 발진성 질환으로 사망한 것이다. 지금까지 예종과 인종이 두창이나 홍역과 같은 발진성 질환으로 사망하였다는 점에 주목한 적은 없었다. 그러나 필자는 다음과 같은 점에서 이를 발진성 질환이라고 생각한다. 첫째, 疾疹이라고 분명하게 표현하였다는 사실이다. 疾疹이라는 표현은 『삼국사기』에서부터 『고려사』에 이르기까지 발진성 질환을 의미하였다. 둘째, 두 국왕의 遺詔에서 동일하게 하늘의 벌을 받았다고 한 점인데, 전근대 사회에서 역병으로 죽는 것은 천벌로 생각하였으며, 자손은 가능하면 이를 기록에 남기고 싶어 하지 않았던 것으로 보인다. 즉 예종과 인종은 자신들이 천벌을 받아 유행병에 걸려 죽게 되었다고 유조에 밝혔으나, 훗날 두 국왕이 발진성 전염병으로 사망한 사실을 굳이 밝히지 않았던 것으로 보인다. 셋째, 증상을 자각한 뒤 병이 급속도로 진행되어 한달여 만에 사망한 점이다. 예종은 3월 임오에 증상을 자각한 뒤 4월 병신에 사망하였다. 인종은 정월 임오에 발병한 뒤 2월 임오에 사망하였다. 이처럼 빠르게 진행되어 사망한 점으로 미루어 보건대, 전염병이었을 가능성이 매우 높다고 생각한다.

최고의 의료 혜택을 받으며 일반 민과 접촉이 그리 많지 않은 국왕이 전염병으로 사망하였다면, 다른 궁중에 사는 이들과 민간에서의 희생자도 적지는 않았을 것이다. 다만 그 사회적 파장이 크지 않았기 때문에 역질 유행 기사가 남지 않았던 것으로 생각한다. 즉 전염병은 예종과 인종만 죽음으로 몰고 간 것은 아니었을 것이다. 따라서 이 무렵 개경에는 전염병이 유행하고 있었다고 파악하여야 할 것이다.

고려 중기에서 가장 심각했던 전염병은 1110년(예종 5)에 발생하였다.

---

39) 『고려사』 권17, 세가17 인종 26년 2월 갑자.

司天臺에서 전염병의 발생으로 시체와 해골이 길에 널렸으니 해당 기관에 명령하여 거두어 묻게 하도록 건의하였고, 왕은 이를 따랐다.[40] 당시 전염병은 길거리에 죽은 시체와 해골이 나뒹굴 정도로 치사율이 매우 높았던 것이다. 이는 전년도 겨울부터 지속되었을 것이다. 즉 1109년 12월 질역제거를 위해 송악과 신사에 제사를 드렸다는 것은 이미 전염병이 만연하고 있었다는 의미이다. 겨울동안 죽은 시체들이 길거리에 그대로 방치된 채 수개월이 가면 시체와 해골이 길에 가득 차게 된다. <표 2> 3번과 <표 2> 4번의 경우, 계절이 다른 만큼 전염병의 종류가 다를 수도 있다고 생각해서 분리하였다.

예종대의 전염병은 여진과 무관하지 않았을 것으로 보인다. 고려는 1107년과 1108년 2차에 걸쳐 여진을 정벌하였는데, 이를 위해 17만 民人을 남방에서 徙民토록 하였다.[41] 한반도 남부에 거주하던 자들이 대거 여진족이 살던 지역으로 이주하였다면, 서로 다른 풍토로 인해 전염병이 발생하였을 가능성이 높아진다. 또한 여진 정벌에 나갔던 병사들이 대거 개경으로 귀환하면서, 전염병이 유행할 수 있는 배경이 되었다고 추정된다. 전쟁에서 귀환한 병사로 인해 전염병이 유행하게 되는 경우는 질병사에서 빈번하게 찾을 수 있는데, 예종대의 전염병 유행도 여진 정벌과 밀접한 관련이 있을 것으로 생각한다.

<표 2> 8번에서 인종이 癘病에 걸렸다는 것은 인종(1109~1146)의 쾌유를 위해 俗離寺에서 점찰법회를 개최할 때 金富軾(1075~1151)이 지은 疏에서 확인할 수 있다. 인종의 입장에서 지어진 소문에 따르면, 인종은 자신의 질병이 정변으로 원통하게 죽은 귀신 때문이라고 생각하였다. 특히

---

40) 『고려사』 권13, 세가13 예종 5년 4월.
41) 『고려사』 권13, 세가13 예종 3년 3월.

억울하게 살해당해 疫病을 퍼뜨리는 귀신으로 변한 鄭나라 大夫 伯有(良霄의 호)의 영향으로 역병에 걸린 것을 벗어나도록 해달라는 기원을 밝힌 글이다.42) 여기에서 주목할 점은 김부식이 "消伯有之癘", 즉 백유의 疫癘를 없애달라고 표현한 부분이다. 당시 인종의 질병은 전염성이 강한 돌림병이었던 것이다.

그렇다면 인종이 역려에 걸린 것은 언제일까? 김부식은 인종이 이자겸이 정권을 잡고 있을 때 억울하게 죽음을 당한 사람들의 원혼 때문에 병이 났다고 표현하였다. 이로 미루어 보건대, 이 글을 쓴 시기는 적어도 이자겸이 실각한 1127년 이후일 것이다. 김부식이 俗離寺占察會疏를 지은 때를 정확히 알 수 있다면, 인종이 발병한 시기를 짐작할 수 있다.43) 그런데 1128년(인종 6) 봄 정월에 왕의 몸이 편치 못하여 宰樞 백관들이 종묘, 사직, 산천, 불당, 神祠에서 왕의 병이 낫기를 빌었다고 한다.44) 따라서 인종의 발병은 1128년 정월의 일이었음을 알 수 있다.

김부식이 돌림병[癘]이라고 명시한 것으로 보아, 인종 이외에도 감염된 자들이 꽤 있었을 것으로 보인다. 이를 반증하는 자료로서 다음의 것을 주목할 만하다.

  D-1. (인종 6, 1128) 여름 4월 을묘일에 왕이 다음과 같은 조서를 내렸다.
      "근래에 하늘에 변괴가 생기고 기후가 순조롭지 못하다. 나의 은혜를

---

42) 김부식, 「俗離寺占察會疏」, 『東文選』 권110, 疏.
43) 김부식과 인종대의 전반적인 상황에 관해서는 다음의 논고를 참고할 수 있다.
    김성언, 「김부식의 삶과 시」, 『한국한시작가연구』(한국한시학회, 1995) ; 김병인,
    「김부식과 윤언이」, 『역사학연구』 9(1995) ; 오영선, 「인종대 정치세력의 변동과
    정책의 성격」, 『역사와 현실』 9(1993) ; 이인재, 「김부식과 朴浩 林存의 義天 평가」,
    『역사교육』 99(2006).
44) 『고려사』 권15, 세가15 인종 6년 정월 정해.

베풀고 형벌을 너그럽게 하여 행여나 기후가 순조로워지고 재앙이
없어지기를 희망하노라. (하략)"45)

2. (인종 9, 1131) 3월 계해일에 명령을 내려 나무를 채벌하지 말고 새끼
   밴 길짐승과 알 가진 날짐승을 잡지 말며 노출되어 있는 해골들을
   매몰하게 하였으며 東西大悲院과 濟危鋪를 수리하고 백성들의 질고
   를 구제하게 하였다.46)

인종은 병에서 회복된 후, 기후가 순조롭지 못하고 하늘의 변괴가 생겼
다고 하면서 行刑을 너그럽게 처단하라는 명령을 내리고 있다. 인종이
지적한 하늘의 변괴가 무엇을 의미하는지 분명하지 않다. 『고려사』의 인종
6년 기사를 살펴보아도, 하늘의 변괴를 짐작할만한 사건은 보이지 않는다.
그런데 1131년 봄에 해골이 노출되는 현상이 심하여 국왕의 명령이 필요할
정도였고, 빈민의료를 담당하던 동서대비원과 제위보의 중요성이 새삼
강조되고 있다는 사실을 위 자료 D-2를 통해 알 수 있다.

이러한 상황이 혹 어느 특정한 전염병이 개경을 중심으로 꾸준히 전파되
고 있는 양상을 간접적으로 보여주는 것은 아닐까? 인종이 돌림병에 걸렸
다면 이는 민간에서도 유행하던 질병이었을 것이다. 인종 6년의 돌림병으
로 인해 정권 담당자는 동서대비원과 제위보를 수리하고, 일반 백성의
질병 치료에 더욱 관심을 가지게 하였던 것으로 파악된다.

인종이 발병하였던 다음 해 정월에 추밀원 부사 韓沖이 죽었고,47) 1131

---

45) 『고려사』 권15, 세가15 인종 6년 4월 을묘.
46) 『고려사』 권16, 세가16 인종 9년 3월 계해.
47) 『고려사』 권97, 열전10 韓沖傳에 따르면, 그는 端州人으로 과거에 급제하여 예종
    때 右輔闕에 임명되었다. 이자겸이 韓安仁을 죽일 때 사촌동생이라 하여 귀양을
    갔다가 이자겸 패망 후 1127년 무렵 예부시랑으로 복권되었는데, 1129년 중추부사
    에 임명된 지 얼마 안 되어 사망하였으므로, 급성질환으로 사망하였을 가능성도
    크다고 생각한다.

년 2월에는 숙종의 아들 齊安公 王偦가 죽었다.[48] 정치적 의미가 있는 인물의 사망 기사만 남아있으므로, 두 사람의 죽음이 전염병 때문인지 알 수 없다. 그러나 돌림병이 유행하면 빈민뿐 아니라 귀족 중에도 돌림병의 희생자가 나왔을 것이다. 물론 이때의 전염병은 사회적 파장이 크지 않았기에 『고려사』에 채록되지 않았을 가능성이 크다. 그러나 역병의 유행은 정권 담당자에게는 큰 정치적 부담이었으며, 가능하면 이를 기록에 남기고 싶어 하지 않았다는 점을 상기할 때 인종 6년 무렵 전염병이 돌았을 가능성은 충분하다고 생각한다.

1132년(인종 10) 개경에 굶어죽은 시체가 길거리에 즐비했다는 것은 전염병 기사의 또 다른 표현이라고도 할 수 있다. 기근으로 영양상태가 불량해지면 면역력이 약화되고, 굶주린 인간은 사소한 질병에도 쉽게 사망에 이르기 때문이다. 이러한 기근 현상은 의종대에 가면 더욱 심해져, 1162년 3월에는 개경뿐 아니라 지방으로 가는 驛路에 시체가 길가에 잇대어 있을 정도가 되었다. 그해 5월 역질이 창궐하였다. 이에 군현에서 미납한 조세를 면제해 주었다고 하지만, 다른 의학적 조처들은 보이지 않는다. 의종대는 牛馬疫까지 발생하였다. 우마는 농업사회에서 백성에게 친근한 가축이다. 이들에까지 역병이 돌았다면, 민심이 매우 흉흉하였을 것이다. 이와 같은 상황 하에서 무신정변이 일어났다.

요컨대 고려 중기는 역병의 시대라고 부를 수 있을 만큼 근 10년마다 한번 꼴로 전염병이 유행하였다. 특히 덕종·예종·인종 세 명의 국왕이 전염병으로 사망하였던 것으로 보인다. 국왕은 자신이 천벌로 발진성 질환에 걸렸다는 사실을 공표해야만 했는데, 이는 고려의 왕권이 약체화하는데

---

48) 『고려사』 권90, 열전3 齊安公傳에 따르면, 그는 이자겸이 정권을 잡았을 때 술에 탐닉한 척하여 생명을 보전할 수 있었다고 한다.

일정한 영향을 끼쳤을 것이다. 1170년에 발발한 무신란으로 고려 국왕은
권력을 이양할 수밖에 없었는데, 여기에는 10년마다 유행하였던 전염병의
영향도 무시할 수 없다고 생각한다.

3) 고려 후기(명종~공양왕)

고려 후기에 발생한 전염병을 도표화 해본 것이 다음 <표 3>이다.

<표 3> 고려 후기 전염병 발생

	연도	역병 발생과 의료책	典據	비고	기존연구
1	1173 (명종 3)	4월 정월부터 가뭄과 기근, 역질 발생, 人肉을 매매	고 권19/고 권54 오행지2 金/절요 권12		三, 김, 송
2	1187 (명종 17)	5월 서울에 질역, 五部에 道符神醮祭 개설	고 권55 오행지3 土/절요 권13		三, 송
3	1189 (명종 19)	黃驪(여주)에 疫病	任益惇墓地		⑤
4	1196 (명종 26)	6월 이규보의 한열병(학질) /치료	『동국』 연보		⑥
5	1203 (신종 6)	1, 2월경 東京 叛敵 토벌시 軍中에 역질	『동국』 권38 「疾疫祈禳般若法席文」	1202년 9월 명종 이 질병 12월 장례	⑦
6	1206 (희종 2)	12월부터 武臣 高官들 중 사망자 多 무신들이 문신의 저주를 의심/ 重房의 將軍房에 祈禳道場을 행하게 함	고 권21/절요 권14		⑧
7	1211 (희종 7)	東林寺에서 역병의 祈禳을 비는 召龍道場을 베품/ 여름 역병을 물리치기 위해 經行	『동국』 권39 「東林寺行疫祈禳召龍道場文」/『동국』 권40 「經行日景靈殿告事祝」	1218년 거란 遺種 침입	⑨
8	1228 (고종 15) 무렵	역병을 기양하는 소룡도량 개최	『동국』 권39 「疫病祈禳召龍道場文」	1229년 金 멸망	⑩

9	1232 (고종 19)	4월 임술일 對蒙 表文 기근과 질역으로 사망자 다수	고 권23/『동국』 권28 「국함이 몽골에 답하는 서」	1231년 몽골 1차 침입 1232년 강화천도	三, 송
10	1254 (고종 41)	6월 서울에 大疫	고 권24/고 권55 오행지3 土/절요 권17	1247년 몽골 4차 침입 1254년 12월 몽골 5차 침입 전쟁포로 206,800명이 잡혀감	三, 송
11	1255 (고종 42)	3월 대기근이 들어 民多死亡 12월 겨울에 눈이 오지 않고 서울에 大疫	고 권24/절요 권17		三, 송
12	1256 (고종 43)	12월 겨울에 無雪, 기아와 疫이 연이어 시체가 길을 덮음	고 권24 오행지1 火/절요 권17	고종 연간 『향약구급방』 편찬	三, 김, 송
13	1262 (원종 3)	12월 京城에 大疫	고 권55 오행지3 土/절요 권18	1259년 몽골 남송 공격	三, 송
14	1263 (원종 4)	이승휴 집안에 역병 발생 / 탕약 치료	『動安居士集』 권1, 病課詩	1264년 對蒙表文에 '兵戎과 飢疫의 30년'이라 표현	⑪
15	1279 (충렬왕 5)	12월 경상도에 牛疫(탄저병) 발생, 屠殺者도 전염되어 사망	고 권55 오행지3 土	1271년 大元 국호 1274년 여몽연합군 1차 일본정벌 1279년 송 멸망	⑫
16	1281 (충렬왕 7)	6월 軍中에 疫, 사망자 3천여명 12월 봄부터 가을까지 中外에 疫癘, 사망자 多	고 권29/고 권55 오행지3 土/절요 권20	1281년 2차 일본 원정 →일본 정벌시 疫 발생(金芳慶, 金周鼎 墓誌)	三, 김, 송
17	1348 (충목왕 4)	4월 京城에 기근과 疫 시체가 길에 즐비함/ 구휼 실시	고 권37/고 권80 식화지3 水旱疫癘賑貸之制	1359년 12월 홍건적 1차 침입(서경 함락) 1361년 10월 2차 침입(개경 함락) 1362년 1월 개경 수복	三, 송

18	1365 (공민왕15)	5월 이전 가뭄과 癘疫	고 권132 열전45 반 역6 신돈	신돈의「정민변정 도감소」	三
19	1374 (공민왕23)	3월 京城에 大疫	고 권55 오행지3 土 /절요 권29		三, 송
20	1383 (우왕 9)	3월 기근과 역병이 연이어 발 생, 水軍에서 역병 유행, 태반 이 사망	고 권113 열전26 鄭 地/절요 권32		⑬
21	1391. 9 (공양왕 3)	水旱, 霜雹, 기근, 질역의 재난 을 공박하는 許應의 상소	고 권46		三, 송

이 시기에는 221년간 총 20회 가량 기록이 남아있다. 고려 후기도 중기 못지않게 전염병이 빈발하였음을 알 수 있다. 무엇보다 이 시기는 전쟁과 전염병의 시대라고 명명해도 좋을 만큼, 거란·여진·몽골·홍건적·왜구 등 다양한 상대와 전쟁을 하였다. 이는 다양한 풍토병과 조우했음을 의미한다. 즉 상대방 민족이 가지고 있던 풍토병이 각기 다르기 때문에, 이들의 풍토병이 고려에 유입되는 기회로 작용하였을 것이다. 위의 <표 3> 가운데 새로운 사례를 중심으로 분석해보기로 한다.

먼저 명종대 전염병 유행 사례에서 누락되었던 1189년 여주지방의 전염병부터 살펴보자. 이때 전염병이 발생한 사실은 임익돈의 묘지명에서 확인할 수 있다.

> E. 기유년(명종 19, 1189)에 黃驪의 수령이 되었다. (부임하여) 막 수레에서 내리려는데 온 경내에 疫病이 돌고 있었다. 공이 즉시 몸소 승려[緇]와 도사[黃]들을 거느리고 『大般若經』을 외우게 하면서 마을을 두루 돌아 다니자, 사람들이 나발[螺]과 경쇠[磬]소리를 듣고 마치 술이 깨고 꿈이 깨는 듯하였다. 이로 인해 점차 차도가 있으면서 병이 나은 사람들이 매우 많았다.49)

임익돈의 조부 克正은 仁宗妃인 恭睿大后와 동기간으로,[50] 門蔭으로
벼슬길에 나가 1189년 지금의 여주지방 수령직에 보임되었다. 위의 자료
E는 당시 여주에 역병이 돌아 민심이 흉흉하였음을 보여주고 있다. 임익돈
이 下車하려는데 역병이 돌았다는 것은 그가 오기 전부터 역병이 유행하고
있었다는 의미이다.

그런데 이보다 앞선 1187년 개경에 역병이 크게 유행하고 있었다.[51]
『고려사』에는 이러한 기록이 보이지 않고, 消災도량과 같은 祈禳儀禮만이
기재되어 있다. 다음의 자료를 통해, 임익돈이 조우하였던 여주지방의
역병이 한 지역의 문제에 그친 것이 아니라는 점을 살펴보기로 한다.

  F-1. (명종 16, 1186) 윤7월 임자일에 安邊府에 큰물이 나서 떠내려 간
     민가가 100여 호였고 죽은 사람이 1천여 명이었다. 18년(1188) 6월에
     洞州와 鳳州 두 주에 큰물이 나서 잠기고 떠내려 간 집이 많았다.
     7월 무신일에 定州, 長州, 宜州, 豫州, 高州, 和州 6개 주에서 큰물이
     나서 성곽이 무너지고 민가가 떠내려 간 것을 이루 헤아릴 수가 없었다.
     8월 신미일에 登州, 文州, 宜州, 삼주, 鎭溟, 龍津, 寧仁 등 여러 성에서
     큰물이 나서 곡식이 피해를 입었고 성곽과 민가가 물에 떠내려가서
     없어지고 죽은 사람이 많았는데 登州가 더욱 심하였다.[52]
  2. (명종 17, 1187) 2월 무인일에 消災道場을 宣慶殿에서 베풀었다. ……
     윤5월 병인일에 가뭄이 계속된다 하여 여러 산천 제단에서 비를 빌고
     억울한 죄수들을 용서하였다. 신미일에 종묘사직과 명산대천의 여러

---

49) 權敬中 誌,「任益惇墓誌銘」, 허홍식 편,『韓國金石全文』中世 下(아세아문화사,
   1984), 1001~1003쪽 ; 김용선 역주,『역주 고려묘지명집성』상(한림대학교 아시아
   문화연구소, 1997).
50) 공예태후 임씨의 소생 중 의종, 명종, 신종 3명이 국왕이 되었다. 비록 최씨 武人執權
   期이지만, 임익돈 집안은 이 무렵이 전성기였을 것이다.
51)『고려사절요』권13, 명종 17년 하5월.
52)『고려사』권53, 지7 오행1 水.

神祠와 항간의 시장에서 비를 빌었다. 계유일에 무당들을 모아 都省에
서 비를 빌고 정축일에 기우제를 지냈으며 또 여러 산천 제단에서
비를 빌었더니 기묘일에 비가 내렸다.[53]

3. 명종 17년 5월에 경성에 전염병이 크게 일어났으므로, 五部에 명하여
   道符神의 醮祭를 베풀어 쫓게 하였다.[54]

자료 F-1은 개경에서 역병이 유행하기 이전 1187년 함경도 안변지방에
홍수가 나서 사망자가 천여 명에 달하였다는 것과 1188년에는 함경도
지방에 홍수가 나서 사망자와 이재민이 다수 발생하였다는 사실을 보여주
고 있다. 『고려사』 세가 자료인 F-2에는 1186년에 전염병이 발생하였다는
언급이 없다. 다만 명종 17년 2월에 소재도량을 선정전에서 행한 것과
윤5월에 가뭄이 심하여 기우제를 지속적으로 지냈더니 드디어 비가 내렸
다는 기록만이 남아 있다. 그런데 오행지 기록인 F-3에는 개경에 대역이
돌았다는 점과 더불어 5부에 명하여 道符神에게 초제를 행하였다는 사실
을 적시하고 있다.

1018년(현종 9) 7월 毬庭에서 大醮를 올린 이래, 도교 제사인 초제는
하나의 국가 의례가 되었다. 초제는 인간에게 주어진 수명을 다하고 평안을
기원하기 위하여 모든 재앙과 액을 제거해 주도록 至高神인 天에게 기원하
기 위해 지내는 제사이다.[55] 道符神에게 드리는 초제는 위 자료 F-3이
유일하므로, 전염병이 유행할 때는 특별히 道符神에게 기원하였던 것으로
보인다.[56]

---

53) 『고려사』 권20, 세가20 명종 17년 2월.
54) 『고려사』 권55, 지9 오행3 土.
55) 김철웅, 『고려시대 雜祀 연구』(고려대 박사학위논문, 2001), 2~3쪽. 이에 따르면,
    고려 전 기간에 걸쳐 행해진 초제는 총 191회로, 명종대에는 9회의 기록이 남아있
    다고 한다.
56) 고려시대 초제의 대상은 크게 天界神, 天神, 星宿神, 기타 등으로 나눌 수 있는데,

1186년(명종 16) 光嵒寺와 摠持寺 두 절에서 佛頂消災道場을 설치하고, 明仁殿에서 『仁王經』을 읽어 재앙을 물리치라는 太史의 건의가 있었다는 데,[57] 아마도 명종은 이를 시행하였던 것으로 보인다.[58] 소재도량은 天變을 통해 암시되는 가뭄이나 전란, 질병 등을 해결하고자 행하는 불교의례이다.[59] 명종 17년 초제 사례와 마찬가지로, 명종 16년에 문제가 되었던 재앙은 전염병이었을 가능성이 크다. 즉 역병은 1186년부터 시작하여 1189년까지 꾸준히 유행하고 있었음을 암시하는 자료라고 생각한다. 실제 명종 3년에도 기근과 전염병이 돌았는데, 사람의 고기를 파는 경우까지 있었다.[60]

1196년(명종 26)에 이규보는 황려에서 상주지방으로 갔다가 6월에 한열병에 걸려 10월까지 앓아누웠다고 한다. 이 당시 한열병은 학질로 보이는데, 다음의 자료가 이를 방증한다고 생각한다.

> G. 대체로 보건대 喪亂을 당한 초기부터 한열병(학질)이 도지면서 痰腫이 뭉쳐서 발생하더니 한 해가 지나고 나서야 비로소 터지기 시작하였는데, 그동안 독한 약을 백 수십여 첩이나 복용한 까닭에 몸속의 元氣가

道符神은 기타에 해당된다고 한다(김철웅, 앞 논문(2001), 15쪽).

57) 『고려사절요』 권18, 명종 16년 9월 신유.
58) 무신정변을 일으킨 중심세력인 정중부와 그의 사위 송유인을 살해했던 慶大升(1154~1183)이 1183년 7월 병사한 후 그의 都房 무리를 일소한 후 1184년(명종 14) 무렵 국왕의 정권 장악력은 점차 강해졌다. 1187년(명종 17) 7월 조원정·석린 등의 반란을 文克謙(1122~1189)이 진압한 뒤 문신 계열이 정치적으로 결집하였고 臺諫 활동을 강화할 수 있었다. 그러나 1189년(명종 19) 9월 문극겸이 사망하고, 이듬해 1190년 8월 韓文俊까지 사망하면서 이의민이 무신 정권의 핵심으로 등장하게 되었다고 한다. 오영선, 「무신정변·무신집권의 재조명」, 『역사비평』 32(1995), 283~284쪽.
59) 김수연, 「高麗時代 佛頂道場 硏究」(이화여대 석사학위논문, 2004), 36쪽.
60) 『고려사』 권20, 세가20 명종 3년 4월.

소진되어 수습할 수 없는 지경이 되고 말았습니다. 그 뒤 기묘년에 조정에 들어가서 비어 있는 자리를 메우고 복잡한 업무를 수행하다 보니 피곤함에 火氣가 겹쳐 일어나게 되었고, 신사년 여름부터는 거듭 두통 증세가 나타나 열이 치솟기만 하면 번번이 위독한 상태가 되곤 하였는데, 백방으로 약을 써도 아무런 효과가 없었습니다.[61)

위 자료 G는 조선 인조 때의 名臣 李植(1584~1647)이 자신이 관직을 사퇴할 수밖에 없는 상황, 즉 질병을 설명한 것이다. 그는 상을 당한 뒤 한열병이 도졌는데, 그 증상이란 것이 "한번 寒氣가 들어온 뒤 갑자기 大熱이 치솟아 각종 고통을 당하는" 것이었다. 또한 다음 해에도 같은 증상이 지속된다는 점에서 현재 말라리아 원충에 의해 감염되는 말라리아와 증상이 거의 같다. 즉 문인 지식인들 사이에서는 학질을 한열병이라고 표현했음을 알 수 있다. 이로 미루어 보건대, 한여름 6월에 발병한 이규보의 한열병도 여름철 질환인 말라리아였을 가능성이 크다.

지금까지 임익돈의 묘지에서부터 『고려사』에 남아있는 명종대 역병과 이규보의 한열병까지 살펴보았다. 이를 통해 명종 16년부터 19년까지 역병이 꾸준히 유행하고 있음을 감지할 수 있었다. 즉 1186년 개경에서 시작한 역병은 다음 해 5월에는 초제를 지내야 할 정도로 개경 전체에 퍼졌으며, 1189년 임익돈이 여주의 지방관으로 부임했을 무렵 여주 경내까지 환자가 속출하였던 것이다.[62) 명종대의 전염병 유행은 17년의 것만 기록되었는데, 임익돈의 묘지를 통해 비록 고려사에 한번 기록된 것일지라도 수년간에

---

61) 이식, 「甲申至月吏曹判書辭免再疏」, 『澤堂先生別集』 권3. 원문과 번역은 한국고전번역원 http://www.minchu.or.kr/에서 인용하였다.

62) 이것이 동일한 전염병인지는 확언할 수 없다. 일본의 예를 보더라도 포창과 해역이 동 시기에 유행하는 경우도 있기 때문이다. 그러나 대체적으로 포창이 유행할 때면 3~4년에 걸쳐 꾸준히 발생하고 있으므로, 일단 명종 16~19년의 전염병은 동일한 질병이었을 가능성이 크다고 생각한다.

걸쳐 꾸준히 유행되고 있다는 사실을 확인해 볼 수 있었다. 더하여 1189년 여주 지역의 전염병 발생 사례 하나를 더 추가할 수 있었다.

다음으로 1203년 경주지방의 반란을 진압하려는 토벌대에서 발생한 역병을 살펴보기로 한다. 전근대사회에서 군대와 전염병은 불가분의 관계로, 야외에서 장기간 밀집생활을 해야 하기 때문에 군대만큼 전염병에 취약한 집단은 없다. 일찍이 군진의학이 발달하게 되는 원인이기도 하다.[63] 농한기를 이용하여 1202년 겨울 12월에 군사 작전을 시작하였던 진압군에도 전염병이 유행하기 시작하였다. 이규보는 1203년 2월 上都統副使에게 사망한 병사를 어떻게 장례 치를지에 관한 글을 지었다는데,[64] 당시 사망자는 전투보다는 전염병으로 사망한 것으로 보인다. 즉 전염병은 주로 1203년 1월과 2월에 유행하였던 것이다.

경주 토벌군에 종군하기 이전, 이규보는 최초의 관직이었던 全州司祿兼 掌書記에서 물러나 2년간 無官으로 지내고 있었다.[65] 1202년 12월에 민란을 토벌하기 위해 최충헌은 대장군 직문하성 金陟侯를 招討處置兵馬中道 使로 임명하고 일단의 진압군을 파견하였는데, 이규보는 35세의 나이로 兵馬綠事兼修製가 되어 종군하였다. 그가 개경으로 돌아온 것은 1204년 3월이었으므로 약 16개월가량 경주에 머물렀다고 하겠다. 『東國李相國集』 중 제38권에 있는 道場齋醮에 사용한 疏나 祭文은 그가 東京招討兵馬 때에 지은 것으로서, 모두 34개가 실려 있다. 이 가운데 당시 전염병의 유행 상황을 전해주고 있는 글을 살펴보기로 한다.

H-1. 지금 우리 군사가 善州에 머무르고 있는데, 統軍 尙書 김공 某가

---

63) 이현숙, 「몸, 질병, 권력 : 신라통일기 군진의학」, 『문화사학』 6(2002) 참조.
64) 이규보, 「年譜」, 『동국이상국집』 권1.
65) 이규보, 「年譜」, 『동국이상국집』 권1.

갑자기 微疾에 걸려 기거가 불편합니다. 생각건대 산과 들에서 노숙하면서 바람과 안개를 맞아서 일어난 병입니까. 모르겠습니다만 다른 무슨 까닭이라도 있어서 그런 것입니까. 一軍이 걱정과 두려움에 싸여 그 연유를 알 길이 없사와, 감히 衆誠을 내어 경건히 우리 大王의 靈에 기도드립니다. 만일 신통한 힘을 빌어 保持하고 구호하여, 金公으로 하여금 병이 낫는 기쁨이 있게 하여 즉시 건강을 회복하게 하여 주신다면, 三軍의 복일뿐만 아니라 대왕의 威靈도 더욱 드러날 것이니, 어찌 아름답지 않겠습니까. 우선 옷 한 벌을 올려 작은 성의를 펴고, 병이 쾌유되면 다시 사신을 보내 제사를 올려, 은혜의 만분의 일이나마 보답하겠습니다.66)

2. 지금 우리의 군사들이 다 종군하고 있는데 어느 한 사졸인들 공을 세우려 노력하지 않겠습니까. 화는 소홀한 데서 생기는 것인데 군사들이 병들어 일어날 수 없으니, 통솔의 책임을 맡고 있는 사람으로서 당연히 물리칠 계책을 서둘러야 하겠습니다. 그래서 성대하게 불교의 의식을 갖추고 이름 있는 승려들을 소집하여, 특별히 軍壘의 네 모퉁이에서 이 眞詮을 7일 동안 열람하오니, 조금이라도 막힌 것이 있으면 원만히 살피시어 바로 통하게 하여 주십시오. 삼가 바라건대 신음소리가 노래로 변하여 약을 안 써도 병이 낫고, 지친 말은 한번 채찍을 가하면 금방 재빨라져 향하는 곳에 대적하는 자가 없게 되고, 적의 소굴을 모두 뒤엎고 빨리 서울로 돌아가게 하여 주소서. 운운.67)

3. 운운. 病의 경중은 上帝가 명하는 바이며, 사람의 선악을 참작하는 것은 바로 신의 권한이기에, 감히 형편이 가긍함에 따라 우러러 正聽의 보살피심을 바랍니다. 지금 우리의 戰壘에 나온 자가 누구인들 勇夫가 아니겠습니까. 모두 국가를 위하여 勤勞하고 있으니 분명 天心의 보호가 있으실 터인데, 어찌하여 위중한 병에 걸려 힘차게 돌진하지 못하는 것입니까. 혹 사졸 하나가 그날 朝飯을 걸러도 오히려 음식을 정지하고 서로 걱정하는데, 더구나 大疫이 군중에 유행하니 어떻게

---

66) 이규보, 「智異山大王前願文」, 『동국이상국집』 권38.
67) 이규보, 「疾疫祈禳般若法席文」, 『동국이상국집』 권38.

가만히 앉아서 차마 보고만 있을 수 있겠습니까.

이에 정결히 제수를 차려 놓고 정성 들여 비오니, 부디 종군하는 모든 병사들이 하나도 피곤하다고 하는 사람이 없어, 검은 구름이 개듯 묵은 병이 물러가고 봄눈이 녹듯 더러운 풍속이 맑아지게 하소서. 운운.[68]

이규보가 종군하면서 지은 글은 『동국이상국집』 권38에 모두 34개가 수록되어 있다. 『동국이상국집』 중 前集은 이규보가 죽음을 앞두고 당시 집권자 崔怡(?~1249)의 배려로 출간된 것이다. 여기에 실린 글은 문장을 종류별로 나눈 뒤 작성된 시기에 따라 배열하였다. 따라서 위 자료 H는 당시 군중에 전염병이 유행할 때, 이규보가 작성한 순서와 동일하다고 할 수 있다.

H-1을 보건대, 가장 먼저 최고 사령관 격인 金陟侯가 발병하였던 것을 알 수 있다. 당시 군대는 善州(지금의 선산) 지역에 머무르고 있었는데, 같이 간 軍醫가 김척후를 치료하였을 것이다. 이와 더불어 치유를 기원하는 제사를 지리산대왕에게 올렸는데, 이규보가 작성한 제문은 副使 이하 관원이 읽었다.[69] 제문에서 김척후의 발병 원인이 장기간 노숙에 따른 것이라고 짐작한 것은 아마도 군의의 견해를 대변한 것으로 여겨진다. 제문에서는 혹 다른 연유가 있는 것인지, 즉 군사가 지리산을 침범하여 대왕이 노하여 역병에 걸린 것인지 두려움을 나타내면서, 자신들이 잠시 머무르는 지리산을 주관하는 대왕에게 김공을 낫게 해달라고 옷 한 벌을 올리면서 간절히 부탁하고 있다. 만일 이 제사를 통해 김공이 쾌유하게 된다면, 지리산대왕의 위대한 힘도 확인할 수 있으며, 이에 대한 보답

---

68) 이규보, 「七鬼五瘟神醮禮文」, 『동국이상국집』 권38.
69) 제목 옆에 "行副使已下"라고 부기하였다.

제례도 다시 올리겠다고 하였다.

토벌군을 이끄는 최고 책임자가 아픈 것은 큰 문제였을 것이다. 그러나 곧 이어 전군에 전염병이 퍼지면서, 이를 위한 여러 제사를 지내게 되었다. 당시 상황은 H-2에서처럼 '군사들이 병들어 일어날 수 없었고', H-3에서와 같이 '大疫이 군중에 유행'하였다. 이에 인근 사찰의 승려를 동원하여 疾疫을 물리치기를 비는 般若法席을 열었으며, 유행병을 관장하는 七鬼와 五溫神에게 올리는 醮禮를 행하였다. 1202년 겨울 경주의 반란을 진압하러 개경에서 출발한 진압군의 사령관격인 招討處置使 김척후부터 병졸에 이르기까지 1203년에 전염병으로 고통을 받았음을 보여주는 위 자료를 통해, 전쟁과 전염병 그리고 군대와 전염병의 상관관계를 다시 한 번 확인해 볼 수 있었다.

그런데 1206년 12월 무신 고관들 중에 사망자가 많이 발생하였다. 당시 집정자인 최충헌은 문신의 저주 때문이라는 의심에서 무신이 자주 모이는 重房의 장군방에 특별히 기도 도량을 설치하였다고 한다.[70] 혹 이 질병이 1203년 경주 군막에서 발생하였던 역병과 무슨 관련이 있는 것은 아닐까? 동일한 직업을 가진 무리에서 같은 시기에 사망자가 속출하였다면 이는 직업과 관련이 있다고 파악하여야 할 것이다. 무신 고관 중 몇 명이 어떻게 사망한 것인지 알 수 없지만, 전염병이 유행하던 군대를 지휘하였던 무신 가운데 귀환하여 보균자로서 전염병을 전파시킬 수도 있다. 1206년 무신 고관의 사망기사가 전혀 상관없어 보이지 않는 이유가 여기에 있다.

그런데 이규보가 문한관으로 재직하면서 지은 글 중에서 개경에 전염병이 돌았다는 사실을 암시하는 자료가 있으니 다음과 같다.

---

70) 『고려사절요』 권14, 희종 3년 춘정월.

Ⅰ-1. 돌아보건대 時令이 火氣를 상하여 온 백성들이 疫疾에 걸렸습니다. 임금은 백성들이 아니면 나라를 지킬 수 없으니 불쌍히 여겨서 구원하려는 마음을 어찌 감히 늦추겠습니까. 하늘이 내린 재앙은 오히려 피할 수 있다기에 가만히 재앙 없애는 요체를 생각해보니 法寶에 정성을 드려야 마땅할 것입니다. 부처님의 음덕을 빌려고 절[鷲盧]에 나가서 불법의 자리를 베풀고, 용궁에 간직했던[蚪藏] 신령한 경전을 연설하나이다.[71]

2. 운운. 如來께서 전염병을 攝授하면 질병에 따라 약을 써 주십니다. 어진 임금은 사람을 구원하는 정사를 베풀되 마치 자기가 구렁에 빠진 것처럼 간절하게 여기므로, 진실로 높이 받들어 행한다면 곧 신령스러운 가호를 받게 됩니다. 생각하건대 박덕한 사람이 외람되게 중대하고 어려운 자리를 이어받아 항상 백성에게 마음을 써서 한 사람이라도 제자리를 잃은 이가 없게 하려 합니다. 흉년이 들면 鄒나라 백성들이 죽어서 구렁에 구르는 것과 같이 될까 염려하고, 더위가 찌는 듯하면 周后가 더위 먹은 이를 부채질해 준 일과 같이할 것을 기약하려 하는데, 하물며 질병에 걸린 사람들을 차마 잠시라도 그냥 보고만 있을 수 있겠습니까. 부처님의 자비에 의탁하여 잘 구원해 주실 것을 빌며 가장 수승한 眞詮을 선양하여 靈府로 하여금 함께 기뻐하게 하도록 하소서. 엎드려 바라옵건대 大和(음양이 조절된 원기)의 부채로 오래된 병을 쓸어버리시고, 순수한 복을 독실하게 하시어 국가의 안녕을 이루게 하소서.[72]

위 자료 Ⅰ는 『동국이상국집』 제39권에 있는 佛道疏 가운데 2편이다. 佛道疏는 총 32편이 실렸는데, Ⅰ-1과 2는 16번째와 30번째에 해당한다.[73] 즉 16번째의 불도소는 동림사에서 역병이 그치기를 비는 의례를 행할

---

71) 이규보, 「東林寺行疫病祈禳召龍道場文」, 『동국이상국집』 권39.
72) 이규보, 「疾疫祈禳召龍道場文」, 『동국이상국집』 권39.
73) 『동국이상국집』 권39에 있는 佛道疏를 분석한 결과이다.

때 사용되었고, 30번째 역시 어느 곳에서인지 분명하지 않지만 역병이
사라지기를 기원하는 의례를 행할 때 읽었던 문장이다.

위의 두 가지 疏는 이규보가 한림원에 있을 적에 지었다고 제목 밑에
附記하였다. 그가 한림원에 재직하였던 시기는 1208년부터 1237년까지였
다.[74] 1224년(고종 11, 57세) 12월에 朝議大夫 翰林侍講學士知制誥로 승진
하였다가,[75] 1233년에 翰林學士承旨, 1237년에는 翰林院事를 역임하였다
고 한다.[76]

그렇다면 이규보는 위의 疏文을 언제 작성하였을까? 소문을 작성한
시점이 바로 전염병이 유행하던 시기였기 때문에 문장 작성 연대를 파악하
는 것은 중요하다. 전술한 바와 같이 『동국이상국집』은 대체적으로 작성된
시기에 따라 배열하려고 노력한 것으로 보인다.[77] 즉 권39에 있는 佛道疏와
醮疏 문장은 직한림원 시절에 작성한 것이며, 권40에 있는 釋道·疏·祭祝
은 한림원과 지제고 시절에 지은 것이다.[78]

---

74) 『동국이상국집』 권1, 「年譜」에 의하면, 그는 1207년(희종 3, 40세) 12월 直翰林院의
   權補(임시직)가 되었다가 다음 해 6월에 眞補되었다. 그 뒤 1212년(강종 1, 45세)에
   千牛衛錄事參軍事로서 直翰林院을 겸하였으며, 1215년 최충헌이 右正言知制誥
   로 삼았다.
75) 『동국이상국집』 권1, 「年譜」에 의하면, 이규보는 1190년(명종 20, 23세) 6월에
   禮部試에 합격하여 進士가 되었으나 벼슬길에 오른 것은 매우 늦었다.
76) 박종기, 「李奎報의 생애와 著述 傾向」, 『韓國學論叢』 19(1996), 43~44쪽.
77) 경우에 따라 약간의 뒤바뀐 경우가 있지만, 대체적으로 연월일의 순서로 배열하였
   다. 문집 편집 당시 이규보가 생존해 있었기 때문에 가능하였다고 본다.
78) 翰林院은 국왕의 의례 문서와 각종 명령서 작성을 담당하는 관서로서 判翰林院使
   (宰臣 겸임), 學士承旨(1인, 정3품), 한림학사(2인, 정4품), 한림시동학사(1인), 한림
   시강학사(1인), 직원(4인)으로 구성되었다. 직한림원을 제외한 나머지 인원은 겸임
   직이라서 한림원의 실질적인 업무는 대부분 이들이 도맡았다고 한다. 변태섭,
   「고려의 文翰官」, 『김철준박사화갑기념사학논총』(지식산업사, 1983), 203쪽 ; 박
   종기·박성규, 「東國李相國集에 나타난 고려시대상과 이규보」(KRF 연구결과논
   문, 진단학회, 1997), 285쪽 참조.

그런데 불도소 중 9번째 글 「宮主封冊을 祈恩하며 麗正宮에서 드리는 般若道場文」은 1211년(희종 7) 4월에 행해진 궁주봉책을 위해 작성한 것이다.[79] 또한 14번째 글 「獄이 빈 뒤에 典獄에서 행하는 般若道場文」은 왕비와 태자, 왕자에 대한 책봉을 마친 뒤 축하하기 위해 죄수를 방면하면서 올린 반야도량에서 사용된 문장으로 추정된다.[80] 따라서 첫 번째 역병을 기양한 소룡도량문은 희종 7년 무렵인 1211년 4월 이후 11월 이전에 작성된 것이 분명하다. 이는 당시 전염병이 유행하였다는 것을 의미한다. 그런데 이규보가 권40에 질역이 돌아 經行, 즉 『반야경』을 머리에 이고 집단적으로 빙빙 도는 의식을 행하기 전에 景靈殿에 그 일을 아뢰는 축문도 이 시기에 지었던 것으로 보인다.[81]

두 번째 소룡도량문은 앞에 있는 「修文殿에서 행하는 佛頂道場文」을 작성한 뒤에 지었을 것이다. 따라서 수문전에서 불정도량을 행한 시기를 알면 작성 시기를 짐작해 볼 수 있다. 이규보가 직한림이 된 희종 3년 이후에는 수문전에서 불정도량이 행해진 적이 없고, 고종대에 와서 5번에 걸쳐 이루어졌다고 한다.[82] 그 중 이규보가 한림원에 있었던 시기와 공통분모를 이루는 때는 고종 15년이다. 따라서 1228년에 전염병이 유행하였음을 알 수 있다.

다음으로 이승휴(1224~1300)가 자신의 「病課詩」에서 토로한 전염병을

---

79) 김수연, 앞 논문(2004), 26쪽 참조.

80) 『고려사』 권21, 세가21 희종 7년 4월 계미.

81) 이 글 앞에 있는 축문은 태묘에 윤달 보름을 고하는 제사를 위한 것이다. 권40에 태묘 윤달 제사를 위한 글이 2개 있는데, 이규보가 한림직에 있던 희종 3년 이후 윤달이 들었던 해는 희종 4년과 희종 7년이다. 『고려사』 권48, 지2 천문2 참조. 따라서 두 번째 윤달 제사를 위한 축문은 희종 7년에 작성했다고 보아야 할 것이다.

82) 고종 4년·9년·10년·11년·15년에 수문전에서 불정도량이 행해졌다고 한다. 김수연, 앞 논문(2004) 참조.

살펴보기로 한다(<표 3> 14번). 실제 1262년(원종 3) 京師에는 전염병이
유행하고 있었다.[83] 1267년에 개경으로 환도하므로, 이때의 경사란 강화를
의미할 것이다. 이승휴는 29세의 나이로 1252년(고종 39) 문과에 급제한
다음 해에 홀어머니를 뵈러 외가인 三陟縣 龜洞에 갔다가 몽골의 침략으로
길이 막혀, 전쟁의 참상을 직접 목격하기도 하였다.[84] 무엇보다 그는 전염
병을 만나 온 집안 식구들이 앓아눕거나 죽는 일을 경험하였으니, 다음의
자료가 이를 잘 보여준다.

> J-1. 계해년 정월 상순에 이르러, 집안에 병이 들어 홀어머니께서 蟻床
> 위에 계시면서 호흡이 거칠어 아침이나 저녁까지 (살아계실지) 바랄
> 수 없는 지경이었다. 종들 가운데 혹 죽는 자도 있었고 나머지 역시
> 병으로 일어나지 못해 심부름꾼이 하나도 없었다. (나) 홀로 탕약을
> 시중들며 밤도 낮처럼 계속하였는데, 겸하여 종들도 보살폈다. 2월
> 중순에 이르러, 병이 좀 나았다.[85]
> 2. 이래로 또 병에 걸려, 열기가 불타는 듯하네.
> 홀어머니께서 침상에 계시니, 마음 유달리 어지럽네.
> 탕약도 오히려 마련하기 어렵거늘, 뒤뜰에 어찌 원추리를 심었겠는가?
> 曾子는 부질없이 탄식을 머금었고, 楚辭에서는 허공에다 초혼을 썼소.
> 종들은 죽어 방에 가득한데, 머리를 나란히 함이 자라 같다.
> 병든 몸도 오히려 둘 데 없거늘, 어찌 다시 부엌일을 하겠는가?
> 밤마다 홀로 촛불을 잡고, 동쪽이 밝기만을 앉아서 기다렸네.[86]

자료 J-1은 이승휴가 삼척에 머무르면서 병과시를 짓게 된 상황을 해설한

---

83) 『고려사』 권55, 지9 오행3 土.
84) 이승휴, 「病課詩幷序」, 『動安居士行錄』 권1 ; 김경수・진성규 공역, 『국역 동안거
   사집』(삼척시, 1995), 60쪽.
85) 이승휴, 「病課詩幷序」, 『動安居士行錄』 권1.
86) 이승휴, 「病課詩幷序」, 『動安居士行錄』 권1.

서문이다. 계해년은 1263년으로서 원종 4년에 해당한다. 이 해 정월 온 집안에 전염병이 돌았는데, 특히 노년의 어머니가 언제 숨이 넘어갈지 모르는 위독한 상황이었다. 집안의 종들까지 앓아누워 죽은 자가 속출함에 따라 약 시중을 할 사람조차 없었다고 한다. 정월 상순에 시작한 병은 2월 중순이 들어 좀 기세가 잦아들었는데, 특히나 어머니의 병에 차도가 보였다고 한다.[87] 무엇보다 위 자료 J-2에서 죽어간 종들의 시체가 방안에 가득하다는 표현에서 약 한 첩 써보지 못하는 노비들의 비참한 일생을 잘 알 수 있다. 특히 노비계층은 평소 부실한 먹거리에 과중한 노역으로 시달렸을 것이기에, 전염병에 가장 취약한 계층 가운데 하나였다고 생각한다. 사대부 출신인 이승휴의 어머니는 각종 약재로 우선적인 치료를 받았지만, 집안의 노비는 대부분 제대로 된 치료조차 받지 못한 채 방치되었을 것이다.

고려시대 문집 가운데 전염병의 참상을 이토록 생생하게 묘사한 글은 이승휴의 것이 유일하다. 당시 전염병의 특징은 우선 고열이었다. 발진에 관한 묘사가 없이 열만 강조된 것으로 보아 이른바 溫疫, 즉 열성 질환이었다고 파악된다. 1262년 원종과 귀족들이 모여 살던 강화지역을 강타한 역병은 삼척의 구동 계곡까지 찾아왔던 것이다. 이승휴의 시로 인해 인구 집중 지역에서 먼저 발생한 전염병이 시간을 두고 전국적으로 퍼져 나가, 방안 가득 시체를 남기며 民家를 괴롭혔다는 사실을 확인해볼 수 있었다.

다음으로 <표 3> 15번에 있는 인수공통전염병에 관한 기록은 주목할 만하다. 『고려사』 五行志에 보면, 가축 전염병에 관한 사례가 2개 남아있다. 牛疫이 도는 원인에 대해 언급한 것과 함께 살펴보면 다음과 같다.

---

87) 이승휴는 이 해 겨울(원종 4)에 삼척지방에 온 安集使 李深敦의 주선으로 입경하여 李藏用과 柳璥의 추천을 받아 벼슬길에 올라 경흥부서기가 되었다. 『고려사』 권106, 열전19 이승휴.

K-1. 오행의 5는 土이니 토는 중앙에 위치하고 있으면서 만물을 생장시키는 것이다. 그중에서도 농사가 제일 중요한데 土氣를 배양하지 않으면 농사가 잘 되지 않으며 金, 木, 水, 火도 여기 따라 해를 끼쳐 변괴로 되어 지진도 일어나고 흙비도 내리며 때로는 밤에 요괴가 생기기도 하고 때로는 벌레의 피해도 생기며 때로는 牛疫이 돌기도 한다. 그 징조는 항상 바람이 불고 그 빛은 누르니 이것이 黃祥으로 된다.[88]

2. 인종 20년 10월 무인일에 서남지방의 각 고을에서 소와 말의 전염병이 돌므로 日官을 여러 곳에 보내 기도를 드려 액막이를 하게 하였다.[89]

3. 충렬왕 5년 12월에 경상도에서 우역이 돌았는데 병든 소를 도살한 사람의 손이 불에 덴 것처럼 살이 벗겨져서 죽었다.[90]

K-1은 고려시대에 가축 전염병이 도는 원인이 土氣가 제대로 배양되지 못하여 나타나는 현상으로 파악하였음을 보여주고 있다. 즉 만물을 생장시키는 토기가 제대로 자라나지 못하면 농사를 망칠 뿐 아니라 지진, 흙비, 병충해, 우역의 원인으로 작용한다는 것이다. 五行志에 남아있는 우역 발생 사례는 1142년(인종 20)과 1279년(충렬왕 5)의 것이 있다. 여기에 기재된 우역은 그로 인한 사회적 파장이 매우 컸기 때문에 오행지에 특별히 채록되었다고 생각한다.

K-2에서 보듯, 서남지방의 우마에 전염병이 돌자 인종은 日官을 파견하여 제사를 지내도록 하고 있다. 겨울 10월에 제사를 지냈으므로, 전라도 지역에서 발생한 우마의 역병은 실제 가을철에 대 유행을 하였을 것이다. K-3의 사례는 전술한 바와 같이 고려시대 가축이 인간에게 전염병을 감염시키는 유일한 사례로서, 인수공통감염증(zoonosis)이었음을 알 수 있다.

---

88) 『고려사』 권55, 지9 오행3 土.
89) 『고려사』 권55, 지9 오행3.
90) 『고려사』 권55, 지9 오행3.

대표적인 소 전염병으로는 결핵과 브루셀라, 口蹄疫 등이 있으며,[91] 말의 경우는 鼻腔폐렴(Rhinopneumonitis), 인플루엔자, 腺疫(Strangles) 등이 있다고 한다.[92]

K-3에서 병든 소를 도살하였던 사람 중에서, 마치 화상을 입은 듯 손이 벗겨지면서 사망하였다. 피부가 벗겨지면서 사망했다는 기록으로 미루어, 소의 탄저병이 도살자에게 옮겨져 피부 탄저병(cutaneous anthrax)을 일으켰던 것으로 보인다. 특히 가축에서 인간에게 전염된 피부 탄저병의 경우, 침입 부위에 괴사를 일으켜 반흔에서 구진·수포 등이 나타나고 최종적으로 악성농포로 발전한다.[93] 인수공통감염병을 주목할 필요가 있는 이유는 異種에서 온 전염병의 경우, 인체에 면역력이 없기 때문에 그 파괴력은 상상 이상이라고 한다.[94] 그 대표적인 예가 바로 중증급성호흡기증후군(SARS)과 조류인플루엔자(AI), 광우병 등이다.

몽골 침입기 이후 원의 본격적인 간섭이 시작되면서 원나라 관료와 군대가 한반도에 대거 들어왔는데, 이들과 함께 온 우마가 상당수였을 것으로 추정된다. 기후와 풍토가 다른 지역에서 들어온 異種의 우마와 한반도 自生 우마의 만남은 가축 전염병이 발생하기 좋은 환경을 만들었을

---

91) 전무동, 「한국에서 주로 문제되는 소 전염병의 防疫 : 綜說」, 『韓國獸醫공중보건학회지』 14-3(1990), 199~201쪽에 따르면, 1900년 이래 한국에서 보고된 소 전염병은 20여 종으로, 口蹄疫, 牛疫, 牛肺疫, 탄저, 氣腫疽 그리고 牛결핵과 브루셀라병 등이 있다고 한다.

92) 강영배, 「해외가축전염병 최근 발생동향과 대응연구」, 『1994년도 춘계 한일학술심포지움 발표집』(대한수의학회, 1994) 참조.

93) 탄저병에 관해서는 임현술·송영구·유한상·성원근·김종완, 「탄저병의 개요」, 『韓國疫學會誌』 27-1(2005), 12~25쪽 참조.

94) 인수공통감염증에 관해서는 박승철·천병칠·박기동, 「인수공통감염증의 현황과 관리개요」, 『韓國疫學會誌』 27-1(2005)의 글을 참고할 수 있다. 동남아에서 유행하였던 SARS와 조류독감(AI), 광우병 역시 인수공통감염병이다.

것으로 추정된다. 가축 전염병이 인수공통감염병이었을 경우, 사람에게 옮겨가 역병의 대유행을 초래할 수도 있었을 것이다.

한편 1281년(충렬왕 7) 여몽 연합군의 일본 정벌 도중 군중에서 전염병이 돌아서 죽은 자가 매우 많았다. 이는 고려와 중국, 일본 삼국의 전염병 역사를 연구하는 데 중요하게 고려되어야 할 부분이다. 일본의 『百鍊抄』, 『迎陽記』에 의하면, 여몽 연합군이 일본을 정벌할 당시 일본에는 적반창이 유행하였다고 한다.[95] 적반창은 발진성 질환을 의미한다. 고려는 이 해에 봄부터 가을까지 중외에 전염병이 돌아 사망자가 많았다. 군중에서 유행하였던 전염병이 민간에까지 전염된 것이리라. 이렇게 볼 때, <표 3>의 고려 충렬왕대 역병은 발진성 질환일 가능성이 크다. 따라서 고려시대에 유행한 전염병 중 상당 부분은 중국→한반도로 전파되었고, 일부는 일본→한반도라는 전염 통로를 가졌다고 생각한다.

요컨대 고려 후기의 전염병은 상당수가 전쟁으로 인해 야기되었다. 지방의 반란을 진압하기 위한 토벌군대 내에서부터 몽골군의 침략과 여몽 연합군으로서 전쟁을 수행하는 와중에 발생한 전염병 등, 중기에 비해 발생 원인의 스펙트럼이 매우 다양하다. 주로 전쟁시 군대 내에서 발생한 전염병이 군대의 귀환 후 민간에 퍼져 큰 피해를 유발하였다. 특히 1279년 탄저병으로 추정되는 전염병 사례는 고려 전염병에 대해 새로운 시각을 요구한다. 탄저병은 위구르를 멸망시킨 주된 원인으로 지목받고 있는 유목민의 역병이다.[96] 이는 유목민이었던 몽골의 지배를 받으면서 새롭게 유입

---

95) 中島陽一郎, 『病氣日本史』(雄山閣出版, 1998), 52쪽.

96) 정재훈, 「위구르 遊牧帝國의 崩壞와 遊牧世界의 再編」, 『東洋史學研究』 76 (2001)에 의하면, 840년 회흘이 멸망한 원인에는 인수공통으로 감염되는 탄저병의 유행과 연이은 자연재해로 유목인의 재생산구조가 파괴되어 궁극적으로 멸망에 이르게 되었다고 한다.

되었던 역병일 가능성이 크다고 생각한다. 전쟁과 더불어 역병이 뒤이어
발생하면서 인구 격감을 초래하였다. 이는 고려의 사회체제가 붕괴되는
데 한 원인으로 작용하였을 것이다.

3. 전염병의 대응책과 치료

한국 고대사회에서 전염병이 유행하면 정치권력은 우선적으로 종교
제례를 통해 절대자에 빌기도 하고, 구휼과 의학 진흥책을 펴는 등, 다양한
정책으로서 동요하는 민심을 다스리고자 하였다.97) 그러나 고려시대에
이르면 의학적 치료가 국가의 일차적 대응방안이었던 것으로 보인다. 987
년 성종은 생명을 보존하기 위해서는 "병을 치료하는 것이 우선"이라고
하였다. 이에 12牧에 醫學博士를 파견하여 醫生을 양성함으로써 의료
수혜자를 늘리고자 하였다.98) 성종은 질병에 대한 의학적 치료가 가지는
당위성을 인식하고 이를 전국적으로 확대하기 위해 중앙에 비해 열악한
지방 의료를 전담할 전문 의료인을 양성하고자 하였던 것이다. 1109년
5월 고려사회에 만연하였던 전염병 문제를 해결하고자 노력하였던 예종은
교서를 통해 "개경 경내에서 인민들이 유행병에 걸렸으니 救濟都監을
설치하여 그들을 치료해 주도록 해야 한다"고 하였다.99) 예종 역시 전염병
에 걸리면 의학적 치료가 중요하다는 점을 강조하고 있다. 아프면 치료를
해야 한다는 것이 이미 상식이었던 것이다.

전근대사회에서 치료는 신분과 계급에 따라 차등적으로 행하여졌다.

---

97) 이현숙, 앞 논문(2003), 234～252쪽에서는 통일기 신라의 전염병 대응책으로서
　　구휼정책, 약사신앙의 장려, 민간요법의 개발과 의학서 편찬 등을 지적하였다.
98) 『고려사』 권3, 세가3 성종 6년 8월 敎書.
99) 『고려사』 권80, 지34 식화3 賑恤 水旱疫癘賑貸之制, '예종 4년 5월의 교서'.

국가권력은 의료 전문 인력과 고급 약재를 독점하여, 의료를 매개로 신민을 통치하고자 하였다. 특히 단기간 내 사망자가 많이 발생하는 전염병은 정권 담당자에게 정치적 부담이 컸을 것이다. 적절한 대응책을 시행하지 못하면 권력의 몰락을 초래할 수 있었다. 이에 국가권력은 각종 제례를 올리거나, 죄수를 방면하는 등 다양한 방법으로 민심을 다스리려 하였다. 그러나 의학적 치료가 국가의 일차적 대응방안이었다. 사람이 아파서 죽어 가면, 환자의 고통을 경감시키고 목숨을 구해보려는 시도는 인지상정이기 때문이다. 고려의 전염병 가운데 유일하게 병명이 남아있는 장역과 온역을 중심으로 그 치료책을 살펴보기로 한다.

1) 장역과 온역의 치료

신라시대 역병 기록에는 다만 '疾疹' 또는 '疫'이라고 표현되었던 전염병 기록이 고려시대 기록에는 현종 9년(1018)의 瘴疫, 숙종 5년(1100)의 瘟疫 등 구체적인 병명이 적시되어 있다. 이는 당시 의학의 발전으로 인해 유행 하는 질병의 증상과 병명에 대해 사회적 합의가 이루어졌음을 반영하는 것이라고 생각한다. 즉 신라 통일기 이래 동아시아 의학의 기준이 되었던 중국의학체계를 수용한 결과, 중국식 질병명과 약재명을 사용하게 되었 다.[100] 이에 고려에서는 중국 의서에 입각하여 전염병에 대한 이해를 하였 고, 이를 의학적으로 어떻게 치료할 것인지 의료적 담론이 형성되었던 것이다. 고려시대 전염병 기사에서 병명을 알 수 있는 장역과 온역이 무엇 이며, 그 치료책은 무엇이었는지 살펴보기로 한다.

---

100) 한국이 동아시아 의학과 호환이 가능한 보편적 의학체계를 가지게 된 것은 692년 신라가 중국식 의학체계를 가르치는 醫學을 설립한 것에서 시작하며, 고려시대 의학은 한국 중세 의학의 전형을 보여주고 있다고 할 수 있다. 이현숙, 「韓國 中世醫學의 誕生」, 『醫史學』 15-2(2006) 참조.

瘴疫은 남쪽 지방에서 봄과 가을에 山林瘴氣의 독한 안개에 감촉되어서 생기는 병으로 이해되어 왔다.[101] 즉 장기란 습한 기운을 의미하는데, 이 습기가 외부로부터 침범하여 몸에 질병을 일으키는 外感病을 瘴疫이라고 한다.[102] 따라서 장역은 주로 고온다습한 중국의 남방지역에서 발생하는 전염병을 의미하였다. 습한 기운이 정체되면 독기를 발생한다는 점은 동서의학의 공통적인 이해였다.[103] 이렇게 볼 때, 장역은 중국 남방에 상존하던 일종의 풍토병이라고 할 수 있다.

전술한 바와 같이 1010년 甘肅省에서 발생한 瘴疫은 1015년에는 사천성 지역까지 전파되었다. 그런데 융주는 소수민족이 다수 거주하는 지역이라고 한다. 여기에서 눈여겨보아야 할 점은 한족과 접촉이 많지 않았던 중국 서남부 변방 감숙성과 사천성 일대에 장역 피해가 컸다는 점이다. 송 진종은 장역으로 피해가 가장 큰 지역에 『太平聖惠方』(이하 『성혜방』으로 약칭) 각 1부씩을 보내, 치료하는 데 준거가 되도록 하였다. 송 정부는 『성혜방』에 있는 장역 치료법으로써 의학적 대응을 하였던 것이다.

1018년 고려에서도 장역이 유행하자 정부의 대응책은 역병에 대한 경험

---

101) 최근 들어 중국에서는 질병학이나 역사지리학, 또는 의료사회사적 범주에서 瘴氣와 瘴病을 다룬 연구들이 많이 나오고 있다고 한다. 특히 '장기'는 중원문화 대 남방문화 또는 지방문화라는 시각에서 파악할 때, 서남지역에 있는 地方性 질병의 개념이 아니다. 이는 문화적 개념으로서 중앙의 문화가 지방 문화 특히 남방문화에 대한 편견을 드러낼 때 사용되는 용어라고 한다. 張文, 「地域偏見和族群歧視 : 中國古代瘴气与瘴病的文化學解讀」, 『民族研究』 2005年 3期 참조.

102) 박위근 · 김동일 · 로룡갑 외, 『동의학 용어해설집』(科學百科事典出版社, 日月書閣 復刊本, 1997), 272쪽.

103) 미생물의 존재가 알려지기 전까지 서양의학에서도 늪이나 골짜기와 같이 습하고 공기의 소통이 잘 되지 않는 곳에서 발생하는 miasma가 전염병을 일으키는 원인이라고 하였다. 이에 동양이 서양 근대의학을 받아들이면서 미아즈마를 瘴氣라고 번역하였기에, 동서의학에 나타난 공통적인 인식을 엿볼 수 있다. 김남일 · 신동원 · 여인석, 『한권으로 읽는 동의보감』(들녘, 1997), 542~543쪽.

이 담겨져 있는 송나라 최신 의학서를 수입하는 것이었다. 이러한 영향은 고려에서도 찾아볼 수 있으니 다음의 자료가 그것이다.

L. 韓祚가 송나라에서 돌아왔다. 황제가 『성혜방』 음양이택서 建興曆 및 釋典 1질을 내려주었다.[104]

현종은 고려에 장역이 대대적으로 유행한 지 4년 뒤인 1022년에 송의 최신 의학서 『성혜방』을 들여왔다. 『성혜방』을 수입하게 되는 1021년(현종 12) 6월 고려사신단은 179인으로 대규모였다. 고려가 송에 사신을 파견하면서 서책을 요청한 것은 기록상 이것이 처음이다. 음양지리서와 『성혜방』을 고려 측에서 먼저 요청했다는 것은 고려가 『성혜방』의 중요성을 알고 있었기 때문이다. 고려의 지배층은 전염병의 유행에 대해 의학적으로 대처해 보고자 노력하였다는 것을 여기에서 엿볼 수 있다.

실제 고려사회에서 『성혜방』의 영향은 절대적인 것이었다. 예컨대, 고려 고종대에 편찬된 『향약구급방』을 복원하는 과정에서 550여 개 처방에 대해 인용문을 필자가 직접 확인해 보았는데, 그 가운데 76개가 『성혜방』에서 인용한 것이었다.[105] 즉 확인된 인용문의 15% 정도가 『성혜방』이었다. 또한 조선 세종대 편찬된 『瘡疹集』에서 여러 의학자의 논의를 소개하거나 의서에 나오는 구체적인 처방을 나열할 때 『성혜방』을 가장 먼저 인용하고 있다. 이로 보건대, 고려 현종대 도입된 『성혜방』은 조선 전기까지 절대적인 위치를 차지하였던 의학서 중의 하나라고 하겠다.

---

104) 『고려사』 권4, 세가14 현종 13년 5월.
105) 신영일, 『향약구급방에 대한 연구』(경희대 한의대 박사학위논문, 1994) 참조. 필자가 인용 의학서를 일일이 세어 본 결과로서 향약구급방은 고려 의학서 『備預百要方』에서 상당수를 복원하였고, 후대에 찬집된 『비예백요방』을 제외하면 가장 많이 인용한 의학서가 바로 『성혜방』이라고 할 수 있다.

그렇다면『성혜방』에서 제시한 장역 치료법은 무엇이었을까? 宋의 太醫 王懷隱이 지은『성혜방』권15 時氣論에는 다양한 장역 치료법이 제시되어 있다. 이에 비해 온역은 따로 항목을 두고 다루지 않았다.[106] 아마도 송대에 는 온역에 대한 이해가 미흡하였고, 열성 전염병을 의미하는 온역에 대한 기본 처방은 열병 치료에서 다루었기 때문이라고 생각한다. 그런데『성혜 방』의 장역방은 모두 조선 세종대에 편찬된『醫方類聚』에 수록되어 있 다.[107] 이를 정리해 보면, ①茵蔯散, ②朱砂散, ③老君神明白尤散, ④雄黃 丸, ⑤殺鬼丸, ⑥犀角丸, ⑦赤散方, ⑧安息香丸, ⑨桃枝葉浴湯方, ⑩殺鬼虎 頭丸, ⑪黃膏方, ⑫獺肝丸, ⑬鬼臼丸, ⑭鬼箭羽丸, ⑮雄黃散, ⑯彈鬼丸의 16가지 複方과 11개의 단방으로 구성되어 있다. 주재로 사용된 약재를 알기 쉽게 도표로 만들어 보면 다음 <표 4>와 같다.[108]

『성혜방』에서 제시한 장역 처방은 다양한 약재가 필요한 처방이다. 주재의 약재를 살펴보면 상당수가 외국산이며, 주로 해열 진통 작용에 사용되는 강한 광물성 약재가 많이 이용되고 있음을 알 수 있다. 그런데 조선 초에도『성혜방』의 처방은 지속적으로 이용되었으니, 다음의 자료를 통해 알 수 있다.

---

106) 본고에서 사용한『성혜방』은 한의학 연구원(http://jisik.kiom.re.kr/)에 있는『醫方類 聚』에서 인용한 것을 사용하였다.『성혜방』에는 다양한 장역 치료법이 기재되어 있는 것에 비해 온역에 대한 치료법은 별로 없다. 필자가 조사한 바에 따르면, 온역 처방은 모두 小兒門이나 婦人門에 3~4개 정도로만 기재되어, 별도의 항목으 로 처리된 장역과 비교된다. 아마도 이 시기 중국에서 장역의 치료가 의학적으로 큰 화두였음을 반영하는 것은 아닌가 생각한다.

107)『醫方類聚』권51, 상한문25 ;『聖惠方』권6.

108) 27개 장역방 가운데 전문 약재를 사용한 처방은 모두 23개이나 이중 17개만 정리하였다. 정리하지 않은 나머지 6개는 약재가 매우 복잡다단하여 고려에서 사용하기 힘든 것으로 파악하였다.『성혜방』의 장역 처방은 이후 조선 세종대 만들어진 의학서『의방유취』에 모두 수록되었다.

64

<표 4> 『聖惠方』中 瘴疫 치료방의 主藥材 분석(http://herb.daegu.go.kr의 자료 이용)

약재명	효능	산지
① 茵蔯 Artemisiacapillaris Thunberg	소변을 잘 나오게 하고 황달성 간염과 담에 생긴 염증에 효능, 돌림병으로 열이 몹시 나면서 발광하는 증상에도 응용	한국 각지
② 朱砂 Cinnabaris	주로 심장에 작용하여 가슴이 두근거리면서 정신이 불안정한 증상을 치료하며 갑자기 크게 놀라게 기가 동하였을 때 흩어진 기를 모이게 하고 안정시키는 효능	중국의 귀주, 운남, 호북
③ 백출 Atractylodes japonica koidzumi	위액의 분비와 위의 연동운동을 왕성하게 하여 소화흡수력을 높이고 간장기능과 신체의 저항력을 증강시키는 효과를 얻을 수 있어 비위허약으로 인한 소식, 만성위장염, 소화불량, 복통, 설사, 더부룩함 등의 병증 치료	한국 중북부 고산지대에 자생
④ 웅황 Realgar	해독작용이 강하지만, 단기간만 복용	중국의 호남, 호북, 귀주, 운남, 사천성
⑤ 鬼箭羽 Euonymus alatus Siebold	어혈을 없애고 혈액순환을 촉진시켜 무월경이나 산후복통, 손발이 저리고 아픈 증상, 타박손상, 류머티스성 관절염 등에 활용	한국 고산지대 자생
⑥ 석고 Gypsum Fibrosum	극심한 열로 인한 증상에 해열제로서 多用. 주로 폐와 위의 열을 꺼주고 갈증이 심한 증상을 치료.	중국 각지
⑦ 창출 Atracylodes chinensis Koidzumi	비장의 기능을 강화시키고 몸에 있는 풍의 기운을 제거하고 차가운 기운을 체외 배출하는 효능	한국 야산과 고산에 분포
⑧ 복령 Polypori umbellati Polyporaceae	인체의 과도한 수분을 제거하는 약으로 脾를 補하여 정신을 안정시키는 효능, 정신불안이나 스트레스성 증상에도 응용	중국, 한국
⑨ 황련 Coptis japonica Makino	心의 열을 내려주며 소화기에 적체되어 있는 濕熱제거. 열이 모여서 생긴 병증을 치료하는 要藥	중국 운남성. 한국은 매자나무과의 깽깽이 풀 뿌리로 대체
⑩ 천오두 Aconitum ciliare Decaisne	몸 안으로 침입한 풍을 배출하는 작용. 풍한 습 邪氣 제거, 경맥을 따뜻하게 통하게 해주며 진통 효과가 크나 독성이 강함	중국 사천성, 한국
⑪ 부자 Aconitum carmichaeli Debeaux	강심, 이뇨, 흥분, 진통의 약효, 중풍이나 반신불수의 치료에 효과적이나 독성이 강함	중국의 사천과 섬서. 한국
⑫ 대황 Rheum palmatum Linne	어혈과 월경이 나오지 않는 것에 효과, 대소변을 잘 통하게 하고 열을 식혀주는 효능	한국 각지에서 재배

M-1. 예조에 傳旨하기를, "(중략) 의방을 널리 수집하여 내려주어 중외의
　　　집집마다 두루 알도록 하고 진심으로 구료하여 죽는 일이 없도록
　　　하여 백성을 구휼하는 내 뜻에 부합하도록 하라" 하였는데, 그 처방으
　　　로 『성혜방』이라는 것이 있었다.

　2. 그 방문에 이르기를, "『聖惠方』은 時氣와 熱毒을 서로 감염하지 못하게
　　　하는 것이다. 방문으로는 豆豉 1되[升], 伏龍肝, 【3냥을 細硏】 童子小
　　　便【3中盞】을 서로 섞어서 달이고, 1中盞 반을 취하여 찌꺼기를
　　　버리고 세 번에 나누어서 먹되, 아침마다 한 번씩 服用토록 하여 사람으
　　　로 하여금 瘴疫에 걸리지 않게 한다. 또 時氣瘴疫浴湯方은, 복숭아나무
　　　枝葉 10냥, 白芷 3냥, 柏葉 5냥을 골고루 찧고 체[篩]로 쳐내어 散을
　　　만들고는, 매번 3냥을 가져다가 湯을 끓여 목욕을 하면 극히 좋다.
　　　또 時氣瘴疫方은 복숭아나무 속에 있는 벌레똥[蟲糞]을 가루로 곱게
　　　갈아 한 돈쭝[一錢重]을 물에 타서 먹는다. 또 방문으로는 炒豉 1되,
　　　和尤 1근을 술에 담가 두고 항상 마신다.

　3. 『千金方』의 治溫病不相染方은, 새 베로 만든 자루[新布袋]에 붉은
　　　팥[赤小豆] 1되를 담아 우물 안에 넣었다가 3일 만에 꺼내어, 온 식구가
　　　27알[枚]씩 복용한다. 또 방문으로는 솔잎[松葉] 가루를 술에 타서
　　　方寸匕로 하루 세 번씩 복용한다. 또 방문으로는 새 베로 만든 자루에
　　　콩 1되를 담아 우물 속에 넣어 한 잠을 재우고 꺼내어서 7알[枚]씩
　　　복용한다. 또 방문으로는 한때 돌아가는 瘴疫에는 항상 매달 보름날
　　　동쪽으로 뻗은 복숭아나무 가지를 잘게 썰어 넣고 물을 끓여 목욕한다.

　4. 經驗良方으로 傷寒疫癘에 한 자리에 거처하여도 서로 감염되지 않는
　　　방문은, 매일 이른 아침에 세수하고 참기름[眞香油]을 코 안에 바르고,
　　　누울 때에도 바른다. 倉卒間이라 약이 없으면, 곧 종이 심지를 말아서
　　　콧구멍에 넣어 재채기를 하는 것이 좋다"고 하였다.[109]

위의 자료 M은 세종대에 전염병이 유행하여 큰 문제가 되자, 이에 대한

---

109) 『세종실록』 권64, 세종 16년 6월 5일 경술.

대응책으로『성혜방』을 위시하여 각종 치료책을 널리 알려줌으로써, 일반
민이 스스로 치료할 수 있도록 하라는 세종의 傳教이다. 이는 당나라
현종 이래 일본과 신라를 위시한 동아시아 중세사회에서 전염병이 발생하
였을 때, 대처하는 법 중의 하나였다. 즉 필요한 의방을 판에 써서 사람이
많이 다니는 길목마다 붙여 글을 아는 사람이면 누구나 베껴가도록 하였
다.110) 전염병이 돌면, 조선뿐 아니라 고려에서도 해당 치료법을 널리
알렸을 것으로 생각한다.

전교 M은 모두 네 단락으로 나눌 수 있는데, M-1은 처방전을 내리게
된 경위에 대해 설명하고 있다. M-2, 3, 4는 구체적인 치료법을『성혜방』을
위시한 여러 의서에서 정리한 내용이다. 아마도 가장 손쉽게 민간에서
사용할 수 있는 치료법이라고 검증된 처방이었을 것이다. M-2에서는 제시
된 시기장역방 중 단방은 아래 표의 것과 동일하다. 또한 M-3에서『천금방』
의 것이라고 하였지만,『성혜방』에서도 재인용되었다. 즉 세종의 역병
치료방의 대부분은『성혜방』에서 나온 것이며, 이는 고려시대의 경험에
입각한 조치였을 것이다.

위의 자료 M-2로 보건대, 고려 현종대『성혜방』을 도입하였을 때부터
이미 시기장역방은 중요하게 취급되었음을 미루어 짐작할 수 있다. 그렇다
면『성혜방』의 장역방과 같은 치료는 고려사회에 어느 정도의 영향을
미쳤을까?

새로운 역병 치료책의 도입으로 사망률을 줄인다던가 하는 일은 20세기
초 서양의학에서조차 일어난 적이 없듯이, 실질적인 도움을 크게 주지는
못하였다고 여겨진다. 아마도 해열작용이나 통증 완화와 더불어 위약 효과
(placebo effect)로 인해 환자에게 심정적 위안을 주어 회복할 수 있는 계기를

---

110) 이현숙, 앞 논문(2003) 참조.

제공하였을 것이다. 『성혜방』의 장역방은 증상과 통증을 완화시켜 평소 체력이 강건한 환자의 경우, 사망에 이르는 것을 방지할 정도는 되었을 것이다.

그러나 『성혜방』 처방의 문제점은 고려에 산출되지 않는 약재가 상당수에 달한다는 사실이다. 예를 들어 安息香은 중동 지방에서 산출되는 것이며, 犀角(물소 뿔)도 남방에서 수입해야 하는 귀한 약재이다.[111] 따라서 『성혜방』에서 제시된 처방전의 혜택을 받을 수 있었던 계층은 아주 극소수 왕족이나 귀족에 한정되었을 것이다. 이러한 점이 『성혜방』의 처방 가운데 단방류와 치료방보다는 미리 豫防하는 벽온방을 더욱 애용하는 원인이 되었다고 생각한다. 단방류를 정리해 보면 아래의 <표 5>와 같다.

<표 5> 『성혜방』 권15 瘴疫方의 단방류

	方名	약재
①	治時氣瘴疫單行方	正月朔旦 及七日 呑麻子·赤小豆各二七枚 又各以二七枚 投於井中 又以附子三枚 令女子投於井中
②	上同	正月上寅日 取女靑搗羅爲末四兩 以三角絳囊盛 系戶上帳前
③	上同	冬至日 取雄赤雞作臘 至立春日煮食 令盡 勿令他人知
④	上同	二月二日 取東行桑根 大如指 懸門戶上 又令人各帶之
⑤	上同	上以艾灸病患床四角 各一壯 勿令知之
⑥	上同	上以赤小豆新布囊盛之 置井中 三日取出 擧家皆服 男子水下十粒 女人服二十粒
⑦	上同	桃木中虫糞末 細硏 水服一錢
⑧	上同	鮑魚頭(一枚燒成灰)赤小豆(半兩)
⑨	上同	炒豉一升 花尤一斤 酒漬恆將服之

『성혜방』의 장역방이 고려사회에서 널리 이용되기에는 약재 수급이라는 큰 걸림돌이 존재하였다. 따라서 치료방보다는 전염병을 예방하는 방지책, 즉 벽온 풍습이 고려에 유행하게 되었다. 이는 다음의 자료를 통해

111) 김두종, 『한국의학사』(탐구당, 1998), 119~124쪽의 「고려시대 약품교류」 참조.

알 수 있다.

　N-1. 神聖辟瘟丹 : 蒼朮 4냥을 볶고, 복령 3냥은 솜 같은 것을 뗀 후 불에
　　　 말린다. 인삼 2냥을 머리를 뗀 후 구운 감초 한냥과 함께 모두 갈아서
　　　 꿀에 졸여 탄알 크기로 환을 만든 뒤 주사를 입혀 매년 새해 아침
　　　 오경 초에 경건한 마음으로 天運의 기를 받을 수 있는 방향을 향해
　　　 따뜻한 술과 함께 한 알씩 씹어 먹는다. 술을 마시지 못하는 경우,
　　　 乳香 끓인 물에 개어서 먹어도 좋다. 천운을 받을 수 있는 방향은
　　　 가령 子가 들어가는 해이면 자 방향으로, 丑이면 축 방향, 이런 식으로
　　　 해당 방향을 향하여 복용한다.112)
　　 2. 닭도 울기 전에 이불 쓰고 앉아서 / 擁衾閑坐未鷄鳴
　　　　신단을 먹기 위해 술 한 잔 마시네 / 爲服神丹吸一觴
　　　　일흔두 알이 뱃속에 쌓였으리니 / 七十二丸應積貯
　　　　창자를 몽땅 뒤지면 말로도 될 수 있을 거라 / 搜腸傾倒斗堪量
　　　　어찌 세월만이 나이 먹게 하겠는가 / 豈獨歲華加我齒
　　　　신명환도 나이를 세는 산가지가 되네 / 神明丸亦作年籌
　　　　이 신단 환동약이 아니니 / 此丹非是還童藥
　　　　술이 아니었으면 아마 신단도 먹지 않았으리 / 不爲傾盃殆必休113)

　　위의 자료 N-1은 『御醫撮要方』에 나오는 신명단의 처방이다. 『어의촬요
방』은 1226년 茶房에서 누대로 전해오던 御藥處方集인 의방이 사라질
위기에 처해지자 당시 추밀상공인 최종준이 건의하여 고려왕조의 비전경
험방과 여러 의서를 참조하여 인출하였다고 한다. 신명단은 창출과 복령,

---

112) 한국한의학연구소편, 『역대 한의학 문헌의 고증 I』(보건복지부, 1996). 조선 中宗
　　 37년(1542) 김안국이 편찬한 『分門瘟疫易解方』의 鎭禳門에서 인용한 고려시대
　　 의학서 『御醫撮要方』의 '神明丹主一年瘟疫之災'의 내용이다. 원문은 한국한의학
　　 연구원(http://jisik.kiom.re.kr)의 『分門瘟疫易解方』 자료의 것을 사용하였다.
113) 이규보, 「己亥正旦飮神明丹戱作」, 『東國李相國後集』 권5 古律詩.

인삼, 감초 등 한국에서 산출되는 향약재 위주로 구성되어 있다. 이 벽온단
은 약방에서 제조하여 문무대신에게 연말에 하사하였다. 즉 N-2에서 이규
보가 정월 초하루 닭도 울기 전에 신명단 72알을 술과 함께 먹었다는
것에서, 신명단은 이른바 臘藥으로 국왕이 하사한 약이었음을 알 수 있다.
벽온단은 한해의 온역을 막아주는 역할을 하는 예방약이었다. 그런데 이규
보의 다른 시를 보면,『성혜방』단방류에 나오는 벽온의 풍습이 상당수
행해지고 있음을 알 수 있다.

> O-1. 대문 위에 복숭아나무 꽂음이 얼마나 괴상한가 / 門上揷桃何詭誕
>   뜰 가운데 폭죽 소리 시끄러운들 어이하리 / 庭中爆竹奈支離
>   벽온단으로 瘟疫 피함도 헛말이지만 / 辟瘟丹粒猶虛語
>   술마시기 위해 짐짓 사양하지 않았노라 / 爲倒醇醅故不辭[114]
>   2. 풍토잡기에 이르기를 형주와 초주 사이에 (중략) 폭죽을 마당에서
>   터뜨리면 사기를 놀라게 한다고 하여 요즘 사람들이 많이 효과를
>   보았다고 한다.[115]

　이규보는 정월에 온역을 막는 예방법으로서 대문 위에 복숭아나무를
꽂는 것, 뜰 가운데에서 폭죽을 터뜨리는 풍습, 벽온단을 복용하는 것
등을 예시하고 있다. 이는 위 <표 5>의 단방류에서 상당 부분 제시하고
있는 것이기도 하다.
　위 자료 O-1에서 이규보가 고려의 세시풍속으로 읊었던 복숭아나무와
폭죽 소리는 모두 외부의 邪氣와 역귀를 쫓는 역할을 하는 것이다. 이규보
는 온역을 막아주는 벽온단의 효능에 대해서는 믿지는 않지만 벽온단을

---

114) 이규보, 「守歲」, 『동국이상국집』권13 古律詩.
115) 『醫方類聚』권195, 雜病門1 瑣碎錄, “風土雜記 : 荊楚間 (中略) 又爆竹于庭 以驚邪
　　祟 今人多效之”.

한 해의 마지막 날 복용하고 있다. 벽온단의 복용 역시 세시풍속화 되었음을 알 수 있다.

O-2는 조선 세종대 역대 의방을 모아놓은 『의방유취』에서 중국의 『풍토잡기』를 인용한 자료이다. 여기에서는 중국의 형주(현 호남성 일대)와 초주(현재 淮安市 일대) 사이 지역에서는 폭죽을 터뜨리면 전염병을 유발하는 邪氣가 놀라 달아나 효험을 많이 보았다는 것을 소개하고 있다. 그런데 중국 특정 지방의 풍습이 이규보가 살았던 13세기 무렵에 오면 고려에 이미 하나의 세시풍속으로 정착되어 있다는사실을 자료 O-2가 잘 보여주고 있다. 중국에서 장역과 온역이 고려에 전파됨에 따라 고려는 『성혜방』에 나오는 의학적 치료법뿐만 아니라 세시풍속까지 수용하였던 것을 알 수 있다.

요컨대 고려 현종대 들여온 『성혜방』은 이후 고려와 조선에 이르기까지 장역과 온역을 치료하는 준거틀이 되었다. 그러나 그 치료방보다는 미리 예방하는 벽온방을 위주로 수용되어 전근대 한국사회에서 벽온풍습이 발달하는 데 일정한 영향을 끼쳤다. 또한 고려 문무양반은 국왕으로부터 벽온단인 납약을 하사받았는데, 이는 조선말까지 하나의 전통으로 자리하였다.

2) 치료와 권력

官醫가 치료의 중심에 있는 고려 공적 의료체계는 소수 문무양반을 위해 존재하는 한국 중세의료체제의 전형이라고 할 수 있다. 고려시대의 의료는 가부장적 이데올로기에 입각하여 국왕이 이를 매개로 臣民을 지배하는 기재 역할을 하였다. 한국 중세 의학의 특징은 하나의 통치수단으로 강력한 중앙권력의 주도하에 이루어졌던 점이라고 할 수 있는데, 이는

동아시아 의학이 가지고 있는 공통점이기도 하다.116) 즉 권력은 최상의
의료 인력과 물자를 독점적으로 소유함으로써 의료를 충성에 대한 반대급
부 기재로 확보하였던 것이다.

앞장에서도 살펴보았듯이, 중국의 황제는 변방의 조공국에게 약재를
하사하고, 고려의 국왕 역시 신료에게 약재를 내린다. 중세 국가에서 약재
는 일종의 威勢品이었다. 납약이 가장 그 대표적인 물품이라고 생각한다.

역병이 유행하면 고려 집권자는 이에 상응하는 약재를 분배하고자 하였
음을 다음의 자료에서 알 수 있다.

> P-1. 현종 9년 4월 경성에 역병이 돌자 왕이 관의를 파견하여 구료하였다.117)
> 2. (송 인종은) 北使가 '고려에 군사를 출동시키자'고 말하였지만, '백성들
>   을 죄없이 죽이게 된다' 하면서 출병을 그만 두었고, 궁중에서 通天犀를
>   내어 京師의 疫疾을 구호하면서 말하기를, '짐이 어찌 특이한 물건은
>   귀하게 여기고 백성을 천하게 여기겠는가?' 하였다.118)

위 자료 P-1은 1018년 개경에 瘴疫이 유행하자, 현종이 官醫를 파견하였
다는 사실을 전하고 있다. 당시 관의는 장역 치료에 필요한 수입약재를
사용하여 치료하였을 것이다. 그러나 관의 파견은 문관 5품 이상, 무관
4품 이상에게 해당하는 사항이었다. 즉 문무 고급 양반에게만 제한적으로
실시되는 것이지, 대부분의 고려 백성과는 상관이 없는 일이었다. 이러한
관례는 중국 당나라로부터 온 것이다.

P-2는 송 인종이 고려를 정벌하자는 논의에 대해 백성의 수고로움을
생각하여 받아들이지 않았고, 또 당시 유행하는 역병을 구료하기 위해

---

116) 이현숙, 앞 논문(2006), 283~284쪽.
117) 『고려사』 권55, 지9 오행3 土.
118) 정도전, 「君道」, 『三峰集』 권12.

궁중에 보관하고 있던 수입 약재 通天犀를 나누어주었던 사실을 전하고
있다. 통천서는 『성혜방』에서 장역을 치료하는 주요 약재 중의 하나였다.
전술한 바와 같이 송 인종대에는 남방에 원정갔던 군사들 사이에서 장학이
유행하였다. 송 황제 역시 역대 중국 왕들이 행하였던 약재 수여제도를
그대로 시행하였음을 보여준다. 그런데 여기에서 의미하는 백성이 과연
고려 또는 중국의 전 백성이었을까? 아마도 관의의 치료를 받을 수 있는
문무 양반 또는 고급 군관들에게만 해당되는 사항이었을 것이다.

고려의 경우, 하층민에 대해서는 濟危寶와 惠民局, 救濟都監 등과 같은
다양한 救療 기관들을 설립하여 치료하게 하였다.[119] 전염병이 유행하면
빈민들의 희생이 컸기에, 빈민을 위한 의료대책을 시행하지 않을 수 없었
다. 1110년과 1348년에 전염병으로 길거리에 시체가 서로 베고 누웠다는
표현에서도 짐작할 수 있듯이, 장례 치를 비용이 없어 개경 시내에 방치된
빈민의 주검은 전염병이 유행하게 되는 또 다른 요인으로 인식되었을
것이다. 이들 빈민 환자를 한 곳에 모아 관리해야할 필요성에서 빈민의료는
시작되었다고 생각한다.

빈민의료의 시작은 예종대의 救濟都監일 것이다. 그러나 이는 상설
기관이 아니었다. 빈민의료와 구제를 위해 濟危鋪와 東西大悲院이 있었다.
濟危鋪는 광종대, 東西大悲院은 정종대부터 그 이름이 보인다. 그러나
전염병이 유행할 때마다 濟危鋪와 東西大悲院을 다시 수리를 한다든지,
재원을 확충한다든지 하는 기사가 수차례 나온다.[120] 제위보와 동서대비
원은 전염병이 유행한다든가 하는 비상시에 주로 기능하는 기관이라는

---

119) 이에 관해서는 손홍열, 앞 논문(1981), 83~127쪽 참조.
120) 『고려사』 세가에 남아있는 동서대비원과 제위보에 대한 수리와 재설치에 관한
　　 기사는 다음과 같다. ①정종 2년 11월, ②인종 9년 3월, ③의종 22년 3월, ④충선왕
　　 3년 3월, ⑤공민왕 20년 12월.

것을 보여주고 있다. 즉 빈민이나 일반 백성을 위한 상설 의료기관이 아니었던 것이다. 대부분의 동서대비원 관직이 임시직 또는 파견직으로 구성되었다는 점에서도 알 수 있다.[121] 爲民政策하에 만들어진 이들 기관의 실상은 치료보다는 격리에 우선점이 두어졌을 것이다.

전염병에 대한 치료 수요는 고려 의학 수준을 提高하게 만들었다. 고려가 유행하는 전염병이 瘴疫인지, 溫疫인지를 알 수 있었던 것은 송나라의 사례를 통해서였다고 여겨진다. 12세기에 이르면 각종 향약의학서가 출현하게 된다. 이는 치료 대상에 일반민까지 포함하기 위하여 향약을 개발해야 된다는 담론의 결과물이었다.[122] 그러나 그 치료는 철저하게 권력의 손으로 행하여졌다. 이는 고려사회에서 기근시 구휼미가 어떻게 지급되는지를 살펴보아도 짐작할 수 있다.

Q. (충렬왕) 17년 6월에 원나라에서 海道萬戶 黃興, 張侑, 千戶 殷實, 唐世雄을 보내 배 47척에다 江南(양자강 이남) 쌀 10만 섬을 실어다가 굶주린 백성들을 구제해 주었는바 이것은 世子가 일찍이 황제에게 "근년에 우리나라 사람들이 변방 수비와 군량 운반으로 인하여 농사를 짓지 못하여 굶주리게 되었다"라고 말하였기 때문에 이렇게 보낸 것이다. 이 쌀을 7품 이하 인원들에게 나누어 주었는데 7품은 7섬, 8품은 6섬, 9품은 5섬, 權務와 隊正은 4섬, 坊里의 大戶에게는 3섬, 中戶에게는 2섬, 小戶에게는 1섬을 주었다. 황제의 뜻은 본래 가난하고 궁핍한 자들에게 주라고 한 것이었는데 이때에 빈민들에게 우선적으로 나누어

---

121) 『고려사』 권78, 諸色都監에 따르면, 文宗 官制에서 東西大悲院의 경우, 使·副使·綠事는 각각 1명을 두고, 모두 병과의 임시관직으로 하였다. 吏屬으로서 記事 2명을 두되 醫吏를 파견하고, 書者는 2명을 두었다고 한다. 즉 동서대비원에 설치된 대부분의 관직은 임시직 또는 파견직이었다.

122) 이에 관해서는 이태진, 『의술과 인구 그리고 농업기술』(태학사, 2002)의 제2장 「향약의술의 발달과 고중세 인구제약의 극복」 참조.

주지 않고 부자들이 얻은 바가 많았다.[123]

위의 자료는 충렬왕 17년에 기근이 들었을 때, 구휼미를 분배하는 방식에 관한 자료이다. 기근이 심하여 원나라에서 구휼미를 보냈는데, 철저하게 권력의 크기 순서로 분배가 되고 있다. 실제 도움이 필요한 빈민에게는 거의 돌아가지 못하였을 것이다. 약재의 분배를 포함한 각종 의료 혜택도 이와 마찬가지였다고 생각한다. 고려시대 전염병이 유행할 때, 이에 대한 치료는 철저하게 권력의 크기에 따라 행하여졌다고 파악된다.

4. 맺음말

지금까지 고려시대에 유행하였던 전염병의 모습과 그에 대한 의료 대책을 살펴보았다. 필자에게는 고려 전염병에 대해 처음 접근하는 연구인만큼, 전염병이 정확하게 언제 어떤 양상으로 유행하였는지 가장 기본적인 문제부터 집중적으로 살펴보았다. 이러한 과정에서 13개 사례를 새롭게 추가할 수 있었다.

고려 전염병의 사례분석을 통해 그 특성을 살펴보면 다음과 같이 정리할 수 있다.

첫째, 전염병이 발생하는 주된 원인은 기근과 전쟁이었다. 특히 고려는 거란, 여진, 몽골, 홍건적, 왜구 등 다양한 상대와 전쟁을 함으로써 이들이 가지고 있던 풍토병이 고려사회에 유입될 수 있는 계기가 되었다. 새로운 전염병의 경우, 고려인들에게는 면역이 없었기에 이환율과 사망률이 높을 수밖에 없었다.

---

123) 『고려사』 권80, 지34 식화3 진휼.

둘째, 주로 유행하였던 전염병은 일본의 포창이나 적반창과 같은 발진성 전염병이었다. 고려 현종대에는 중국에서 유행하던 장역과 온역이 들어와, 그 치료책을 찾기 위해 송 의학을 적극 수용하는 계기로 작용하였다. 특히 다수의 장역 처방을 가진 『성혜방』은 이후 고려와 조선에서 전염병을 치료하는 데 준거 틀이 되었다.

셋째, 전쟁이 발생할 때마다 전염병도 함께 하였다. 국내의 반란을 진압하기 위한 소규모 토벌군에서부터 거란이나 여진, 몽골, 일본 등과 전투를 벌이는 와중에 전염병도 발생하였다. 軍中에서 발생한 전염병은 귀환하는 병사와 함께 민간으로 들어가 대도시 개경을 중심으로 세력을 떨쳤다.

넷째, 고려시대 전염병은 특정한 지역에서 시작하여 전국적으로 전파되기까지 수년간에 걸쳐 유행한 경우도 있었다. 하나의 역병 기사는 수년간의 국내 유행을 의미한다고 파악해야 할 것이다.

다섯째, 원 간섭기 이후에는 인수공통전염병의 사례도 찾을 수 있었다. 자료의 한계로 인해 명확하게 그 모습을 그려낼 수는 없었지만, 이민족과의 교류가 새로운 전염병 유입을 의미하는 것은 인간에게만 한정된 것이 아니라 가축을 위시한 생명체 모두에게 해당되는 사항이었음을 일깨워 준다.

전염병에 대한 고려사회의 의학적 대응책을 고찰해 본 결과는 다음과 같이 정리할 수 있다. 첫째, 전염병의 유행에 대한 의학적 대응책으로서 송 의학을 적극 수용하였다. 특히 992년에 반포된 중국의 官撰 의학서 『太平聖惠方』을 1021년 사신을 파견하여 도입하여, 고려 의학발전에 큰 도움이 되었다.

둘째, 유행성 전염병에 무기력하였던 동아시아 중세의학, 특히 고려 의학은 온역을 예방하는 방법에 치중하게 되었다. 특히 현종대 도입한

『성혜방』은 단방류를 중심으로 이후 고려와 조선에서 辟溫 풍습이 자리 잡는 데 일조하였다.

셋째, 시체가 길거리에 가득할 정도로 심각하였던 1110년(예종 4)의 전염병 유행에는 救濟都監을 설치하여 빈민을 치료하였다. 고려 정부가 빈민의료의 중요성을 인식한 것은 제위보를 설치하였던 광종 대부터였다. 이후 동서대비원과 혜민국, 제위보 등이 설치되어 빈민의료를 담당하였지 만, 그 한계점 역시 분명하였다. 치료보다는 격리에 주안점이 두어졌을 것으로 보인다.

넷째, 고려의 정권 담당자는 의학적 치료가 가장 우선적이라는 사실을 알고 있었다. 송나라 선진 의학을 적극적으로 수용하였지만, 외국산 약재 를 주재로 하는 중국식 처방은 고려 후기 향약이 발달하는 계기가 되었다. 국가에서 행하는 의학적 치료는 어디까지나 권력의 크기에 따라 그 양과 질이 결정되었다.

본고에서는 고려 전염병의 사례 발굴과 그 분석에 치중하느라 중국과 일본 전염병과의 상관성을 충분히 논의하지 못하였다. 또한 장역과 온역에 치중하느라 두창과 말라리아, 홍역 등 여타의 전염병에 대해 언급할 여유가 없었다. 본고가 가지는 미비점은 앞으로의 연구를 통해 조금씩 보완해 나갈 예정이다.

Ⅱ. 고려시대의 전쟁, 전염병과 인구

김 순 자

1. 머리말

인구는 사회 구성의 토대이다. 인구의 규모는 물론 그것이 어떤 구조로 존재하는가에 따라서 해당 사회는 영향을 받는다. 우리가 현재는 물론 과거의 어느 시대, 어느 사회를 이해하기 위해서 인구 규모는 물론 그 구조를 이해해야 하는 것은 이 때문이다. 산업·기술혁명이 일어나기 전의 전근대 농업사회에서 인구는 농업생산을 유지, 발전시키는 데 가장 기초적인 부분이기 때문이기도 하다.

장기적 시각에서 본다면 생산력이 발전함에 따라 인구는 증가해왔을 것이다. 그러나 단기적으로는 상황에 따라 증가하기도 하고 감소하기도 했다. 가까운 예를 들자면, 1945년 남한지역의 인구는 1,614만 명이었는데 1949년에 2,017만 명 정도로 늘어났다. 이것은 해외(일본, 만주)에서 귀환한 인구와 이북에서 이남으로 이동한 인구 때문인데, 그 비중은 1949년 인구의 12%에 해당한다. 대량의 인구 이입은 인구 압력을 급격히 증가시켰음은 물론 이미 정치적·경제적으로 혼란하였던 당시의 사회를 더욱 혼란스럽게 만드는 결과를 가져왔다. 1949년과 1955년 사이에는 한국전쟁으로 165만 명이 사망하였고, 남↔북으로 상호이동한 인구까지 계산하면 전쟁기간에 130만 명, 전인구의 6.4%가 감소하였다. 당시 이동한 인구의 대부분은

도시에 정착하였는데, 이로 인해서 도시 문제를 비롯하여 사회전반에 심대한 영향을 미쳤다.[1]

이제까지 전근대 한국사를 이해할 때 사회의 토대가 되는 인구가 감소했다거나 혹은 특정 시기의 사회변동이 인구의 증감에 영향을 받았다는 시각에서 접근한 적은 거의 없다. 발전사관에 입각하여 생산력 발전과 인구 증가는 한국사를 이해하는 기본 전제처럼 되어 있었기 때문이다. 고려시대를 이해할 때도 이러한 시각은 마찬가지였다.

고려시대는 건국초의 후삼국시대 전쟁을 비롯하여 거란, 몽골, 왜구와 같은 외적의 침입을 자주 받았다. 전쟁 기간은 가장 짧은 12세기 초의 여진 정벌 기간 6년간에서부터 몽골[元], 왜구와의 전쟁은 반세기 이상에 걸쳐 있다. 전쟁기간에는 직접 살상과 전쟁 뒤에 따르는 기근과 전염병의 유행으로 단기간에 인구가 급감했을 것이다. 중국에서는 몽골이 金, 南宋을 정벌하는 전쟁 기간에 8,000여만 명의 인구가 약 5,900만 명으로 감소하였다. 이는 전체 인구의 1/4에 해당한다.[2]

한편 전염병의 유행으로 인구가 급감한 예는 중세유럽과 고대일본의 사례가 밝혀져 있다. 일본에서는 735~737년 사이에 천연두가 유행하여 전국의 인구 25~35%가 감소하였다.[3] 중세유럽에서는 14세기 전반 몽골군(킵차크한국)에 의해 이탈리아에 옮겨진 흑사병(Pest)이 유럽 전역으로 퍼짐으로써 유럽 인구의 1/4~1/2이 감소했던 것으로 추정되고 있다.[4]

---

1) 권태환·김두섭, 「한국의 인구」, 『인구의 이해』(서울대학교출판부, 1990), 228~229쪽.

2) 본 논문 제3장 <표 4> 중국의 인구 변동 : 金·南宋－몽골[元]－明初 참조.

3) W. Farris, "Population Trends and Epidemic Disease", *Population, Disease, and Land in Early Japan, 645-900* (Cambridge : Harvard University Press, 1985), 50~73쪽.

4) 아노 카렌/권복규 역, 『전염병의 문화사(*Men and Microbes*)』(사이언스북스, 2001) ; 수잔 스콧 외, 『흑사병의 귀환』(황소자리, 2005).

인구가 급격하게 감소하면 그에 따라 사회도 변화하게 된다. 제도와
사회적·경제적 관계는 물론 문화 영역에까지 광범위하게 변화가 일어난
다. 8세기 일본에서는 인구가 급감하자 715년에 제정한 지방제도를 폐기하
였으며, 역병 기간에 세 수입이 감소하자 지방관청과 관료의 수입을 보장하
기 위해 세금제도를 고쳤다. 경작이 포기된 황무지 개간권을 부여하고
채무자가 사망하면 貸米를 면제하게 하였으며, 노동력을 확보하기 위해
流民 방지를 위한 호구법을 새로 제정하기도 했다.5) 중세유럽에서는 흑사
병으로 농노 수가 급감하자 봉건영주와 농노의 관계가 변하게 되었다.
곡물가격과 지대가 하락하는 한편 농노의 임금이 상승하자 영주들은 화폐
지대를 받고 직영지를 임대하게 된 반면, 농노들은 소작인이나 소지주,
독립된 장인으로 변신하기도 했다. 노동력이 부족하게 되자 유럽세계는
노예무역에 개입하게 되었다. 역병이 유행하고 사람들이 대거 죽어가는
상황에서도 교회는 거의 아무런 조치를 취하지 못했는데, 이로 인하여
일반인들의 신앙과 믿음이 약화되고 교회의 권위가 하락하였다. 반면 정치
지도자들의 권위는 확장되고 사회적으로는 비관주의(pessimism)가 만연되
었다.6)

그런데 전쟁과 전염병의 유행이 겹쳐서 일어난다면 인구 감소는 보다
심각해질 것이다. 전쟁기간의 인명 살상과 생산기반 파괴로 기근이 뒤이어
발생하고, 이러한 상황은 전염병이 발생하기에 좋은 조건이 되었을 것이다.
전염병은 이미 그 사회에 들어와 있던 병원균에 의해 일어나기도 하지만,
외국군대와 접촉함으로써 새로운 병원균이 전파되어 발생하기도 한다. 후자

---

5) W. Farris, *ibid.*, 50~73쪽.
6) 아노 카렌/권복규 역, 앞 책(2001), 144~145쪽 ; 近江吉明, 『黑死病の時代のジャクリ』
   (未來社, 2001) ; Norman F. Cantor/久保儀明·楢崎靖人 譯, 『黑死病』(靑土社, 2002),
   219~240쪽.

의 경우 새로운 전염병에 대한 면역이 전혀 없었을 것이기 때문에 전염병의 유행은 보다 급속하고 광범위하게 일어났을 것이다. 따라서 전쟁과 전염병의 발생이 겹치면 인구는 비교적 단기간에 급감했을 가능성이 높다.

고려시대의 전쟁기간과 전염병 발생을 대조해보면 두 요인이 거의 겹쳐서 발생한 사실이 확인된다. 이런 사실에 착안하여 본고는 고려사에서 전쟁과 전염병으로 인한 인구 감소의 현상을 확인하려고 한다. 고려사에서 인구가 감소한 사실이 확인된다면 전후의 정치적, 사회적, 경제적 변화의 과정과 그 배경에 대한 설명에 있어 이제까지와는 다른 시각에서 설명해야 할 것이다.

2. 전쟁과 전염병 발생의 상관관계

고려시대에는 여러 차례 장기간에 걸쳐서 전쟁을 치러야 했다. 건국과정은 890년대 이래 936년까지 후삼국 사이의 전쟁이었다. 외부로부터의 첫 전쟁은 993년 거란족의 침입이었다. 거란족은 993년, 1010년, 1018년까지 3회 대규모로 침입하였으며, 그 사이에도 소규모의 군사충돌은 빈발했다. 거란과의 전쟁은 전후 25년에 걸쳐 있다. 다음의 전쟁은 여진족과의 전쟁이다. 국경 일대 이북에 거주하던 여진족은 정세에 따라 고려에 귀순하기도 하고 침략하기도 했다. 12세기 전반에 여진족이 완안부를 중심으로 집결하여 고려의 국경지대가 위협받자 숙종은 1104년에 선제공격하였다. 이를 이어 예종대에는 여진족 지역으로 쳐들어가 새로 9성을 개척하고 남방에서 民戶를 이주시키기까지 했다. 그러나 전쟁을 시작한 지 2년만인 1109년 9성을 돌려주고 전쟁을 종식시켰다. 여진과의 전쟁은 전후 6년간에 불과하였으나 전국에서 17만의 대군을 동원하여 국경 밖으로 쳐들어간 대규모 전쟁이었다.

　고려시대에서 가장 장기간의 전면전은 1231년(고종 18) 몽골의 침입으로 시작된 전쟁이다. 몽골[元]은 고려와 강화하기로 합의한 1259년(고종 46)까지 전후 6차례 크게 침입하였으며, 소규모의 전투는 빈발했다. 몽골[元]과 강화한 이후에도 전시 상태는 계속되었다. 강화로 천도했던 고려정부가 개경으로 환도하는 1270년(원종 11)까지 元軍은 고려 국내에 계속 주둔하고 있었다. 삼별초의 반란으로 고려-元 연합군과 삼별초 사이에 1273년까지 전쟁이 계속되었고, 삼별초 평정 후에는 元의 일본 정벌에 참여하게 됨으로써 1281년(충렬왕 7) 다시 군대를 동원하였다. 이렇게 본다면 몽골의 침입으로 시작된 전쟁은 50년간 계속되었다고 할 것이다. 고려 말에는 1350년(충정왕 2)부터 시작된 왜구의 침입으로 전국이 다시 전장터가 되었다. 그 외에도 1359년(공민왕 8)과 1361년 紅巾賊의 침입을 비롯하여 고려 말에는 적지 않은 외침이 이어졌다.[7] 왜구는 경상도, 전라도, 충청도는 물론 개성과 京畿, 심지어는 평안도, 함길도까지 침입하였다. 恭愍王·禑王代에 특히 심하였는데, 禑王 14년간 378회나 침입할 정도로 고려 말은 항상적인 전쟁 상태였다. 왜구는 조선 世宗代 이후에야 근절되므로 1350년부터 고려가 멸망하는 1392년까지는 전쟁 기간이었다.

　그런데 고려시대에 발생한 疫病(전염병)을 연대별로 정리하면, 그것이 발생한 시기가 전쟁 기간과 겹치는 것을 알 수 있다. <표 1>은 고려시대 역병 발생에 관한 기록을 연대순으로 정리하고 전쟁기간과 대조하여 몇 시기로 묶은 것이다.

　疫病 발생에 관한 기록은 『고려사』, 『고려사절요』와 같은 正史類에 기록되어 있는 것이 대부분이다. 그러나 正史의 역병 기록은 일차적으로

---

7) 羅鍾宇, 「홍건적과 왜구」, 『한국사론』 20(국사편찬위원회, 1994).

개경이나 전국 범위에서 발생한 것 중에서 사회에 끼친 영향이 큰 것 중심으로 기록된 것으로 보인다. 지방 단위에서 발생한 역병은 누락된 경우가 적지 않을 것이다. 고려시대에는 疫病 발생에 관하여 백성의 원망이 疫氣를 만들었다거나 하늘의 뜻을 거슬러 천벌을 받았다고 인식하는 경향이 강하였다. 따라서 정권 교체기에는 疫病의 유행이 유독 강조되고 있다. 疫病 기록을 남기는 것 자체가 정치성을 띠고 있기 때문에 선별되어 기록된 것으로 보인다. 또한『고려사』의 疫病 기록은『조선왕조실록』의 그것과는 달리 사회적 파장이 컸던 것만 정리되었다는 점도 고려해야 한다.8) 자료상의 부족을 보충하기 위해『동문선』과 개인 문집류에 남아있는 도량문, 초제문과 개인 묘지명 등의 자료를 이용하였다. 현재 남아있는 道場文, 醮祭文은 국왕이나 국가가 주도하여 疫(疫病, 疫神, 疫鬼)을 퇴치하기 위한 행사에서 사용되었던 것들이 대부분이다. 道場文, 醮祭文이 남아있을 경우 국가나 국왕이 역병 퇴치에 직접 나서지 않을 수 없을 정도로 그 파급 정도가 심각했다고 인정되는 경우이다.

역병이 발생한 횟수는 전국적 규모로 전염되었거나 開京, 혹은 어느 지방에 한정되어 발생한 경우를 똑같이 1회로 계산하였다. 1109년(예종 4)의 경우 4월에 5部에서 疫鬼祭를 지내고 반야경도량을 설치하여 전염병을 기양했고,9) 12월에도 疫鬼祭를 지낸 것으로 나타난다.10) 그런가 하면 同 5월 기사에는 전국에서 疫病으로 사망자가 많았다고 기록하였다.11) 疫病의 속성상 한번 발병하면 수개월, 때로는 수년 동안 계속되기도 하지

---

8) 이현숙,「전염병, 치료, 권력 : 고려 전염병의 유행과 치료」,『이화사학연구』 34(2007) ; 본서 수록 참조.
9)『고려사』권13, 세가13 예종 4년 4월.
10)『고려사』권13, 세가13 예종 4년 12월 을유.
11)『고려사』권80, 지34 식화3 賑恤 水旱疫癘賑貸之制.

만, 2~3개월 비교적 단기간에 발병, 전염되다가 소멸하기도 한다. 따라서 예종 4년과 같은 경우를 몇 회로 볼 것인가 하는 문제가 제기된다. 여기에서 는 역병 기사가 2~3개월 동안에 나타나면 같은 발병으로 보아 1회로 계산했고,[12] 이 기간보다 시간 간격을 길게 두고 기록된 경우는 별개의 역병으로 보아 다시 1회로 계산하였다. 또 같은 해에 疫病이 발생했더라도 발생지역이 다르면 각각 다른 사례로 계산해야 할 것이나, 고려시대에는 그런 사례를 확인할 수 없다.[13]

　<표 1>은 역병 발생 범위와 그 파급력의 정도를 고려하지 않고 단순히 산술적으로 1회로 계산한 것이다. 그러나 이 표에서 1189년(명종 19) 黃驪縣 의 역병 발생 사례, 1203년(신종 6) 東京賊 진압군에서 역병 발생 사례, 1263년(원종 4) 이승휴가의 역병 발생 사례를 제외하면[14] 기록에 나타나는 역병 발생 지역은 開京, 西都, 전국 중 하나이다. 따라서 고려 일대를 통해 역병 발생의 경향을 통계적으로 이해하는 데에는 큰 문제가 없을 것으로 판단했다.

---

12) 1101년(숙종 6) 2~3월, 1109년(예종 4) 4~5월, 1162년(의종 16) 3~5월, 1281년(충렬 왕 7) 봄~겨울 경우가 이에 해당한다. 단 충렬왕 7년 경우는 전염병이 '봄부터 겨울까지'이나, 하나의 발병 사례를 기록한 것이 분명하므로 1회로 계산하였다.

13) 역병 발생 횟수는 세는 방법에 따라 차이가 있을 수 있다. <표 1> 전염병 발생 횟수에서 1232년(고종 19) 4월, 11월의 경우는 제외하였다. 이 경우는 고려가 몽골에 보내는 表文에서 '饑饉과 疾疫으로 인하여 인물이 物故되었다'고 진정한 내용 중에 언급된 경우이다. 1232년을 전후한 시기에 疫病이 발생했을 가능성은 높다. 그러나 이 기록은 고려에 대하여 정복자의 입장을 취한 몽골이 과중하게 인물과 공물의 징발을 요구한 것에 대하여 거부의 의사로 작성된 외교문서 속의 표현이다. 따라서 구체적으로 특정 역병의 발병 사실을 가리키지는 않는 것으로 판단했다. 『고려사』 권23, 세가23 고종 19년 4월 壬戌·11월조 참조.

14) 김용선 역주, 「任益惇墓誌銘」, 『역주 고려 묘지명 집성』 상(한림대학교 아시아문화 연구소, 1997), 550쪽 ; 이규보, 「七鬼五溫神醮禮文」, 『동국이상국집』 권38 ; 김경 수·진성규 역, 「病課詩幷序」, 『국역 동안거사집』(삼척시, 1995).

<표 1> 고려시대 전염병 발생표[15]

연도	시기 구분	역병	발생횟수 발생기간	비고 : 전쟁, 기근과 관련성
918. 8 (태조 1)		疫疾	1회	태조 즉위 조서 중에서 언급됨
981 (경종 6)	(가)	경종이 疾疹에 걸림	4회 12.5년	985년 11월 거란이 定安國 정벌, 압록 강여진 10萬口 포로. 4년 후 2차 정벌
991. 10 (성종 10)		西都 행차 州·縣의 疾疫		993년 거란의 고려 1차 침입
1018. 4 (현종 9).		京城에 瘴疫		거란 3차 침입
1030. 12 (현종 21)		京城에 疫病 유행, 사망자 다수		
1100. 6 (숙종 5)	(나)	溫疫	7회 3.3년	5部에서 五溫神 제사
1101. 2~3 (숙종 6)		溫疫		5部에서 五溫神 제사
1104~1107 (숙종 9~ 예종 2)				1104. 여진 정벌(1차) 1105~1106. 流民 발생. '10戶 중 8, 9戶가 비었다'고 할 정도로 심각, 특히 서해도가 심각 1107.12. 여진 정벌(2차). 전국에서 17 만군 동원 남방 民戶를 새로 개척한 동북9성 중 6성에 徙民
1109. 4~5 (예종 4)		京城과 전국. 疫病으로 사망자 多		5部에서 疫鬼祭. 반야경도량 설치하여 역병 없어지기를 기원 6월 "군대징발로 中外騷然한데 疾疫 겹쳐 백성의 원망이 일어났다" 7월 9성을 여진에 돌려주고 철수
1109. 12 (예종 4)		松嶽과 諸神祠에서 疾疫을 기양하는 祭		
1110. 4 (예종 5)		전국에 疫癘 크게 유행하여 시체가 길에 가득		

---

15) 이 표는 이현숙, 본서 수록 논문, <표 1·2·3>을 참조하여 작성하였다. 疾疹으로 표기된 모든 경우를 전염병으로 보기는 어렵다. 그러나 고려시대 疾疹의 '전염병' 여부를 정확하게 판단할 수 없으므로 표에 포함시켰다. 각 疫病 기사의 출전은 이현숙, 위 논문 참조.

1120. 8 (예종 15)	(나)	疫癘 크게 유행		8월 外帝釋院에 가서 5部에 명해 3일간 반야경 읽어 역병 퇴치하게 함
1122. 4 (예종 17)		예종이 疾疹으로 사망		
1128 (인종 6)	(다)	인종의 癘病	10회 8.4년	인종20.10. 西南路州郡 牛馬에 역병
1136. 2 (인종 24)		인종이 疾疹으로 사망		
1152. 6 (의종 6)		疫疾		개국사에서 饑民,疫疾者 음식 먹임 묘통사에서 마리지천도량, 72星辰, 옥 황상제, 태일 등에게 疫疾 없어지기를 기도
1162. 3~5 (의종 16)		旱災, 疫病이 심하여 전국에서 아사자가 길에 잇달음		
1173. 4 (명종 3)		가뭄과 疫疾으로 餓死 多		1174~1176. 서북면 반란(조위총의 난) 1177~1179. 서북면에서 다시 반란
1187. 5 (명종 17)		京城에 역병 대유행		5部에 도량 개설
1189 (명종 19)		黃驪縣에 疫病 창궐		
1196. 6 (명종 26)		이규보가 한열병에 걸림		
1203. 1~2 (신종 6)		東京賊 토벌군 안에서 大疫 발생		
1211 (희종 7)		疫病		
1218 (고종 5)	(라)		8회 6.8년	契丹遺種 침입. 몽골군과 처음 접촉
1228 전후 (고종 15)		疾疫		
1231~1232 (고종 18~ 19)				몽골 1차 침입. 고종19. 4월 對蒙表文 중 "饑饉과 疾疫 으로 많이 없어졌고…"
1254. 6 (고종 41)		京城에 역병 대유행하여 사망자가 잇달음		12월 몽골 5차 침입. 어느 때보다 살육 심하고 전쟁포로만 206,800명 발생
1255. 12 (고종 42)		京城에 역병 대유행		

연도		내용		
1256. 12 (고종 43)	(라)	기아+역질, 僵屍가 길을 덮다		
1262. 10 (원종 3)		京城에 역질 대유행		삼별초 반란 토벌 중
1263. 1~2 (원종 4)		이승휴家에 역병 발생. 母, 종들이 疫病에 걸림		
1264. 5 (원종 5)				對蒙表文 : "병란과 흉년과 역질이 서로 덮친 지 30년…"
1274 (원종 15)				1차 일본 원정.
1279. 12 (충렬 5)		경상도에 牛疫 발생. 도살자도 전염되어 사망		
1281봄~ 겨울.6 (충렬 7)		中外에 疫癘 대유행 軍中에서 疫病 발생 : 3,000여명 사망		2차 일본 원정으로 군대 동원 중. 이후 70여 년간 疫病 발생 기록 없음
1348. 4 (충목 4)	(마)	서울에 기근, 疫	5회 8.8년	
1359~1364 (공민 8~ 13)				공민 8. 홍건적 4만명 침입. 인민 살육 심각 공민10. 홍건적 10만명 침입 공민11. 동북면에 나하추 침입 공민13. 元軍 1만명 압록강 건너 침입 동북면에 여진족 三善, 三介 침입
1366. 5 (공민 15)		水旱과 癘疫		
1374. 3 (공민 23)		京城에 역질 대유행		
1383. 봄 (우왕 9)		기근과 역병 특히 水軍에서 역병 유행, 태반이 사망		
1391. 9 (공양 3)		饑饉, 疾疫 극심		諫官 許應 등 상소에서 언급됨

　지적해두어야 할 것은 역병이 개경에서 유난히 빈번하게 발생했다는 점이다. 개경은 정치, 경제, 문화의 중심지로서 인구가 밀집된 곳이다. 몽골의 침입을 받던 1231년 당시 호수가 10만에 이르렀다고 하므로[16]

---

16) 『고려사절요』 권16, 고종 19년 6월, "이때에 국가가 태평한 지 이미 오래되어

역병이 발생하기에 충분한 조건을 갖춘 곳이었다.

그러나 역병은 영양과 위생 상태가 불리할 때 쉽게 발생한다는 점을 고려하면 개경은 다른 어느 지역보다도 역병이 덜 발생해야 하는 지역이었다. 그럼에도 역병 발생이 개경에 집중된 것으로 나타나는 것은 사실이 그러해서가 아니라, 지방에서 발생한 역병은 집권자 입장에서 덜 중요하게 생각되어 기록되지 않았기 때문으로 이해해야 할 것이다. 따라서 이 두 가지 조건을 고려하면 통계자료로 사용하는 데 큰 문제는 없다고 생각된다.

다음으로 지적할 점은 역병 발생에 대한 기록이 시기에 따라 정확성에 차이가 크게 보인다는 점이다. 고려사에서 역병 발생의 기록은, 태조 王建의 즉위조서에서 언급된 예를 제외하면 981년(경종 6)의 것이 처음이다. 태조 王建의 즉위조서는 궁예를 축출한 것에 대하여 정당성을 주장하는 정치적 의도가 강한 기록이지만, 당시가 후삼국 전쟁기라는 점을 고려하면 '기근이 연달아 들고 疫疾을 따라 일어나서'라는 것은[17] 사실을 묘사한 것으로 보인다. 疫疾이 한번 발생하면 병원체가 숙주에 기생하는 한 반복적으로 발생할 것이라는 점을 고려해볼 때, 건국 후 60년이 넘도록 역병에 관한 기록이 전혀 없는 것은 의문이다. 981년 이전에도 역병은 발생했을 것으로 추정되지만 기록상으로는 전혀 확인할 수 없다. 또한 공민왕 이후 麗末의 기록에서도 누락된 것이 적지 않을 것으로 생각된다. 1350년 이래 조선 건국 후까지 왜구의 침입이 극심했고, 그 외에도 2차에 걸친 홍건적의 침입, 1364년(공민왕 13) 元軍 1만의 침입, 遼東의 北元세력인 納哈出과 여진족의 연이은 동북면 침입 등 1350년 이래 전쟁은 계속되었다. 또한 고려의 멸망과 조선의 건국을 둘러싼 정치세력간의 극심한 정쟁으로 공민

경도의 戶數가 10만에 이르고, 단청한 좋은 집들이 즐비하였으며, 사람들도 자신의 거처를 편안하게 여기고 천도를 곤란하게 생각하였(다)".

17) 『고려사』 권1, 태조 元年 8월 辛亥.

왕 이래 4대 실록은 편찬될 겨를이 없었다. 이런 사정을 고려할 때 공민왕 이후의 기록에는 누락된 부분이 적지 않았을 것이다.

이러한 점을 염두에 두고 위의 표에 나타난 역병 발생 현상을 분석하겠다. 위의 표에 의하면 고려시대 475년간 역병은 35회 발생하였다.[18] 평균 13.6년마다 한번씩 역병이 발생한 것이다. 이 중에서 외국과의 전쟁 중인 (가), (나), (라), (마)시기에 25회 발생하였다. 전체에서 차지하는 비중은 71.4%이다. 비전쟁시기인 (다)시기에는 10회 발생하였다. (다)를 제외하면 고려시대의 역병은 전부 전쟁기간에 발생했다고 할 수 있다.[19] 전쟁기에 발생한 역병 발생횟수 25회가 걸쳐 있는 시기는 152년간이다. 평균 6.1년마다 1회씩 발생한 것이다. 즉 고려시대에 역병은 전쟁시기에 비전쟁시기보다 2.2배 정도 자주 발생한다는 것이다.

먼저 (가)는 거란과의 전쟁기인 성종~현종대를 전후한 시기이다. 태조 즉위조서에서 언급된 역병 기사를 제외하면, 건국 후 63년이 지난 981년에 처음으로 역병 발생이 기록되었다. 기록이 누락되었을 것으로 추정되지만 어쨌든 역병 발생이 거란 침입기를 전후하여 발생한 것은 주목할 일이다. 이 시기 역병 발생은 50년간에 걸쳐 있다. 평균 12.5년마다 1회씩 발생하였다.

(나)는 여진 정벌을 추진한 숙종~예종대이다. 고려는 총 3회 여진을 공격하였다. 전국에서 17만 명이나 되는 대군을 동원하였으며, 새로 개척한 지역에 9개의 성을 신축하고, 그 중 6성에는 남방으로부터 徙民을 실시

---

18) 충렬왕 5년(1279)에 1회 발생했을 것으로 추정할 수 있다. 이해 5월에 경상도에서 牛疫이 발생했다(『고려사』 권55, 지9 오행3 土). 이때 "병든 소를 도살한 사람의 손이 불에 덴 것처럼 살이 벗겨져서 죽었다"고 기록되어 있다. 이로 미루어 보아, 牛疫은 사람에게도 전염되어 발병하는 人獸공동감염 전염병이며, 탄저병으로 추정하고 있다. 이현숙, 앞 논문(2007) ; 본서 수록, 55~56쪽 참조.

19) <표 1>에서 태조 즉위조서에 나오는 역병 기사는 당시가 후삼국 전쟁기였음을 고려하면 전쟁기의 역병 발생 사례에 포함되는 것으로 보아도 무방할 것이다.

하였다. 여진족에게 9성을 돌려주고 군대가 철수한 것은 1109년(예종 4) 7월부터였다. 徙民되었던 民戶도 다시 본관지로 돌아갔을 것이다. 전국에서 군대가 동원되었고, 徙民되었던 民戶가 원거주지로 돌아감으로써 여진족과 접촉한 사람이 전국에 퍼지게 되었다. 이 시기에는 3.3년마다 역병이 발생하였는데, 고려 전시대를 통틀어 가장 빈번하게 발생한 시기이다.

(다)는 무인정권 성립을 전후한 의종~희종대까지이다. 이 시기는 역병 발생 기간 중 유일하게 비전쟁기이면서도 84년간 10회, 8.4년마다 1회씩 발생함으로써 고려 전시대를 통하여 (나)시기, (라)시기 다음으로 역병 발생이 잦았던 시기이다. 국내적으로는 무인정권 성립 이후 경주민, 서북민의 반란 등 농민, 천민의 반란이 발생한 시기이기도 하다. 이 시기에는 기근도 다른 시기보다 심했다. 비전쟁기로서 民戶 살육이나 직접적인 생산기반 파괴와 같은 요인이 없는 상태에서도 역병 발생이 빈번했던 원인에 대하여는 아직까지 충분하게 설명되어 있지 않다. 고려중기의 한랭화라는 기후 변화와[20] 천재지변의 빈번한 발생으로[21] 인한 영양 악화 등의 요인을 생각해볼 수도 있을 것이다. 무인정권 성립이라는 지배권력층 변동의 배경과 관련하여 앞으로 연구되어야 할 부분이다.

(라)는 몽골족이 직접 침략해온 1231년부터 강화에 합의하여 고려-몽골의 전쟁이 끝나는 1259년까지, 삼별초의 반란 토벌, 고려-元 연합군의 2회에 걸친 일본원정이 중단되는 1281년까지 50년 동안의 전쟁기이다. 현재까지 남아 전하는 고려시대의 기록에 의하면 전쟁으로 인한 파괴와 인명 살상이 가장 심각했던 시기이다. 상당한 역병 발생이 기록에서 누락되

---

20) 金蓮玉,「高麗時代의 氣候環境 : 史料 分析을 中心으로」,『韓國文化硏究院論叢』 44(1984).
21) 李泰鎭,「고려~조선 중기 天災地變과 天觀의 변천」,『韓國思想史方法論』(소화, 1997).

었을 것으로 추정되지만, 현재 남아있는 기록에서 확인되는 것은 54년 동안 역병은 8회 발생해서 평균 6.8년마다 1회씩 발생하였다는 점이다. 전쟁의 피해가 가장 컸던 시기로 알려져 있지만, 역병 발생은 빈도 수에서는 (나)시기보다 심하지 않았다.

제2차 일본 원정이 중단되는 충렬왕 7년(1281) 이후부터 元이 몰락하는 14세기 중반까지 역병 발생에 관해서는 기록이 전혀 남아있지 않다. 정사류는 물론 『동문선』, 문집류에서 역병 퇴치를 위한 道場文, 醮祭文도 전하지 않는다. (마)시기는 왜구의 침입이 시작된 1350년 전후부터 고려가 멸망하는 1392년까지의 44년간이다. 왜구는 1350년에 시작해서 조선 건국 후까지 계속되었고 침략의 범위와 빈도 수에서 전면적이었다. 왜구 외에도 홍건적 침입(1359, 1361), 元의 반란군 토벌에 원정군 파견(1354), 納哈出과 여진족의 침입 등 크고 작은 전쟁이 계속되었던 시기이다. 이 시기에 역병은 44년 동안 5회, 평균 8.8년마다 1회씩 발생하였다.

역병은 외부로부터의 전염, 병원균의 종류와 그것이 기생할 숙주 조건 여하, 기후 조건, 생활 조건, 영양 상태 등 다양한 조건을 배경으로 발생하는 것이지만, 이러한 사항에 대하여 고려시대의 그것이 어떠했는지를 밝히는 것은 불가능한 것으로 이해하고 있다.[22] 고려시대의 역병 발생 사실을 현상적으로 추적한 결과, 역병은 전쟁기와 겹쳐서 발생했다고 할 수 있다. 그 빈도는 고려 전 시기 발생 빈도의 2.2배 정도로 추정된다. 비전쟁기의 역병 발생은 (다)시기뿐이다. 따라서 고려시대의 역병 발생은 전쟁과 밀접한 관련성이 있다. 즉 전쟁은 역병을 발생시키는 요인으로 작용했다고 해도 큰 무리는 없을 것이다.

---

22) 김남주, 『고려시대 유행한 전염병의 사적 연구』(서울대학교 보건대학원 박사학위 논문, 1998).

3. 인구 감소의 현황

이상에서 전쟁과 역병의 발생이 긴밀하게 연관되어 있음을 추론했다. 전쟁과 전염병은 각각 단기간에 인구를 감소시키는 요인이다. 고려시대에는 전쟁기와 역병의 발생 시기가 거의 겹치기 때문에 이 기간에는 비교적 단기간에 인구가 급감했을 것으로 추정된다. 그러나 이제까지는 전체인구는 물론 인구 변동 상황에 대해서도 전국적 단위로 추정할 수 있는 자료가 전혀 없기 때문에 그 실상을 확인하기 어려웠다. 여기에서는 전쟁과 역병으로 인한 인물 사망, 인구 감소를 나타내는 기록을 검토하려고 한다. 전쟁기 중에서 고려-몽골[元] 전쟁기의 인구 감소는, 고려와 똑같이 몽골의 침략을 겪은 중국에서의 인구 감소 현상에 비추어 이해할 수 있을 것이다.

1) 전쟁으로 인한 인구 감소

고려시대에는 장기간에 걸쳐 큰 전쟁을 여러 차례 겪었다. 국가의 구호 체계가 취약했던 당시의 현실을 고려해 볼 때 살상으로 인해 노동력이 감소하고 생산기반이 파괴되었으며, 잇달아서 기근과 역병이 발생했을 것이다.

<표 2>는 고려시대 전쟁기간 중 인구가 대규모로 살상된 사례를 정리한 것이다. 전쟁 기간에 대규모로 인구가 살상된 사실이 분명한 사례는 다른 전쟁기보다 고려-몽골[元] 전쟁기에 비교적 많이 확인된다.

고려의 첫 외침인 거란족의 침입은 10만에서 40만에 이르는 대규모 군대의 침입이었다. 당시 거란군은 고려를 점령하여 영토를 확장하거나 고려를 직접 지배하려는 의도가 없었기 때문에[23] 전쟁에서 취한 전술은

---

23) 金在滿, 『契丹·高麗關係史研究』(國學資料院, 1999) ; 김순자, 「10～11세기 高麗

<표 2> 고려시대 전쟁기의 인명 살상과 포로 상황[24]

연도	살상, 포로의 정도
1016. 1 (현종 7)	契丹의 耶律世良과 蕭屈烈이 郭州 공격에서 고려군 수만 명 사망
1231. 11 (고종 18)	平州를 공격하여 人戶를 모두 불태움. '鷄, 犬이 하나도 남지 않았다'고 기록
1231. 11 (고종 18)	蒙兵이 廣·忠·淸州를 지나면서 공격, 殘滅하지 않음이 없었다.
1235. 3 (고종 22)	義州, 靜州의 인물이 凋殘하여 군현을 유지할 수 없음
1246. 冬 (고종 33)	遂安縣을 비롯하여 주변 山城에 피난한 백성까지 모두 납치하고 약탈하였다
1253. 8 이후 (고종 40)	椋山·東州·春州 등 城이 도록됨 서해도 椋山城 안에서 도록된 자 4,700여 명, 남자 10세 이상은 도록하고 부녀자와 어린아이는 사로잡아 몽골군에게 나누어 줌
1254. 12 (고종 41)	이 해에 몽골에 포로된 자가 206,800여 명, 살육된 자는 셀 수 없었다
1255. 4 (고종 42)	포로가 되었다가 도망하여 돌아오는 民이 길에 이어짐
1256. 4 (고종 43)	忠州城 도록
1258. 8 (고종 45)	몽골유격병이 昇天府·交河·峯城·守安·童城의 인민을 약탈
1259. 12 (고종 46)	동북면이 몽골에 항복, 元 雙城摠管府 편입⇒동북면 戶口가 몽골(元)의 戶口로 편입
1270. 2 (원종 11)	서북면이 몽골에 항복, 元의 東寧府로 편입⇒서북면 54城民이 元의 戶口로 편입
1271. 3 (원종 12)	古和州의 趙暉가 軍士를 거느리고 襄州에서 知州와 吏民 1,000여 인을 驅掠해 감
1281. 6 (충렬 7)	2차 일본원정 중 : 蒙·麗·漢軍(女眞, 雙城摠管府軍 포함) 4만 명, 蠻軍 10만 명 참전 고려 東征軍 9,960名+梢工·水手 17,029명 참전 전쟁과 전염병으로 고려군에서만 3,000여 명 사망함. 생환자 19,397명 *元軍으로 귀환 못한 자는 10만여 명.
1360. 1 (공민 9)	홍건적이 사로잡았던 義州, 定州, 西京 사람 수만 명을 죽였는데, 시체가 산더미처럼 쌓였다

와 遼의 영토 정책 : 압록강선 확보를 중심으로」, 『북방사논총』 11(2006).

24) 출전은 『고려사』 세가, 『고려사절요』의 해당 연월조.

무차별적 살상과 약탈이었을 것으로 추정된다. 그러나 거란군의 침입 때 초기기록인 7대실록이 소실되었고, 조선초에 고려사를 편찬할 때로부터는 근 400여 년 전의 일이어서 전쟁으로 인한 인명 살상에 관한 것은 물론 전쟁 자체에 대한 기록도 매우 소략하다.

이에 비하면 고려-몽골[元] 전쟁에 관한 기록은 비교적 풍부하다. 몽골족 은 世祖 쿠빌라이가 집권하기 전까지는 점령지역의 인명을 무차별적으로 살상하여 목초지를 확보하려고 하였다.[25] 따라서 쿠빌라이가 전통적인 몽골유목귀족과 대결하여 집권에 성공하는 1259년까지는 몽골군과 전투 가 일어나는 곳에서는 대규모 살상이 빈번했다.

거란의 침입, 몽골의 침입으로 전쟁을 하는 기간에 인명 살상이 대규모 로 이루어졌음을 알 수 있다. 거란의 침입 기간 중에 어느 정도 인명이 살상되었는지에 관하여는 1016년(현종 7)에 郭州에서 수만 명이 살상되었 다는 기록이 유일하다.[26] 이것은 10만 거란군이 침입했을 때의 전황이었다. 이보다 앞서 거란은 993년(성종 12)에 蕭遜寧이 자칭 80만군을 거느리고 침입하였고, 1010년(현종 원년)에는 거란 聖宗이 친히 40만군을 거느리고 침입하였다.[27] 침입한 군대의 규모와 고려침입군 총사령관으로 거란황제 가 직접 친정한 것에서 미루어보면, 1차, 2차 침입 당시의 전쟁이 3차

---

25) 『元史』 권146, 耶律楚材傳, "漢人 無補於國 可悉空其人 以爲牧地" ; 『元朝秘史』, "韃靼 殘破河東 河北 山東 山西 覆十府七 九十餘州 鎭 縣 二千餘處數千里間 殺戮皆盡 城郭丘墟 金帛子女 牛羊飼畜 皆席卷以去".

26) 『고려사』 권4, 세가4 현종 7년 정월 庚戌, "契丹의 耶律世良과 蕭屈烈이 郭州를 침공하니 아군이 싸워서 죽은 자가 수만 명이 되었으며 輜重을 노획하여 돌아갔다".

27) 김상기, 「단구와의 항쟁」, 『국사상의 제문제』 2(국사편찬위원회, 1959) ; 金庠基, 『新編 高麗時代史』(서울대학교출판부, 1985). 1차 거란침입 때 소손녕이 80만 병을 거느리고 왔다고 호언하였으나, 거란의 軍制를 고려할 때 고려를 침입한 군대의 규모가 80만 대군이 될 수는 없다고 한다. 안주섭, 『고려 거란 전쟁』(경인문 화사, 2003) 참조.

전쟁보다 대규모였다. 특히 1차 침입은 건국 이후 70여 년간 전쟁이 없던 뒤이며 고려가 전쟁에 전혀 대비하지 못하고 있었기 때문에 피해가 컸을 것이다.[28] 郭州에서만 수만 명이 살상된 사실에서 유추해볼 때 전후 25여 년에 걸치는 거란의 침략에서 적어도 10~20만 명 이상의 인명이 살상되었을 것으로 추측된다. 거란의 침입이 계속되던 1017년 정부는 여성의 출가를 금지하는 법령을 발표하였는데,[29] 이것은 거란의 침략으로 인구가 감소하자 조세원과 생산노동력을 확보하기 위해 내려진 조처였다고 생각된다.

숙종, 예종대에 이루어진 여진 정벌은 외적이 고려 안으로 침입하여 이루어진 전쟁이 아니라, 고려가 국경 밖으로 진격하여 여진지역에서 전투가 벌어졌다. 따라서 전쟁으로 인한 직접적인 인명 살상은 출정군인에 한정되었을 것이다. 고려 정벌군의 규모는 17만 명이라고 하였는데,[30] 전쟁에서 어느 정도 살상되었는지에 관해서는 기록되어 있지 않다. 전쟁이 끝난 후에 疫病이 계속 발생하고 '시체가 길에 가득하다'는 보고에서 판단해볼 때,[31] 여진과의 전쟁에서는 전투로 인한 직접적 인명 살상보다는 그 뒤에 따르는 기아와 疫病으로 인한 인구 감소가 더 심각했던 것으로 생각된다.

---

28) 『고려사』 권3, 세가3 성종 12년 5월, "西北界의 女眞이 '契丹이 군사를 들어 침략해올 것을 모의한다'고 보고하였으나, 조정에서는 女眞이 우리를 속인다고 하여 방비하지 않았다" ; 동 8월, "이 달에 女眞이 다시 보고하기를 契丹兵이 이르렀다고 하매, 이에 비로소 일이 급함을 알고 諸道에 兵馬齊正使를 나누어 보냈다".

29) 『고려사』 권85, 지39 형법2 禁令 顯宗 8년 정월, "中外의 관리로 하여금 고의로 人家를 태우고 재물을 절취한 자를 체포하게 하고, 사람들이 집을 회사하여 절로 삼고 婦女가 비구니되는 것을 다시 금하였다".

30) 『고려사절요』 권7, 예종 2년 12월.

31) 『고려사절요』 권7, 예종 5년 4월, "司天臺에서 아뢰기를, '금년에는 전염병이 크게 일어나 시체가 길에 가득하니, 유사를 시켜 거두어 묻게 하소서' 하니 따랐다".

전쟁으로 인한 인명 살상을 좀더 구체적으로 확인할 수 있는 예는 몽골과
의 전쟁이다. 인구는 직접 살륙되거나 포로로 잡혀감으로써 감소했다.
<표 2>에 나타나는 바와 같이 몽골은 전쟁 초반부터 고려와 강화가 결정
되는 1259년(고종 46)까지 전국에서 성을 함락하고 인명을 살상했다. 북방
군사지대인 동북면, 서북면은 물론 王都인 개성에서 훨씬 남쪽에 있는
忠州, 尙州와 같은 후방, 동북면의 登州, 鐵嶺 뿐 아니라 도서지방까지도
전장터가 되었다.[32) 개전 초기에 廣州, 忠州, 淸州와 같은 대표적 군현이
전면적인 살육을 겪었다.[33) 치열하게 항몽전을 수행하여 몽골병이 특별히
지목한 서해도 椋山城에서는 성 안에서만 4,700여 명이 살육당하였다.
10세 이상의 남자 아이는 모두 도륙당하고 부녀자와 어린아이는 전부
포로로 잡혀갔다.[34) 平州에서는 '鷄, 犬이 하나도 남지 않았다'고 표현될
정도로 무자비하게 살육하였다.[35) 고려와 몽골[元]이 강화에 합의하는
1259년까지 전국에서 무차별적으로 살상이 이어졌다. 어떤 지역에서는
원 거주민을 제거해버리고 목마장으로 변경하기도 하였다.[36)

포로의 규모는 전쟁 도중에 살상된 수와 비교해서 적지 않았던 것으로
보인다. 포로는 1259년까지의 고려-몽골 전쟁기간과 1270~1273년 사이

---

32) 『고려사절요』권17, 고종 41년 9월·10월, 42년 2월, 43년 4월·10월 등 해당
연월조.
33) 『고려사』권23, 세가23 고종 18년 11월 정사, "蒙兵이 廣·忠·淸州를 향하였는데
지나는 곳마다 殘滅하지 않음이 없었다".
34) 『고려사절요』권17, 고종 40년 8월.
35) 『고려사』권23, 세가23 고종 18년 11월 갑신·경술, "蒙兵이 平州가 그 첩자를
가뒀으므로 먼저 이를 함락하고자 하였다. 庚戌 밤 미명에 성 안으로 돌입하여
州官을 죽이고 그 城을 무찌르고 人戶를 모두 불태우니 鷄犬이 하나도 남지
않았다".
36) 『고려사절요』권17, 고종 45년 8월, "車羅大가 군사를 거느리고 옛 서울에 와서
주둔하고, 유격기병이 昇天府·交河·峯城·守安·童城에 흩어져 들어가 인민
들을 약탈하고, 양과 말을 놓아먹였다".

삼별초 토벌 기간에 대규모로 발생하였다. 고려-元 연합군이 진도, 탐라에
서 삼별초를 토벌할 때 元軍은 '삼별초 家屬'이라 하며 대규모로 포로를
잡았다. 여기에는 삼별초 가속은 물론 脅從者와 진도 · 탐라의 일반민까지
광범위하게 포함되어 있었다.[37] 이들 포로가 된 인구수를 계량할 수는
없는데, 부당하게 포로가 된 고려민을 송환하는 것이 反元改革을 단행하는
1356년(공민왕 5)까지 100여 년 동안 주요 외교현안이었을 정도로 전쟁포
로의 규모는 적지 않았다.[38]

2) 전염병으로 인한 인구 감소

고려 건국 후 처음으로 疫病이 발생한 시기는 거란과의 전쟁기이다.
1018년(현종 9)에는 개성에 瘴疫이 유행하였는데, 국교가 원만하지 못한
宋으로부터 치료책이 담겨있는 『聖惠方』을 수입해야 할 정도로 피해는

---

37) 『고려사』 권27, 세가27 원종 12년 8월 정사, "또 中書省에 올린 글에 말하기를
'…… 그러나 그 脅從한 臣民의 친속이 난리 때를 당하여 혹 이리로 온 자도
있고 혹은 저리로 간 자도 있었으며 또한 사고로 인하여 빨리 나오지 못하고
가족 전부가 위협을 당한 자도 있는데, 이제 官軍이 모두 역적의 무리라 하여
돌려보내기를 허락하지 아니합니다. 문득 聖旨가 내리기 전에 취한 인물을 각각
스스로 全羅 慶尙 王京 黃州 鳳州 등처에 산재하게 하여 혹은 서로 이웃에 숨기며,
혹은 먼저 上朝에 몰래 옮겨 보내어서 비록 친척이 있더라도 서로 만나보지
못하였으니 어떻게 하여 분별하겠나이까? 혹 다른 道, 다른 邑으로부터 珍島에
들어갔다가 붙들린 자나 혹은 官軍이 다른 道, 다른 邑으로 分住하여 驅促한
자는 …… 또 노비와 같은 경우는 각기 그 주인을 따라간 자로 그 主人의 명령에
순종하여 육지(개경)로 나올 때 가산을 정리하기 위하여 江華로 돌아간 자가
모두 잡혔는데, 이제 다 잡혀서 역적의 무리와 같이 취급한다면 聖恩을 입어
원래대로 돌아올 자가 얼마나 되겠나이까? 또 珍島 백성의 가속은 원래 청하지
아니하였는데도 오히려 방면을 허락하셨습니다. 江華로부터 (주인) 명령에 순종
하여 육지로 나온 臣民의 가속은 더욱 보듬어야 할텐데 拘繫를 면치 못하오니
……'(라고 하였다)".
38) 김순자, 「고려, 원(元)의 영토정책, 인구정책 연구」, 『역사와 현실』 60(2006).

적지 않았던 것으로 보인다.[39] 아래 표는 역병 발생 기록 중에서 인구 감소와 관련된 기사를 정리한 것이다.

<표 3> 전염병으로 인한 인구 감소

연도	역병 발생 상태	비고
1107~1108 (예종 2~3)	女眞 정벌 도중 軍中에서 기근과 疾疫이 발생하여 9성을 女眞에게 돌려주기로 함	9성을 돌려주고 고려군 철수함
1110. 4 (예종 5)	疫病이 크게 일어나 시체가 길에 가득함	
1203~1204 (신종 6~7)	東京의 雲門山 반란군 토벌 중 軍中에서 大疫 유행. 疫病 걸린 군사는 죽었다	
1232. 4 (고종 19)	기아와 역병으로 죽은 자가 무수함	몽골 황제에게 보낸 起居表文 중 표현
1256. 12 (고종 43)	기아, 疫疾이 겹쳐서 僵屍가 길을 덮을 정도였다	
1281. 6 (충렬 7)	2차 일본원정군에서 疫病 발생. 軍中에서 죽은 자가 3,000여 명	
1281. 12 (충렬 7)	疫病이 크게 유행하여 사망자 무수함	
1283. 8 (우왕 9)	기근, 疫病이 겹쳐 아사자의 시체가 길거리에 널려 있다	

고려시대 역병 발생기록 35회 중에서 인구 감소와 직접 연관되어 기록된 경우는 위의 8회가 전부이다. 35회 역병 기록 중에서 사망자 수에 관한 기록이 위의 사례처럼 특별히 기록된 이유는 역병으로 인한 사망자 수가 다른 역병의 경우보다 대규모이거나 전면적이어서 국가가 위기의식을 느꼈기 때문으로 생각된다. 우왕 9년에는 왜구가 50회나 침입하였다.[40] 1350년부터 시작된 왜구가 가장 극심했던 것이 우왕대인데, 우왕 3년의 52회를 제외하면 우왕 9년이 왜구가 가장 극심한 해였다. 8회의 기록 중에

---

39) 『고려사』 권4, 현종 13년 5월 丙子.

40) 羅鍾宇, 앞 논문(1994), 396쪽.

서 전쟁 중이 아닐 때 발생한 것은 1110년(예종 5) 사례가 유일하다. 그러나
이때는 고려가 여진 정벌을 끝내고 군대를 파한 바로 다음해라는 점을
고려하면, 고려시대에 역병이 발생하여 사망자수가 특별히 많았던 것은
모두 전쟁 중이거나 전투에 동원된 부대 안에서 발병한 경우라고 할 수
있을 것이다.

  전쟁이 일어나면 전투에 동원된 부대에는 많은 사람이 집단적으로 살게
된다. 거주 환경은 비위생적이었을 것이며, 전쟁 기간이 길어지면 몇 달에
서부터 길게는 여러 해 동안 군인들이 집단거주하게 될 것이다. 이럴 때
역병이 발생하면 군대 안에서 손쉽게 전염되며, 사망자 수도 많을 것이다.
1107~1108년(예종 2~3), 1203~1204년(신종 6~7), 1281년(충렬왕 7) 6월
의 역병 발생 사례가 여기에 해당할 것이다. 예종 2년의 여진 정벌은 숙종
이래의 숙원 사업으로서 전국에서 17만 대군을 동원한 전쟁이었다. 당시
전반적으로 기후가 불순하여 가뭄과 흉년이 연달았으므로 군사를 동원하
는 데에 관리들의 반대가 심했다. 고려가 새로 개척한 지역에 9성을 쌓고,
그중 6성에 행랑 등 건물을 신축하여 남방에서 선발한 民戶를 徙民한
것에서 보면 단순히 군사적 시위에 그친 것이 아니라 개척한 지역을 영토로
확보하려는 의지가 분명했다고 할 수 있을 것이다. 그러나 전쟁을 시작한
지 2년 만에 별다른 소득없이 9성을 돌려주고 철수하였다.[41] 국력을 기울여
대군을 동원하여 시작한 전쟁에서 별다른 소득없이 철수 여론이 대세를
이룬 것은 '饑饉과 疾疫이 가중되는' 상황 때문이었다.[42] 이후 예종대에

---

41) 예종대의 여진 정벌을 성공으로 볼 것이냐 실패로 볼 것이냐는 입장에 따라
   차이가 있을 것이다. 그러나 당시 총사령관이었던 尹瓘이 패전의 죄로 官爵을
   삭탈당하고 귀향한 것에서 보면 당시에는 패전으로 받아들여졌다. 『고려사』
   권96, 열전9 尹瓘 참조.
42) 『고려사』 권96, 열전9 尹瓘, "瓘이 또 英·福·雄·吉·咸州 및 公嶮鎭에 성을
   쌓고 드디어 公嶮에 碑를 세워 경계를 삼았다. …… 또 땅을 개척함이 너무

역병 발생과 구휼이 계속된 것을 보면, 12세기 전반기의 기후 불순, 한랭화라는 자연조건 외에[43] 군대 자체를 유지하기 어려울 정도로 軍中에서 발생한 역병의 파괴력이 심각했음을 짐작할 수 있다. 전쟁이 끝나고 군인들이 귀향할 때 병원균을 보유한 채 귀향했을 것이므로, 역병은 손쉽게 전국으로 퍼졌을 것이다. 예종 5년의 사례는 여기에 해당할 것이다.

사람들이 면역체계를 가지고 있지 않은 疫病에 감염되면 짧은 시간에 많은 인명이 죽었을 것이다. 개성처럼 인구가 밀집된 도시이거나 군인이 밀집하여 생활하는 군대 안에서 역병이 발생하면 그 전염력은 더 심했을 것이다. 1203년(신종 6) 운문산의 草賊을 토벌하는 軍中에서 역병이 발생하여 사망자가 다수 발생했다는 기록이나,[44] 1281년(충렬왕 7) 제2차 일본원정에 동원된 군대 안에서 疫病이 크게 돌아 3,000여 명이 사망했다는[45] 사례가 그것들이다. 전쟁 과정에서의 살상보다는 그에 뒤따르는 역병의 유행과 기근으로 인한 사망이 보다 심각했던 것으로 보인다. 인구 사망의 원인에 관해서는 직접적 인명 살상으로 기록하기보다는 '疫病이 크게

넓고 9城의 거리가 너무 멀고 골짜기가 깊고 황폐하므로 적이 자주 복병하여 왕래하는 자를 노략하는지라. 나라에서 출병함이 많아서 중외가 소요한데 飢饉과 疾疫이 가중하여 원성이 드디어 일어나고 女眞도 역시 괴로워하였으므로, 이에 이르러 王이 여러 신하를 모아 이를 의론하여 필경에 9성을 女眞에게 돌려주기로 하고 전투기구와 양식은 내지로 실어 옮기고 그 성을 철폐하였다".

43) 金蓮玉, 앞 논문(1984).
44) 이규보, 「七鬼五溫神醮禮文」, 『동국이상국집』 권38(『국역동국이상국집』 Ⅴ, 49~50쪽), "더구나 大疫이 軍中에 유행하니 어떻게 가만히 앉아서 차마 보고만 있을 수 있겠습니까?" ; 「軍還後寄兵馬留後朴郎中仁碩手書」, 『동국이상국집』 권27(『국역동국이상국집』 Ⅳ, 49~51쪽), "雲門山에 주둔한 疫疾 얻은 군사처럼 죽는 것을 면했었는데, 군사가 돌아올 때 惠陰院에 이르게 되자 갑자기 중한 병을 얻게 되어 ……".
45) 『고려사절요』 권20, 충렬왕 7년 6월 임신, "이튿날 다시 싸우다가 패전하였으며, 군중에 전염병이 크게 유행하여 전쟁과 疫病에 죽은 자가 모두 3천여 명이었다".

일어나 시체가 길에 가득하다'거나[46) '기아와 疫疾이 서로 겹쳐서 시체가
길에 덮였다'는[47) 식으로 기록하고 있기 때문이다. 그러나 이러한 표현만
으로는 고려 전인구에서 어느 정도의 인구가 감소했는지 비율이나 감소의
실상을 추정할 수 없다.

3) 전쟁, 전염병으로 인한 인구 감소 : 金·南宋과 몽골[元]의 사례

이상에서 고려시대에 역병은 무인정변이 일어난 毅宗~熙宗代를 제외
하면((다)시기) 전부 전쟁기에 발생한 사실과, 특히 많은 사망자를 낸 역병
은 전쟁 중이거나 전투에 동원된 부대 안에서 발병한 경우인 것을 알
수 있었다. 전쟁과 역병이 같은 시기에 겹쳐서 발생한 사실에 근거하여
해당 시기에 인구가 급격하게 감소했을 가능성도 추정했다. 그러나 고려시
대의 인구에 관해서는『宋史』高麗傳에서 210萬口라고 기록한 것을[48)
제외하면 전체 인구는 물론 특정 시기 인구 변동에 관해서도 구체적인
내용을 전혀 알 수 없다.

중국의 인구 변동은 고려의 그것을 이해하는 데 참고가 될 것이다.
중국의 사례로는 13세기 몽골의 침입으로 시작된 金, 南宋과 몽골의 전쟁기
를 검토하려고 한다. 金·南宋과 고려는 전쟁 대상이 몽골로서 같았으며
전쟁 기간과 전법도 비슷했기 때문이다. 고려는 1231년부터 1281년까지
50년간 몽골과 전쟁을 치렀다. 몽골의 중국대륙 침입은 1217년(고종 4)에
金을 침입하면서 시작되었다. 1234년에 金이 멸망하고, 이어서 南宋과의
전쟁은 1279년(충렬왕 5)까지 계속되었다. 몽골과 중국과의 전쟁은 전후

---

46)『고려사절요』권7, 예종 5년 4월.
47)『고려사절요』권17, 고종 43년 12월.
48)『宋史』권487, 高麗傳, "凡三京·四府·八牧·郡百有十八·縣鎭三百九十·洲島
　　三千七百 郡邑之小者 或只百家 男女二百十萬口 兵·民·僧各居其一".

60여 년간 계속되었으며, 고려-몽골[元] 전쟁기와 거의 겹친다.

중국측 기록에는 몽골의 침입 이전 시기 金과 南宋의 호구, 전쟁 이후 元代의 호구는 물론 明代까지의 전국 호구, 지방별[路] 호구 자료까지 전하고 있다. 중국의 인구 변동에 관한 연구에 의하면 몽골족이 金을 공격하던 시기(~1234)와 南宋을 공격하던 시기(~1279)의 2차에 걸쳐 급격하게 인구 구조가 변동하였다.

<표 4>는 몽골의 중국 침입 전에서부터 明初까지 200년간의 인구 변동을 정리한 것이다.[49]

<표 4> 중국의 인구 변동 : 金・南宋-몽골[元]-明初

연도	총인구	비고
1193/1207 (南宋)(金)	80,377,236명	53,532,151명 (金 : 북중국) 27,845,085명(南宋 : 남중국)
1290 (元 至元 27)	58,834,711명	1193~1207년 인구에서 2,100만 명 감소
1393 (明 洪武 26)	60,545,812명	至元 연간(1264~1294)의 인구 규모 회복

처음 몽골족이 金을 침략할 때의 목적은 중원지구에 목장을 확대하는 것이었다. 농사에 종사하는 民戶는 목장 확대에 장애가 되었는데, 그들은

---

49) 주채혁, 『元朝 官人層 硏究 : 征服王朝期 中國社會身分構造의 한 分析』(정음사, 1986), 68쪽에서 인용. 滕經之, 『中國人口通史』(山東人民出版社, 1999) 제5장 「宋, 遼, 金, 元 時期」, 585쪽에서는 몽골의 침입 이전 金의 인구+南宋의 인구를 11,000만 명으로 보고, 전쟁 기간 중에 5,000만 명이 감소했다고 하였다. 이것은 전쟁 시작 전 중국(북+남=金+南宋)의 인구 규모를 계산할 때 南宋의 호구 자료에서 嘉定 16년(1223)籍 56,640,170명을 기준으로 했기 때문이다. 그런데 嘉定 16년은 몽골족의 침입으로 북중국인 金의 인구가 남중국으로 이동하기 시작한 이후이기 때문에 嘉定 16년籍을 기준으로 해서 인구이동 전 중국의 총인구를 계산할 수 없다. 따라서 몽골의 침입으로 중국 사회가 혼란에 빠지기 전 중국의 전체 인구를 추정하기 위해서는 1193년籍을 사용하는 것이 타당할 것이다.

"漢人은 나라에 도움이 되지 않으니, 가히 그 사람을 전부 비워서 牧地로 해야 한다"고 했다.[50] 농업사회의 생산성을 이해하지 못하던 몽골족은 사회적, 경제적 생산력의 기초가 될 인구를 무차별적으로 도살했다. 이러한 살육은 帝位 계승전쟁에서 쿠빌라이가 승리한 뒤 耶律楚材의 건의를 받아들여 인민 도살을 금지하는 1259년(元 世祖 즉위)까지 계속되었다.

쿠빌라이 집권 전 몽골의 침입과 약탈이 자행된 옛 金지역에서는 인구가 대거 도륙당했다. 金 章宗 당시(1207) 재적인구는 5,300만여 명이었으나 金 멸망 후 남은 인구는 1,000만여 명에 불과했다. 四川省의 경우 1236년(元 太宗 8) 闊端軍이 成都에 들어갔을 때 성 밖에서 살상된 자를 제외하고 성 안에서만 140만 명이 살상되었다.[51] 1223년(南宋 嘉定 16)에 四川省 인구는 1,322만이었는데, 1290년(元 至元 27)에는 통계상 단지 85만에 불과했다. 즉 원인구수의 93%에 해당하는 1,260만 명이 감소했다. 100여 년의 회복기간을 거친 1393년(明 洪武 26)에도 원래의 호구수를 회복하지는 못하고 겨우 146萬口에 이르렀다.

이렇게 인구가 급감한 이유로는 몽골군의 살육에 더하여 뒤따르는 기근과 疫病으로 사망이 높아졌기 때문으로 추정하고 있다.[52] 金 南京(開封)의 경우를 살펴보면, 1232년(元 태종 4) 몽골이 공격을 시작했을 때 성안으로 피신한 자는 수백만 명으로 기록되어 있다. 그런데 5월이 되자 성안에 瘟疫이 유행하여 단지 50일 동안에 성문 밖에 매장한 자가 90만여 명에 달하였다. 가난하여 장례를 치르지 못한 자는 포함되지 않은 수치이다. 그렇다면 사망자는 아무리 적게 보아도 백만 명을 넘었을 것으로 추정된다.

---

50) 『元史』 권146, 耶律楚材傳, "漢人 無補於國 可悉空其人 以爲牧地".

51) 몽골병은 사람들을 50명 단위로 모아 묶어놓고 찔러 죽였다고 한다. 주채혁, 앞 책(1986), 75쪽.

52) 滕經之, 앞 책(1999), 583쪽.

<그림 1> 蒙古襲來繪詞 : 원·고려군의 일본원정 중 전투 장면

그후 식량 부족으로 아사자가 속출했고, 몽골의 공격이 멈추었을 때 성안에는 단지 147만 명만 남아있었다. 남은 자들은 먹을 것을 찾아 황하를 건너 남중국으로 이동하였다.

전쟁기의 대도살은 기근과 역병을 수반한다. 몽골이 중국을 침략할 때 북방인구가 대거 감소한 것은 일차적으로는 살육이며, 살육 뒤에 따르는 기근과 疫病으로 감소한 것이고, 일부분이 南宋 지역으로 이동한 것으로 추정하고 있다. 몽골의 북중국 침략 때 북방인구가 남중국으로 대거 이동했으나, 전쟁이 완전히 끝난 1290년(元 세조 至元 연간)에 남·북중국의 전체인구가 2,100만 명 이상 감소한 것은 절대적으로 인구가 감소했기 때문이다.

전쟁은 살상 뒤에 역병과 기근의 발생으로 인구를 감소시키고 생산기반을 파괴한다. 감소한 농업노동력을 회복하고 파괴된 생산기반을 복구하는 데에는 긴 시간이 필요할 것이다. 그것도 위정자들이 농민생활 보호에 적절하게 노력했을 경우에 해당하는 말이다. 중국의 경우 金/南宋→元→明으로 이어지는 13세기 초~15세기 초까지 200년간의 인구 변동을 보면 1193년(1207년)~1290년 사이 몽골의 중국침략이 진행된 60여 년을 포함한 100년 동안에 인구는 절대적으로 감소하였다. 대략 2,100만 명 정도, 전인구의 1/4 이상이 감소한 것으로 추산하고 있다. 元 世祖는 南宋을 멸망시키기 이전부터 농촌사회를 안정시키기 위해 社制를 시행하고 農書를 편찬하여 농업을 권장하였지만, 元의 안정기이자 극성기였던 至元 연간(1290년)까지도 13세기 초(1193년/1207년)의 인구수를 회복하지 못했다. 이때부터 1340년대까지 인구가 계속 증가하였는데, 이는 南宋 멸망 후 사회의 안정을 바탕으로 민 보호와 생산력을 회복하는 데는 80여 년이 소요된 것을 나타낸다. 그러나 1344년 이후부터는 천재지변으로 인한 흉년과 질병, 20여 년간에 걸친 농민반란(元末 漢人群雄의 반란)으로 중국은 다시 혼란기에 빠지게 되었다. 明이 통일한 洪武년간(1393년)의 인구수는 1290년의 인구수에 겨우 근접했을 뿐 13세기 초 金/南宋 시기의 인구규모를 회복하지는 못했다.[53)]

이렇게 보면 50년 동안 몽골과 전쟁을 치루어야 했던 고려도 중국에 비견될 정도의 인구 감소가 있었을 것으로 추정할 수 있지 않을까? 앞서 살핀 바와 같이 쿠빌라이 즉위 이전 몽골과 전면전을 벌이는 1231~1259년까지 몽골은 대도륙작전을 쓰고 있었고, 西海道 일대에서 인민을 약탈하고 양과 말을 방목했다는 사실은 金 침략 초기 목장화 정책과 같은 것으로 생각된다. 고려와 몽골[元]은 1259년에 강화하기로 합의하여 고려와 몽골[元]의 직접적인 전쟁은 끝났다. <표 1>에 나타나는 바와 같이 그 뒤를 이어 元宗·忠烈王代에 역병 발생이 잇달았던 사실은 전쟁 이후 역병의 유행과 그로 인한 인구 감소 현상을 증거한다고 생각된다.

---

53) 이상은 滕經之, 앞 책(1999), 제5장 「宋, 遼, 金, 元 時期」에 의거함.

4. 인구 감소율의 추정

전쟁 중에 살상되거나 포로로 잡혀가서, 혹은 전쟁에 뒤따르는 기아와 역병의 발생으로 고려에서는 어느 정도 인구가 감소했을까? 전쟁 과정에서 여러 군현에서 인명 살상이나 역병으로 인한 民戶 사망이 극심했음은 확인되지만, 그 구체적인 규모에 관해서는 몽골군 침략의 피해가 가장 극심했던 1254년(고종 41)에 206,800여 명이 포로로 잡혀갔다는 기록이 수치로 알 수 있는 유일한 기록이다.54) 또한 몽골 침입 기간은 물론 다른 전쟁기간에 있어서도 그 전후의 인구 변동에 관한 통계가 전혀 남아있지 않기 때문에 전쟁이 고려사회에 끼친 영향에 관해서도 '어떤 정도'라는 선에서만 이해되었다. 전쟁 후 인구 감소의 상황을 좀더 구체적으로 추정할 수 있을까?

고려시대에 있어서 전국 인구에 대한 통계적 자료는 『宋史』 高麗傳의 210萬口 기록이 유일한 것이다. 이 기록은 1130년 즈음의 인구 수를 나타내는 것이며, 宋측의 기록은 당시 고려의 자료에 의거한 신빙성 있는 기록일 것으로 추정하고 있다.55) 조선시대에 들어오면 1432년(世宗 14) 당시의 인구 규모를 전하는 『세종실록지리지』의 호구 기록이나 1461년(世祖 7)에 梁誠之가 '八道戶七十萬 口四百萬'이라고 기록한 것56) 등을 비롯하여 몇 가지의 기록이 남아있다. 梁誠之는 조선의 호구 파악 능력에 대해

---

54) 『고려사절요』 권17, 고종 41년 12월, "이 해에 몽골 군사에게 포로로 잡힌 남녀가 무려 206,800여 명이나 되고, 살육된 자가 이루 헤아릴 수 없었으며, 거쳐 간 고을들은 모두 잿더미가 되었으니, 몽골 군사의 난이 있은 뒤로 이때보다 심한 적이 없었다".

55) 이태진, 「고려후기의 인구증가 요인 생성과 향약의술 발달」, 『한국사론』 19(서울대학교 국사학과, 1988) ; 『의술과 인구 그리고 농업기술』(태학사, 2002) 재수록.

56) 梁誠之, 「兵事六策」, 『訥齋集續編』 권4, 奏議.

'漏丁이 없다'고 자부할 정도였는데,[57] 이를 근거로 신뢰할 만한 통계로
받아들여지고 있다.

<표 5> 1130~1461년간 인구증감률

연도	1130년대	1231~1281년	1461년(세조 7)
총인구 (男女壯丁)	210萬口	몽골침입 전쟁기간	400萬口
총인구 (童幼 포함)	210萬口+(210×0.3)= 273萬口		400萬口+(400×0.3)= 533~570萬口
증감률	330년(1130년→1461년)으로 계산 : 연평균증감률 0.274% 270년으로 계산(몽골침입 전쟁기간 제외) : 연평균증감률 0.335%[58]		

국가는 國役을 지는 남녀 장정 위주로 호구를 파악했으므로, 위의 호구
수에는 國役 부담을 지지 않는 노인, 童幼는 제외된 것으로 본다. 조선시대
호구 조사에서 누락된 童子의 비율은 전체 加現人口의 30% 정도를 차지하
는 것으로 추정되고 있으므로, 세조 당시 전국 戶는 70~100만, 口 400만이
므로 인구는 533~570萬口 전후로 추산된다.[59] 여기에 『宋史』의 210萬口
기록에 의거하여 고려 중기~조선 전기의 인구증감률이 추산된 바가 있
다.[60]

---

57) 梁誠之, 「便宜二十八事」, 『訥齋集續編』 권4, 奏議.

58) 이태진은 인구증가 기간에서 제외하는 시기를 몽골족이 고려를 침입한 1231년(고
종 18)에서부터 일본 원정을 단행한 元 世祖가 사망하는 1286년(충렬왕 12)까지로
했다. 고려에서 전쟁이 끝나는 시기는 元-고려연합군의 제2차 일본 원정이 중단된
1281년(충렬왕 7)이다. 따라서 인구증가 기간에서 제외하는 전쟁기간은 1231~
1281년까지여야 할 것이다. 차이는 5년간인데, 어느 쪽을 선택하든 1130~1461년
사이 330년간 인구증감률의 경향을 이해하는 데는 차이가 없다.

59) 韓永愚, 「조선전기 호구총수에 대하여」, 『人口와 生活環境』(서울대학교 人口
및 發展問題研究所, 1977). 童子 인구비중을 加現人口의 30%로 볼 경우 400萬口
×30%=133萬口이므로 1461년의 인구는 (400+133)萬口로서 533萬口가 되어야
한다. 필자는 世祖代의 인구를 570萬으로 추정하였는데, 근거를 제시하지는 않았
다. 본고에서는 1461년의 인구를 두 범위를 포괄하여 533~570萬口로 계산하였다.

위의 인구증감률을 이용하여 1231년(고종 18) 몽골의 침입을 받을 당시의 고려인구를 추산해볼 수 있을 것이다. 전쟁으로 인한 인구의 증감을 밝히고자 한다면 전쟁이 시작된 때의 인구를 추정해야 하기 때문이다. 위의 두 가지 인구증감률 중에서 전쟁기간을 제외하고 산출한 0.335%를 적용하는 것이 타당할 것이다.[61]

1231년의 인구 : $210만×(1+0.00335)^{101} ≒ 294만$[62]

『宋史』의 고려인구 210萬口 기록이 당시 고려의 실제 인구 수를 근거로 했을 것이라는 가정을 받아들인다면, 고려와 몽골의 전쟁이 시작된 1231년 (고종 18)의 인구는 294萬口, 대략 300萬口 정도로 추산된다.[63] 몽골과의

---

60) 이태진, 앞 논문(1988)에 의거함.

61) 韓永愚, 앞 논문(1977)에 의하면 조선 건국 이후부터 세종대까지인 1392~1440년의 인구증가율은 0.40%, 세종대 후반기부터 중종대까지에 해당하는 1441~1519년의 인구증가율은 0.56%였다. 인구증감은 자연적, 사회적 조건에 영향을 받는다. 따라서 본고에서 추정하려고 하는 1130~1231년까지의 인구증감률이 위의 세 가지 인구증감률 중에서 어느 것에 가장 근사한지는 단정할 수 없다. 그러나 1130~1231년간은 무인정변이 일어나고 농민, 천민의 반란이 계속 이어진 毅宗·明宗代를 전후한 시기이다. 그 후반부는 몽골의 침입을 받는 高宗代에 걸쳐 있다. 이 시기에는 기근이 극심하고 疫疾의 발생이 다른 시기보다 빈번했다. 따라서 민의 재생산기반이 동요하고 생활이 곤궁했던 것으로 추정된다. 따라서 고려중기~조선전기 기간에서 산출된 세 가지의 인구증감률 중에서 가장 낮은 0.335%를 적용하여 계산하는 것이 타당하리라 생각된다. 李泰鎭, 앞 논문(1997).

62) 인구증감률과 전체 인구는 男女壯丁 수만으로 계산한다. 본고에서는 인구 증감의 정도, 변화의 경향을 이해하는 것이 목적이기 때문에 노인, 童幼를 포함시키지 않아도 될 것이다.

63) 300萬口는 1231년 당시의 인구 추정치로서는 최대치에 가까울 것이다. 12세기 이래 고려는 기후가 한랭해졌으며 천재지변이 빈번하게 일어났다. 당연히 인구는 안정되게 증가하지 못했을 것이다. 그러나 이 계산에서는 1130년부터 1231년까지 인구가 안정되게 증가했을 것이라는 가정 하에 계산한 것이기 때문이다. 金蓮玉,

전쟁기간 중 단기간에 가장 인구가 급감한 것은 1254년(고종 41)의 대규모
포로와 1259년의 東北面 인구 상실, 1270년(원종 11)의 西北面 인구 상실일
것이다.

1271년 元의 雙城摠管府 지방관은 襄州의 知州와 吏民 1,000여 인을
驅掠해갔다.[64] 襄州는 東界의 翼嶺縣으로서[65] 地理志 州縣軍조에 의하면
行軍 9隊, 혹은 11隊가 속해 있었다. 1隊는 正軍 25명이므로[66] 襄州의
行軍 수는 225명 내지 275명 사이에 있다. 北界에 거주하는 모든 장정은
상비군으로서건 예비군으로서건 州鎭軍 조직 속에 소속되어 있었을 것으
로 추정되고 있다.[67] 地理志 東界 州縣軍조에는 神騎・步班・白丁(隊)
기록이 누락되어 있다고 추정하고 있으므로, 北界 州縣軍조의 그것과
같은 구성비로 추산하면[68] 翼嶺縣의 神騎・步班・白丁은 375명으로 추산
된다. 따라서 翼嶺縣의 州鎭軍은 상비군 225~275명, 예비군 375명, 합
625명으로 추산된다.

元宗 당시 戶當 인구 수, 혹은 男丁 1인당 女丁의 비율을 알 수 없지만,
일반적으로 男丁과 女丁은 1 : 1로 대응할 것이며, 조선 세조대에 編戶
방식이 변화되기 이전 戶當 男丁은 2명, 고려와 조선의 編戶 방식은 동일했
을 것으로 추정되고 있으므로,[69] 이에 근거하면 元宗 당시 襄州의 인구는
2,500여 명으로 추정된다. 知州와 吏民 1,000여 인이 驅掠되었는데, 쌍성총
관부의 總管인 趙暉세력은 전인구의 2/5 정도를 포로로 잡아간 셈이다.

앞 논문(1984) ; 李泰鎭, 앞 논문(1997) 참조.

64) 『고려사』 권27, 세가27 원종12년 3월 己巳.
65) 『고려사』 권58, 지12 지리3 東界, "翼嶺縣 本高勾麗翼峴縣[一云伊文縣]".
66) 末松保和, 「高麗式目形止案について」, 『朝鮮學報』 25(1962), 252쪽.
67) 李基白, 「高麗 兩界의 州鎭軍」, 『高麗兵制史研究』(1968), 252쪽.
68) 李基白, 앞 논문(1968), 246~251쪽의 <北界/東界 州鎭軍 일람표> 참조.
69) 韓永愚, 앞 논문(1977).

몽골의 침입 기간 중에 개별 지역에 대한 인명 살상의 정도, 혹은 포로로
잡아가는 民戶의 비율을 추정하는 데 있어서 襄州의 경우를 일반화할
수는 없을 것이다. 그러나 東寧府, 雙城摠管府로 편입되어 고려에서 이탈
된 東北面, 西北面과 그들에 의한 고려민호 寇掠이 심각하게 진행된 사례
로는 이해될 수 있을 것이다.

조선 건국 후 漢城府까지 포함하는 전국 호구 자료는 1432년(세종 14)에
처음 나온다. 이 자료는『세종실록지리지』호구 통계의 기초자료가 되었
다. 그 호구 규모는 아래 <표 6>과 같다.

<표 6>『세종실록지리지』의 戶·口 수70)

	전국	함길도	평안도	비중 함길도+평안도
호 수	226,310	14,739 (6.1%)	41,167 (18.6%)	24.7%
구 수	702,870	66,978	105,444	24.5%

몽골 침입 시기인 고려시대 高宗代의 東北面, 西北面의 인구 비중을
조선 世宗代의 함길도, 평안도의 인구 비중과 같거나 근사하다고 볼 수
있을까? 세종대에 새로 개척된 평안도의 4개 郡, 함길도의 6개 鎭 및 三水郡
을 제외하고 地理志를 통해 군현의 영속관계를 검토하면, 전국 군현에서
고려시대의 東北面, 西北面의 영역과 조선시대의 함길도, 평안도의 영역은

---

70) 李樹健,「조선초기 호구연구」,『논문집-인문과학』5(영남대학교, 1971). 조선초의
   戶口 자료는 편차가 크다.『세종실록지리지』(1432)의 호수는 226,310 戶이다. 그런
   데 이보다 30년 뒤인 1461년의 호수는 70만 戶로 되어 있다. 1432년에서 1461년
   사이 외국으로부터의 대규모 인구 유입이 없었다. 따라서 編戶의 원칙에 변화가
   없다면 이것은 두 가지 기록 중의 어느 하나는 사실과 거리가 멀다는 것이다.
   따라서 본고에서는 1432년의 戶口 수가 아니라, 道別 戶口 비중을 추정하는
   자료로서만 이용한다.

근사하며, 따라서 전국 군현에서 차지하는 인구 구성비도 근사했다고 추정하고 있다.[71] 함길도, 평안도의 戶・口 비중은 각각 전국의 24.7%, 24.5%를 차지한다. 東北面은 1258년 元의 雙城摠管府로, 西北面은 1270년 元의 東寧府로 편입되었고, 편입과 동시에 그곳의 주민은 元의 戶口로 편입되었다. 즉 고려 인구에서 이탈된 것이다. 東寧府는 1290년에 고려에 환속되기까지 20년간, 雙城摠管府는 1356년 고려가 수복할 때까지 99년간 元의 영토였다. 東北面, 西北面 상실로 인한 인구 상실, 즉 감소는 생물학적 의미에서 인구의 감소를 의미하는 것은 아니다. 그러나 고려 입장에서는 위의 기간에 통치권 범위 안에 있는 인구의 대략 1/4 정도를 상실한 것, 즉 인구가 감소한 것이다. 1290년 東寧府가 고려에 반환되었으나, 東寧府 주민은 元 내지의 東寧府로 이주되었다.[72]

전쟁으로 인한 인구의 감소 부분에서 현저한 것은 1254년(고종 41) 206,800명의 전쟁포로로 인한 것이다. 206,800명이 남녀장정을 나타내는 것이라면 당시 인구 추정치 294萬口의 7%에 해당한다. 1231년에 시작된 몽골과의 전쟁은 1259년까지 계속되었고, 이 기간에 몽골의 전법은 전면적인 도륙, 약탈이었다. 따라서 1231~1259년까지의 전쟁에서 어느 정도의 인구가 살상되거나 포로가 되었는지 구체적인 수치를 알 수 없지만, 아무리 적게 보아도 1254년 포로 규모를 상회하지 않을까 추정된다.

전쟁기에 발생한 역병으로 적지 않은 사망자가 발생했을 것이다. 몽골과의 전쟁기를 예로 들어볼 경우, 직접 전쟁이 끝난 元宗・忠烈王代에 역병이 잇따르고 당시에 사망자가 무수했다는 기록 역시 그러한 사실을 나타내

---

71) 李樹健, 앞 논문(1971), 112쪽에 의하면, 세종 14년 당시는 평안도의 4개 郡, 함길도의 6개 鎭 등 새로 개척된 군현에 徙民하여 인구가 채워지기 전이어서 호구 구성 비중에 큰 차이는 없었던 것으로 추정한다.

72) 金九鎭,「元代 遼東地方의 高麗軍民」,『李元淳華甲記念 史學論叢』(1986).

는 것으로 생각된다. 전쟁으로 인한 직접 살상보다는 전쟁 이후에 따르는 기근과 역병으로 더 많은 인구가 사망했을 것이라는 중국 인구사의 연구 성과를 고려할 때, 고려의 경우에도 몽골과의 전쟁 후 역병으로 인한 사망자 수가 1254년의 전쟁포로 규모를 상회하지 않을까 추정해본다. 이와 같이 추론한다면 1254년의 전쟁포로 206,800명을 기준수로 해서 전쟁기간의 살상과 포로, 역병으로 인한 사망이 적어도 각각 그 정도의 비중을 차지할 것이다. 그렇다면 세 가지 요인으로 인한 인구 감소율은 각각 7% 전후, 합하면 21% 전후로 추정된다.

이상에서 고려시대의 인구 감소율을 추정하기 위해 몇 가지 기록이 남아있는 고려-몽골[元] 전쟁기의 인구 변동을 추정해보았다. 먼저 고려는 東北面, 西北面 상실로 인하여 인구의 24.5〜24.7% 정도를 잃었다. 이 부분은 사망으로 인한 인구의 절대적 감소는 아니다. 그러나 영토가 반환되어도 인구는 반환되지 않았으므로 고려 입장에서는 인구의 감소를 의미한다. 다음으로는 기록에서 확인되는 포로의 규모이다. 1254년 한 해에 고려는 인구의 7%에 해당하는 206,800명을 상실하였다. 이들은 포로로서 元 지역으로 이동해간 인구로서 사망한 것은 아니지만 고려 입장에서는 역시 인구의 감소이다. 이상이 기록에서 감소의 비중을 추론할 수 있는 부분이다. 전인구의 32% 정도에 해당한다. 다음으로 1231〜1281년 사이 전쟁 과정에서의 직접적 인명 살상, 역병 발생으로 인한 사망 부분을 추론하였다. 최소한으로 보아 각각 7% 정도로 추정하였다. 두 가지 추정치를 합하면 인구의 14% 정도에 해당할 것이다.

앞에서 1231년 당시 고려의 인구를 294만 명 정도로 추산했다. 위의 세 가지 사실과 추론에 근거하면, 생물학적 사망으로 없어진 것은 아니나 고려의 영토 상실, 포로로 인하여 元의 호구가 됨으로써 고려의 통치권을 벗어난 인구가 32% 정도, 생물학적 사망으로 인한 절대적 인구 감소율 추정치는 적어도 14% 정도이다. 294만 명을 기준으로 해서 볼 경우 각각 94만여 명, 41만여 명에 해당한다. 순인구 감소율은 사망으로 인한 절대적 감소이므로 최소한 14% 이상이며, 32%는 거주지 이동과 영속관계 변동으로 인한 감소이다. 어쨌든 고려 입장에서는 유효인구의 46% 전후를 상실한 셈이다. 몽골과 전쟁이 끝났을 때 고려가 지배하는 인구는 158.8萬口 정도, 雙城摠管府, 東寧府를 포함하는 옛 영역 안의 인구까지 합해서 볼 경우 252.8萬口 이하이며, 사망자 수는 아무리 적어도 41.6萬口 이상이었을 것으로 추정된다. 1293년에는 東寧府 戶口가 元으로 이주해갔다. 전쟁이 끝난 1281년부터 1293년 사이 인구 증가를 고려하지 않는다면, 1293년 이후 고려 인구는 옛 영역인 西北面, 雙城摠管府 거주 인구까지 합해도 198.2萬口에 불과했다. 이는 전쟁이 시작될 때인 1231년의 인구 추정치 294萬口에서 1/3인 95.8萬口가 감소한 것이다.

5. 맺음말 : 인구 감소와 사회 변동

고려시대는 전 시기에 걸쳐 전쟁을 겪었다. 그 중 전쟁규모가 큰 것으로는 993~1018년까지 거란과의 전쟁, 1104~1109년까지 여진과의 전쟁, 1231~1281년까지 몽골과의 전쟁, 1350년부터 고려 멸망까지의 왜구 침입을 들 수 있다. 본고에서는 고려시대의 인구 변동을 전쟁 및 전염병 발생과 연관하여 살펴보았다.

고려시대 475년 동안 疫病은 35회 발생했다. 평균 13.6년마다 1회씩 발생한 것이다. 35회 역병 중에서 전쟁 기간 152년 동안 25회가 발생해서 전체의 71.4%에 해당한다. 전쟁기에 역병은 평균 6.1년마다 1회씩 발생한 것이어서 비전쟁기보다 2.2배 자주 발생하였다.

전쟁으로 인명이 살상되었을 것이며 전염병의 발생이 겹쳐 일어났으므로 인구가 감소했을 것으로 추정하였다. 『宋史』 高麗傳에 기록된 고려인구 210萬口는 1130년경의 고려인구로 추정하고 있다. 조선시대 1461년의 호구는 '八道戶七十萬 口四百萬'이다. 따라서 몽골과의 전쟁기를 제외하면 1130년부터 1461년까지의 인구증감률은 0.335%가 되므로 1231년 몽골의 침략 개시 당시 고려인구는 294만 명으로 추정된다.

전쟁으로 인한 인명 살상과 전염병으로 인한 인구 변동에 관해서는 절대적으로 기록이 부족하기 때문에 고려-몽골[元] 전쟁기에 한정해서 추정했다. 東北面, 西北面 영토 상실로 인한 인구 감소율 24.5~24.7%, 전쟁포로로 인한 감소율 7%, 전쟁 중의 인명 살상과 역병, 기근으로 인한 감소율 14% 정도로 추정하였다. 전쟁이 끝난 1281년 당시 고려가 통치하는 유효인구는 전쟁 개시 시점의 294萬口에서 46%가 감소한 158.8萬口에 불과했다. 사망으로 인한 순인구 감소율은 최소한 14% 이상, 41.6萬口에 달했다. 1293년 東寧府 환속 이후는 옛 영역인 東北面-雙城摠管府 거주 인구까지 합해도 198.2萬口에 불과했다. 이는 전쟁이 시작될 때인 1231년의 인구 추정치 294萬口에서 1/3인 95.8萬口가 감소한 것이다.

농업사회에서 단기간에 이 정도의 인구가 감소되었다면 그 영향은 국가와 사회 모든 방면에서 나타났을 것이다. 급격한 인구 감소가 사회 전반에 영향을 주어 국가의 제도, 풍습, 계급신분관계 등의 변화를 불러일으킨 예는 중세유럽이나 고대 일본, 중국 근세사에서 이미 상당 부분 논증되어 있다. 몽골과의 전쟁 후 고려는 만성적인 재정 부족, 토지 경작 방기로 인한 陳田의 발생, 신분제의 변화, 사회 모든 계층을 포함하는 流民의 발생, 지방제도의 변화, 사상계의 변화가 일어나고 있었다. 이러한 변화의 배경에는 사회의 토대를 이루는 인구의 급격한 변동, 즉 인구 감소가 있었던 것으로 보인다.

본고에서는 고려사에서 전쟁기의 인구 감소를 전쟁으로 인한 인명 살상 외에 역병의 발생과 연관하여 검토하였다. 고려시대에는 인구 변동을 알려주는 기록이 절대적으로 부족하기 때문에, 4차례의 전쟁 중에서도 실증적인 분석은 고려-몽골[元]의 전쟁기에 한정하여 이루어졌다. 고려시대에서 역병 발생은 (다)시기를 제외하면 전부 전쟁과 겹쳐서 발생하였다. 역병 발생으로 인한 인구 사망이 극심했던 사례 역시 모두 전쟁기에 걸쳐 있다. (다)시기는 비전쟁기임에도 불구하고 역병 발생이 빈번했던 시기이다. 그렇다고 해서 전쟁과 역병 발생이 연관되어 있으며, 따라서 전쟁기를 지낸 후 인구가 급격하게 감소했을 것이라는 본고의 논지가 훼손되는 것은 아니라고 생각한다. 역병은 자연적, 사회적 요인에 의해 발생한다. (다)시기에 기후가 한랭해지고 천재지변이 빈발했으며, 사회적으로는 무인정변과 농민, 천민의 반란이 일어났던 점에서 고려시대의 사회변동이 다양한 요인에 의해 일어난 것을 알려주는 풍부한 사례로 이해할 수 있을 것이다.

본고는 고려시대에 전쟁과 역병으로 인구가 감소했을 것이라는 논지하에 추론을 전개하였다. 절대적으로 기록이 부족하기 때문에 논지를 전개하는 과정에서 추론할 수밖에 없었다. 그러나 475년 동안의 고려사가 일관되게 발전해왔으리라는 단선론적 이해를 되돌아보는 계기는 될 수 있다고 생각한다. 시기에 따라 발전하기도 하고 때로는 후퇴하기도 하는 고려사의 다양한 모습을 이해하는 데 도움이 되기를 기대한다.

Ⅲ. 고려시대 도교, 무속과 전염병 치유문화

이 정 숙

1. 머리말

고려시대의 많은 전란과 전염병은 동시다발적으로 수많은 인명을 앗아 갔으므로, 국가는 경작과 군역의 기본요소인 인력을 유지하기 위해 대책을 세우지 않을 수 없었다. 이를 위해 免租賦, 구료 조치, 죄수 사면, 빈민 구제 등 현실적인 대책을 강구하기도 하지만 종교의 힘에 의존하려는 시도도 함께 이루어졌다.

전통사회에서 질병은 하늘의 메시지였다. 따라서 일반민을 포함해 당대 인들의 사유구조는 '하늘(天)에 어떻게 호소할 것인가'로 집약할 수 있을 것이다. 당대인들의 사유구조 속에서 그들의 인식체계를 살피려면 전염병 이 나타나는 공간과 시기 또한 구분해서 함께 파악할 필요가 있다. 본고에 서 다루고자 하는 전염병 대응에 대한 의례는 도교의 경우 고려 전기의 숙종~예종 및 의종 연간과 후기의 명종~신종 연간이 특히 주목된다. 무속의 경우 무격이 국가의례로부터 배제되면서 각종 神祠 및 산천신에 대한 제사는 물론 驅儺와 같은 의례를 국왕의 측근이 주관하게 되었다. 그러나 무속은 이러한 공적인 영역보다는 오히려 사적인 영역에서 더욱 기능을 발휘하였다. 위로는 왕실에서부터 아래로 士庶에 이르기까지 신분 의 고하를 막론하고 개인의 질병치료에 무속이 깊숙이 자리매김함으로써 고려사회는 갈수록 巫風이 만연하게 된 것이다.

지금까지 무속과 도교는 주로 민속학, 종교학적 측면에서 접근한 연구가 중심을 이루었다. 무속은 오랜 세월 계층을 막론하고 인간과 함께 해왔다. 하지만 고려시대 무속에 관한 사료가 부족하고 하위문화로 인식되었으므로, 역사학자들은 무속을 연구대상으로 삼지 않았다. 더욱이 전염병과 관련한 연구는 거의 없는 실정이다.[1] 민속학에서 의사로서의 무당을 다룬 글이 있긴 하나, 단편적이고 피상적인 연구가 대부분이며,[2] 그것도 의례를 통한 치유라는[3] 측면보다는 질병관을 중심으로 이루어졌다.

고려시대 도교에 관한 연구는 주로 예종대에 집중되었다. 이는 예종대의 정치변동과 도교 진흥의 상관관계를 그리려는 것으로 도교 진흥의 정치적 의도와 사회적 배경에 관심을 둔 것이다.[4] 전염병과 도교를 직접 관련시킨 연구 또한 찾아보기 어렵다. 의학사적 측면에서 도교의 장생술을 동양의학과 관련시켜 살펴본 정도가 있다 이 연구에 따르면 道士들은 불로장생에 관심을 기울였으므로 의술이 뛰어났다고 하지만, 구체적인 의료 행위와

---

1) 보건학에서 부분적으로 다룬 연구가 있다. 김남주,『고려시대에 유행된 전염병의 史的연구』(서울대 보건학과 박사학위논문, 1988), 31~44쪽 참고. 역사학에서는 역질에 대한 의학적 처방의 하나로서 간략하게 무속을 언급한 글이 있다. 송효정, 「고려시대 疫疾에 대한 연구-12 · 13세기를 중심으로」,『명지사론』11 · 12(2000), 221~222쪽.

2) 박계홍,「巫가 중세사회에 끼친 영향」,『한국민속학』1(1969) ; 임동권,『한국원시종교사(1)』(고려대 민족문화연구소, 1977).

3) 서영대,「민속종교」,『한국사』16(국사편찬위원회, 1994), 354~357쪽에서 전염병이 돌고 있는 집단이나 국가 차원에서 이를 물리치기 위한 의례를 살핀 바 있다.

4) 양은용,「福源宮 건립의 역사적 의의」,『도교와 한국문화』(아세아문화사, 1988) ; 이종은 · 양은용 · 김낙필,「고려중기 도교의 종합적 연구」,『한국학논집』15(1989) ; 김철웅,「고려중기 도교의 성행과 그 성격」,『사학지』28(1995) ;「고려 충렬왕과 도교」,『문화사학』11 · 12 · 13(1999) ; 김병인,「고려 예종대 도교 진흥의 배경과 추진세력」,『전남사학』20(2003).

치료법은 자료 부족으로 인해 밝히지 못하고 있다.5) 그 밖에 중국 內(外)丹學의 수용과 추이를 통해 수련도교의 흐름을 부분적으로 관측한 연구가 있다.6)

따라서 본 연구는 전염병에 대한 중앙정부 및 민간사회 차원의 대처 양상을 무속과 도교에 의한 치유의 측면에서 새롭게 조망해 보려 한다. 이를 위해 전염병이 발생했을 때 設行된 무속과 도교 의례를 구체적으로 분석할 것이다.

미신이나 신비주의로 치부해 왔던 도교와 무속이 질병 치유로 왕실은 물론 민간 전역에서 신뢰받을 수 있었던 이유는 무엇일까? 그것은 사회의 모든 역량과 관심을 모아야 할 위기 상황이 도래할 때 '가능한 한 모든 해답'을 추구하는 인간의 기본적인 욕구 때문이 아니었을까 한다. 의약이 모든 것을 해결해 줄 수 없고, 의약이 모든 사람들에게 보편화될 수 없는 상황에서 무속과 도교의 치유 체계는 의례로서 오랫동안 살아남을 수 있었던 것이다.

2. 치병의례의 필요성

전통사회에서 전염병을 비롯한 질병 치료에 의학의 역할은 어디까지인 가? 여기서 "고려는 본래 귀신을 두려워하며 믿고 음양에 얽매여, 병이 들면 약을 먹지 않고, 부자 사이 같은 아주 가까운 육친이라도 서로 보지 않고 오직 저주와 厭勝을 알 따름이라"는7) 기록이 참고된다.

---

5) 吉元昭治, 「중국의 도교의학」, 『도교학연구』 6(1967) ; 이병서 · 윤창열, 「도교의학 에 관한 연구-韓醫學과 관련된 부분을 중심으로」, 『대한원전의사학회지』 6(1992).
6) 이종은 · 양은용 · 김낙필, 앞 논문(1989), 70~74쪽 참조.
7) 『高麗圖經』 권17, 祠宇, "聞高麗素畏信鬼神 拘忌陰陽 病不服藥 雖父子至親不相親

당시 형편으로 보아 의원이나 치료약을 구하기가 어려웠던 것은 사실이었다. 성종 8년 2월의 敎令에서 "朝野 士庶의 病者가 의원을 보지 못하고 약물도 얻지 못하여 병을 고치지 못하는 자가 많다"는[8] 내용이 그것이다. 향후 성종은 문관 5품과 무관 4품 이상의 관료에 한해 국가 차원에서 의료 혜택을 보장하긴 했으나,[9] 병이 들어도 좋은 의원을 만나기가 쉽지 않음을 이색은 다음과 같이 토로하였다.

A. 지금은 명의가 새벽별처럼 드문데다 / 堂今扁鵲似晨星
　밤낮으로 땀 흘리며 나라 안에서 분주하기에 / 汗流日夜國中走
　불러도 안 온 건 나를 무시한 게 아니라 / 招之不來非少我
　여러 집에서 서로 다퉈 초치한 때문일세 / 爭邀競致如林藪[10]

시의 내용으로 미루어 후기에 이르도록 고려의 의료 사정은 그다지 진전되지 못했음을 짐작할 수 있다. 그러나 앞서 살펴 본 바와 같이 지배층 및 5품 이상의 관료는 이미 국가 차원에서 건강과 질병을 관리하고 책임지는 시스템을 갖추고 있어,[11] 약의 조달은 비교적 원활하였을 것이다. 그럼에도 그들은 종교와 무속에 의지하려는 경향이 강했다.

성종 때 崔知夢이 병으로 누우니 왕은 병을 치료하기 위하여 의원을 보내 진료하게 하고 약을 주었으며, 그 후에도 보시, 반승과 더불어 기도하

唯知呪詛厭勝而已".
8) 『고려사』 권3, 세가3 성종 8년 2월 경진, "敎曰 聞朝野士庶之病者 未能見醫 亦無藥物 不得瘳者 多矣".
9) 『고려사』 권3, 세가3 성종 8년 2월 경진.
10) 이색, 「吳少尹來訪予以鄕藥一箱付之庶其散之民間疾病蓋終身行恕之一端足以自悲歌以自寬」, 『목은시고』 권15(『국역목은집』 4, 120~121쪽).
11) 이현숙, 「전염병, 치료, 권력 : 고려 전염병의 유행과 치료」 『이화사학연구』 34(2007) ; 본서 수록 참조.

게 하고, 그러고도 병이 낫지 않자 온갖 형태의 치유방법을 동원하였다.[12]
우왕 때 廉悌臣 또한 노환으로 누우니 公卿大夫들이 날마다 찾아와서
안부를 묻는 가운데, 자손들이 집안에 가득 모여 조석으로 탕약을 받들었으
며, 하늘과 땅에 기도를 올리는 등 병을 낫게 하기 위해서 행하지 않는
일이 없었다. 국왕 역시 中官을 보내 문병하고 약과 술을 하사하는 등
사람이 할 수 있는 일은 모두 행하였다.[13]

　각각 고려 전기와 후기에 살았던 두 사람은 발병 후 약물을 먼저 복용하
였고, 효험이 없자 그제서야 온갖 형태의 치유방법을 동원하였다. 이처럼
당대의 의술로 치유될 수 없는 경우에는 종교에 의존하거나 주술행위
등 여러 가지 방법을 모색했던 것으로 보이는데, 朝野士庶를 막론하고
누구나 손쉽게 접근할 수 있는 후자의 방법이 보다 일반적이지 않았을까
한다. 이 같은 사실은 고려 후기에 이르러 세간의 일상적인 풍경으로 자리
잡은 듯이 보인다. 다음의 시는 그러한 풍경을 보다 세밀하게 묘사하고
있다.

　B. 세간의 모든 고통이 한 몸에 다 모여서 / 世間衆苦政叢身
　　기거 동작을 모두 옆 사람에 의탁하네 / 動止全然付與人
　　병든 아내는 살 지지며 부처를 재차 외치고 / 病婦灼肌呼佛再
　　늙은 종은 땀흘리며 자주 푸닥거릴 하누나 / 老奴流汗賽神頻
　　주역점 치는 강 판수는 판단을 가벼이 하고 / 易占姜瞽能輕斷
　　비술 가진 최씨 노인은 꽤나 스스로 진단을 하네 / 秘術崔翁頗自珍
　　다만 다생의 남은 기습이 있을 뿐이요 / 只有多生餘習才
　　매화와 시의 흥취는 아직도 청신하다네 / 梅花詩興尙淸新[14]

---

12) 『고려사』 권92, 열전5 崔知夢.

13) 이색, 「高麗國 忠誠守義同德論道輔理功臣壁上三韓三重大匡 曲城府院君 贈諡忠
　　敬公廉公神道碑 幷序」, 『목은문고』 권15(『국역목은집』 11, 152～163쪽).

여기서 불교라는 기성종교에의 의탁, 푸닥거리라는 무속에의 의지, 점을 치는 점쟁이에의 의지, 도교적 양생술의 원용 등 계층별 의지하는 신앙의 다양성이 시라는 문학장르의 특징을 통해 극적으로 표현되고 있다. 즉 신분에 따른 치유행위가 다르게 나타나고 있는 것이다.

고려시대의 불교는 국가권력의 강화를 위한 호국불교의 성격도 강했지만, 그것은 종교 본연의 역할과는 거리가 있었다. 구복, 삶의 의미, 고통에서의 구제와 같은 종교의 본질적인 문제는 부녀자에게 보다 절실한 사항이었다. 그 때문인지 고려시대 묘지명에는 불교의 일상적 실천자로서의 여성의 모습이 잘 나타나 있다. 「崔涌 妻 金氏」「李輔予 妻 李氏」「王瑛 女 王氏」「金有臣 妻 李氏」「盧琯 妻 鄭氏」「崔瑞 妻 朴氏」「李德孫 妻 庚氏」「金台鉉 妻 王氏」 등의 묘지명15)에 의하면 고려의 귀족 여성들은 평소 佛書를 읽고 佛心 또한 깊었음을 알 수 있다. 그리하여 병이 들면 염불을 하거나 심지어 비구니가 되기까지 하였다.16) 위의 詩「詠病中」에서도 주인이 치유하기 어려운 질병에 걸렸을 때, 사대부의 아내는 부처를 재차 외치고 있음을 볼 수 있다. 이 같은 행위는『반야경』을 3일간, 또는 7일간 읽으면서 전염병을 퇴치하게 하는 반야도량의 효험과도17) 일맥상통하는 일이라 사료된다.

---

14) 이색, 「詠病中」,『목은시고』 권7(『국역목은집』 2, 152쪽).

15) 김용선 역주,『역주 고려묘지명집성』 개정판(한림대학교 아시아문화연구소, 1997).

16) 고려시대 여성들의 묘지명 총 48개 가운데 질병 대처 양상을 추정할 수 있는 사례는 총 9건으로, 그 중 8건이 불교적인 대처 방식을 택하고 있다. 강도현, 「고려후기 성리학 수용과 질병 대처 양상의 변화」(서울시립대 석사학위논문, 2004), 23~24쪽 참조.

17) 예종 15년 8월 신미에도 기근과 전염병이 크게 일어나 外帝釋院에서『반야경』을 3일간 읽어 疫癘를 가시게 한 일이 있다(『고려사』 권14, 세가14. 반야도량에 관해서는 김영미, 「고려시대 불교와 전염병 치유문화」,『이화사학연구』 34(2007) ; 본서 수록 참조.

고려시대에 노비는 정통종교에 접근이 용이하지 않은 사회적 존재였다. 그들의 일상적 관념을 지배하는 것은 샤머니즘이었다. 주인이 질병으로 고통받을 때, 그들의 일상적 관념을 동원하여 주인에 대한 귀속감과 충성심을 발휘하리라는 것은 쉽게 상상할 수 있다.

주역점 치는 강 판수[瞽]는 소경으로, 術士이다. 이 시기 술사는 음양오행설에 근거하여 질병을 다스리거나 개인의 액막이를 위한 방편으로 이용되었다. 1277년(충렬왕 3) 경창궁주에 의한 원 공주 저주사건에 깊이 연루된 '盲僧 終同'[18]의 경우도 질병의 빌미가 되는 귀신을 다스린다는 점에서 강 판수의 역할과 크게 다르지 않다.[19] 그리고 비술을 가진 최노인은 의술을 아는 道人이라 짐작된다. 강 판수가 빠른 판단을 내린 것과는 반대로 의술을 베푸는 입장에 있는 최노인은 약물을 처방하고 치료함에 있어 진중한 태도를 보이고 있다.

고려시대의 질병 대처 방식은 종교관념이 투영된 의례를 통해 치료하려는 방식과 경험적인 의약에 의존하는 방식으로 나눌 수 있는데, 전자가 보다 일반적인 방식으로 이용되었다. 종교관념이 투영된 방식에는 세 가지가 있다. 병의 빌미가 되는 冤魂, 厲鬼를 쫓아낼 수 있는 존재에게서 도움을 받는 巫卜的인 방식과 불로장생을 목적으로 하는 신선술 같은 道士들의 주술적인 치료 및 도교신에 제사하는 도교적인 방식, 불교경전을 읽는 등의 불교적인 방식이 그것이다.[20] 그런데 위의 시 「詠病中」에서도 확인되듯이, 이들은 상호 배격하는 것이 아니라 공존했음을 알 수 있다. 불교든

---

18) 『고려사』 권91, 열전1 慶昌宮主 및 열전4 順安公 琮 ; 『고려사절요』 권19, 충렬왕 3년 8월.

19) 盲僧은 讀經·祝壽·卜筮 등을 업으로 하는 盲覡이다(손진태, 「盲覡考」, 『朝鮮民族文化의 硏究』(을유문화사, 1948), 342~343쪽).

20) 강도현, 앞 논문(2004), 3~4쪽.

도교든 무속이든 간에 경전을 외우고 주문을 외우는 이른바 '주술적 치료' 방식을 공유하고 있었던 것이다.[21]

한재, 수재, 전염병과 같은 당시로서는 어찌할 수 없었던 자연재해는 피해 규모가 엄청났기 때문에 사회적 파장이 클 수밖에 없었고, 결국 정치적으로 풀어 나갈 수밖에 없었다. 특히 전염병의 경우 사망자가 속출한다면 공포로 인한 정신적 공황이 일어날 가능성이 매우 크다. 당대인들이 생각하는 가장 공포스러운 것은 자연재해에 비해 실체가 잘 드러나지 않는 전염병일 것이다. 전염병이 발생하면 정부 입장에서는 무엇보다 救療와 함께 민심 안정과 정신적 위안을 가져다주는 일이 시급했을 것이고, 이를 위해 정부측으로부터 어떤 새로운 방법의 제시가 있어야만 했다. 그 결과 展示性 정부대책이 출현하게 된 것인데, 바로 치병을 위한 의례가 아닌가 한다. 祈禳해서 얻을 수 있는 것은 그렇게 함으로써 전염병이 사라지면 더욱 좋겠지만, 혹 그렇지 않더라도 백성에게 국가 차원에서 무언가를 하고 있다는 최소한의 성의표시 정도는 보여주는 셈이 된다. 결과적으로 이러한 행위는 국가가 백성의 고통을 함께 나눔으로써 기존의 정치틀을 그대로 유지 존속시킬 수 있는 방편이 되었을 것이다.[22]

---

21) 고려는 다원적 사상체계를 가진 사회여서 사상들 간의 경계가 모호하였다. 근대와 비교할 때 이것이 바로 전통사회의 특징이 아닌가 한다.

22) 김남주, 앞 논문(1988), 64~65쪽 참고. 이와 관련하여 국가 주도의 기양의례는 신의 영험성이 아닌 국왕의 사회적 권위에 기초하여 기양의 효과를 창출한다는 견해가 참고된다(이욱, 『儒敎 祈禳儀禮에 관한 연구-조선시대 國家祀典을 중심으로』(서울대 박사학위논문, 2000), 3쪽).

3. 도교의례

『고려사』, 『고려사절요』 등의 사서와 문집, 금석문 등에 나타난 전염병, 그리고 이를 물리치기 위해 국가적으로 거행했던 의례를 도교와 무속 중심으로 정리하면 다음과 같다.

<표> 고려시대 전염병 발생과 도교·무속의례

	연도	역병	비고	도교의례	무속의례
1	1100. 6 (숙종 5)	瘟(溫)疫	5부에서 지냄, 禳瘟(溫)疫	五瘟(溫)神제사	
2	1101. 2 (숙종 6)	瘟疫	5부에서 지냄, 禳瘟疫	瘟神제사	
3	1101. 3 (숙종 6)	瘟疫		五瘟神제사	
4	1109. 4~5 (예종 4)	4월에 瘟疫, 5월 京城에 疫厲로 사망자 多. 救濟都監 설치	甲辰日 溫神을 5부에 祭하는 한편, 반야도량을 설하여 禳疫疾	瘟神제사	
5	1109. 12 (예종 4)	疾疫			乙酉日 송악 및 諸神祠에 나누어 祭하여 禳疾疫
6	1110. 4 (예종 5)	전국에 疫厲 크게 유행, 시체와 해골이 길에 가득참	6월 丙子日 자연재해와 흉년으로 백성의 疾苦가 계속되자, 형량을 감하고 사면령 내림		
7	1128 (인종 6)	인종의 癘病	癘病 소멸을 위한 김부식의 점찰회 소		
8	1152. 6 (의종 6)	기근, 疾疫人구료	경진일 개국사에서 기민, 역질 앓는 사람에게 음식 먹임 계묘에 묘통사에 가 마리지천도량 設함	명인전에서 72星, 天皇大帝, 太一및 16神을 醮祭함으로써 禳疾疫	

9	1162. 3 (의종 16)	旱災, 疫病이 심하여 전국에 시체(餓死者)가 길을 이음	諫官이 상소하여 별궁에의 공납폐지를 청했으나 듣지 않음 왕이 음양가의 비결과 축원하는 설을 지나치게 믿어 매양 행재소에서 승려와 도사 수백 명을 모아놓고 재를 올리고 醮祭를 지내니 허비되는 것이 한이 없어 내탕의 저축이 탕진 고갈되었으며, 또 많은 개인집을 빼앗아서 별궁으로 삼고 재물을 토색하여 이를 別貢使라 하고 환관으로 감독케 하니 이를 빙자, 私利를 영위함 4월, 5월 가뭄이 심함. 죄수 사면, 免逋租, 빈민 구제	도사 수백 명을 모아 놓고 재를 올리고 醮祭를 지냄	
10	1162. 5 (의종 16)	민간에 疫疾이 창궐	죄수 사면, 免逋租, 빈민 진휼, 청백 수절자 천거		
11	1173. 4 (명종 3)	(정월부터)가뭄과 疫疾 진행으로 餓死者 많음	가뭄에 전염병까지 돌아 굶어 죽는 자가 많았고, 먹을 것이 없어 人肉까지 팔 지경이 됨		丙子에 무당을 불러 모아 祈雨
12	1187. 5 (명종 17)	京城에 역병 대유행	*道符神 : 도교의 神名	五部에 道符神醮祭 베풀어 가시게 함	
13	1189. 5 (명종 19)	황려(여주)에 역병 유행	오래 가물다. 수령으로 부임한 임익돈이 역병이 돌자 승려와 도사를 거느리고 나발과 경쇠를 치며 대반야경을 외우고 돌아다님	도사의 역병퇴치 활동	
14	1203 (신종 6)	大疫이 軍中에 유행	경주민란을 진압하러 간 정부군의 陣中에 전염병이 돌자 종군하던 이규보가 제문을 지어 七鬼와 五瘟神에게 제사함. 역질 물리치기를 비는 반야법석 베품	七鬼와 五瘟神 제사	
15	1206 (희종 2)	작년 겨울부터 山西의 達官이 많이 죽음. 무신들이 문신의 저주를 의심	내시 관원을 시켜 중방과 장군방에 기양도량을 행하게 함		

　본고에서 전염병과 관련된 무속, 도교의례를 살펴보려 했으나, 조사
결과 그다지 많지 않음이 드러났다. 그러나 앞뒤의 정황으로 미루어 본다면
예종과 의종대를 주목할 수 있을 것이다. 역병 발생이라는 재난의 대응
방식에 있어 두 시기가 대비되어 나타나고 있기 때문이다.

　예종, 의종대는 고려 전 시기를 통해 設醮 회수가 가장 많고, 이에 비례해
設醮名 또한 다양하게 나타났다. 예종 이전에는 設醮名이 6~7종에 불과한
데 이때를 전후하여 設行數가 倍加되면서 비는 대상의 神도 설행수 만큼이
나 다양해진 것이다.23) 이는 당시의 사회상황과 무관하지 않다. 고려왕조
의 국가 제의가 초기에는 유, 불과의 균형관계가 어그러질 정도로 심하지는
않았으나, 예종~의종대에 이르러 도교의례가 급증하는 추세를 보이는
데에는24) 전쟁, 기근, 역병이라는 사회환경적 요인이 크게 작용했기 때문
이 아닌가 한다.

　예종대의 고려사회는 집권 초반부터 여진과의 전쟁과 계속되는 자연재
해로 인해 기근, 역질이 자주 발생하여 사회 구성원들이 몹시 고통받고
있었다. 예종은 부왕인 숙종 때부터의 숙원사업인 여진을 정벌하고 동북면
일대에 9성을 쌓았으나, ‘飢饉과 疾疫이 加重하여’25) 전쟁을 시작한 지
2년 만에 별다른 소득 없이 철수하고 말았다. 그 과정에서 유행성 전염병이
여진으로부터 유입된 것으로 보인다.26) 1109~1110년(예종 4~5)에 걸쳐

---

23) 서경전・양은용,「고려도교사상의 연구」,『圓大論文集』19(1985), 68~70쪽, <표
　　4> 고려 도교의 醮禮 ; 김철웅, 앞 논문(1995), 107쪽 <표 1> 고려시대의 醮에
　　나타난 道敎神 참조.
24) 이태진,「고려~조선 중기 天災地變과 天觀의 변천」,『한국사상사방법론』(소화,
　　1997), 103쪽.
25)『고려사』권96, 열전9 윤관전의 ‘여진정벌 실패의 변’에 의하면 나라에서 출병함이
　　많아서 中外騷擾한데 기근과 질역이 가중하여 원성이 드디어 일어나자 왕을
　　비롯한 조정 중신들이 동북면 지역으로부터 철군하기로 정책의 가닥을 잡았음을
　　알 수 있다.『고려사절요』권7, 예종 2~4년의 기사도 아울러 참고.

126

발생한 '瘟(溫)疫'과 '疫癘'는 여진과의 전쟁과 결코 무관하지 않음을 알 수 있다.

『고려사』세가 및 예지에는 瘟(溫)疫 퇴치를 위한 온신제사가 숙종 때 3회(<표>의 1, 2, 3), 예종 때 1회(<표>의 4) 나온다. 이를 도교의례로 보기도 하고,[27] 무속의례로 보기도 하는데,[28] 온신 즉 돌림병 귀신에게 제사를 지낸 사실은 질병의 원인을 귀신의 소행으로 간주하고 있었음을 뜻하는 것이다. 이렇듯 돌림병을 귀신의 소행으로 인식하게 되면 병의 예방과 치료 과정에서 귀신을 달래는 일이 중요하게 된다. 이는 질병의 원인을 망자의 원한(冤鬼)에 의한다고 보는 것으로 고대 이래의 무속적 질병관과 관련이 있다.[29]

그런데 1202년(신종 5) 12월 내지 1203년(신종 6) 봄에 행한 것으로 추정되는 七鬼와 五瘟神[30]제사는 경주민란을 진압하러 간 정부군의 진중에 전염병이 돌자 종군하던 이규보가 제문을 지어 온신에게 醮祭(禮)를 베푼 것인데, 온신에게 초제했으므로 본고에서는 이를 도교의례의 범주에 넣었다.[31]

---

26) 이 부분에 대해서는 김순자, 「고려시대의 전쟁, 전염병과 인구」, 『이화사학연구』 34(2007) ; 본서 수록 참조.

27) 서경전 · 양은용, 앞 논문(1985), 68~70쪽의 <표 4>고려 도교의 醮禮 참조.

28) 서영대, 앞 논문(1994), 354~356쪽 ; 김남주, 앞 논문(1988), 42~43쪽.

29) 박경안, 「고려인들의 다양한 금기와 질병을 대하는 태도」, 『역사와 현실』 59(2006), 244~246쪽.

30) 五瘟之神인 온신은 다섯 방위의 전염병신 또는 네 계절과 한 해의 중심, 즉 다섯 계절의 전염병신으로 여겨지는 신이다. G. 푸르너/조홍윤 역, 『중국의 神靈』 (정음사, 1984), 117쪽.

31) 본문의 <표> 고려시대 전염병 발생과 도교, 무속의례 참조. 현전하는 초례문은 대부분이 고려 후기~조선 전기의 것으로『동국이상국집』,『동문선』등 문집 속에서 확인되는데, 고려 전기에는 잦은 전쟁의 여파 때문인지 문집이 남아 있지 않아 확인할 수 없다. 역질을 기양하기 위해 초례문을 지었다면 도교의례에 들어감이 마땅한데, 기양의 대상이 칠귀와 오온신이므로 내용상 무속의례에 속한다. 도교와 무속의 경계가 모호하다 하겠다.

「七鬼·五瘟神에게 올리는 초례문」(<표>의 14)은 크게 撰述緣起, 현실상
황, 기원사항으로 조직되어 있어[32] 도교의 제사 때 쓰는 疏文인 齋醮靑詞
의 양식을 따르고 있음을 알 수 있다.

초례문의 내용을 소개하면 다음과 같다.

> C. 病의 경중은 上帝가 명하는 바이며, 사람의 선악을 참작하는 것은
> 바로 신의 권한이기에, 감히 형편이 가긍함에 따라 우러러 正聰의
> 보살피심을 바랍니다. 지금 우리의 戰壘에 나온 자가 누구인들 勇夫가
> 아니겠습니까? 모두 국가를 위하여 勤勞하고 있으니 분명 天心의
> 보호가 있으실 터인데, 어찌하여 위중한 병에 걸려 힘차게 돌진하지
> 못하는 것입니까? 혹 사졸 하나가 그날 조반을 걸러도 오히려 음식을
> 정지하고 서로 걱정하는데, 더구나 大疫이 軍中에 유행하니 어떻게
> 가만히 앉아서 차마 보고만 있을 수 있겠습니까? 이에 정결히 제수를
> 차려 놓고 정성들여 비오니, 부디 모든 종군하는 병사들이 하나도
> 피곤하다고 하는 사람이 없어, 검은 구름이 개듯 묵은 병이 물러가고
> 봄눈이 녹듯 더러운 풍속이 맑아지게 하소서.[33]

예종대에는 전염병이 빈발했을 뿐만 아니라, 사망자가 속출하여 시체가
길을 덮을 만큼 규모가 컸던 적도 여러 번 있었다. 그럼에도 疫癘를 기양하
기 위한 醮祭(禮)는 온신제사 한 차례만 거행되었을 뿐이다. 정작 전염병이
발생한 해에는 도교의례인 齋醮設行을 찾아볼 수 없으며, 오히려 송악
및 諸神祠에 나누어 제사하거나 크게 儺禮하는 등 무속의례를 통해 疫癘를

---

32) 양은용, 「도교사상」, 『한국사』 16(국사편찬위원회, 1994), 297쪽 ; 김승혜, 「東文選
   醮禮靑詞에 대한 종교학적 고찰」, 『도교와 한국사상』(범양사, 1987), 109쪽에서
   유사한 지적을 한 바 있다. 즉 청사는 道의 신묘함을 묘사하는 서론 부분, 天災나
   외적 침입 등을 묘사하는 본론 부분, 복을 기원하는 결론 부분으로 구성되었다고
   하였다.
33) 이규보, 「七鬼五瘟神醮禮文」, 『동국이상국집』 권38.

기양하려 하였다.[34] 그렇다면 이 시기의 어떤 특수한 상황이 종교의례의 필요성을 감소시킨 게 아닐까 하는데, 이에 대한 해명을 위해 숙종·예종 연간과 의종대의 도교의 성격을 살펴보고자 한다.

숙종 5~6년에서 예종 4~5년으로 이어지는 일련의 기록들은 전쟁 중에[35] 전염병까지 잇달아 유행하면서, 이후 본격적인 도교 수용으로 귀결됨을 보여주는 일급 자료라 할 수 있다(<표>의 1~6). 또 예종 초부터 계속되는 기근은[36] 전염병에 쉽게 노출될 위험성을 안고 있었다.[37] 이처럼 계속되는 국가적 재난으로 인해 예종은 북송에 도교를 요청한 듯 보인다.[38] 예종대에 도교의례는 모두 32회 실시했으나,[39] 전염병과 관련된 의례는 五瘟神

---

34) 본문의 <표> 고려시대 전염병 발생과 도교, 무속의례 참조.

35) 1104년(숙종 9)에 1차, 1107년(예종 2)에 2차 여진 정벌을 단행하였다(『고려사』 권12 ; 『고려사절요』 권7).

36) 『고려사절요』 권7, 예종 원년 3월 ; 同 4년 정월·5월·12월 ; 『고려사절요』 권8, 예종 12년 8월, "簽書樞密院事金黃元卒 …… 王卽位以中書舍人奉使于遼 道見北鄙大饑人相食 馳驛上書請發倉廩賑之" ; 『고려사』 권80, 지34 식화3 진휼 水旱疫癘賑貸之制, 예종 4년 정월·5월·12월.

37) 고려 전기 자연재해의 발생이 가장 빈번했던 시기는 숙종 후반기 이후 예종, 인종대에 해당하는 1100~1140년으로 기록의 약 40%를 차지한다(이정호, 「고려 전기 자연재해의 발생과 권농정책」, 『역사 속의 재난과 인간의 대응』(부산경남사학회주관 학술대회, 2006), 73쪽). 이상고온, 이상저온 현상도 대체로 12세기 예종, 인종, 의종 연간에 나타난다. 고려전기 한재, 수재 등 자연재해로 인한 피해는 한해 농사의 흉작을 초래하고, 이로 인해 기근, 질병에 시달리다 못해 길가에서 굶어죽는 사례가 빈번히 발생하였다(이정호, 앞 논문(2006), 66~69쪽 및 이태진, 앞 논문(1997), 97~98쪽 참조).

38) 1110년(예종 5, 宋 大觀 4)에 고려가 도교를 요청함에 따라 북송에서 사신을 파견했는데, 羽流(도사) 2인을 從行케 하였다(『고려도경』 권18, 도교). 이때 파견된 도사도 宋初의 도사처럼 의관이 되거나 의서를 간행할 정도로 의약에 대한 지식을 가졌을 개연성이 크다.

39) 도교의례[設醮道場]는 고려왕조 전체 34명의 왕 가운데 21왕의 재위기간 중에 나타나며 총 222회로 집계된다. 그 가운데 문종~숙종 3대에 걸쳐 39회, 예종~의종 3대에 걸쳐 81회 초례하였는데, 이는 전체의 절반 이상을 차지하는 수치다(양은

醮 1회를 제외하고 한 차례도 없었다. 당시 사회 분위기로 보아 도교를 기양의례로 이용했을 법도 하지만, 예종은 오히려 제도정비의 방향으로 나아갔다. 일반적으로 외래문화의 移入에는 종교가, 그 종교의 전파에는 의학이 앞장을 섰던 사실이 있는데,[40] 예종대에 북송의 도교를 받아들이면서 국가적 의료체계를 갖추기 시작한 것이다.[41]

예종은 1079년(문종 33) 정월에 출생하여, 1100년(숙종 5) 춘정월에 태자로 책봉되었으니,[42] 당시 20대 초반의 연령이었다. 그는 일찌감치 태자 시절부터 의학과 도교에 접했던 것으로 보인다. 관련 자료를 살펴보면 다음과 같다.

> D-1. 연등으로 왕이 봉은사에 행차했다. 참지정사로 致仕한 愼脩가 졸하니 사자를 보내어 弔祭하고 시호를 恭獻이라 했다. 脩는 宋人인데 자못 학식이 있고 더욱이 의술에 정통하였다.[43]
> 2. 송 황제로부터 醫書『神醫補救方』을 하사받았다.[44]
> 3. 宋이 國信使 戶部侍郎劉逵 …… 등을 보내와서 왕에게 衣帶 ……

용, 「고려도교의 역사자료」,『한국종교』10(1985), 68~69쪽 ; 서경전・양은용, 앞 논문(1985), 67~72쪽). 거행된 醮의 횟수와 재위기간을 대비한 빈도수에 있어서도 예종대가 빈도 1.61로 가장 높게 나타나며, 그 다음 의종(1.24), 숙종(1.09)의 순으로 높게 나타나고 있다(김철웅, 앞 논문(1995), 117쪽의 <표 3> 고려시대의 醮 참고). 도교적 제의가 대부분 국가 차원에서 행해졌으므로 災異 발생의 빈도가 높았던 시기에 醮祭가 많이 행해졌던 것은 결코 우연이 아니다(이태진, 앞 논문 (1997), 107쪽).

40) 吉元昭治, 앞 논문(1967), 30쪽.
41) 도교는 본래 불로장생을 목적으로 하는 신선술로서 道家方術이 保養法으로 의학에 실용되어 왔다(손홍렬, 「고려시대의 의료제도」,『역사교육』29(1981), 172쪽). 도교와 의술은 오래 전부터 밀접한 연관을 맺어 왔음을 알 수 있다.
42)『고려사』권21, 세가12 예종 즉위년.
43)『고려사』권11, 세가11 숙종 6년 2월 병오 ;『고려사절요』권6.
44)『고려사』권11, 세가11 숙종 6년 5월 갑신 ;『고려사절요』권6.

등 物을 賜하거늘, 갑인에 왕이 詔書를 會慶殿에 맞이하였다. 아울러 醫官 牟介·呂昞·陳爾猷·范之才 등 4인을 보내오니 表請했던 바를 聽從한 것이다. …… 추7월 신묘에 …… 宋 醫官 牟介 등이 興盛宮에 거처하면서 醫生들을 敎訓하였다. …… 9년 춘2월 무신에 宋 醫官 牟介 등이 돌아갔다.[45]

예종은 태자시절 의술에 정통한 宋人 愼脩를 만나고,[46] 醫書『神醫補救方』을 접하는 기회를 가졌다. 또 신수가 죽은 지 2년 후 고려의 요청에 따라 송에서 모개·여병·진이유·범지재 등 4명의 의관을 보내 왔다. 이에 앞서 고려사회는 숙종 5~6년에 세 차례의 온역을 경험했는데(<표>의 1, 2, 3), 이는 송으로부터 선진 의술을 수입하는 계기가 되었을 것이다. 모개를 비롯한 송 의관들이 수개월간 흥성궁에 머물면서 고려 의생들을 훈육한 사실은 이 같은 고려의 내부사정과 관련해 시사하는 바 크다.

숙종 이전에도 고려와 송 사이에 의서와 의약(의술+약품)의 교류가 있었다. 당시 고려에는 중국 서적이 많이 남아 있는 것으로 알려져, 1091년(선종 8) 사신으로 간 李資義 편에 송은 求書目錄을 보내오기도 하였다. 목록에는『黃帝鍼經』을 비롯한 의서가 여러 권 포함되어 있어 눈길을 끈다.[47] 문종대에는 송에서 5회에 걸쳐 의사를 보내온 바 있다.[48] 이와 같은 정황으로 미루어 보건대, 예종은 예전부터 축적되어 온 의학적 지식을

---

45)『고려사』권12, 세가12 숙종 8년 6월 임자 ;『고려사절요』권7.
46) 예종이 태자로 책봉된 이듬해에 致仕한 愼脩가 죽었으므로, 두 사람은 보다 일찍 만나 교감하였을 것이다.
47)『고려사』권10, 세가10 선종 8년 6월 병오. 이 밖에도『고려사』권8, 세가8 문종 12년 9월 및 13년 2월 갑술에 숙종 이전에 수입된 중국의서의 편린들이 전한다.
48)『고려사』권8, 세가8 ; 同 권9, 세가9 ;『고려사절요』권5, 문종 13년 8월 무진 ; 同 문종 26년 6월 경술 ; 同 문종 28년 6월 병자 ; 同 문종 32년 7월 을미 ; 同 문종 34년 7월 정묘. 한편 문종 33년 7월 신미에는 의원 대신 약재를 보내 왔다.

충분히 목도하였을 것이다.

한편 林椿의『逸齋記』에 의하면,[49] 가) 李仲若(?~1122)은 태어날 때 모친이 도사를 만나는 태몽을 꾸었고 어려서부터 道藏을 읽고 도교적 교양을 쌓았다 한다. 그 때문인지 이중약은 도교의술에 밝았으며, 나) 송의 道士가 왔을 때 도교 교의에 조예가 깊은 자를 알아보고 선출하는 능력을 발휘하기도 했다. 여기서 가)의 내용은 숙종대에 해당하며, 나)는 예종대에 해당하는 시기임을 알 수 있다. 고려는 이미 예종 이전부터 도교 전적의 유포와 함께 도교적 교양 내지 도교사상이 조성된 사회임을 감지할 수 있다.

이중약은 숙종 때부터 의술로 이름이 알려져 예종과는 태자 시절부터 긴밀한 관계를 유지하였고,[50] 예종이 즉위한 후에는 측근세력이 되었다.[51] 이 무렵 고려는 여진과 전쟁 중이었다. 그러므로 예종은 전쟁의 와중에 갖가지 질병과 전염병에 시달리고 있는 백성을 구제하기 위해 의술이 뛰어난 자가 필요했을 것이다. 그런 이유 때문인지 예종은 의술에 밝은 이중약을 총애하였다.

예종은 의술뿐만 아니라 방술도 받아들였다. 예종 때 송에서 귀화한 胡宗旦은 박학·능문에다 厭勝에 통했는데, 왕의 각별한 총애를 받았던 그는 자못 厭勝術을 진언하여 왕을 미혹시켰다 한다.[52] 염승은 呪噤과 통하며, 고대 이래 주금의 방법으로 치료를 담당한 계층은 주로 승려들이었

---

49)『西河集』권5 및『동문선』권65에 수록된 林椿의「逸齋記」는 예종대 전후 고려 사회의 도교에 관해 중요한 정보를 제공해준다.

50) 임춘, 위의 책.

51)『고려사』권97, 열전10 韓安仁.

52)『고려사』권97, 열전10 劉載 ;『고려사절요』권7, 예종 6년 8월, "胡宗旦亦宋福州人 …… 宗旦性聰敏 博學能文 楚楚自喜 兼通雜藝 頗進厭勝之術 王不能無惑 後事仁 宗 爲起居舍人".

다. 이들을 呪噤師라 불렀는데, 수당대의 주금사가 의료기구에 소속된 의관이었던 사실은 이 점과 관련해 주목된다.[53] 또 고려 중기의 醫業 시험 과목이 의업과 주금업으로 나뉘어 있던 점으로 미루어[54] 주금이 치료의 중요한 한 축을 담당했음을 알 수 있다.

숙종에 이어 예종 또한 송나라에 의원 파견을 요청하면서, 이번에는 고려에서 필요로 하는 大方脉(脈), 瘡腫科 등의 진료과목을 구체적으로 지목하였다. 이에 대한 송의 응답이 있었고, 그 영향으로 예종 때 고려의 의술이 진일보했을 가능성을 다음의 사료가 시사해준다.

> E. (예종 13년) 추7월 신사에 송에서 閣門祗候 曹誼와 醫官 楊宗立 등 7인을 보내왔다. 갑신에 詔에 이르기를 …… 고려국왕의 세자인 王子 王某가 書面으로 大脉 瘡腫科 등 合 3, 4人 쯤을 빌려 보내어 의료에 마음을 쓰고 교습을 넓히게 하여 달라고 청한 사실을 살폈노라. …… 요새 使者의 청을 閱見컨대 멀리 醫術의 工人을 필요로 하기에 여기 國醫에 명하여 이어 약품을 가지고 가서 교습에 이바지하여 써 모두 강녕을 보유케 한다. …… 이제 秉義郎 閣門祗候 曹誼를 시켜 翰林醫官 大醫局敎授 賜紫 楊宗立, 翰林醫諭 大醫局敎授 賜紫 杜舜擧, 翰林醫諭 大醫局敎授 成湘, 廸功郎 試大醫學錄 陣宗仁 藍茁을 맡아 데리고 가게 하였노라.[55]

53) 장인성, 「고대 한국인의 질병관과 의료」, 『한국고대사연구』 20(2000), 259~268쪽.
54) 『고려사』 권73, 지27 선거1 과목1 인종 14년 11월.
55) 『고려사』 권14, 세가14 예종 13년 추7월 ; 『고려사절요』 권8, 예종 13년 7월, "宋나라 에서 閣門祗候 曹誼를 보내왔다. 이보다 앞서 사신가는 편에 태자가 大方脉(=脈) ·瘡腫科 등 의원을 보내주기를 첨부하여 청하였더니 帝가 조의로 하여금 한림의 관 楊宗立 등 7명을 데리고 (고려로 : 필자주) 가게 하였다."
형식적으로는 태자 명의로 의관 파견을 요청하였으나, 실질적인 일의 주체는 예종이었을 것이다. 태자(인종)는 1109년(예종 4) 10월에 태어났으므로, 이때 나이 10세에 불과하였다.

宋醫의 파견은 앞서 문종대에도 몇 차례 있었는데, 특히 문종 32~34년의 경우는 왕이 風痺(중풍)를 앓고 있음을 알리고 의관과 약재를 청한데 따른 것이었다. 이때 파견된 의사들은 단지 醫人, 醫官으로 불리거나 인명 앞에 醫助敎, 翰林醫官이란 직책이 붙기도 하였다.56) 그런데 예종 13년에 파견된 의관은 그 직책이 翰林醫官 大醫局敎授 賜紫, 翰林醫諭 大醫局敎授, 試大醫學錄 등으로 이전과는 확연히 차이가 있음을 알 수 있다. 이러한 차이는 宋醫의 파견이 숙종·예종 이전에는 대개 고려왕실의 질환치료를 위한 것이었고, 그 이후는 고려에서 의학 교육과 의원 양성을 요청해옴에 따라 성립된 데에서 생겨난 것이라 여겨진다.

이와 같이 예종은 의술에 대한 관심이 매우 높았다. 뿐만 아니라 손수 약을 조제할 정도로 의학적 지식도 갖추고 있었다.

> F. (예종 13년 9월) 왕비 연덕궁주 이씨가 죽었다. 왕비는 이자겸의 딸로 …… 왕의 총애를 받았었다. 병이 위독하자 왕이 근심하여 친히 약을 조제하였다. 세상을 떠나니 여러 번 곡하고 시호를 順德王后라 했다.57)

예종이 의술에 대한 관심과 조예가 깊었던 데에는 이중약, 곽여와58) 같은 의술에 뛰어난 도가계 인물들이 예종의 오랜 측근이었다는 사실을 상기할 필요가 있으며, 이들은 왕비의 치료에 처음부터 개입했을 가능성이 높다. 또 왕비 이씨는 9월에 죽었으므로 7월에 송에서 건너온 의료진으로부터 어떤 방식으로든 의료상의 도움을 받았을 것으로 생각된다.

예종의 의술에 대한 지대한 관심은 일면 의료제도의 정비로 나타났다.

---

56) 고려시대 (궁중) 의술의 발달은 예종 13년을 분기점으로 잡을 수 있을 것이다.
57) 『고려사절요』 권8, 예종 13년 9월.
58) 『고려사』 권97, 열전10 郭尙 附 輿.

1110년(예종 5) 4월 전국에 疫癘가 크게 유행하여 시체와 해골이 길에 가득했는데(<표>의 6), 때마침 공교롭게도 尙藥局에 화재가 발생하였다.[59] 상약국은 御藥의 조제를 관장하는 기관이었다.[60] 그런데 화재 진압을 위해 왕이 직접 나섰다는 사실이[61] 예사롭지 않다. 그만큼 상황이 절박했던 것이다. 예종 4~5년에 걸쳐 오랫동안 유행하던 전염병이 소강상태를 보이자, 1112년(예종 7)에 惠民局을 설치하였다. 혜민국은 이름 그대로 전염병을 치료하고 백성들이 필요로 하는 약을 판매하기 위한 대민 의료기구이다.[62]

고려시대 대민 의료기구로는 예종 이전에 東西大悲院[63]과 濟危寶[64]가 있었고, 중앙기구로는 尙藥局과 太醫監[65]이 있었으나, 역질이 발생했을 때 그것만으로는 대처하기 힘들었다. 이에 救濟都監을 설치했는데, "서울 안의 사람들이 전염병에 걸려 죽는 자가 많으니 마땅히 구제도감을 두어 치료하고, 또 시체를 거두어 묻어서 드러나지 말게 하라"[66]는 명(制)으로 보아 대규모의 역질에 대비하기 위한 임시기구였으리라 짐작된다(<표>의 4). 예종 때에 진휼과 치료를 담당하는 구제도감과 혜민국을 새로이 설치하여 운영한 것은 그만큼 이 시기에 전염병이 자주 발생했음을 의미한다.

숙종~예종에 뒤이어 인종대에도 민의 동요와 유망은 계속되었다. 그

---

59) 『고려사절요』 권7, 예종 5년 4월.
60) 『고려사』 권77, 지31 백관2 奉醫署.
61) 『고려사절요』 권7, 예종 5년 4월, "尙藥局의 남쪽 행랑에 불이 났다. 왕이 친히 尙乘局 동문에 납시어 이를 구하였다".
62) 『고려사』 권77, 지31 백관2 諸詞都監各色.
63) 『고려사』 권77, 지31 백관2 諸司都監各色.
64) 『고려사절요』 권2, 광종 14년 7월.
65) 『고려사』 권76, 지30 백관1 典醫寺 ; 『고려사』 권77, 지31 백관2 奉醫署.
66) 『고려사절요』 권7, 예종 4년 5월 ; 『고려사』 권80, 지34 식화3 진휼 水旱疫癘賑貸之制.

대응책으로서 1127년(인종 5) 3월에 維新之敎를 발표했는데, 11조에 제위보·대비원 등에 축적을 많이 하여 질병을 구휼하라 하였다.[67]

　이상에서 살펴보았듯이 12세기 무렵부터 고려사회는 전염병이 크게 유행하였다. 그리하여 민의 유망을 비롯한 지배체제의 동요현상이 나타났으며, 그에 대한 대응책이 정치권에서 마련되어야 했다. 개혁정책이 비교적 내용을 지니면서 가시적으로 실시되는 것은 숙종~예종대에 걸친 기간이었다.[68] 특히 예종대에는 체제정비의 일환으로, 그리고 도교 수용을 배경으로 국가 차원의 의료시스템이 정비되었다. 여기에는 전염병이라는 커다란 사회적 요인이 작용하였다.

　의종대에는 역병 발생이라는 재난의 대처 방식에 있어 예종대와는 대비되어 나타난다. 『고려사』와 『고려사절요』에는 당시의 정황들이 포착되는데, 이를 재구성해서 정리하면 다음과 같다. 1162년(의종 16) 3~5월에 이르도록 한재, 역병이 심하여 전국에 餓死者가 길을 이었으나, 조정은 낭비가 심하고 환관들은 부패하여 개인의 재물을 토색하는 데 여념이 없었다. 상황이 이러함에도 불구하고 왕은 음양가의 비결과 축원설을 지나치게 믿으며 그들에게 좌우되었고, 승려와 도사 수백 명을 모아놓고 오직 재를 올리고 초제를 지내는 데에만 의존할 뿐이었다(<표>의 9).

　그러나 한편으로 재난에 대응하는 이 같은 묘사는 무신집권세력 내지 조선시대 유교 관료들의 의도가 작용한 것이 아닌가 한다. 고려사회를 부정적인 시선으로 바라봄으로써 그들은 각각 정변의 정당성을 끌어내고, 조선 건국의 당위성을 얻으려 했는지도 모를 일이다. 따라서 이 문제는

---

67) 『고려사』 권15, 세가15 인종 5년 3월 무오에는 10개조만 수록되어 있으며, 『고려사절요』 권9, 인종 5년 3월에는 15개조 모두 수록되어 있다.
68) 채웅석, 「고려중기 사회변화와 정치동향」, 『한국사』 5(한길사, 1994), 205~206쪽 참고.

136

역으로 해석해 볼 소지가 충분히 있다. 국가적으로 맞이한 대형 재난을 물리치기 위하여 음양가와 승려와 도사까지 총동원하여 성대하게 의례를 거행한 것은 어떻게든 현 체제를 유지해 나가려는 절박함의 표현이기도 하다. 심지어 재난을 天譴으로 받아들이며 죄수 사면, 免逋租, 빈민 구제와 같은 유교적 조처를 취하기까지 하였다(<표>의 9, 10).

같은 논리로 1152년(의종 6) 6월에도 饑民과 疾疫人을 구료한 후, 묘통사에서 마리지천도량을 베풀고, 명인전에서 72星, 天皇大帝, 太一 및 16神을 초제하여 질역을 기양한 일이 있다(<표>의 8). 당장의 위기 상황에서 벗어나기 위하여 온갖 종류의 신들을 다 모아놓고 빌었던 것이다.[69]

그런데 예종대와는 달리 의종대에는 주로 비는 데 치중했음을 알 수 있다. 말하자면 역질에 대한 대응방식이 이전의 제도 정비에서 의례의 방향으로 전환한 것이다. 이제 도교는 의종대에 이르러 구복적인 종교로서만 존재하게 되었다.[70] 이와 같은 배경에는 두 시기의 정치적인 차이가 있었다. 예종대에는 정치가 비교적 안정된 까닭에 고래로부터 의술과 관련 깊은 도교를 받아들여 의료제도 정비의 방향으로 나아갔으나, 의종대에는 정치가 한층 피폐해지면서 의례 쪽으로 나아가게 된 것이다. 그러나 사료가 전하는 분위기로 보아 의종 때는 의례라 하더라도 전대와는 성격이 조금 다른, 거의 향연에 가까운 의례가 아니었나 한다. 다시 말해서 전염병이 발발했을 때 정치가 안정된 시기에는 제도적으로 신속히 대응하였고, 정치가 불안정한 시기에는 신앙적으로 호도하려는 경향이 있었다고 하겠다.

고려 후기의 전염병과 관련한 도교의례는 명종~신종 연간이 특히 주목

---

69) 김철웅, 앞 논문(1995), 107쪽의 <표 1> 고려시대의 醮에 나타난 道敎神 및 117쪽의 <표 3> 고려시대의 醮에 의하면 의종 때 빌었던 대상 신의 종류는 15개이며, 醮의 횟수 31회에 빈도는 1.61로 집계된다.

70) 김철웅, 앞 논문(1995), 130~132쪽.

된다. 이 기간에 가뭄과 역질이 자주 발생하여(<표>의 11~14) 餓死者가 많았고, 먹을 것이 없어 人肉까지 팔 정도로(표의 11) 풍속은 매우 거칠었다. 이에 정부는 때맞춰 초제를 베풀고(<표>의 12)[71] 수령은 도사와 승려를 앞세워 역병퇴치에 힘썼으나(<표>의 13),[72] 이미 진행되기 시작한 민의 유망과 항쟁을 막을 수 없었다.[73] 아사자에 인육까지 팔 지경에 이르렀다면 식량의 품귀로 인한 물가폭등 현상도 일어났을 것이다.[74] 가뭄과 기아와 질역으로 사망자가 속출하는 가운데 이 같은 物價高는 상황을 더욱 어렵게 만들었을 터인데, 가장 큰 문제는 사람들의 영양상태가 극도로 나빠지면서 면역력이 저하되어 전염병에 취약할 수밖에 없다는 사실일 것이다. 12세기 후반에 본격화된 민의 봉기는 이러한 제반 상황이 한꺼번에 발생하면서

---

71) 1203년(신종 6) 경주민란을 진압하러 간 정부군의 陣中에 전염병이 돌자 종군하던 이규보가 제문을 지어 七鬼와 五瘟神에게 제사하였다(이규보, 「七鬼五瘟神醮禮文」, 『동국이상국집』 권38). 동경 반적을 진압하기 위한 토벌대를 보낸 것이 1202년(신종 5) 12월의 일이므로 軍에 역질이 발생한 것은 그 이듬해인 1203년(신종 6)으로 추정된다(<표>의 14).

72) 1189년(명종 19) 5월 임익돈이 황려(여주)의 수령으로 부임했을 당시 역병이 돌자 승려와 도사를 거느리고 나발과 경쇠를 치며 대반야경을 외우고 돌아다녔다(『고려사』 권54, 지8 오행2 ; 『고려사절요』 권13 ; 「任益惇墓誌銘」).

73) 12세기 후반에 민의 항쟁과 유망이 본격화 하였다. 1174년 서경 조위총의 봉기, 1176년 공주 망이·망소이의 봉기, 1190년대 경주 일원의 대규모 봉기, 1193년 운문사를 거점으로 한 김사미·효심의 봉기가 잇달았다. 이후에도 경주 지역과 강원도 삼척·강릉 일대 농민군의 봉기가 10여 년간 지속되었다.

74) 『고려사』 권24, 세가24 및 『고려사절요』 권17, 고종 43년(1256) 12월, "銀一斤 直米二斛" ; 『고려사』 권55, 지9 오행3 인종 10년(1132) 7월, "銀瓶一斤 直米五碩, 小馬一匹 直一碩, 牸一頭 直四斗, 布一匹 直六升" ; 同 공민왕 3년(1354) 6월, "布一匹 直米斗三升" ; 同 공민왕 9년(1360) 6월, "布一匹 纔直米五升" ; 同 辛禑 4년(1378) 5월, "布一匹 直米三四升" ; 同 辛禑 6년(1380) 6월, "布一匹 直米五升" ; 同 辛禑 7년(1381) 5월, "布一匹 直米一斗" ; 同 辛禑 7년(1381) 7월, "布一匹 直米三四升". 이상에서 제시한 바와 같이 "京城饑穀貴物賤(京城에 기근이 들어 곡물이 貴하고 물자는 賤하다)"이란 기사가 고려사에 자주 나오는 점으로 미루어 명종~ 신종 연간에도 이와 같은 상황을 충분히 상정할 수 있을 것이다.

촉발된 것으로, 그 중에서도 명종~신종 연간에 빈발했던 전염병이 가장 큰 요인으로 작용하지 않았나 한다.

신종 이후에도 기근과 역병으로 僵尸가 길을 덮고 시체가 길바닥에 널리며, 軍中에서 3천여 명이 사망하고 水軍의 태반이 사망할 정도로 혹심한 피해가 있었다.[75] 이러한 상황은 고려 말까지 이어졌는데, 피해가 컸던 고종~충렬왕대에 초제를 빈번하게 지낸 사실이 주목된다. 그러나 초제의 목적이 주로 祈雨, 星變 등의 자연재해나 外亂을 기양하기 위한 것이었고, 정작 전염병을 물리치기 위한 국가 차원의 도교의례는 한 차례도 거행되지 않았다.[76] 그것은 고종 이후 도교가 본연의 의학적 역할과는 거리가 멀어졌기 때문이 아닌가 한다.

4. 무속의례

1) 국가의례

『高麗史』禮志에는 무속의례가 보이지 않는다. 전염병이 빈발했을 때에도 이를 기양하기 위한 국가 차원의 도교의례는 있었으나, 무속의례를 통한 국가적인 대응이 없었다.[77] 무격이 국가의례에서 배제되고 있음을

---

75) 1232년(고종 19) 4월, 1254년(고종 41) 6월, 1255년(고종 42) 12월, 1256년(고종 43) 12월 ; 1262년(원종 3) 10월 ; 1281년(충렬왕 7) ; 1348년(충목왕 4) 4월 ; 1383년 (우왕 9).

76) 고종 14회, 원종 15회, 충렬왕 25회의 초제를 지냈다(양은용, 앞 논문(1985), 68~69 쪽 ; 서경전·양은용, 앞 논문(1985), 68~70쪽 <표 4> 고려 도교의 초례 참고).

77) 예종 4년 12월 을유에 송악 및 諸神祠에 나누어 제사하여 질역을 기양하게 한 사실이 있으나(<표>의 5), 딱히 무속의 범주 안에 들어가는지는 명확하지 않다. 명종 3년 4월 병자에도 가뭄에 역질까지 돌았으나 무당을 불러 모아 기우제만 지냈다(<표>의 11).

볼 수 있다.[78] 그런데 고려시대에는 疫鬼를 쫓는 의식인 나례가 있었다. 1040년(정종 6)에 이미 歲終儺禮가 거행된 바 있으며, 1116년(예종 11) 12월에는 大儺禮를 거행하였다.[79] 특히 예종 때에는 大儺 儀式에 앞서 儺戲 競演이 거국적으로 열리고 있어 눈길을 끈다. 그 내용을 소개하면 다음과 같다.

> G. 예종 11년 12월 己丑에 크게 儺禮하였다. 이에 앞서 宦者가 儺者를 나누어 좌우로 삼아 勝福을 구하니, 왕이 또 親王에게 명하여 이를 나누어 주관케 하였다. 그러므로 모든 倡優 雜伎와 外官의 遊伎에 이르기까지 징발당하지 않음이 없어 원근이 다 모여들고 깃발이 길에 뻗쳐 궁궐에 가득찼다. 이 날에 諫官이 閣門에서 머리 숙여 간절히 간하니 이에 명하여 심히 해괴한 자를 쫓아내었으나 저녁이 되어 다시 모여들었다. 왕이 장차 음악을 관람코자 하니 좌우가 소란스럽게 다투어 먼저 才伎를 보이고자 하여 도무지 조리가 없으므로 다시 400여 명을 쫓아내었다.[80]

위의 기사에서 倡優, 雜伎人, 外官의 遊妓에 이르기까지 나례에 동원된 사실과 이들이 앞다투어 어전에서 才伎를 보이려 한 점, 그리고 구름같이 밀려든 인파 등으로 미루어 고려 중기에는 이미 儺禮가 儺戲로 바뀌었음을 알 수 있다.[81] 그런데 여기서 전염병을 疫神의 소행으로 보고 의식을 통해 구축하려 한 점에서는 무속의 범주에 넣을 수 있다. 그러나 나례의 주역인

---

78) 서영대도 기우제를 통해 이 사실을 지적한 바 있다(서영대, 앞 논문(1994), 364쪽 ; 「한국무속사의 시대구분」, 『한국무속학』 10(2005), 18쪽 참고).

79) 『고려사』 권64, 지18 예6 季冬大儺儀.

80) 『고려사』 권64, 지18 예6 季冬大儺儀.

81) 장정룡, 「민속」, 『한국사』 21(국사편찬위원회, 1996), 548~549쪽 ; 황경숙, 『한국의 벽사의례와 연희문화』(月印, 2000), 93~126쪽 참고.

方相氏는 巫와 같은 司祭者가 맡은 것이 아니라 武士가 맡음으로써 方相氏
자체가 驅疫儀式을 담당하는 관직명에 지나지 않음을 알 수 있다.[82] 또
대나 의식에 앞서 나희 경연을 儺者가 아닌 宦者와 親王이 주관한 사실을
감안한다면 무속의 관념으로만 볼 수 없는 면이 있다. 즉 무속도 왕이
주관하게 되면 국가적 행사인 의례가 될 수 있는 것이다. 그러나 고려의
나례는 중국의 나례에 전통적 驅疫의식의 일부를 습합하여 변용했기 때문
에 그 밑바탕에는 벽사적 제의성이 깔려 있었다.[83] 따라서 무속의례로
보아도 크게 무리는 없다고 본다.

인종 때 대궐 뜰에서 행해진 섣달그믐 밤의 나례에서도 온갖 雜技가
벌어져 군신 간에 함께 뛰놀며 즐겼으며, 그 와중에 내시 김돈중이 촛불로
견룡군 장교 정중부의 수염을 불사른 사건이 발생하였다.[84] 이제 나례는
12세기에 이르러 疫鬼를 쫓는 종교적 의식에만 그치지 않고, 다분히 관중을
즐겁게 하는 구경거리로 발전하여 儺戱로 변해갔음을 알 수 있다.[85]

이후 나례는 고려 후기에 가서 상당히 성행한 듯 보인다. 李穡의『목은집』
에 나례의 모습이 두 차례 나오는데 驅儺가 끝나면 바로 歌舞百戱가 이어짐
을 볼 수 있다.[86] 따라서 고려 말에 행해진 구나는 나례의식인 驅儺部와
각종 놀이를 곁들인 儺戱部로 구성되었음을 알 수 있다.[87] 고려 후기에
이르러 나례가 반드시 역병 때문에 성행한 것만은 아니었고, 하나의 遊戱로

82) 황경숙, 앞 책(2000), 91쪽.
83) 황경숙, 앞 책(2000), 93~126쪽 참고.
84)『고려사절요』권10, 인종 22년 하5월 ;『고려사』권98, 열전11 金富軾 附 敦中 ; 同 권128, 열전41 반역2 鄭仲夫.
85) 이두현, 「무용과 연극」,『한국사』21(국사편찬위원회, 1996), 501~503쪽 참고.
86) 이색, 「除日」,『목은시고』권13 ;「驅儺行」,『목은시고』권21. 시「除日」은 구나만을 읊었으며,「驅儺行」은 구나와 가무백희라는 나희의 정경을 매우 상세하게 묘사하였다.
87) 이두현, 앞 논문(1996), 502~503쪽.

서 예능화 경향이 두드러진 탓에 누구나 참여하여 즐길 수 있었던 것이다.

2) 개인의 질병치료와 무속

무당은 국가의례에 동원되기도 하였지만 가장 중요한 것은 醫巫로서의 기능이었다. 무당은 점을 쳐서 病因을 밝혀내고 처방을 내렸으며, 저주와 염승으로 원한을 풀거나 원혼을 달래며, 질병을 물리치기도 했다. 이처럼 치료과정에서 무당의 역할이 중요할 수밖에 없었던 이유는 고려인들이 일반적으로 지녔던 병인론 때문이었다. 즉 질병의 원인을 망자의 원한[冤鬼]에서 비롯된다고 믿은 것이다. 권력의 정점에 있는 국왕도 巫에 의존하기는 일반민과 마찬가지였다. 무속이 위로는 왕실에서부터 아래로는 士庶에 이르기까지 개인의 길흉화복과 관련하여 나름대로 기능을 발휘했음은 다음과 같이 확인된다.

예종은 연회 중 갑자기 등에 종기가 생겨 산천신령에게 기도하였다.[88] 인종도 病占을 치니 죽은 이자겸의 귀신이 씌웠다 하므로 귀양보냈던 그의 처자를 고향인 인주로 옮기고,[89] 또 죽은 척준경의 탓이라는 무당의 말에 따라 김제군에 새로 쌓은 碧骨池의 방죽을 터놓기도 했다.[90] 의종은 총지사 주지 懷正이 呪噤에 능해 총애하였다.[91] 고종 45년 영녕공 왕순이 황제에게 홍복원이 저주했다고 보고하는 사건이 일어났는데, 홍복원은 아이가 병이 심해서 염승으로 악귀를 진압했다고 말했다. 그때 무당은 나무인형을 만들어 손을 묶고 정수리에 못을 박아 땅에 묻거나 우물에 던져 저주하였다. 이로 미루어 보아 무당을 시켜 저주하는 일이 고려사회에

---

88) 『고려사절요』 권9, 예종 17년 3월.
89) 『고려사절요』 권10, 인종 24년 정월.
90) 『고려사절요』 권10 ; 『고려사』 권17, 세가17 인종 24년 2월.
91) 『고려사절요』 권11, 의종 11년 8월.

만연해 있었음을 알 수 있다.[92]

　문집과 문선에도 무당의 점괘에 의존하거나 처방에 따르는 예가 많이 나온다. 固城에 칠형제를 둔 노인이 병이 들자 사귀가 붙어 자리를 옮겨야 한다는 무당의 말을 믿고 집 뒤로 옮겨가 한뎃잠을 자던 중 虎患을 당하였다.[93] 普覺國師가 어렸을 때 病占을 친 일이 있는데, 점쟁이의 말이 이 아이가 집을 나가면 병도 없고, 위대한 和尙이 될 것이라 하여 따랐더니 과연 그대로 되었다 한다.[94] 심지어 게으름뱅이 傭夫를 고치기 위해 무당에게 데리고 가서 빌기까지 한 일도 있다.[95] 권근은 면직을 청원하는 글에서 자신의 건강상태가 매우 불량함을 설파한 후, "을유년으로부터 정해·무자 수년간은 다 액운이라 거의 넘기기 어려울 것 같다"는 術士의 말을 더하였다.[96] 이에 대해 왕은 卜筮의 말에 마음 쓸 일 없다며 不允批答을 내리긴 하였으나,[97] 당시의 사회 분위기가 신분의 고하를 막론하고 무속에의 의존도가 매우 높았음을 알 수 있다. 공민왕 때 정습인이 영주지사로 내려가 정무를 시작하려는 참에 향리가 관례에 따라 消災圖에 가서 분향하기를 청했다.[98] 관례에 따른다는 표현으로 미루어 당시 무속은 지방 관아까지 깊숙이 들어와 힘을 발휘하고 있었음을 알 수 있다.

　巫風이 만연한 고려시대의 사회 분위기는 文士들의 시구에서도 나타난다. 논지와 관련된 구절을 인용하면 다음과 같다. "몸이 늙어서 새 달력

92) 『고려사』 권130, 열전43 반역4 洪福源.
93) 권근, 「優人孝子君萬傳」, 『양촌집』 권21 ; 『동문선』 권101.
94) 권근, 「有名朝鮮國普覺國師碑銘幷序」, 『양촌집』 권37.
95) 성간, 「傭夫傳」, 『동문선』 권101.
96) 권근, 「請辭免本職 終考禮經節次箋」, 『양촌집』 권26.
97) 권근, 「不允批答」, 『양촌집』 권26.
98) 이색, 「草溪鄭顯叔傳」, 『목은문고』 권20 ; 『동문선』 권100 ; 『고려사』 권112, 열전 25 鄭習仁.

보기 두렵고, 병이 짙어 무심히 옛 부적을 바꿔 보네"[99] "우연히 병세가 찾아와 사람을 요란시키니, 사주팔자 적어서 운명가에게 묻고 싶구나"[100] "병세는 마냥 탕약을 재촉하는데, …… 몸 아프면 하늘을 부를 뿐이로다".[101] 그 가운데서도 이규보의 古律詩「老巫篇」은 단연 압권이다. 이 시는 비교적 자세하게 기록되어 있어서 고려시대의 무당과 무속을 이해하는 데 매우 중요한 정보를 제공해 준다. 또 여기서 몇몇 구절은 巫風이 만연함에 따라 巫業마저 성행했음을 보여주고 있다. "남자와 여자들이 구름같이 모여 들어 문 앞엔 신발이 가득하며 어깨를 부비며 문을 나오고 머리를 맞대고 들어가누나" "각처 남녀들이 먹을 것을 모조리 긁어모으고 천하의 부부들의 입을 것을 모두 빼앗는구나" "천만 마디 말 중에 행여나 한마디가 들어맞으면, 어리석은 남녀들은 공경하고 더욱 받든다".[102] 이상에서 살펴본 바와 같이, 병이 들었을 때 신분의 고하를 막론하고 고려시대 사람들이 가장 선호한 대응책은 무속이었음을 알 수 있다.

의술과 점술을 동시에 사용하는 경우도 많았다. 사서와 行狀, 문집속의 시를 통해 이를 찾아볼 수 있다. 충렬왕 때 제국대장공주가 병들자 원나라에 '의원과 무당' 보내주기를 청하고,[103] 순덕왕후가 산후병으로 인해 '무당과 의원'에다 약물 치료까지 병행한 사실이 있다.[104] 인도승 指空도 부친이 병들어 의원 치료가 효험이 없자, 점복자의 말을 따라 出家하였

---

99) 원천석,「立春日 寄元少卿立」,『운곡행록』권1, "病後無心換舊符".

100) 이색,「卽事」,『목은시고』권9, "偶然病勢來相擾 欲把生辰問歷翁".

101) 이색,「卽事三首」,『목은시고』권15, "當痛但呼天".

102) 이규보,「老巫篇幷序」,『동국이상국집』권2, "士女如雲屐滿戶 磨肩出門騈頭入" "聚窮四方男女食 奪盡天下夫婦衣" "千言萬語幸一中 駿女癡男敬益奉". 번역 및 해설은 최길성,『韓國巫俗論』(형설출판사, 1988), 77~82쪽 참고.

103)『고려사절요』권20, 충렬왕 8년 7월.

104) 朴仁亮,「順德王后哀冊」,『동문선』권28.

다.[105] 인종이 급환으로 드러눕자 "무당과 의원의 方術"을 찾고, 神聖의 靈에 빌기까지 했다.[106] 이색의 시 「幽居」에 나오는 "무당과 의원은 스승 삼길 부끄러워 않는다"[107]는 구절은 고려시대에는 무당과 의원 간의 경계가 불분명하여 서로간의 영역을 넘나들기도 하고, 때로는 공조관계를 유지하기도 했음을 짐작케 한다. 조선 사대부 출신인 李文楗(1494~1567)의 『默齋日記』에 의하면 16세기 단계에서도 질병을 치유함에 있어 치료의 영역이 엄격히 구분되지 않은 醫·占·巫의 통합적 의료행위가 시행되고 있음을 볼 수 있다.[108]

5. 맺음말

이상에서 살펴보았듯이 12세기 무렵부터 고려사회는 전염병이 크게 유행하였다. 전염병은 한 개인의 문제가 아니라 가족의 해체에 따른 노동력 감소와 유이민 발생이라는 농경사회의 기본 질서를 파괴하는 재난이었다. 전염병은 한번 발생하면 피해 규모가 엄청났기 때문에 그 대응책이 정치권에서 마련되어야 했다. 이에 정부는 체제의 정비와 함께 새로운 사상에 대한 모색을 추진하였다.

본고에서 전염병과 관련된 도교와 무속의례를 살펴보려 했으나, 조사 결과 그다지 많지 않음이 드러났다. 다만 예종과 의종대는 고려 전 시기를

---

105) 이색, 「西天齊納薄陀尊者孚屠銘幷序」, 『목은문고』 권14.
106) 김부식, 「俗離寺占察會疏」, 『동문선』 권110.
107) 이색, 「幽居」, 『목은시고』 권13, "儒吏固應非是敵 巫醫終不恥相師".
108) 김현영, 「醫·占·巫 : 16세기 질병 치유의 여러 양상」(제41회 전국역사학대회 발표요지, 1998), 108~117쪽 ; 이복규, 「묵재일기에 나타난 무속」, 『묵재일기에 나타난 조선전기의 무속』(민속원, 1999), 61~74쪽.

통해 設醮 회수가 가장 많고, 이에 비례해 設醮名 또한 다양하게 나타났다. 비는 대상의 신도 그만큼 다양해졌다. 이는 당시의 사회상황과 무관하지 않다. 고려왕조의 국가제의가 초기에는 유, 불과의 균형관계를 어느 정도 유지하였으나, 예종~의종대에 이르러 도교의례가 급증하는 추세를 보이는 데에는 전쟁, 기근과 함께 역병이라는 사회환경적 요인이 크게 작용했기 때문이었다. 그러나 역병 발생이라는 재난에 대응하는 방식에 있어서 이 두 시기는 대비되어 나타났다.

예종대에는 체제 정비의 일환으로, 그리고 도교 수용을 배경으로 국가 차원의 의료시스템이 정비되었으나, 의종대에는 음양가의 비결과 축원설에 의지하며, 승려와 도사 수백 명을 모아놓고 오직 신에게 재를 올리고 초제를 지내는 데에만 의존하였다. 그런데 예종대와는 달리 주로 비는 일에만 치중하였는데, 말하자면 역질에 대한 대응방식이 이전의 제도 정비에서 의례의 방향으로 전환한 것이다. 이제 도교는 의종대에 이르러 구복적인 종교로서만 존재하게 되었다. 이와 같은 배경에는 두 시기의 정치적인 차이가 있었다. 예종대에는 정치가 비교적 안정된 까닭에 제도정비 방향으로 나아갔고, 의종대에는 정치가 한층 불안정하고 피폐해지면서 의례 쪽으로 나아가게 된 것이다.

고려 후기의 명종~신종 연간과 고종~충렬왕대에도 기근과 역질이 자주 발생하였으나 전기와는 대응방식이 달라졌다. 명종~신종 때까지는 정부에서 때맞춰 초제를 베풀고 도사들을 앞세워 역병 퇴치 활동을 적극적으로 펼쳐 나갔으나, 고종~충렬왕대에는 초제를 빈번하게 지냈음에도 불구하고 전염병을 물리치기 위한 국가 차원의 도교의례는 한 차례도 거행되지 않았다. 고종 이후 도교가 본연의 의학적 역할과는 거리가 멀어진 것이다.

　한편 무속은 국가의례에서 완전히 배제될 수 없었으나, 유사를 시켜 각종 신사 및 산천신에게 제사지내며 驅鬼逐疫을 본령으로 하는 나례를 베푸는 정도에 지나지 않았다. 오히려 무속은 국왕과 왕실을 비롯해 귀족, 관료에서 승려, 일반민에 이르기까지 개인과 밀착되어 그 기능을 다하였음은 사서와 문집을 통해 살펴 본 바와 같다. 다만 한 가지 국왕을 비롯해 왕실의 질병치료에 무속이 동원된 사실은 국가 차원에서였는지 아니면 개인적인 것이었는지 공사영역을 명확하게 구분하기에 어려움이 있다. 의약이 모든 것을 해결해 줄 수 없고, 의약이 모든 사람들에게 보편화될 수 없는 고려의 사회적 상황은 사람들을 오래도록 무속에 머물게 하였다.

Ⅳ. 고려시대 불교와 전염병 치유문화

김 영 미

1. 머리말

질병의 고통은 인간의 삶을 괴롭히는 중요한 요인 중 하나이다. 이에 불교에서는 질병의 고통에서 인간을 구원하는 藥師佛, 觀世音菩薩 등의 불보살을 제시하였다. 그런데 전근대 사회의 인간에게 더욱 고통스럽고 충격적인 질병은 의료적 처방이 별 효과를 거두지 못할 뿐 아니라 집단적 죽음을 맞을 수밖에 없던 전염병이었을 것이다.

고려시대의 경우 페스트처럼 많은 사람을 죽게 한 전염병은 찾을 수 없지만, 『고려사』 등에서 전염병[疫病]이 유행하여 전국에 사망자가 잇달 았다거나 시체가 길을 덮었다는 사료를 볼 수 있다. 그 이유로는 기후 이상으로 인한 기근, 전란 등 여러 원인을 들 수 있는데, 전국적인 전염병의 성행에 국가는 특별한 의료대책을 제시할 수 없었다. 인간의 힘만으로는 대규모 전염병에 대응하기는 힘든 상황에서, 국가나 관리들은 종교의례를 통해 전염병과 전란 등에서 벗어나고자 기원하였다. 종교의례에서 심리적 위안을 얻는 방법이 대중에게 효과적이었을 것이기 때문이다. 하지만 이러 한 의례는 정확한 의학적 처방으로 전염병을 치료하는 것이 아니라, 심리적 위안과 기적을 통해 병이 낫는다는 점에서 치유라고 칭할 수 있을 것이다. 이에 본고에서는 종교적 기적 곧 靈驗을 통해 사람들을 치유하고 심리적 위안을 얻도록 했던 종교 의례, 종교 현상 등을 '치유문화'라고 칭하고, 고려시대 불교계가 빈발하는 전염병에 어떻게 대응했는지 즉 전염병 치유문화를 살펴보고자 한다.

전염병 치유문화로 제일 먼저 생각할 수 있는 것은 전염병 치유를 위한 불교의례이다. 그동안 고려시대에 국가적 규모로 행해진 각종 도량, 법석 등에 대해서는 연구가 이루어졌지만,[1] 전염병과 관련한 법석만을 전적으로 다룬 연구는 없다. 최근 전염병 연구에서 전염병에 대한 대처 방안의 하나로서 종교적 처방을 살펴보며 불교의례에 대해서도 언급하기는 했으나,[2] 이 연구 역시 불교의례를 전적으로 연구한 것은 아니다. 이에 본고에서는 전염병에 대한 대응책의 하나로 국가 및 관리들이 개설한 불교의례를 살펴보고, 그 소의경전과 내용을 연구해보려고 한다.

이와 함께 빈번하게 발생한 전염병의 유행에 대해 불교계가 일반민들에게 제시한 대응책을 분석해보려고 한다. 특히 승려들이 관음신앙을 통해 질병과 전란 특히 전염병의 고통을 겪고 있는 사람들에게 종교적 열정을 고취한 측면을 찾아보려는 것이다. 관음보살은『華嚴經』立法界品에서는 선재동자의 구도를 돕는 존재이고, 아미타신앙 관련 경전에서는 아미타불의 협시보살로서 극락왕생을 돕는 존재이다. 그리고『法華經』普門品에서는 雷神難, 猛獸毒蛇難, 火宅難, 毒藥難, 怨賊難, 枷鎖難, 航海難 등 현실의

---

1) 金炯佑,『高麗時代 國家的 佛敎行事에 대한 硏究』(동국대 박사학위논문, 1992) ; 洪潤植,「불교행사의 성행」,『한국사 16 - 고려전기의 종교와 사상』(국사편찬위원회, 1994) ; 박용진,「고려후기 인왕도량의 설행과 그 의의」,『北岳史論』6(1999) ; 김종명,『한국 중세의 불교의례 - 사상적 배경과 역사적 의미』(문학과지성사, 2001) ; 金秀姸,「高麗時代 佛頂道場 硏究」(이화여대 석사학위논문, 2004) ; 안지원,『고려의 국가 불교의례와 문화』(서울대출판부, 2005).
2) 宋澤禎,「高麗時代 疫疾에 대한 硏究 : 12・13세기를 중심으로」,『明知史論』11・12(2000).

고난을 구원해주는 존재이다.3) 따라서 관음신앙이 전염병이나 질병에
시달리는 일[독약난]로 인해서만 성행했다고 생각되지는 않는다. 그러나
한꺼번에 많은 사람이 죽어야 하는 전염병은 전쟁이나 기근보다 해결하기
어려운 고통이었을 것이고, 정신적 충격 역시 컸을 것이다. 이에 전염병이
자주 돌던 고려 후기 승려들이 현실을 어떻게 인식했는지를 먼저 살펴보고,
승려들이 신자들을 위해 제시한 관음신앙 등 전염병 치유와 관련된 자료들
을 분석해 보려고 한다. 이를 통해 불교신앙이 전염병이 빈발하던 시기에
사람들에게 어떤 위안을 줄 수 있었는지를 알아보려는 것이다. 그리고
전염병 치유와 관련해 관음신앙의 성행 결과 나타난 문화 현상으로서
12세기의 淨甁과 고려 말의 水月觀音圖에 주목해보고자 한다. 아울러
관음신앙을 설한 많은 경전 중 자세하게 치병의례를 담고 있는『千手陀羅
尼經』의 유통에 주목하고자 한다. 이러한 분석을 통해 고려시대 불교의
사회적 역할의 일단을 이해할 수 있기를 기대한다.

2. 국가의 전염병 祈禳儀禮

　전염병은 집단적이었기 때문에 다른 질병과 달리 한꺼번에 많은 사람들
이 죽게 되므로 국가가 대책을 마련하지 않으면 안되는 문제였다. 이에
국가는 전염병을 의료행위에 의해 치료하는 정책을 추진하기도 하지만,4)

---

3) 고려시대 관음신앙에 대해서는 李萬,「高麗時代의 觀音信仰」, 佛敎文化硏究院
　(編),『韓國觀音信仰硏究』(동국대 출판부, 1988)과 鄭炳三,「高麗 後期 觀音信仰」,
　『丹豪文化硏究』1(1996)이 참조된다. 정병삼은『화엄경』,『법화경』외에도『請觀
　音經』과 밀교계 경전을 관음신앙의 소의경전으로 제시하고 있다.
4) 전염병 사례와 의학적 치료에 대해서는 이현숙,「전염병, 치료, 권력 : 고려 전염병
　의 유행과 치료」,『이화사학연구』34(2007) ; 본서 수록 참조.

모든 전염병을 치료할 수 있었던 것은 아니었다. 그러므로 도교의례, 무속의례 등을 거행하기도 한다.[5] 뿐만 아니라 전염병 치유를 위해 많은 불교의례도 행했는데, 般若道場, 佛頂道場, 召龍道場, 摩利支天道場 등 그 종류도 다양하다.

1) 고려 전기의 전염병 기양의례

고려 전기에 전염병을 물리치기 위한 불교의례가 국가적으로 거행된 사례를 정리하면 <표 1>과 같다.

<표 1> 고려 전기 전염병 기양 불교의례

시기	疫病	불교의례
1101. 3 (숙종 6)	병술 五瘟神에게 제사	[경진 건덕전에서 **반야도량**]
1109. 4~5 (예종 4)	경성과 전국에 역병으로 사망자 많음	4월 갑진 5부에서 瘟神에게 제사를 지내는 한편 **반야도량** 개설하여 전염병 없어지기를 기원
1110. 4 (예종 5)	갑술 사천대에서 상주 "疫癘가 발생해 시체와 해골이 길에 널림"	[4월 을유 孔雀明王도량을 문덕전에 개설. 5월 계묘 **消災道場** 회경전에서 5일간 개설]
1120. 8 (예종 15)	여름부터 8월까지 비가 오지 않아 오곡이 여물지 않고 전국에 疫癘 크게 유행	8월 신미 외제석원에 가서 5부에 명해 3일간 『**반야경**』 읽어 전염병 퇴치하게 함. 8월 갑술 문덕전에서 **불정도량**
1122. 3~4 (예종 17)	4월 을미 예종 疾疹	[3월 을유 여러 절에서 1만 명 **飯僧** 정해 消災道場을 건덕전에서 5일간 개설 무자 1만 명 **飯僧** 4월 기축 문덕전, 연친전에서 도량을 각각 5일간 개설. 경인 선정전에서 5일간 도량]
[1128 (인종 6)]	인종의 癘病 기양	**점찰회(김부식의 점찰회소)**

---

5) 이정숙, 「고려시대 전염병과 치병의례」, 『이화사학연구』 34(2007) ; 본서 수록 참조.

1146. 1 (인종 24)	2월 갑자 인종 疾疹으로 사망	[백관이 普濟寺에 가 기도하고 2000명 반승]
1152. 6 (의종 6)	경진 개국사에서 饑民과 역질 앓는 사람에게 음식 먹임	계미 묘통사에 가서 **마리지천도량**, 명인전에서 72星神, 옥황상제, 太一 및 16신에게 기도, 역질 없어지기를 빔
1162. 3 (의종 16)	旱災, 疫病이 심해 전국에 시체가 길을 이음	[병인 간관들이 합문 밖에서 글을 올려 별궁 공납 폐지를 청함, 왕은 음양가들의 비결이나 축원에 정신이 팔려 가는 곳마다 **승려, 도사 수백 명씩을 모아 재를 올리고 기도**]

* ([ ] 추정)

먼저 고려 전기의 전염병 기양의례로 가장 뚜렷한 반야도량을 살펴보겠다. 1101년(숙종 6) 3월 경진일에 반야도량이 개설되었다.[6] 이때 乾德殿에서 거행된 반야도량이 무엇을 기원하는 것이었는지는 분명히 언급되고 있지 않지만, 이 해에는 2월부터 전염병이 성행하였다.『高麗史』禮志에 의하면 이 해 2월 병신일에 5부에서 五瘟神에게 제사 지내고 있는데,[7] 이는 전염병신에게 지내는 제사로 3월의 반야도량도 이와 관련한 것으로 이해된다. 그러나 전염병이 쉽게 진정되지 않았는지 다시 병술일에 五瘟神에게 제사를 지내고 있다.[8] 따라서 숙종 6년의 반야도량은 전염병을 위한 것이라고 하겠다.

1109년(예종 4) 4월 갑진일에는 전염병을 물리치기 위해 반야도량을 거행했음이 분명히 밝혀져 있다.[9] 이 해 4월부터 시작된 전염병은 5월까지 이어져 사망자가 많았다.[10] 이에 온신에게 제사지내고 불교의례로 반야도

---

6)『고려사』권11, 세가11 숙종 6년 3월 경진.

7)『고려사』권63, 지17 예5 雜種祭祀.

8)『고려사』권11, 세가11 숙종 6년 3월 병술.

9)『고려사』권13, 세가13 예종 4년 4월 갑진.

10)『고려사』권80, 지34 식화3 진휼 水旱疫癘賑貸之制에서는 1109년(예종 4) 5월 왕명으로 경성의 전염병에 걸린 사람들을 구제하기 위해 구제도감을 설치하고 시신들을 매장하도록 하였음을 전하고 있다. 그리고『고려사』권96, 열전9 윤관전

량을 다시 거행한 것이다. 1120년(예종 15)에도 전국에 걸쳐 전염병이
성하였으므로, 8월 신미일에 전염병을 물리치기 위해 반야도량을 거행했
다.[11]

　반야도량은『般若經』을 독송하는 불교의례로, 1120년의 반야도량에서
는『반야경』을 3일간 읽었고, 다음 절에서 보듯이 이규보에 의하면 東京(오
늘날의 경주)의 軍中에서 행해진 반야도량에서는 7일간 읽었다. 이로 보면
반야도량의 기간 등은 상황에 따라 변통이 가능했던 것으로 보인다.

　반야도량을 통해『반야경』곧『대반야경』이 전염병 퇴치에 중요하게
여겨졌음을 알 수 있다. 그 이유는『대반야경』이 대장경의 첫 번째에 실려
있다는 점뿐만 아니라 경전 내용에서 그 실마리를 찾을 수 있다. 즉 이 경을
독송하는 공덕은 신이한 구슬과 같다고 한다. 그런데 이 신이한 구슬을
몸에 지니면 熱病이나 風, 痰 혹은 熱·風·痰이 합해 병이 된 경우에도
낫지 않는 병이 없고, 뱀이나 전갈 등의 독도 없애고 身嬰·癩疾·惡瘡
腫·皰目·眜翳 등도 모두 낫는다고 하였다.[12] 이 구절에 근거해서『반야
경』의 독송에 의해 모든 질병이 나을 수 있다고 생각했을 것이고, 이로
인해 전염병이 치성하면 반야도량을 거행했을 것이다.

에 의하면, 이 시기의 전염병에 대해 "군대 징발로 중외가 소연한데 전염병까지
　겹쳐 백성의 원망이 일어났다"고 하였다.
11)『고려사』권14, 세가14 예종 15년(1120) 8월 신미·갑술 ;『고려사절요』권8, 예종
　15년(1120) 8월.
12) 玄奘 譯,『大般若經』권128,『大正新修大藏經』(이하 T로 약칭) 5, 700쪽, "世尊
　譬如無價大寶神珠 具無量種勝妙威德 隨所住處有此神珠 人及非人終無惱害 設
　有男子或復女人 爲鬼所執身心苦惱 若有持此神珠示之 由珠威力鬼便捨去 諸有
　熱病或風或痰或熱風痰合集爲病 若有繫此神珠著身 如是諸病無不除愈 …… 若諸
　有情身嬰癩疾惡瘡腫皰目眜翳等 眼病耳病鼻病舌病喉病身病 帶此神珠衆病皆愈
　若諸池沼泉井等中 其水濁穢或將枯涸 以珠投之水便盈滿 香潔澄淨具八功德". 한
　편『大般若經』권558(T.5, 877쪽)의 第五分設利羅品 第五에도 같은 내용이 나온다.

반야도량 외에도 다양한 불교의례가 전염병을 물리치기 위해 거행되었다. 1110년(예종 5) 4월에도 전염병이 매우 성행하였다. 그 전 해 12월에 전염병이 성행해 송악산 및 모든 神祠에 제사지내 전염병을 물리치기를 빌었는데, 다음해 봄 다시 전염병이 돌았던 것이다. 4월 갑술에 司天臺에서 '금년에 전염병[疫癘]이 크게 발생해 시체와 해골이 길에 널렸다'고 하고, 담당 관청으로 하여금 시체를 거두어 묻게 할 것을 아뢸 정도였다. 따라서 4월 을유에 행해진 공작명왕도량과 5월 계묘의 소재도량은 전염병을 물리치기 위한 것이었다고 보아도 좋을 것이다.[13] 공작명왕도량은『孔雀經』또는 그 다라니를 외우며 온역 등의 병과 공포로부터 벗어나게 하고 아울러 수명의 장수를 비는 의식이다.[14] 소재도량은 日月星變 등의 天災地變을 소멸시키기 위해 베푼 도량으로, 성변 등의 재이는 전란과 가뭄, 역병, 사망 등의 징조를 예시하는 것으로 해석하였기 때문에 소재도량을 거행했을 것이다.[15] 1122년(예종 17) 3월의 소재도량도 왕의 병과 관련된 것인데,

---

13) 『고려사』권13, 세가13 예종 5년 4월 갑술·을유 ; 同 5월 계묘.

14) 金炯佑, 앞 논문(1992), 145쪽에 의하면 공작명왕도량 관련 경전으로는『高麗大藏經』(이하 K로 약칭)에 孔雀經(K.799-51), 孔雀王呪經(K.304, 307), 大孔雀王呪經(K.303), 大金色孔雀王經呪(K.305, 306), 大孔雀明王畫像壇場儀軌(K.1375), 佛母大孔雀明王經(K.1293) 등이 있다.『孔雀王呪經』(僧伽婆羅 譯)에서는 "若噉人精氣乃至食 吐食不淨等不可度事 及起死鬼作聲兵鬼 惡食唾影見畫度等 一日二日三日四日 乃至七日半月一月 一時一歲常恒寒熱 乍寒乍熱鬼神寒熱 風冷痰癊和合寒熱等 疥癩癰疽瘤瘻等病 蟲毒怖畏災害惱亂溫疫等 及一切病苦難可度脫"(T.19, 458쪽),『佛說大孔雀呪王經』(義淨 譯)에서는 그 법식에 대해 설하면서 "若有男子女人 情所祈願或爲 大雨或爲大旱災橫兵戈衆病疫瘲 凡是一切不如意事 欲讀誦此大孔雀呪王冀求消滅者 應如是作法……"(T.19, 476쪽)이라고 하였다.

15) 金炯佑, 앞 논문(1992), 138~139쪽. 이에 의하면 消除一切閃電障難隨求如意陀羅尼經(K.1109), 大威德金輪佛熾盛光如來消除一切災難陀羅尼經(K.1171-1, T.964), 熾盛光消災經(K.1171-2), 消除一切障寶髻陀羅尼經(K.1224-2) 등을 所依經典으로 삼아 외우는 행사이다. 김종명, 앞 책(2001), 83쪽에서는 大威德金輪佛熾盛光如來消除一切災難陀羅尼經을 그 소의경전으로 들고 있다. 그런데 이 경전에서는 구체적

예종의 병은 痘瘡으로 추정되는 疾疹이었으므로[16] 전염병 치유와 관련된 것으로 보아야 할 것이다.

1120년(예종 15) 8월 갑술일에 문덕전에서 거행된 佛頂道場의 개설 이유는 밝혀져 있지 않지만[17] 당시의 전염병과 관련이 있다고 이해된다. 왜냐하면 이 달에 疫癘가 크게 유행하였으므로 신미일 외제석원에 가서 5부에 명해 3일간 『반야경』을 읽어 전염병 퇴치를 시도한 일이 있었기 때문이다. 이 해에는 여름부터 8월까지 비가 오지 않아 오곡이 여물지 않고 전염병이 크게 유행하던 상황이었고 반야도량을 거행했지만 효과가 없었기 때문에 다시 불정도량을 거행했을 것이다.[18]

인종대에는 점찰회를 통해 전염병 소멸을 기원하기도 하였다. 『고려사』 등의 사서에는 인종대의 전염병 유행 사실이 나오지 않지만 金富軾(1075~1151)이 찬술한 「俗離寺占察會疏」는 인종대에도 전염병이 유행했음과 그것을 퇴치하기 위한 기양의례를 보여준다.

> A. 祖父 肅宗께서 재위하시던 때로부터 李氏가 정권을 잡고 있을 즈음까지 사람들을 죽이고 귀양보내 귀신과 사람들을 뒤흔들었으므로 아마 분하게 여기는 기운이 답답하게 막히고, 원망이 닫히고 뭉쳐져 있을까 삼가 두렵습니다. 이제 그 헤매고 있는 넋을 의지하게 하고, 그 떠돌아다니는 魂을 편안하도록 하고, 彭生처럼 요절하지 아니하게 하고, 伯有가 죽어서 되었다는 전염병[癘]이 길이 사라지게 하려면, 다시 다른 방도가 없습니다. 모름지기 진실한 부처님의 가르침에 의탁하여야 하겠습니다. 侍御하는 신하를 이름난 절에 보내어 불전에 法壇을 높이 마련하였습니다. …… 엎드려 원하건대 부처님의 자연스러운 위엄과 德, 불가사의한

으로 전염병을 들고 있지 않지만, 모든 재난 속에는 전염병도 포함될 것이다.
16) 이현숙, 본서 수록 논문 참조.
17) 『고려사』 권14, 세가14 예종 15년 8월 갑술.
18) 불정도량에 대해서는 金秀妍, 앞 논문(2004) 참조.

자비로 그 異生들을 포섭하셔서, 단번에 苦와 空의 이치를 깨닫게 하시
고, 그 영혼들의 소리를 막아서 모두 寂滅을 좇아 노닐게 해주십시오.[19]

이 글이 쓰여진 시기는 '조부 숙종'이라는 언급으로 보아 인종 때임을
알 수 있다. 그리고 인종이 병들어 눕게 되어 무당과 의원을 찾았지만
소용이 없고 神靈에게도 빌었지만 효험이 없어 다시 측근을 보내 占察會를
연다고 하였다. 그런데 『고려사』에 의하면 1128년(인종 6) 정월 왕이 병에
걸려 宰樞와 백관들이 종묘 사직 산천 佛祠들에 왕의 병이 낫기를 빌었
다.[20] 따라서 이 疏는 이때 쓰인 것으로 보인다. 당시 인종의 질병이 무엇인
지는 언급이 없지만 점찰회 소문으로 미루어 癘[전염병]로 간주된다.[21]
소에서는 인종의 병[癘病]이 숙종 때로부터 이씨 일가가 정권을 잡고 있던
때까지 죽은 사람들이 많아서라고 이해하고, 이들 영혼의 안정을 위해
점찰회를 거행하여 참회의식 등을 통해 죽은 이들의 영혼이 사후세계로
가기를 기원하고 있다. 이 점찰회는 고려시대 결사의 형식으로 장기간
계속되던 점찰회와는 성격을 달리한 것으로, 왕이 전염병을 퇴치하기 위해
개설한 불교의례였다는 점이 주목된다.

1152년(의종 6) 6월 계미일에는 묘통사에서 摩利支天道場을 거행했는
데, 그날 왕이 수창궁으로 돌아와 명인전에서 72星神에게 기도를 하고
또 玉皇大帝, 太一 및 16神에게 기도를 하여 전염병[疫疾]이 없어지기를
빌었다.[22] 마리지천도량은 마리지천을 본존으로 모시고 『마리지천경』을

---

19) 金富軾, 「俗離寺占察會疏」, 『東文選』 권110, 疏.
20) 『고려사』 권15, 세가15 인종 6년 봄정월 정해.
21) 사료에는 인종 연간의 전염병에 대해서는 1142년(인종 20) 10월 西南路州郡 牛馬에
   역병이 돌아 日官을 여러 곳에 보내 기양했다는 기사뿐이다(『고려사』 권55, 지9
   오행3 土). 그런데 김부식이 그 해에 致仕하였으므로 이 해의 전염병과 관련된
   것으로 보이지 않는다.

156

외우며 재난의 소멸을 기원하는 의례이다.[23] 『마리지천경』에는 여러 종류
가 있는데, 특히 전염병과 관련된 자세한 언급은 『陀羅尼集經』권10에
수록된 『佛說摩利支天經』에 나온다.[24] 즉 역병으로 사망하는 사람이 끊이
지 않는 경우 강변의 진흙으로 100개의 귀신 형상을 만들어 의례를 거행하
는 방법을 자세히 언급하고 있다.[25]

이처럼 불교의례는 전염병 치유를 위해 국가가 행하던 중요한 방법이었
다. 따라서 이름이 밝혀지지 않은 채 거행된 도량과 의종대 행해지던 齋・
醮도 이와 관련이 있다고 이해된다. 먼저 1146년 인종이 疾疹에 걸리자
백관들이 普濟寺에 가 기도하였다. 또 1162년(의종 16) 의종은 가뭄과
전염병이 전국에 만연한 상황에서 여기저기 순행하였는데, 주로 절에 갔
다. 의종은 행재소에서 승려와 도사 수백 명을 모아 齋, 醮를 거행하였고,
이에 간관들은 別宮의 공납 폐지를 건의하였다. 의종이 이처럼 이곳저곳을
옮겨 다닌 이유는 사료에 설명되어 있지 않지만, 이 해 3월 우박과 서리의
재이가 있었을 뿐 아니라,[26] 가물어 전염병이 전국에 걸쳐 성행했기 때문일
것이다.[27] 왕이 승려와 도사를 모아 여러 곳에서 재, 초를 거행했지만
해결되지 않았기 때문에 6월에 죄수 사면과 조세 탕감의 지시를 내려야했

---

22) 『고려사』권17, 세가17 의종 6년 6월.
23) 마리지천은 인도의 日光의 신으로 재난을 소멸해 중생에게 복을 주며 승리의
   신이기도 하고 군인의 수호신이기도 하다(洪潤植, 앞 논문(1994), 182쪽).
24) 不空 譯, 『佛說摩利支天經』과 『佛說摩利支天菩薩陀羅尼經』에는 질병 치유에
   대한 언급이 없고(T.21, 260~261쪽), 『摩利支天陀羅尼呪經』(失譯, T.21, 261쪽)에
   는 "於疫病中護我"라는 간단한 언급이 나올 뿐이다.
25) 阿地瞿多 譯, 『陀羅尼集經』권10, "…… 又法人家鬼神暴亂疫病死亡不息 又求上善
   事不獲所願者 取江水兩邊泥土 以作一百鬼形像 ……"(T.18, 872쪽).
26) 『고려사』권53, 지7 오행1 水, "의종 16년 3월 丙辰隕霜如雪", "의종 16년 3월
   乙卯雨雹".
27) 『고려사』권18, 세가18 의종 16년 3월 ; 『고려사절요』권11, 의종 16년 3월.

다.[28] 그리고 예종과 인종이 질진에 걸려 위독해지자 행한 飯僧도 전염병 치유를 위한 것이었다.

　고려 전기에 국가에서 불교의례를 거행해 전염병을 물리치려고 한 사례는 숙종대 처음 나오지만, 이는 고려 초기 실록이 소실되어 자료가 소략한 것이 한 이유일 것이다. 그리고 숙종대부터 의종대까지 거행된 의례의 종류는 반야도량, 공작명왕도량, 불정도량, 소재도량, 점찰회, 마리지천도량, 반승 등 매우 다양하다.

2) 고려 후기의 전염병 기양의례

　고려 후기 전염병을 물리치기 위해 거행한 도량을 정리하면 <표 2>와 같다.

<표 2> 고려 후기 전염병 기양 불교의례

시기	疫病	불교의례
1173. 4 (명종 3)	정월부터 가뭄, 역질로 餓死者 많음	[4월 경진 **普濟寺에서 재상들이 기도**, 무자 재상들이 **神衆院에서 기우** 5월 갑진 문무 3품 이상 관리들의 봉급에서 떼어내 **보제사에서 재를 올리고 기우**]
1187. 5 (명종 17)	京城에 역병 대유행	**5부에서 도량**, 천지신명에게 제사하여 기양
1189 (명종 19)	황려(여주)에 역병 유행	임익돈이 수령으로 부임하여 승려와 도사들로 하여금 『**대반야경**』 외우며 마을을 두루 돌아다니게 함
[1203 (신종 6)]	동경 반적 토벌시 군중에 역질	역질을 물리치기를 비는 **반야법석**(7일간 『반야경』 열람. 동경 반적 토벌 기원)
1207. 1 (희종 3)	작년 겨울부터 山西의 고관이 많이 죽자, 무신들이 문신의 저주를 의심	내시, 관원을 시켜 **중방, 장군방에 기도도량**

---

28)『고려사』권18, 세가18 의종 16년 3월 · 5월 ;『고려사절요』권11, 의종 16년 3월 · 5월.

[1211 (희종 7)]		동림사 역병 기양 **召龍도량** 『**般若經**』을 들고 **經行**, 疾疫 祈禳
[1228 (고종 15)경]		역병 기양 **소룡도량**
1254. 6 (고종 41)	이 달 경성에 역병 대유행하여 사망자가 잇달음	[무오 왕이 친히 **功德天과 藥師** 두 **道場**을 베풀었다]
1255. 12 (고종 42)	이 해 京城에 역병 대유행	[3월 갑자 **佛頂心道場**]

([ ] 추정)

1173년(명종 3) 보제사에서의 기도와 1187년(명종 17) 5부에서 설행한 도량은 역병으로 많은 사망자가 발생했다는 기사에 이어지는 내용이므로, 질병 치유를 위한 불교의례로 보아야 할 것이다. 이 중 1173년에는 가뭄으로 인해 기근이 들고 전염병이 성행했던 때문에 기우제를 지내고 있다는 점이 특이하다.

1189년(명종 19)에 任益惇은 黃驪(오늘날의 여주)에 수령으로 부임하였는데, 그곳에 전염병[疫病]이 유행하고 있어 승려와 도사들에게『大般若經』을 외우며 마을을 두루 돌아다니게 하였더니 병이 나았다고 한다.[29] 돌아다니며『반야경』을 독송하거나 외워 전염병을 기양하는 의례는 經行이다. 경행은 1046년(靖宗 12) 처음으로『반야경』을 들것에 봉안하여 승려들이 앞장서고 관리들이 걸어서 시가지를 순회하며 백성들의 행복을 빌게 한 의례였다.[30] 그런데 임익돈의 사례는 경행을 전염병을 물리치기 위해 설행했음을 보여준다. 임익돈은 개경에서 행해지던 경행을 황려에서 시행했던 것이다.

---

29) 任公廟,「任益惇墓誌銘」, 金龍善(編),『高麗墓誌銘集成』(한림대학교 아시아文化研究所, 1993), 550쪽.

30)『고려사』권6, 세가6 정종 12년 3월 신축조에 의하면, 왕이 崔齊顔으로 하여금 毬庭에 가서 분향을 하고 街衢經行을 拜送케 하였다. 경행의 의식이 이 해부터 常例가 되었다.

경행을 통해서 전염병의 소멸을 기원하던 사실은 李奎報(1168~1241)의 축문을 통해서도 알 수 있다.

> B. 저 闕庭에서 장차 經(:반야경을 지칭)을 주어 길을 돌기로 하였으므로, 먼저 籩豆를 베풀어 仙寢에 아뢰나이다. 바라옵건대 祖先의 신령에 힘입어 길이 전염병[疾疫]의 기운을 제거하게 하옵소서.31)

이 글에서는 태조를 비롯한 선왕의 어진을 모신 景靈殿에 경행을 고하고 있는데, 당시의 경행이 전염병의 기운을 제거하기 위한 것임을 밝히고 있다. 그런데 이 기록만으로는 전염병이 성행한 시기를 알 수가 없다. 이 글은『동국이상국집』권40, '釋道疏祭祝'에 실려 있다. 권40은 이규보가 翰林院과 詰院에 있을 때 지은 글들로, 고원에서 지은 글은 따로 분류되어 있다. 따라서 이 글은 그가 한림원에 있을 때32) 지은 것으로 특히 1211년(희종 7)으로 추정된다.33) 고려 후기에는 임익돈의 사례나 이규보의 疏文을 통해 알 수 있는 것처럼 전염병을 물리치는 의례로서 경행을 거행하였음을 알 수 있는데, 이는 1422년(조선 세종 4)에 왕명으로 중지될 때까지34)

---

31) 이규보, 「經行日景靈殿告事祝」, 『동국이상국집』 권40 釋道疏祭祝.

32) 이규보는 1207년(희종 3) 40세에 직한림원에 勸補되었고 그 다음해에 권보를 면하였다. 그리고 1212년(강종 1) 1월에 천우위녹사 참군사가 되었고 6월에는 겸직한림원이 되어 본직을 그대로 가졌으며, 다음해 12월에는 司宰丞이 되었고 1215년(고종 2) 7월에는 우정언지제고가 되었다. 고종 3년 右司諫知制誥, 고종 5년 左司諫知制誥에 임명되어 활동하다가 고종 6년 봄에 면직되었고 4월 桂陽都護府 副使로 임명되었다. 그리고 고종 7년 6월 禮部郞中起居注知制誥에 임명되어 개경으로 돌아왔고 다음해에 寶文閣待制知制誥가 되었다. 그리고 1224년(고종 11)에는 翰林侍講學士가 되었고 지제고는 그대로였다(이규보, 「年譜」, 『동국이상 국집』).

33) 자세한 추정은 이현숙, 본서 수록 논문 참조.

34)『세종실록』 권15, 세종 4년 2월 병오, "罷都城內經行 自前朝時 每春秋仲月 會各宗 僧徒 誦大般若經 鳴螺鉢 執幡蓋 香火前導 巡行街巷 以禳疾厄 二品以上官受命行

지속되었다.

1202년(신종 5)에는 동경의 반란을 진압하러 간 군대에 역질이 돌았기 때문에 군중에서 반야도량을 개최하였는데,[35] 7일간 『반야경』을 열람하는 것이었다. 이는 李奎報가 지은 「疾疫祈祈禳般若法席文」을 통해 알 수 있다. 이규보의 연보에 따르면 그가 동경의 반란 정벌에 나선 것은 1202년(신종 5) 12월이고, 다음해 2월에는 동경 군막에서 전사자들의 장례에 대해 의논하였다고 한다. 그 다음해인 1204년 3월에는 개선하고 돌아오므로 이 제문은 1203년에 찬술한 것으로 짐작된다. 이때 군중의 전염병이 매우 심각했던 것 같다. 왜냐하면 불교적 의례뿐 아니라 도교적 의례도 같이 거행했기 때문이다.[36]

1206년(희종 2) 겨울부터 많은 무신들이 죽었다. 이에 무신들은 문신들의 저주를 의심해 다음해 정월 내시와 관리들을 시켜 기도도량을 중방과 장군방에 개설했다. 무신들이 한꺼번에 죽은 것은 전염병 때문으로, 이를 물리치기 위해 기도도량을 무신들의 집무장소에서 개설했던 것이다.

전염병을 퇴치하기 위한 국가적 불교의례로는 召龍道場도 개설되었다. 사서에서는 확인되지 않지만, 이규보가 지은 두 편의 도량문이 전한다.

> C-1. 진실한 가르침은 가장 오묘하여 부처님과 부처님이 서로 護持하시고 잘 付囑하여, 사람이나 사람 아닌 것이나 모두 기뻐하는 바이니 진실로 부지런히 받들면 바로 자비의 은혜를 입나이다. 돌아보건대 時令이 화기를 상하여 온 백성들이 전염병[疫疾]에 걸렸나이다. …… 원컨대 진리의 바람이 일어나서 천하가 다 함께 즐겁고 편안하여 陰陽의 재앙이 없고 백성이 번영하여 모두 仁壽의 지역에 오르게 하소서.[37]

香 監察察之 皆徒步從行 謂之經行 至是 上特命罷之".
35) 이규보, 「疾疫祈禳般若法席文」, 『동국이상국집』 권38, 道場齋醮疏祭文.
36) 이규보, 「七鬼五瘟神醮禮文」, 『동국이상국집』 권38 道場齋醮疏祭文.

2. 如來께서는 전염병[疫]을 다스림에 질병에 따라 약을 써 주시며 어진 임금은 사람을 구원하는 정치를 베풀되 마치 자기가 구렁에 빠진 것처럼 간절하게 하나이다. 진실로 높이고 받들어 행하면 즉시 신령스러운 가호를 받게 되나이다. …… 엎드려 바라옵건대 大和(:음양이 조절된 원기)의 부채로 각 마을에 쌓인 병을 쓸어버리시고, 순수한 복을 두텁게 하시어 국가의 안녕을 이루게 하소서.38)

두 차례의 소룡도량이 언제 개설되었는지 분명하지 않다. 이 두 편의 소문이 『동국이상국집』 권39, 佛道疏에 실려 있는데, 여기에 실린 글들은 이규보가 한림원에 있을 적에 지은 것이다. 그의 관직 이력으로 미루어 한림원에 재직한 1207년(희종 3) 이후 1215년(고종 2) 이전의 어느 시기나, 만년에 쓴 것이다.39) 이 중 「東林寺行疫病祈禳召龍道場文」은 1211년(희종 7)에, 「疫病祈禳召龍道場文」은 1228년(고종 15) 경 찬술된 것으로 추정된다.40) 전자에서는 백성들이 전염병에 걸렸으므로 佛의 음덕을 빌려고 동림사에 나가 불법의 자리를 베풀고 용궁에 간직했던 신령한 경전을 연설함으로써 음양이 고르지 못한 것이 없어지고 모두 즐겁고 편안하며 어질고 장수하는 곳에 살아 번성하기를 기원하고 있다. 후자에서는 소룡도량을 통해 전염병을 물리칠 것과 국가의 안녕을 기원하고 있다. 전염병에 召龍道

---

37) 이규보, 「東林寺行疫病祈禳召龍道場文」, 『동국이상국집』 권39 佛道疏.
38) 이규보, 「疾疫祈禳召龍道場文」, 『동국이상국집』 권39 佛道疏.
39) 朴宗基, 「李奎報의 생애와 著述 傾向」, 『韓國學論叢』 19(1996), 43~44쪽의 주 43)에서 이규보는 1224년(고종 11)에 翰林侍講學士, 1233년(고종 20) 翰林學士承旨, 1237년(고종 24) 翰林院事 등 문한직에 있었으므로 그의 글들 속에는 만년기의 글도 일부 포함되어 있을 것으로 추정하고 있다. 또 1237년(고종 24) 致仕한 후에도 국가의 중요한 외교문서 등을 전담하였다고 한다(박종기, 앞 논문(1996), 48쪽). 실제로 『동국이상국집』 권28에 실린 「國銜行答蒙古書 壬辰二月」을 보면 임진년(고종 19)에 찬술한 글이 실려 있다.
40) 자세한 내용은 이현숙, 본서 수록 논문 참조.

場을 개설한 근거는『천수다라니경』(이하『천수경』이라 칭함)이라고 생각
되는데 이는 다음 장에서 자세히 살펴보겠다.

1254년(고종 41)의 功德天道場과 藥師道場은 전염병과 관련하여 개설되
었다는 언급은 분명하게 나오지 않지만, 당시 상황으로 보아 전염병 때문에
개설되었음에 틀림없다.

> D-1. (고종 41년) 6월 초하루 임인 왕이 奉恩寺에 갔다. …… 무신 왕이
> 친히 천병, 신중 도량을 베풀었다. 병진 왕이 정전에서 菩薩戒를 받았
> 다. 무오 왕이 친히 功德天과 藥師 두 도량을 베풀었다. 정묘 華嚴神衆
> 道場을 베풀었다. 이달에 서울에 전염병이 크게 돌았다.[41]
> 2. (고종 41년) 6월 京城에서 전염병[疫]이 크게 유행하여 죽은 자가
> 서로 잇달았다. 42년 경성에서 전염병이 크게 돌았다.[42]

1254년 6월 개경의 전염병은 매우 심하여, 사망자가 줄을 잇는 상황이었
다. 그런데 몽골과의 전쟁은 그 해 정월 몽골의 5차 침략군이 고려에서
철수한 후 일시적 소강상태였다.[43] 따라서 1254년 6월에 왕이 직접 베푼
도량은 '이 달에 전염병이 크게 돌았다'고 한 것과 관련이 있다고 보인다.
이 중 공덕천도량은 공덕천을 본존으로 모시고 복덕을 비는 의식으로,
그 근거는『陀羅尼集經』권10에 수록된 功德天法으로 생각된다.[44] 이

---

41)『고려사』권24, 세가24 고종 41년 6월 초하루 임인.

42)『고려사』권55, 지9 오행3 土.

43) 이는 몽골이 '옛 수도로의 환도'와 '국왕의 親朝' 요구에 대한 고려의 성의와
　　동정을 살피고자 한 것으로, 車羅大로 지휘관을 바꾼 몽골군은 洪福源 등을
　　대동하고 고종 41년 7월 고려에 침략하였다(金庠基,『新編高麗時代史』(서울대
　　출판부, 1985), 452쪽).

44) 金炯佑, 앞 논문(1992), 141쪽에서는『金光明經』공덕천품에 근거를 두고 있다고
　　이해하였다. 그러나 공덕천품에서는 단지 공덕천이 의복, 음식, 의약 등을 제공한
　　다고 하였을 뿐 구체적으로 전염병을 언급하지 않았다. 曇無讖 譯,『金光明經』

경에는 '功德天令僚病家闌印'이 제시되어 있고, 질병을 치유하는 방식을 구체적으로 소개하고 있다.[45] 약사도량은 약사불을 모시거나 『약사경』을 독송하면서 각종 재액을 없애기를 기원하는 의식이다.[46]

또 1245년(고종 42) 3월 갑자일에 佛頂心도량을 개설하였는데,[47] 이는 사료에는 언급되지 않았지만 이 해 2월과 3월에 대기근이 들어 많은 백성들이 사망한 사실과 관련이 있을 것이다.[48] 기근은 전염병과도 밀접한 관련이 있고, 이때 거행된 불정심도량은 『불정심다라니경』에 근거한 것인데 이 경에서는 관세음보살이 白衣居士의 모습으로 나타나 이 다라니경을 진심으로 寫經하고 공양하면 전염병이 없어질 것이라고 하였다.[49] 따라서 이 해 3월의 불정심도량도 전염병을 물리치기 위한 것이었다고 추정된다.

<표 2>에 포함하지 않았지만, 광종대 거행되기 시작한 無遮水陸會도[50] 고려 후기에는 전염병 기양 의례로 주목된다. 충목왕비가 왕의 질병 치유를

(T.16).

45) 阿地瞿多 譯, 『陀羅尼集經』 권10(T.18, 876쪽), "又法所有病人身上一切痛處 皆以烏羊毛繩 結作二十一結 繫安痛處卽得除愈 又法向病人床底 每夜燒摩那屎曪(此云雄黃)幷白芥子鹽等 鬼聞藥氣 而身劈裂退散馳走 又法取瞿嚧者那(此云牛黃)須曼華(此云相思是)擣爲末咒之一百八遍 塗著額上前 一切障難自然散滅".

46) 金炳佑, 앞 논문(1992), 129~130쪽에서는 약사도량 관련 경전으로 藥師如來本願經(K.176), 藥師琉璃光如來本願功德經(K.177), 藥師琉璃光七佛本願功德經(K.178)을 들고 있다.

47) 『고려사』 권24, 세가24 고종 42년 3월 갑자.

48) 『고려사』 권24, 세가24, 고종 42년 2월 갑신 · 3월 병오 ; 『고려사절요』 권17, 고종 42년 2월 · 3월.

49) 金秀姸, 앞 논문(2004), 13쪽에 의하면 『佛頂心觀世音菩薩姥陀羅尼經』은 고려대장경에는 포함되어 있지 않으나, 불정심이라는 용어가 표현된 경전은 이 경전밖에 없다. 그리고 고려 무신정권기에 유통된 흔적이 있고 조선시대에도 간행되었다. 한편 이 경전의 卷下에서는 옛날 罽賓陀國에 질병이 돌았을 때 병에 걸린 사람들이 하루 이틀을 넘기지 못하고 죽을 때 관세음보살이 白衣居士로 化現하여 이 경 3권을 진심으로 사경하고 공양하면 병이 없어질 것이라고 하였다.

50) 『고려사』 권93, 열전6 崔承老.

기원하기 위해 수륙재를 거행하는 등51) 수륙재는 고려시대에도 救病을
위해 시행되었다. 그런데 조선 세종대의 자료를 보면 수륙재를 전염병
귀신에게 지내는 癘祭와 같은 것으로 이해하고 시행했다. 더구나 1451년
(조선 문종 1)의 논의에서 "父老들의 말이 비록 誕妄하나 그 (수륙재) 習俗이
이미 오래되어 이같이 하고자 하는 것도 그들 마음 가운데에서 우러나온
것"이라고 하였다.52) 따라서 고려 말에도 수륙재가 전염병 치유와 관련하
여 국가적 종교의례로 거행되었을 가능성이 크다.

이상에서 살펴본 바에 의하면, 전염병을 치유하기 위한 고려 후기의
불교의례는 명종대부터 고종대까지 거행되었다. 몽골과의 전쟁이 종식되
고 개경으로 환도한 원종대 이후에도 전염병은 계속 발생했다. 그런데도
전염병 기양 불교의례가 나타나지 않는 것은 자료의 누락53) 외에도 관리들
의 질병관과 전염병관이 변화하고 그 대처 방법 역시 변화한 것도 관련이
있을 것으로 생각된다.54) 후기에 거행되는 전염병 기양의례에서 살펴볼

---

51) 『고려사』 권37, 세가37에 의하면, 1348년(충목왕 4) 11월 초하루 계사일에 공주가
   왕의 병 치료를 위하여 전 찬성사 이군해를 天馬山에 보내 水陸會를 베풀고
   기도하였다. 이로 미루어 보면 수륙재가 질병 치료를 위해 개최되었음을 알
   수 있다.

52) 『세종실록』 권97, 세종 24년 8월 신묘조에 의하면, 세종은 전염병이 성행하자
   鳳山・棘城의 해골 때문으로 생각한다는 황해도 관찰사의 건의에 대해 水陸齋는
   癘祭의 한 예로서 백성을 구제하는 일이니 거행하라고 하였다. 그 후 문종 1년
   9월에도 왕과 신료들 사이에 전염병 치료를 위한 수륙재 거행 논란이 있었다(『문종
   실록』 권9). 수륙재가 조선시대에 전염병 등의 원인으로 간주된 죽은 이를 위해
   설행되었음은 연제영, 「甘露幀畵의 意味 考察 : 追薦 對象을 中心으로」, 『역사민
   속학』 19(2004) 참조.

53) 1256년(고종 43) 이후에도 전염병이 발생했지만, 주로 『고려사』 오행지와 열전,
   그리고 『고려사절요』에 수록되어 있다(이현숙, 앞 논문(2007), 20쪽). 자료의 성격
   상 전염병 기양의례가 기록되지 못하는 경우가 많았다고 보인다.

54) 고려 초기와 공민왕 이후의 전염병 기양 의례 기사가 누락되었을 가능성도 크지만,
   공민왕대 이후에는 성리학의 수용에 따라 질병에 대한 대처양상이 달라진 것도

수 있는 특징은 경행이 전염병 예방 및 치료를 위한 풍속으로 자리잡은 것이고, 전기와 달리 소룡도량, 공덕천도량과 약사도량이 나타난다는 점이다. 그리고 산과 강 곧 야외에서 거행하여 많은 사람들이 참석할 수 있는 수륙재가 전염병 기양의례로 거행되었을 가능성이 있다는 점이다.

한편 고려 전기와 후기를 종합해 보면 전염병 기양 불교의례가 12세기 초~13세기 중엽에 집중되어 있다. 그 이유는 이 시기에 잦은 전란 등으로 인해 상대적으로 전염병이 더 자주 발생한 것이 가장 큰 이유일 것이다.[55] 그러나 다른 한편으로는 국가가 전염병 치료법 등에 큰 관심을 쏟을 수 없었던 정치적 상황 속에서, 특히 몽골과의 전쟁기에는 종교의례가 유일한 대안이었기 때문일 것이다.

3. 전염병 치유와 觀音信仰

1) 전염병과 종교적 열정의 고취

(1) 승려들의 현실인식과 전염병

고려시대 승려들 특히 고려 후기 승려들은 자신들이 살았던 시기를 어떤 상황으로 인식하고 어떤 대응책을 제시했을까? 승려들의 현실인식은 자신의 삶뿐 아니라, 재가신자들의 삶에도 영향을 미친다는 점에서 당시 사람들의 현실인식을 살펴보는 데 주목할 만하다.

앞에서 살펴보았듯이 12세기 초 숙종과 예종대에 걸쳐 어느 시기보다 가장 빈번하게 전염병이 유행하였으며 여진과의 전쟁이 있었다. 그리고

한 이유가 되었을 것이다. 이에 대해서는 姜到炫, 「高麗後期 性理學 수용과 疾病 대처 양상의 변화」(서울시립대 석사학위논문, 2004)가 참조된다.
55) 이 시기 전염병이 빈발한 것에 대해서는 이현숙, 본서 수록 논문 참조.

의종 연간, 명종~고종 연간 역시 전란과 기근, 전염병이 계속되었다. 『동국이상국집』에 실린 글에 의하면 1232년(고종 19)의 상황이 "해마다 기근이 들고 질병이 돌아 죽은 자가 반"이라고 할 정도였다.[56] 또 1264년(원종 5) 5월 원에 보낸 表文에서는 "병란과 흉년과 역질이 서로 덮친 지 30년"이라고 하였다.[57] 물론 위의 글들이 모두 몽골에 보내는 글이므로 과장이 포함되어 있다고 하더라도 전염병, 전쟁, 기근은 고려 후기에 살던 사람들을 괴롭히는 요소였음은 분명하다.

이러한 삶의 괴로움은 현실세계를 두려움의 대상으로 만들었다. 그 결과 고려 후기 불교계에서는 당시가 三災劫일지도 모른다는 논의가 있었던 것 같다. 사람의 수명이 30세일 때 기근이 계속되는 기근겁이 시작되고, 20세일 때에는 역병 곧 전염병이 계속되는 疫病劫, 10세가 되면 전쟁으로 殺傷이 이어지는 刀兵劫이 이어지는데, 이를 삼재겁이라고 한다. 이러한 논의가 고려 승려의 저술 중 처음 언급된 것은 均如(923~973)의 『釋華嚴教分記圓通鈔』에서 수행하는 時期에 대한 설명 부분이다. 균여는 火災 水災 風災의 大三災를 설명한 후 小三災가 무엇인지를 묻고, 『對法論』을 인용하여 기근과 질역과 도병 세 종류의 소겁이 있다고 하였다. 그리고 이에 대해 각각 자세한 설명을 가하였다.[58] 그리고 다음에는 고려 후기의 惠永

---

56) 이규보, 「國銜行答蒙古書 壬辰二月」, 『동국이상국집』 권28. 한편 『고려사』 권23, 세가23 고종 19년 4월 임술일의 표문에서도 기근과 疾疫으로 사망자가 많음을 말하고 있다.

57) 『고려사』 권26, 세가26 원종 5년 5월 기축 ; 『고려사절요』 권18, 원종 5년 5월. 그리고 원종 9년 8월에는 대장군 崔東秀를 몽골에 보내 같은 말을 하였고, 이장용이 황제를 만나 출병을 요청받았을 때에도 "30년 동안 전쟁과 역질로 거의 다 죽었다"고 하였다(『고려사』 권26과 『고려사절요』 권18, 원종 9년 8월조). 한편 金坵, 「內殿行金經說經疏」, 『止浦集』 권3에서도 무인집권기에 '毒痛遍地'했다고 하였다.

58) 均如, 『釋華嚴教分記圓通鈔』(『韓國佛教全書』 1, 356~357쪽).

(1228~1294)의『白衣解』와 無寄의『釋迦如來行蹟頌』에 나온다. 瑜伽業 승려인 혜영은 柳璥(1211~1289)이 白衣 觀音菩薩에 대한 禮懺文인『白衣 禮懺』을 주석해 줄 것을 요청하자 여러 경문을 인용하며『白衣禮懺解』 1권(『백의해』)을 저술하였는데, 몽골과의 전쟁을 치르고 난 1269년(원종 10)의 일이었다.[59] 혜영은 이 글에서 △세 때에는 역병재가 7개월 7일이 계속되고 10세 때에는 도병재가 일어나 7일 밤낮 서로 殺傷하는데 이를 小三災라고 한다고 했다.[60] 현재『백의해』의 앞부분이 없어진 상태이지만 삼재와 관련된 부분은 삼재설에 따라 복원할 수 있으니, 아마도 현재 남은 부분의 바로 앞에는 "인간의 수명이 30세일 때에는 饑饉災가 일어나 7년 7개월 7일 계속되고 20세"라는 말이 있었을 것이다.

그리고 無寄는 1328년(충숙왕 15)에 저술한『석가여래행적송』에서 역병겁을 질병겁이라 칭하고 "사람 아닌 것들 성하여 활활 타는 불꽃처럼 독을 토하니 독에 맞는 이들은 목숨을 잃어 주검이 온 세상 가득하리라"고 하였다.[61] 그리고『瑜伽論』을 인용하여 다음과 같이 말하고 있다.

> E. 사람의 수명이 스무 살이 될 때 疾疫災가 있을 것이다. 이때 사람들은 대부분 선하지 않은 일을 행하여 여러 허물을 갖추기 때문에 사람 아닌 것들이 독을 토하여 전염병[疾疫]이 유행한다. 병에 걸리면 바로 수명이 다하기 때문에 치료하여 구해주기 어렵다. 모두 의약의 이름을 들을 수 없으니 거의 죽게 된다. 이와 같은 병의 재난은 7개월 7일 밤낮을

---

59) 金晅,「桐華寺弘眞國尊眞應塔碑」, 許興植(編),『韓國金石全文』中世(下), 1078쪽. 혜영은 1290년(충렬왕 16) 寫經僧 100인을 데리고 원에 가『법화경』을 金字 사경하였고, 1292년(충렬왕 18)에는 國尊이 되었다.

60) 惠永,『白衣解』(『韓國佛敎全書』6, 411쪽), "(낙장)歲時疫病災起 經七月七日 至十歲時 刀兵災起 七日七夜 更互殺傷 是爲小三災也".

61) 無寄,『釋迦如來行蹟頌』卷下(『韓國佛敎全書』6, 517下쪽), "病劫非人盛 吐毒如猛燄 遇者卽殞命 屍遍一天下".

지나야 비로소 그치게 된다.[62]

역병겁 또는 질역겁에 해당하는 시기에는 전염병이 유행하여 누구도 치료할 수 없으며, 7개월 7일이 지나야 그치게 된다고 하였다.[63] 이처럼 경전의 설을 따른 것이기는 하지만 고려 후기에 삼재겁이 논의되고 있다는 사실은 사람들에게 이 세 가지 고통이 그만큼 절박했다는 반증일 것이다.

실제로 1301년(충렬왕 27) 金周鼎의 처로 추정되고 있는 昌寧郡夫人 張氏가 불상 복장에 봉안한 발원문을 보면,[64] 피하고 싶은 難으로 水火王賊難, 刀兵疾疫難, 獅子虎兕難, 犳狼蛇虺難, 龍魚魔鬼難, 墮溺刺繐難의 여섯 가지를 들고 있다. 홍수와 불 도적의 난리를 첫 번째로 전쟁과 전염병을 두 번째로 들고 있으며, 삼재 중 하나인 기근을 언급하지 않았다는 점이 눈에 띈다. 고위 관리의 부인으로 살았기 때문에 기근은 언급되지 않았을 것으로 생각되며, 전쟁과 전염병은 지배층도 피해갈 수 없었기 때문에

---

62) 無寄, 『釋迦如來行蹟頌』 卷下(『韓國佛敎全書』 6, 518上쪽).

63) 그러나 『瑜伽師地論』을 살펴보면 그가 인용한 내용과 조금 다르다. 玄奘 譯, 『瑜伽師地論』 권2, 本地分中意地 2-2(T.30, 285쪽), "…… 又若人壽二十歲時 本起厭患今乃退捨 爾時多有疫氣障癘 災橫熱惱相續而生 彼諸有情遇此諸病多悉殞沒 如是病災 經七月七日七夜乃乃得過 彼諸有情復共聚集起中厭離 由此因緣壽量無減病災乃息 ……". 오히려 玄奘 譯, 『阿毘達磨大毘婆沙論』 권134, 大種蘊5, 中緣納息 24(T.27, 693쪽)의 "…… 次疾疫劫將欲起時 贍部洲人極壽十歲 由具如前諸過失故 非人吐毒疾疫流行 遇輒命終難可救療 都不聞有醫藥之名 時經七月七日七夜 疾疫流行死亡略盡 贍部洲內纔餘萬人 各起慈心漸增壽量 爾時名爲度疾疫劫"과 일치하는 것으로 보인다.

64) 鄭恩雨, 『高麗後期 佛敎彫刻 硏究』(문예출판사, 2007), 71~73쪽·382쪽. 이 글에서는 창녕군부인 장씨를 김주정(1228~1290)의 부인으로 추정하고 있다. 김주정은 원으로부터 萬戶직을 받으며 匡靖大夫 知都僉議府事 寶文閣太學士 同修國史 判三司使 上將軍을 역임했고, 그 아들 金深(1262~1338)은 1301년에 西北面 都巡使로 있었다. 아들은 그 후 三重大匡 都僉議中贊 判典理司使 和平府院君의 자리에까지 올랐으며, 그의 손녀는 원 인종의 황후가 되었다.

언급되었을 것이다.

　이는 신라 통일전쟁기에 살았고 신문왕대 國老가 되었던 憬興이 "수명
이 매우 긴 사람이 10세인 때에 이르면 刀兵劫이 되어 싸우다가 서로
죽인다. 이때 佛法은 잠시 없어진다"고[65] 한 것과 비교된다. 경흥이 도병겁
을 언급한 것으로 보면, 그도 삼재에 대해 알고 있었을 가능성이 크다.
물론 불법이 멸하는 것에 초점이 있었기 때문에 도병겁만을 말했겠지만,
오랜 삼국전쟁과 당과의 전쟁을 겪은 그의 삶이 기근이나 전염병보다
도병겁이 더 무서운 것으로 여기도록 만들지 않았을까 생각된다.

　또 기근은 7년 7개월 7일간 계속되고 전염병은 7개월 7일, 전쟁은 7일이
라는 설명도 주목된다. 경전에 언급된 것이라 하더라도 사람들에게 계속
받아들여진 데에는 이유가 있을 것이기 때문이다. 즉 사람들의 경험으로
미루어 기근은 거의 항시적인 것이었기 때문에 가장 긴 7년 7개월 7일이라
고 하였을 것이고, 전쟁은 전염병 성행 기간보다 짧고 전쟁이 벌어지는
지역에 한정되었기 때문에 7일이라고 하였을 것이다.

　그런데 광종대 활동한 균여는 소삼재에 대해 자세히 설명하면서도 자신
이 살던 시기와 연결시키지 않는다. 이와 달리 숙종~고종대의 잦은 전염병
을 겪고 난 고려 후기의 혜영이나 무기 모두 삼재의 시기를 피할 수 있다고
하였다. 경론을 인용하여 "중생에게 보시하면 기근겁을 면하고, 승려들에
게 약을 공양하면 역병겁에 태어나지 않고, 하루 밤낮이라도 不殺戒를
지키면 도병겁에 태어나지 않는다"는 것이다.[66] 혜영은 적극적으로 자신

---

65) 憬興, 『無量壽經連義述文贊』 卷下(『韓國佛敎全書』 2, 76쪽) ; 金英美, 『新羅佛敎思
　　想史硏究』(민족사, 1994), 244~245쪽.
66) 혜영은 經을 인용하였지만(『韓國佛敎全書』 6, 411쪽) 확인할 수 없고, 무기는
　　婆娑論, 곧 『阿毘達磨大毘婆沙論』을 인용하였는데(『韓國佛敎全書』 6, 518上쪽),
　　玄奘 譯, 『阿毘達磨大毘婆沙論』 권134, 大種蘊5, 中緣納息24(T.27, 693쪽)에서는
　　"…… 此三災橫雖復難除 然有聖言說彼對治 謂若有能一日一夜持不殺戒 於未來

이 살던 시기가 이 삼재의 시기에 해당한다고 하지도 않았지만, 적극적으로 부정하지도 않았다. 그러나 무기는 석가모니 입멸 후 7,000년이 되는 시기에 사람의 수명이 30살이 된다고 하고, 다음과 같이 설명하였다.

> F. 석존께서 세상에 나오셨을 때에는 사람의 수명이 백 살일 때였다. 부처님이 열반에 드신 이래로 지금 원 천력 무진년(1328, 충숙왕 15)에 이르기까지 2,277년이니, 다시 4,723년이 지나면 사람들 수명이 서른 살에 그치게 된다. 그 까닭은 백 년이 지나면 한 살 줄고 천 년이 지나면 열 살이 줄어들기 때문이다.[67]

기근겁이 시작되는 것은 인간의 수명이 30세가 될 때인데, 그것은 앞으로도 4,723년이 지난 후라는 것이다. 그리고 수명이 20세 때인 질역겁은 그로부터 1,000년이 더 지난 후에 온다. 이로 보면 무기는 전염병, 전쟁, 기근이 계속되는 상황에서도 당시가 삼재의 시기에 해당한다는 것을 부정하고, 그 시기는 아직도 먼 미래의 일이라고 하였음을 알 수 있다. 하지만 무기의 강한 부정은 역설적으로 당시 사람들의 위기의식을 반증하는 것으로 보인다. 따라서 승려들은 기근, 전염병, 전쟁에서 사람들을 구원할 방법 곧 불교신앙의 영험을 강조해야만 했을 것이다.

(2) 종교적 열정의 고취

승려들은 불교신앙을 통해 전쟁, 기근, 전염병 등의 재난을 피할 수 있다고 강조하고, 사람들에게 신앙심 곧 종교적 열정을 고취하였다. 여기

生決定不逢刀兵災起 若能以一訶梨怛雞 起殷淨心奉施僧衆於當來世決定不逢疾疫災起 若有能以一搏之食起殷淨心奉施僧衆 於當來世決定不逢飢饉災起"라 하였다.
67) 無寄,『釋迦如來行蹟頌』卷下(『韓國佛敎全書』6, 518上~中쪽).

에서는 전염병을 중심으로 승려들이 어떻게 교화하였는지를 살펴보고자
한다.

먼저 승려들은 전염병에 직접 대응하기도 하는데, 그 방법은 다라니
곧 眞言을 외워 전염병을 치료하는 것이었다. 이를 알려주는 것이 무인집권
기에 大禪師의 僧階를 받는 승려들의 행적으로, 이들이 전염병 치료에
신이한 힘을 발휘한 것이 강조되었다.

> G-1. 祖猷에게 교하노라. …… 선사가 摠持의 법력으로 사나운 전염병[虐
> 癘]을 구제하여 사람을 구활한 것이 무릇 얼마인가. 더구나 우리
> 사직의 중신이 바야흐로 병에 걸렸는데, 禪師의 한 번 외침으로 병이
> 회복되었다. …… 「官誥」 …… 晉陽公이 수십 일 동안 병을 앓고
> 있을 적에 천리 밖의 洛伽山으로부터 갑자기 와서 龍呪를 외웠는데,
> 발우 밑에 막 金剛杵의 소리를 드날리자, 술잔 가운데에 비친 뱀이
> 곧 角弓의 그림자인 것을 깨달았다. 이에 상쾌하고 화평한 기운이
> 빨리 돌아와 우뚝하게 태산이 다시 편안한 것 같았다.[68]
> 2. 과연 한 번 祖燈과 佛燈을 쳐들자 곧 天火와 人火가 둘 다 없어졌다.
> 光明이 미치는 곳에서는 전염병[疪疫]이 또한 사라졌다.[69]

위의 사료는 持念業의 祖猷와 조계종의 混元이 大禪師에 책봉될 때의
교서와 官誥이다. 조유와 지념업은 다른 자료에서는 찾아볼 수 없는데,
조유는 다라니를 염송하여[70] 전염병을 치유하는 능력을 가지고 있었다.
그가 대선사에 임명되는 계기는 1226년(고종 13) 晉陽公 崔怡의 병을 고친

---

68) 崔滋, 「持念業禪師祖猷爲大禪師敎書·官誥」, 『東文選』 권27 制誥.
69) 崔滋, 「曹溪宗禪師混元爲大禪師敎書·官誥」, 『東文選』 권27 制誥.
70) 徐閏吉, 「高麗 瑜伽·律·神印 等 諸宗의 性格과 그 展開」, 『韓國史論』 20(국사편찬
　　위원회, 1990), 128~130쪽에서는 지념업은 眞言(摠持)을 念持하는 業으로 곧
　　密敎 摠持系 종파로 이해하고 있다.

것이다. 이때 최이는 발에 부스럼이 나는 瘇을 앓고 있었는데 많은 사람들이 그의 병이 낫기를 기원하기 위해 재를 올렸지만 차도가 없었다.[71] 그런데 전염병 치유로 이름난 낙산사 주지 조유가 와서 龍呪를 외워 병을 낫게 하였던 것이다. 이 용주는 다음 절에서 살펴볼『千手經』의 召龍다라니였을 것으로 추정된다.

그리고 혼원이 대선사가 되었던 시기는 1246년(고종 33)이다.[72] 지념업의 조유와 달리, 혼원은 참선을 통해 깨달음을 얻으려는 조계종의 禪師였다. 그런데도 그의 행적에서 전염병을 사라지게 했음이 강조되고 있다. 이처럼 무인집권기에 전염병 치유능력이 대선사의 僧階를 받는 승려들의 중요한 이력으로 언급되고 있는데, 이는 당시 사람들이 종파를 불문하고 불교와 승려들에게 기대하던 바를 보여준다고 하겠다.

그렇다면 이처럼 특별한 능력을 가진 승려들을 의지할 수도 없었던 대부분의 사람들에게 승려들이 제시할 수 있었던 처방은 무엇이었을까? 국가가 거행하는 불교의례만으로는 전염병의 유행을 막을 수 없었으므로 승려들은 개인적인 차원에서 행할 수 있는 방법들을 권유했다.

먼저 승려들은 관음신앙을 통해 전염병을 치유할 수 있음을 설명하고 있다. 이는 현실적 괴로움에서 벗어나도록 도와주는 불보살로 관음보살이 일찍부터 신앙되었기 때문이기도 하지만, 승려들의 저술에서 전염병과 관련된 언급들이 눈에 띈다. 먼저 惠永은『백의해』에서 정토왕생 및 疫病 刀兵 厄難 災難 등의 소멸을 발원하고,『천수경』『관무량수경』『아미타경』등 다양한 경전을 인용하여 예참문을 해설하면서 전염병 치유와 관련하여 언급하고 있다.

---

71)『고려사』권129, 열전42 반역3 崔忠獻 附 崔怡에서는 최이의 병을 고친 것은 醫家의 딸이었던 林靖의 처가 引毒膏를 붙여주어 효험을 보았다고 하였다.

72) 金圻,「臥龍山慈雲寺王師贈諡眞明國師碑銘」,『東文選』권117 碑銘.

혜영은 '옴아로륵계사바하'라는 진언이 『金剛頂經』의 관자재보살(=관
세음보살) 진언임을 밝히고, 그 경전을 인용하여 이 진언을 칭송하면 바로
일체의 여래가 삼매시 나타나 모든 두려움과 厄難, 재난, 질병과 고뇌를
없애준다고 하였다.[73] 그리고 『灌頂經』을 인용하여 백의관음보살이 버드
나무가지를 꽂은 팔공덕수를 淨甁에 담아 놓고 있는 이유를 설명하였다.
즉 부처님이 善提 비구로 하여금 維耶梨城에 가서 神呪를 가지고 사람들을
전염병에서 구하도록 하여 29년간 백성들이 편안하였다. 그런데 사람들이
선제 비구가 죽은 후 다시 전염병을 만나자 그가 살던 곳에 가니 그가
씹던 齒木을 땅에 던져 놓았던 것이 숲을 이루었고 숲에는 샘이 있었다.
이에 사람들이 그 물을 담고 버드나무가지[楊枝]를 꺾어 와 병든 사람들을
씻어 주니 몸의 독기가 소멸하였다는 것이다. 혜영은 여기에 덧붙여 중국
북부지역 사람들[漢土北人]이 단오일이 되면 그릇에 물을 담고 버드나무
가지를 꽂아 문에 두어 독을 물리치니, 이 보살이 풍속을 교화했기 때문에
칠보로 버드나무를 장식하고 팔공덕수를 병에 담는다고 하였다.[74] 즉 백의
관음이 버드나무가지와 정병을 들고 있는 이유를 전염병 치유와 관련시켜
설명하고 있다. 혜영이 살았던 시기가 몽골과의 전쟁으로 전국이 황폐해지
고 잦은 전염병으로 시달리던 시기였음을 감안하면 이 설명의 배경을
이해할 수 있다.

---

73) 惠永, 『白衣解』(『韓國佛敎全書』 6, 412쪽), "述曰 …… 此眞言 是金剛頂經所說觀自
在菩薩心眞言也 彼經云 觀自在菩薩 白佛言 世尊 我欲於此會中 說自心眞言 若纔
稱誦一切如來 三昧現前 一切畏怖 厄難災難 及諸病惱 皆得消滅 云云".

74) 惠永, 『白衣解』(『韓國佛敎全書』 6, 415쪽), "述曰 …… 灌頂經云 佛使禪提比丘
往維耶梨城 持神呪救人疫病二十九年 民安其化 禪提死後 民復遭疫 往其住處 但
見所嚼齒木 擲地成林 林下有泉 民酌其水 折楊枝歸 洒病者 身毒氣消 土應時皆有
又漢土北人 每至端午等日 伊盆盛水揷楊枝 置于門辟毒 旣此菩薩 順俗化故 以七
寶飾楊枝 八功德水盛甁". 이 『관정경』은 帛尸梨蜜多羅 譯, 『佛說灌頂召五方龍王
攝疫毒神呪上品經』(K.174 ; T.21)이다.

전염병 치유와 관련하여 관음보살에 대한 승려의 언급으로 주목되는
또 하나의 자료는 『現行西方經』이다. 『현행서방경』은 충렬왕대 활동한
승려 元旵의 저술로, 원참은 1298년(충렬왕 24) 정월 8일에 법당에서 阿彌陁
本心微妙眞言을 일만 번 외우고 회향하였다. 그때 樂西라는 사람이 나타나
이 주문을 일만 번 외우고 간자[桂]를 던지면 후세에 태어날 곳을 알 수
있다고 하고[75] 41개의 간자에 쓰인 각각의 글자가 나왔을 때 내세에 받게
되는 果報를 설명하였다. 41개의 간자 중 '不決'이 나온 경우를 설명한
부분에서, 원참이 '이 법을 쓰면 병든 사람을 구해 연명할 수 있는가'를
묻자 낙서는 이보다 나은 것이 없다고 하였다. 이어서 관세음보살과 대세지
보살을 念할 것을 권하고 있다.

> H. (不決) 空念 …… (낙)서가 말하였다. 여기에서 벗어나지 않는다. 정좌한
> 후 관세음보살과 대세지(보살)을 염하면 빠르게 영험이 있을 것이다.
> 만약 열병이 유행하는 곳에서 한결같이 이 법을 행하면 여러 신들이
> 환희하여 모두 정토에 날 것이고 병은 없어져 치유될 것이다. 일체
> 厄難의 일은 모두 이 법으로 구하며, 일체의 소원이 성취되지 않음이
> 없다.[76]

원참이 예로 든 영험은 열병이 유행하는 곳에서 이 법을 행하면 여러
신들이 환희하여 모두 정토에 날 것이고 병은 바로 낫는다는 것이다. 즉
열병의 유행 곧 전염병이 돌면 병을 치유하기 위해 관세음보살과 대세지보
살을 염송하라는 것이다. 그런데 원참은 1281년(충렬왕 7)의 극심한 전염병

---

75) 元旵, 『現行西方經』(『韓國佛教全書』 6, 861쪽), "大德二年戊戌歲正月初八日 貧道
　　獨坐法堂中 誦此呪一萬遍 回向之時 夜半有一僧 不知何許人 忽入法堂云 我名樂
　　西 若有人勸善心四衆同誦此呪一萬遍 然後擲桂 知後世受生善惡之處".
76) 元旵, 『現行西方經』(『韓國佛教全書』 6, 874下쪽)

을 경험했던 사람이다. 즉 이 해에는 봄부터 겨울까지 전국에 전염병[疫癘]
이 유행하여 사망자가 많았고, 2차로 일본 정벌을 떠났던 군대에서는 전염
병으로 3천여 명이 죽었을 정도였다.[77] 이처럼 혹심한 전염병을 경험했던
원참이 열병을 치유하기 위해 관음보살과 대세지보살을 염송하라고 한
사실은 신자들에게 손쉬운 개인 수행법을 제시하려는 것이었다.

한편 승려들은 좀 더 쉬운 방법으로 주술적 처방을 제시했다. 즉 瘟疫을
끊을 수 있다고 하는 「斷瘟眞言」을 인쇄해 나누어 주고 지니게 했던 것으로
보인다. 당시 인쇄된 「단온진언」으로 불상의 腹藏에 봉안되어 현재 남아있
는 것이 두 종류 있다. 하나는 1295년(충렬왕 21)에 인쇄된 「元貞 元年
二十六種梵字圓相胎藏界曼茶羅」(온양박물관 소장) 속의 26종 진언 중에
단온진언이 포함되어 있는 것이다.[78] 다른 하나는 1346년(충목왕 2) 瑞山
文殊寺 금동여래좌상 복장에 봉안된 것으로, 세로 53㎝ 가로 27㎝의 종이에
단온진언만 인쇄되어 있는 것이다.[79] 이 경우도 이미 인쇄되어 유포되던
것이 봉안되었을 텐데, 佛頂心印多羅尼, 佛頂放無垢光明多羅尼, 梵字圓圈
多羅尼와 함께 봉안되어 있다는 점에서 당시 중요시되던 진언이라고 생각
된다. 승려들은 「단온진언」을 인쇄해 재가신자들에게 나누어 주었고, 이는
전염병의 성행에 불교적 주술로 대처했음을 보여준다.

또 1331년(충혜왕 원년, 至順 2)에 海印寺에서 간행한 『三十八分功德疏
經』도 주목된다. 이를 간행하면서 體元이 跋文을 썼는데,[80] 자신의 師兄
月光大師 忍元이 특별히 觀音大聖을 믿으며 오랫동안 여러 靈官 및 고통

---

77) 『고려사』 권29, 세가29 충렬왕 7년 12월 ; 『고려사』 권55, 지9 오행3 土 ; 『고려사절
　　요』 권20, 충렬왕 7년 6월.
78) 南權熙, 「高麗時代 陀羅尼와 曼茶羅에 대한 書誌的 分析」, 『高麗의 佛服藏과
　　染織－1302年 織造環境과 織物의 特性』(계몽사, 1999), 151·175쪽.
79) 姜仁求, 「瑞山文殊寺 金銅如來坐像腹藏遺物」, 『美術資料』 18(1975), 14·16쪽.
80) 體元, 「三十八分功德疏經跋文」(『韓國佛教全書』 6, 604쪽).

받는 중생들을 위해 대신 여러 불보살들을 염송하였다고 하고, 지성이
이르는 곳에서는 災患이 소멸할 것임을 말하고 있다. 이어서 월광대사가
이것을 인쇄해 승려와 재가신자들에게 널리 권하고자 하므로 발문을 쓴다
고 하였다. 체원에 의하면, 이 경은 원래 『二十六分功德疏經』이었는데,
어떤 승려가 첨가해 『삼십팔분공덕소경』으로 만든 것이라 한다. 1211년(희
종 7)에 국왕을 위해 二十六分功德道場이 개설된 것을 참조하면,[81] 그
후에 당시 상황에 맞추어 12종류의 대상이 더 첨가된 것이라고 할 수
있다. 현재 전하는 『三十八分功德疏經』에 의하면, 西蜀 국왕의 꿈에 나타
난 승려가 이 경을 주면서 인민들에게 書寫하여 염송하도록 하라고 하고,
그 공덕으로 '현세에는 얻는 복의 과보가 한량없으니, 가족들이 당시에
유행하는 나쁜 병[時行惡病]에 걸리지 않으며 여러 장애와 어려움이 없을
것'이고 죽어서는 천상에 날 것이라고 했다.[82] 이 경전에서 가장 먼저
강조하는 현세의 공덕은 전염병에 걸리지 않는 것이었다. 그렇다면 이
경전의 간행과 유포, 그리고 독송의 권유도 전염병을 막는 데 효험이 있다
고 생각했기 때문으로 보인다.

　이상에서 살펴보았듯이 승려들은 조유와 혼원처럼 주문 곧 진언을 외워
전염병을 치유하는 능력이 있어 직접 환자들을 치료하는 경우도 있었다.
그러나 모든 사람들이 이러한 혜택을 받을 수 있는 것은 아니었으므로
개인이 스스로 행할 수 있는 방법이 제시되었다. 그 중 관음신앙은 전염병

---

81) 李奎報, 「國卜二十六分功德道場文」, 『동국이상국집』 권39. 이 글의 바로 앞과
　　뒤에 실린 「典獄行空獄後般若道場文」과 「東林寺行疫病祈禳召龍道場文」이 모두
　　희종 7년에 작성된 글이므로 이 글도 희종 7년에 작성된 것으로 보인다. 「國卜二十
　　六分功德道場文」에서 점치는 이가 가을철을 조심하라고 해 이 도량을 개설하고
　　있음을 밝히고 있는데, 이 해에 결국 전염병이 성행하여 동림사에서 전염병을
　　기양하는 소룡도량을 개설하게 되었던 것이다.
82) 未詳, 『三十八分功德疏經』(『韓國佛教全書』 6, 879쪽).

치유에서도 중요한 역할을 하였다. 그리고 「단온진언」을 인쇄해 배포하여 지니도록 하기도 하고, 한문 독해 능력이 없어도 쉽게 암송할 수 있는 『삼십팔분공덕소경』을 인쇄해 나누어주고 염송하도록 하기도 했다. 승려들은 전염병에 시달리던 사람들에게 다양한 신앙 형태를 권유하며 종교적 열정을 고취했던 것이다.

2) 관음신앙의 성행

(1) 정병과 수월관음도

앞에서 혜영과 원참 등의 승려들이 현실의 전염병을 피하기 위해 관음신앙 곧 관세음보살의 이름이나 진언의 염송을 권유했음을 살펴보았다. 이제 이런 승려들의 권유가 신자들에게 얼마나 받아들여졌는지를 살펴보기로 하자.

12세기에 나타나는 고려 문화의 특징인 청자와 금속 정병의 蒲柳水禽文 문양이나 고려 말 많이 조성되는 水月觀音圖를 살펴보면 혜영의 정병과 전염병의 관계에 대한 설명이 매우 주목된다. 포류수금문 청자는 물가의 버드나무와 물에서 헤엄치는 물새와 물고기 등을 조각한 것으로, 11사례 모두가 12세기 전반이거나 그 이후에 만들어진 것이라고 한다. 그리고 청자 11사례 중 7 사례가 淨甁이고, 또 포류수금문이 은입사된 고려 전기의 금속 器皿 중 대부분이 정병이다. 기존의 연구에서 포류수금문과 관음신앙을 연결시켰는데,[83] 타당한 지적이라고 생각한다. 필자는 특히 관음보살의 여러 능력 중에서도 『백의해』의 언급과 12세기 전반 숙종~예종대 전염병

---

83) 李熹寬, 「高麗前期 靑磁에 있어서 蒲柳水禽文의 유행과 그 배경」, 『美術資料』 67(2001), 65~74쪽에서는 『법화경』과 보타락가산의 관계로 미루어 대각국사 의천의 천태종 개창과 연결시키고 있다.

의 성행으로 본다면, 관음보살의 정병에 새겨진 버드나무의 전염병 치유 능력과 관련이 있을 것으로 생각한다.[84] 절에서 불교의례를 행할 때 불상 앞에 봉안한 정병에 그려진 버드나무 그림은 신자들에게 관음보살의 능력 을 잘 보여주었을 것이다.

한편 고려 말에 조성되는 불화에서 수월관음도가 주목된다. 가장 많이 남아 있는 고려 불화는 아미타불을 그린 것이지만, 단일 유형으로 가장 많이 그려진 신앙 대상은 39폭이 남아있는 수월관음이다.[85] 그런데 <그림 1>에서 보듯이 고려 말의 수월관음도를 살펴보면 관음보살의 오른손 앞에는 정병이 놓여져 있고, 정병에는 버드나무가지가 꽂혀 있다. 따라서 혜영의 설명은 후대에 수월관음도를 보는 사람들에게 정병과 버드나무가 지의 효용성인 전염병 치료에 대해 잘 알려줄 수 있었을 것이다.[86]

---

84) 관음보살의 도상 중 버드나무를 든 楊柳觀音의 治病에 대해서는 강희정,『중국관음 보살상연구』(일지사, 2004), 156~190쪽이 참조된다. 여기에서는 『請觀世音經』을 주목하였다.

85) 菊竹淳一・鄭于澤(編),『高麗時代의 佛畵』(時空社, 2000)에 실린 고려시대의 불화 를 정리하면 다음과 같다. 오백나한도 8폭은 한 세트이므로 1종으로 간주하였다. 단 수월관음도는 최근 발견된 도상들이 있다는 설을 따라 수정한 黃金順, 「高麗 水月觀音圖의 圖像과 信仰 硏究」(홍익대 석사학위논문, 2000), 61쪽을 참조하였 다. 그러나 이 글에서는 일본 東光寺 소장본을 백의관음이라는 이유로 제외하였 다. 그런데 후술하겠지만 이규보의 글로 미루어 보면 고려에서는 수월관음과 백의관음이 크게 구분되지 않았던 것으로 보이므로 본고에서는 포함시켰다.

종류	아미타여래 및 삼존, 팔존	관경변상도 (서분, 16관)	약사	미륵	치성광 여래	석가 및 16나한	비로 자나
폭	47	5	4	2	1	4	2

종류	열반	수월 관음	천수 관음	지장・ 시왕	관음・ 지장	마리 지천	오백나한 및 기타 (화엄경 변상)
폭	2	39	1	18	2	2	3

86) 고려 수월관음도를 중국 불화와 비교했을 때 도상학적으로 나타나는 특징 중의 하나는 버들가지를 들지 않고, 모두 정병에 꽂아 한쪽에 내려놓은 점이라고 한다(강희정, 「高麗 水月觀音圖像의 연원에 대한 재검토」,『美術史硏究』8(1994),

이규보도 관음보살 그림과 관련한 글에서 관음보살이 전염병을 치유해 줄 수 있음을 언급하고 있다.

> I. 聖智를 바라기는 어려운지라 으레 중생은 의지하여 살기 마련이니, 만약 千手千眼의 방편으로써 보살의 위엄을 보이신다면, 비록 1만의 말과 1만의 강한 군사일지라도 곧 우리에게 사로잡힐 것입니다. …… 삼가 大悲陁羅尼神呪經을 상고해보니 거기에 이르기를, "만약 환란이 일어나거나, 怨敵이 침입해 오거나, 전염병이 유행하거나, 鬼魔가 설쳐 어지럽히는 일이 있거든, 마땅히 大悲(관세음보살)의 불상을 만들어 모두가 지극히 공경하는 마음을 기울이며, 幢幡과 蓋로 장엄하고 향과 꽃으로 공양하면 저 적들이 모두 스스로 항복하여 모든 환란이 아주 소멸되리라" 하였습니다. 이 남기신 말씀을 받들자 마치 친히 가르치는 말씀을 듣는 것 같았습니다. 이에 丹靑의 손을 빌어서 水月觀音의 얼굴을 모사했습니다. 아! 그림 그리는 공인이 역시 우리 白衣(:백의관음을 지칭)의 모양을 비슷하게 한지라, 지극한 정성을 다 피력하여 우러러 연꽃같은 눈동자를 점안합니다.[87]

I는 관음도를 조성하고 점안하는 행사를 거행할 때 지은 「崔相國攘丹兵畵觀音點眼疏」이다. 이규보는 여기에서 『大悲陁羅尼神呪經』을 살펴보니 환란이 바야흐로 일어나거나, 怨敵이 와서 침범하거나, 전염병이 유행하거나, 鬼魔가 설쳐 어지럽히는 일이 있을 때 관음을 조성하여 공양하면

19쪽). 한편 黃金順, 「高麗 水月觀音圖에 보이는 『40華嚴經』 영향」, 『美術史硏究』 17(2003), 45쪽에서는 고려에서도 3종이 버들가지를 손에 들고 있다고 하였다. 그런데 정병을 관음 곁에 두는 도상은 송대에 나타난 것으로 생각되고 있지만 정병에 버드나무가 꽂힌 도상 계열이 고려 후기에 상당수 제작되었음을 알 수 있다(朴恩卿, 「79.수월관음도」, 菊竹淳一·鄭于澤(編), 앞 책(2000), 해설편, 92쪽). 이는 혜영의 설명과 잘 부합한다고 하겠다.

87) 이규보, 「崔相國攘丹兵畵觀音點眼疏」, 『동국이상국집』 권41 釋道疏.

<그림 1> 수월관음도(일본 대덕사 소장, 한국미술연구소 제공)

저절로 환난이 소멸한다고 하였다. 이 글은 1218년(고종 5) 거란군의 침입을 물리치기 위해 쓰여진 발원문이지만,[88] 전염병과 관음보살의 관계도 언급하고 있음이 주목되는 것이다. 그리고 이때 조성된 관음의 모습은 수월관음이며 백의관음이었다. 따라서 이규보가 수월관음도를 봉안하며 쓴 글에서 관음보살과 전염병에 관해 언급한 내용을 혜영의 설명과 연결해보면, 고려 말에 조성되는 많은 수월관음도는 정병과 거기에 꽂힌 버드나무가지를 통해 관음보살의 전염병 치유능력을 보여주고 있었다고 이해해도 좋을 것이다. 앞 장에서 보았듯이 실제로 1255년(고종 42) 전염병 치유를 위해 거행된 불정심도량의 소의경전인『대불정심관세음보살모다라니경』에서는 관음보살이 백의거사로 化現하여 병을 제거해준다고 하였다.

⑵ 『천수다라니경』의 유통

관음신앙을 고취한 경전으로는『법화경』이 대표적이지만, 고려 후기의 사찰에서의 불교의례와 관련하여 주목되는 것은『천수경』이다.『천수경』도 관음보살에 대한 신앙을 설하고 있는데, 그 내용은 천수진언 곧 다라니를 암송함으로써 현실의 고난에서 벗어나고 죽어서는 아미타불의 극락에 왕생할 수 있다는 것이다.『천수경』은 통일신라 이래 신앙되어[89] 고려

---

88) 이규보, 「崔相國攘丹兵畵觀音點眼疏」, 『동국이상국집』권41 釋道疏. 이 글이 쓰여진 시기는 거란병을 물리치기 위해 지었다는 사실과 '폐백을 받들어 신에게 기도했으나 신이 나타나 감응하지 않고'라는 구절에서 추정할 수 있다. 고종 3년 이후 거란군이 침입하였는데, 神祠에 內帑庫의 腰帶, 戎服 등을 바쳐 거란군 격퇴를 빈 것은 단 한 번 고종 5년 9월 기축일의 사례뿐이다. 따라서 이 글은 고종 5년의 일이라고 할 수 있다.

89) 『삼국유사』권3, 塔像4 臺山五萬眞身에서는 보천이 오대산에서 거행할 행사를 기록한 가운데 동방의 圓通社에서는『금강경』,『인왕반야경』,『천수주』를 낮에 읽고 밤에는 관음예참을 하라고 하였다. 또『삼국유사』권3, 塔像4 芬皇寺千手大悲 盲兒得眼에서는 경덕왕대 한기리에 살던 가난한 여인 希明이 분황사 左殿의

초에도 그 모습을 살펴볼 수 있다. 均如가 세 살 위인 누이 秀明(920~?)에게 보현과 관음의 법문과 『神衆經』, 『천수경』을 강의하였다.[90] 그 후 묘지명에서 확인되는 고려 전기의 신앙사례에서는 주로 아미타불의 극락정토에 태어나기를 기원하기 위해 독송되었다.[91]

그런데 고려 후기의 사례에서는 현실의 고난을 소멸하기를 기원하는 의례에서 중요시되었다. 먼저 이규보는 관음도를 조성하고 점안하는 행사를 거행할 때 지은 글에서 『大悲陁羅尼神呪經』에 언급된 大悲觀世音菩薩의 공덕에 대해 언급하고 있다. 그가 보았다는 『대비다라니신주경』은 『천수경』으로 보인다. 일반적으로 대비다라니[大悲呪]는 천수다라니 곧 천수진언을 가리키며,[92] 이는 『천수경』에 포함된 진언이다. 따라서 『대비다라니신주경』은 『천수경』을 말하며, 고려대장경에 포함된 여러 종류의 『천수경』 중에서도 伽梵達摩가 번역한 『佛說千手千眼觀世音菩薩廣大圓滿無

북쪽 벽에 그려진 천수대비 앞에 가서 눈 먼 자식으로 하여금 노래를 지어 부르며 빌게 하였더니 눈을 떴다고 한다. 이로 보면 신라 중대 이래 천수다라니에 대한 신앙이 계속되었다고 보아도 좋을 것이다.

90) 赫連挺, 「大華嚴首座圓通兩重大師均如傳」(『韓國佛敎全書』 4, 511쪽), "及師歸觀之日 秀明請聞其業 師講普賢觀音兩知識法門 神衆千手二經文 三寸所宣 一字無失 師又於初夜 念諷華嚴六地義 約五百問答 守明偸聽頓悟 至後五年 聽書手記 己所悟一文一句 無闕疑也".

91) 黃偉의 처 최씨(의종대)는 千手眞言을 외웠는데(「黃偉妻崔氏墓誌銘」, 金龍善(編), 앞 책(1993), 210쪽), 그녀가 무엇을 기원하고 천수진언을 외웠는지는 알 수 없다. 이와 달리 李坦之(1086~1152)는 千手眞言을 밤새 외우다가 단정히 앉아 사망하였으며(「李坦之墓誌銘」, 앞 책, 129쪽), 金有臣의 처 이씨(1123~1192)는 결혼 후 『소미타경』, 『화엄경』 보현품, 『천수다라니』를 읽고, 평생 오후에 不食하였으며 10齋日에는 고기를 먹지 않고 정토에 나길 맹세했다(「金有臣妻李氏墓誌銘」, 앞 책, 273쪽). 이로 보아 전기의 천수진언 암송은 사후의 정토 왕생을 기원하는 것이었다.

92) 惠永, 『白衣解』(『韓國佛敎全書』 6, 412쪽)에서 "聰明秘密眞言者 卽大悲呪也 千手經云 持此呪者 聰明多聞 强記不忘"라고 하여, 총명비밀진언이 대비주임을 천수경을 인용해 밝히고 있다.

碍大悲心陀羅尼經』(1권)으로 보인다. 이 경에서는 이규보가 인용한 '환란
이 바야흐로 일어나거나, 怨敵이 와서 침범하거나, 전염병이 유행하거나,
鬼魔가 설쳐 어지럽히는 일이 있을 때'를 구체적으로 언급하고 있기 때문
이다.93)

실제로 이규보는 직접 전염병을 겪었던 인물이다. 개인적으로는 1198년
(명종 26) 황려에 머물다가 6월에 상주로 어머니의 문안을 갔었는데, 寒熱病
에 걸려 몇 달 동안이나 앓았으므로 10월에야 돌아올 수 있었다.94) 이
한열병은 학질로, 그 자신 전염병에 시달렸던 것이다. 그리고 1203년(신종
6) 동경 반란을 토벌하러 갔을 때에는 군중에서 전염병이 돌았으므로
반야도량과 도교의 초재를 동시에 거행하기도 하였음은 앞 장에서 살펴보
았다. 그리고 한림원에서 근무할 때에는 전염병을 물리치기 위해 거행하는
불교의례에 필요한 글들도 지었다. 즉 1211년(희종 7)에는 「東林寺行疫病
祈禳召龍道場文」과 「經行日慶靈殿告事祝」을, 1228년(고종 15) 경에는 「疫
病祈禳召龍道場文」을 찬술하였었다. 이러한 이규보의 행적이 관음보살에
귀의하여 외적 침입이라는 재난을 소멸시킬 것을 발원하면서 전염병 퇴치
도 관음보살의 영험임을 제시하도록 하였을 것이다.

---

93) 伽梵達摩 譯, 『佛說千手千眼觀世音菩薩廣大圓滿無碍大悲心陀羅尼經』(T.20, 109~
110쪽), "佛告阿難 若有國土災難起時 是土國王若以正法治國 寬縱人物不枉衆生赦
諸有過 七日七夜身心精進誦持如是大悲心陀羅尼神咒 令彼國土一切災難悉皆除滅
五穀豐登萬姓安樂 又若爲於他國怨敵 數來侵擾百姓不安 大臣謀叛疫氣流行 水旱不
調日月失度 如是種種災難起時 當造千眼大悲心像面向西方 以種種香華幢旛寶蓋 或
百味飮食 至心供養 其王又能七日七夜身心精進 誦持如是陀羅尼神妙章句 外國怨敵
卽自降伏 各還政治不相擾惱 國土通同慈心相向 王子百官皆行忠赤 妃后婇女孝敬向
王 諸龍鬼神擁護其國 雨澤順時果實豐饒人民歡樂 又若家內遇大惡病百怪競起 鬼神
邪魔耗亂其家 惡人橫造口舌以相謀害 室家大小內外不和者 當向千眼大悲像前設其
壇場 至心念觀世音菩薩 誦此陀羅尼滿其千遍 如上惡事悉皆消滅永得安隱".
94) 이규보, 「年譜」『동국이상국집』, "丙辰 公年二十九".

그리고 이때 봉안된 관음의 모습은 수월관음이며 백의관음이었는데, 疏文의 처음 부분에서 관음보살이 방편으로 천수천안으로 나타나 도와줄 것을 기대하고 있다. 오늘날 많은 예가 남아 있는 고려 말의 수월관음도는 도상 자체로만 보면 『華嚴經』 入法界品에 근거한 것으로 이해되고 있고, 그 중 3폭의 그림 하단에 그려진 그림은 『法華經』 普門品의 7難을 도상화한 것으로 이해되고 있다.[95] 그러나 이규보의 언급으로 보면 수월관음도가 『천수경』과 무관한 것이 아니었음을 알 수 있다. 그렇다면 고려 말에 조성 되는 많은 수월관음도가 『천수경』과도 관련된 것으로 보아도 좋겠다.[96]

그런데 再雕 고려대장경에는 여섯 종류의 『천수경』이 포함되어 있지 만,[97] 그전부터 유통되고 있었다. 『천수경』은 呪文과 함께 이 경전의 공덕,

---

95) 菊竹淳一·鄭于澤(編), 앞 책(2000), 90쪽에 의하면 일본 談山神社 所藏本인 수월관 음도는 『화엄경』 입법계품 구절에 입각하여 보타락가산의 관음과 예배하는 선재 동자를 그린 고려 수월관음의 정형이라고 할 수 있다. 그럼에도 『법화경』 보문품에 기술된 내용을 묘사하고 있어, 당시 사람들이 관음신앙을 통해 기원하던 내용을 이해하는 데 도움이 된다. 즉 雷神과 우산을 쓴 사람[雷神難], 맹수와 독사에 쫓기는 장면[猛獸毒蛇難], 불에 휩싸인 가옥[火宅難], 침상에 드러누워 있는 병자 [毒藥難], 도적에게 화를 당하는 장면[怨賊難], 목에 칼을 찬 모습[枷鎖難], 배를 젓는 장면[航海難]을 묘사하고 있는데, 이 중 독약난이 질병에 걸린 사람을 구제해 준다는 것이다.

96) 이언화, 「高麗後期 觀音圖의 조성배경과 특징」(부산대 석사학위논문, 2007), 36~ 38쪽에서는 14세기에 부각되었으면서 『화엄경』과 『법화경』의 내용을 모두 포함 하고 있는 『천수경』이 관음도의 사상적 근거라고 보았다. 그러나 『천수경』에 두 경의 내용이 모두 포함되어 있다는 점에 대해 정치한 설명이 없고, 『천수경』이 14세기에 부각되었다고 본 점은 잘못된 지적으로 보인다.

97) K.292 千眼千臂觀世音菩薩陀羅尼神呪經(2권) 智通 역(653년)

　　K.293 千手千眼觀世音菩薩姥陀羅尼身經(1권) 菩提流志 역(709년)

　　K.294 佛說千手千眼觀世音菩薩廣大圓滿無碍大悲心陀羅尼經(1권) 伽梵達摩 역
　　　　(당 永徽, 顯慶 중 650~660)

　　K.1269 千手千眼觀世音菩薩大神呪本(1권) 金剛智 역(당 개원 11~24, 723~736)

　　K.1270 千手千眼觀自在菩薩廣大圓滿無礙大悲心陀羅尼呪本(1권) 金剛智역(당 개원 11~24, 723~736)

作壇法, 천수관세음보살의 印을 자세하게 설한 종류(智通 譯, 菩提流志 역), 경전의 공덕과 각종 질병 치유를 위한 약을 언급한 것(伽梵達摩 역), 그리고 呪文이 중심을 이룬 것(金剛智 역)으로 나눌 수 있다.98) 이 중 주문만 있는 것이 가장 오래된 판본이고, 그 다음이 지통과 보리류지 역 『천수경』, 그리고 그것에 부가부분이 더해져 만들어진 것이 가범달마 역 『천수경』이라고 이해되고 있다.99) 그리고 가범달마 역에 포함된 31종의 치병부분과 일광·월광보살의 진언부분은 宋代 이후에 삽입된 부분이라 고 추정되고 있다.100) 이 중 1218년(고종 5) 이규보가 언급한 것은 앞에서 보았듯이 가범달마가 번역한 판본으로, 재조 고려대장경 이전에도 유통되 었음을 알 수 있다.

그리고 사람들이 주로 독송하며 수행하던 것은 천수진언, 천수다라니라 고 되어 있으므로 다라니만 있는 금강지 역본으로 보인다. 이는 진언만을 암송하는 것이므로 한문 독해 능력과는 무관한 것이었고 누구나 쉽게 암송할 수 있었다. 따라서 신앙자들의 수요가 많았는지 「천수천안관자재 보살광대원만무애대비심다라니」가 1293년(충렬왕 19) 5월에 仁興寺에서 開板되었다.101) 또 이처럼 다라니의 수요가 많았던 이유는 각 사찰에서

K.1311 金剛頂瑜伽千手千眼觀自在菩薩修行儀軌經(2권) 不空 역(2권)

98) 이외에 不空 譯, 『千手千眼觀世音菩薩大悲心陀羅尼』(1권) (T.1064)이 있고, 가범달 마 역, 『천수경』의 후반부 곧 질병 치유를 위한 약을 설명한 부분을 독립시킨 『千手千眼觀世音菩薩治病合藥經』(T.1059)도 있다.

99) 金浩星, 「'原本『千手經』'과 '讀誦用『千手經』'의 對比 : 伽梵達摩 譯本을 중심으 로」, 『佛敎學報』 40(2003), 58쪽. 김호성은 Lokesh Chandra의 조사를 따라 "지통역 627~649년, 가범달마 역 650~661년, 보리류지 역 709년, 금강지 역 731~736년, 불공 역 723년 이후"로 보고 있다(56쪽).

100) 野口善敬, 『ナムカラタンノーの世界 : 千手經と大悲呪の研究』(京都 : 禪文化研 究所, 2000) ; 김호성, 앞 논문(2003), 77~78쪽에서 재인용.

101) 朴相國 편, 『全國寺刹所藏木板集』(文化財管理局, 1987), 125~126쪽.

이에 근거한 신앙의례가 거행된 때문일 것이다. 이는 다음에 살펴볼 선종 사찰에서의 의례를 통해서 짐작할 수 있다.

釋 宓菴(1226~1293)은 修禪社 제6세 圓鑑國師 冲止로, 복암은 그의 字이다. 그런데 그가 원에 가는 국왕 가족이 무사히 귀국하도록 기원하기 위해『仁王經』,『消災陀羅尼』,『千手經』,『智論(大智度論)』을 각각 독송하는 법석을 주관하고 있다.102)

> J. 이에 90일 하안거[九夏]의 도량을 당하여, 특별히 네 가지의 법석을 마련합니다. 혹은 消災의 신묘한 진리를 외우고 생각하며, 혹은 護國의 신령한 가르침(:『仁王經』을 지칭)을 읽어 선양하며, 혹은 敎外別傳의 宗旨를 말씀하여 드날리니 입마다 물결이 출렁이듯 하며, 혹은 千手大悲心呪를 소리내어 연설하니 소리마다 우레가 진동합니다. 각각 7일씩을 기한으로 돌아가면서 시작하고 그치기를 부지런히 하여, 늘 6時에 정진하여 행차가 귀국한 뒤에야 마치겠습니다.103)

인왕도량과 소재도량은 호국적 성격을 띤 것으로 고려시대에 자주 개최 되었다. 그런데 충지가 이들 법석과 함께 千手法席과 智論法席을104) 개설 한 것은 이 시기 사회적으로 중요시되던 경전 및 論書였기 때문으로 생각된 다. 그 중 천수법석은 위의 疏文에 따르면 千手大悲心呪를 7일간 소리내어

---

102) 수선사 2세인 진각국사 혜심도 그의 비문에 의하면 "然常念經持呪久乃得力 喜毁斥 淫巫妖祠或往往救人病有效"라고 하였다(이규보, 「月南寺眞覺國師圓炤塔碑」, 許興植(編),『韓國金石全文』중세 하(아세아문화사, 1984), 1016쪽). 그도 항상 경전 독송 외에도 주문을 외웠으며 그로 인해 질병을 치유하는 능력을 갖게 되었다는 것으로, 천수법석을 충지가 수선사에서 거행한 점으로 보면 그가 외운 주문도 천수진언일 가능성이 크다고 하겠다.

103) 釋宓菴,「祝大駕消災仁王千手智論四種法席疏」,『東文選』권112 疏.

104) 智論은『大智度論』100권으로, 龍樹가『마하반야바라밀경』을 주석한 것을 구마라 집이 번역하였다.

외우는 것으로, 충지는 4종 법석을 7일씩 왕이 귀국할 때까지 계속 되풀이 하였다. 즉 선종 결사인 수선사의 社主가 주관한 법회에서 천수대비심주가 독송되었던 것으로 보아, 당시 사람들에게 널리 독송되었을 가능성을 보여 준다. 그리고 이는 安節이 안동군부인 이씨, 창녕군부인 장씨와 함께 1294 년(충렬왕 20)『법화경』1부,『금광명경』4권,『아미타경』범행품 및『千手 大悲心陀羅尼』를 銀字 寫經하였던 사실에서도 알 수 있다.105)

이처럼 고려 말 천수다라니는 개인적으로 또는 사찰의 의례에서 중시되 기에 이르렀는데, 이는 이규보가 언급한 것처럼 관음보살이 '전란이 바야 흐로 일어나거나, 怨敵이 와서 침범하거나, 전염병이 유행하거나, 鬼魔가 설쳐 어지럽히는 일이 있을 때' 영험이 있기 때문일 것이다.

실제로 이 경전에서는 관음보살이 현실의 재난을 소멸해주고 죽어서는 극락에 가도록 도와준다는 점을 누누이 역설하고 있다. 그렇다면『천수다 라니경』은 전염병이 빈발하던 상황에서 사람들에게 어떤 위안을 줄 수 있었을지 궁금하다.

먼저 주목되는 것은 이규보가 지은 「東林寺行疫病祈禳召龍道場文」, 「疫 病祈禳召龍道場文」이다. 이 글에서는『천수경』을 언급하고 있지 않지만, 그가 「崔相國攘丹兵畵觀音點眼疏」에서『대비다라니신주경』을 관음신앙 의 주된 근거로 언급하였음을 감안하면『천수경』과 무관하지 않을 것이다. 『천수경』중 '召龍'이 명확히 언급된 것은 智通이 653년 번역한『天眼千臂 觀世音菩薩陀羅尼神呪經』(2권)과 그 이역본인 菩提流志 역『千手千眼觀世 音菩薩姥陀羅尼身經』(1권, 709년)이다. 그런데 이 두 경전에는 모두 관세음 보살의 '呼召天龍八部鬼神印'이 제21인으로 제시되어 있다. 즉 疫癘가

---

105) 權憙耕,『高麗寫經의 研究』(미진사, 1986), 393~394쪽. 한편 이 발원문의 판독문에 서는『千手大悲心陀羅尼』의 '千'이 숌으로 되어 있다. 문맥으로 보아 千이 맞으므 로 천으로 정정하였다.

유행하여 사망자가 많을 경우 왕의 연못[圓池]에서 연꽃 108가지를 취하여 연꽃 한 가지를 던질 때마다 주문을 한 번 외우며 던지면 災疫이 곧 없어진다는 것이다.[106] 이로 보면 『천수경』의 유포와 전염병이 유행할 때의 소룡 도량 개설은 상관관계가 있었다고 보아도 좋을 것이다.[107] 그리고 '呼召天龍八部鬼神印'은 의례의 집행자가 '일어서서 발을 나란히 하고 먼저 왼손 엄지손가락을 손바닥 속으로 굽히고 네 손가락으로 주먹을 쥐어 심장 위에 올린다. 다음으로 오른손도 마찬가지로 하여 오른손은 오른쪽 귀 옆에 두고 집게손가락을 움직이며 주문을 외우는 것'이다.[108]

그 외에도 이 2종의 경전에서는 곳곳에서 전염병의 치유를 말하고 있다. 역병이 유행할 때는 四肘水曼茶羅를 만들고 좋은 牛酥를 취해 108번 주문을 써서 불 속에서 태우면 모든 災疫이 소멸하며, 역병을 앓는 사람에게 그 牛酥를 조금 주어 마시게 하면 바로 낫는다고 하였다. 이어서 罽賓國에 역질이 유행하여 병에 걸린 사람들이 하루 이틀이 지나지 않아 모두 죽었는데, 바라문 眞帝가 이 법을 행해 역병이 모두 소멸했다는 이야기를 언급하

---

106) 智通 譯,『千眼千臂觀世音菩薩陀羅尼神呪經』(T.20, 89쪽), "若有善男子善女人 爲鬼魅所著 以白縷爲呪索 一遍一結如是四十九結 繫其咽下其病卽除 若國中災疫流行國人死亡多者 當取國王園池中蓮花一百八莖 一花各呪一遍擲置火中 燒令蕩盡 災疫卽除". 菩提流志 譯,『千手千眼觀世音菩薩姥陀羅尼身經』(T.20, 103쪽)에서는 1008가지의 연꽃을 불에 던지며 주문을 외우면 된다고 하였다.

107)『천수경』외에도 『灌頂經』의 권9「佛說灌頂召五方龍王攝疫毒神呪上品經」(帛尸梨蜜多羅 譯)에서도 "世尊以說召龍王竟 欲令諸比丘輩宣天尊言 使此法言流演世間 禪提比丘不以愚憃 今當承佛威神之力 往彼維耶離大城之中 說今如來所說龍王無上神呪 說是語已 受天尊教禮佛而去"이라 하고 선제비구의 활동을 전하고 있다 (T.21, 522~523쪽). 그런데 여기에서는 구체적 주문과 의례의 내용은 언급되지 않았다.

108) 智通 譯,『千眼千臂觀世音菩薩陀羅尼神呪經』(T.20, 89쪽), "起立並足 先以左手大母指屈在掌中 四指把拳當心上著 次以右手亦如之 以右手在右耳邊 以頭指來去 呪曰 ……".

고 있다.109) 그리고 '千手千眼觀世音菩薩辯才印'에서는 惡鬼와 사악한
도깨비[魍魎]에게 惑亂되어 병에 걸린 사람들을 석류나무가지와 버드나무
가지[柳枝]로 때리면서 주문을 외우면 모두 낫는다고 하였다.110)

한편 이규보가 보았던 가범달마 역『천수천안관세음보살광대원만무애
대비심다라니경』에서는 이 神呪를 독송하면 8만 4천종의 병을 모두 치료
할 수 있다고 하였다.111) 그리고 게송에서 다음과 같이 노래하고 있다.

> K. 惡龍, 疫鬼가 독기를 뿜어 熱病이 침입하여 목숨이 끊어지려 할 때
> 지극한 마음으로 대비주를 칭송하면 疫病이 없어져 수명이 길어지고,
> 용과 귀신이 여러 毒腫을 뿜어 癰瘡과 피고름이 감당할 수 없을 때
> 지극한 마음으로 대비주를 칭송하고 세 번 침을 뱉으면 독종이 입으로부
> 터 소멸한다.112)

이처럼 천수다라니를 외우면 역병 곧 전염병이 사라지고 온갖 종기가
다 없어질 것이라는 점을 밝히고 있다. 따라서 이 경전은 당시 사람들에게
전염병을 비롯한 현실의 고난을 해결해주는 역할을 하는 것으로 믿어졌을

---

109) 智通 譯, 『千眼千臂觀世音菩薩陀羅尼神呪經』(T.20, 86~87쪽), "記有疫病流行當作
四肘水曼茶羅 取好牛酥呪一百八遍火中燒之 一切災疫悉皆消滅 又取酥少分 與疫病
人食之立卽除愈 昔有罽賓國疫疾流行 人得病者不過一二日並死 有婆羅門眞帝將此
法行 疫病應時卽得消滅 行病鬼王出離國境知有驗矣"；菩提流志 譯, 『千手千眼觀
世音菩薩姥陀羅尼身經』(T.20, 100~101쪽).

110) 智通 譯, 『千眼千臂觀世音菩薩陀羅尼神呪經』(T.20, 87쪽), "若有善男子善女人 被
諸惡鬼衆邪魍魎之所或亂者 取石榴枝及柳枝 陰誦此呪輕打病人 無病不差". 菩提
流志 譯, 『千手千眼觀世音菩薩姥陀羅尼身經』(T.20, 101쪽)에도 같은 내용이 실려
있다.

111) 伽梵達摩 譯, 『佛說千手千眼觀世音菩薩廣大圓滿無碍大悲心陀羅尼經』(T.20, 108
쪽), "誦持此神呪者 世間八萬四千種病 悉皆治之無不差者".

112) 伽梵達摩 譯, 『佛說千手千眼觀世音菩薩廣大圓滿無碍大悲心陀羅尼經』(T.20, 109
쪽).

것이다.

그리고 경전의 후반부에서는 석가모니불이 제자 阿難에게 관음보살의 神呪는 진실하므로 관음보살이 나타나기를 청하고자 할 때 安息國에서 나는 拙具羅香을 태우며 주문을 21번 외우면 바로 보살이 나타난다고 하는 등, 각자의 필요에 따른 처방을 제시하고 있다. 그 대부분은 아픈 곳에 따른 처방으로, 전염병과 관련된 것만을 살펴보면 다음과 같다.

> L. 만약 학질병에 걸려 아픈 사람은 호랑이 표범 승냥이 이리의 가죽을 가져다 주문을 21번 외우고 몸 위에 덮어주면 바로 낫는다. 사자 가죽이 가장 (효과가) 뛰어나다. …… 나쁜 학질이 심장에 들어가 기절하여 죽으려는 사람은 복숭아나무의 진을 크기는 복숭아만한 것으로 한 덩이 취한다. 맑은 물 한 되를 섞어 졸여서 반 되쯤 되면 가져다 주문을 일곱 번 외우고 마시면 바로 낫는다. 그 약은 婦人을 시켜 졸이게 하지 말라. 屍鬼의 기운에 전염되거나 시체에 엎어져 병이 옮은 사람은 拙具羅香을 가져다 주문을 21번 외우고 태운 훈기를 콧구멍에 쏘인다. 또 토끼똥만한 7알을 가져다 주문을 21번 외우고 머금으면 바로 낫는다. 술과 고기, 오신채를 먹거나 욕하고 꾸짖는 일을 하지 말라.[113]

온갖 질병과 감옥에 갇히는 등의 재난을 만났을 때 특정한 향이나 약재, 가죽 등을 가져다 주문을 21번 외우고 먹거나 덮으면 그 재난으로부터 벗어날 수 있다고 하였다. 특히 학질에는 호랑이 표범 등 맹수의 가죽을 덮거나 복숭아나무의 진을 물에 섞어 다려 주문을 외우고 먹으면 낫고, 시체로부터 병이 옮은 사람은 주문을 외우고 졸구라향을 태운 훈기를 맡거나 향을 머금으면 낫는다는 것이다.

---

113) 伽梵達摩 譯, 『佛說千手千眼觀世音菩薩廣大圓滿無碍大悲心陀羅尼經』(T.20, 110 쪽).

『천수경』에 실린 위의 처방들이 의학적 처방이라고 할 수는 없다. 하지만 전염병이 돌면 약이 별 효과를 거둘 수 없던 상황에서 천수진언을 외우고 이런 행위들을 하면 관음보살이 낫게 해줄 것이라는 믿음은 사람들에게 큰 위안이 되었을 것이다. 그리고『천수경』과 관음보살에 대한 믿음을 더 성행하게 만들었을 것이다.

4. 맺음말

고려시대에는 전염병 발생시 의료적 치료에 한계가 있었으므로, 국가는 반야도량, 점찰회, 소룡도량, 불정심도량 등의 불교의례를 거행함으로써 전염병을 치유하고자 하였다. 여기에는 전염병관도 작용하고 있지만,『반야경』『천수경』등의 다양한 경전에서 질병의 치유에 대해 언급하고 있을 뿐 아니라 종교적 기적 곧 불보살의 영험 외에는 기대할 수 있는 방법이 없었기 때문일 것이다.

그리고 전염병 치유를 위한 불교의례는 숙종~고종 곧 12세기 초~13세기 중엽에 집중되어 있다. 이는 전염병이 기근, 전쟁과 함께 자주 발생했던 시기였다는 점이 가장 큰 이유일 것이다. 그 결과 고려 후기 사람들에게 경론에서 언급된 刀兵災, 疾疫災, 饑饉災 三災에 대한 논의를 불러 일으켰던 것으로 보인다. 그 실마리를 惠永과 無寄의 저술에서 찾아볼 수 있다. 특히 무기는 1328년(충숙왕 15) 저술한『석가여래행적송』에서 자신이 살던 시대가 이 삼재겁에 해당하지 않는다는 것을 주장하고 있다. 이는 당시 사람들의 의구심을 반증하는 것이라고 생각된다. 그리고 고종 때 대선사로 책봉되는 祖猷와 混元의 행적 중에서 다라니로 전염병을 치유하였음이 강조될 정도로, 전염병의 치유가 불교계의 현안이 되었음을 알 수 있다.

　따라서 전염병이 자주 대규모로 발생하는 시기를 살던 사람들에게 승려들이 해결책으로 제시할 수 있는 방법은 불보살의 영험에 의존하는 것이었다. 그 중 관음신앙은 현실의 고난을 해결하는 방안으로 고취되었다. 또 「단온진언」,『삼십팔분공덕소경』등이 인쇄 유통되어 이들을 지니거나 염송할 것이 권유되었다.

　승려들은 전염병을 물리치기 위해 관음보살의 이름이나 관자재보살 진언 등을 염송하기를 권유했고, 그 과정에서 전염병의 성행은 관음신앙 성행의 한 배경이 되었다. 이러한 상황에서 나타난 문화 현상이 12세기에 많이 만들어지는 포류수금문 정병과 고려 말에 봉안된 수월관음도이다. 이들에게서 나타나는 공통점은 정병과 버드나무가지인데, 이는 혜영의 설명에 의하면 관음보살의 전염병 치료와 관련된 것이다.

　또 관음신앙을 고취한『천수경』의 각종 판본이 고려에 유통된다. 이 경에서는 관세음보살의 진언을 외우며 연꽃을 던지면 疫癘 곧 전염병이 사라질 것이라고 하였다. 또 주문을 외우고 맹수 가죽을 덮으면 학질이 낫고, 졸구라향의 훈기를 맡거나 향을 머금으면 시체로부터 옮은 전염병을 치유할 수 있다고 하였다. 이처럼 고려시대에 빈발한 전염병은 관음신앙 성행의 한 원인이었다고 이해된다.

V. 고려시대 전염병과 질병관

『향약구급방』을 중심으로

이현숙 · 권복규

1. 머리말

질병은 어느 시대에나 존재하였기 때문에 이를 중심으로 하여 고려시대 사람들이 영위하였던 일상적 삶의 구조를 세밀하게 그려볼 수 있다. 또한 주요 질병과 인구의 변화, 사회 변동, 심지어는 전쟁과 무신 집권과 같은 중요한 역사적 사건들과의 관계가 어떠하였는지를 알아볼 수 있다. 이것은 정치·경제사 위주로 이해해온 기존의 역사 서술과 달리, 역사를 보다 다양한 시선으로 바라볼 수 있게 해줄 것이다.

종래에는 주로 질병의 사회적 의미에 초점을 맞추거나 혹은 개별 질병의 존재 여부 및 변천에 관하여 연구해왔다. 전통시대의 질병관과 사람들의 구체적인 대처 방식, 그 삶에 있어 질병이 가지는 의미 등은 몇몇 경우를 제외하고 대부분 간과되어 왔다. 그러나 오늘날 의료의 측면에서는 이런 부분들이 더욱 가치가 있을 것으로 생각한다.

고전 의서에 나타난 질병의 명칭과 종류는 당대인들이 건강-질병 현상을 어떤 관점에서 바라보았고 해석하였는지를 보여준다. 동서양을 막론하고 질병의 이름은 몸에서 일어나는 어떤 부적절한 현상에 대해 의학적 시선 (medical gaze)으로 해석해 낸 산물이다. 따라서 질병명과 그 종류를 분석하

면 당대인들이 건강-질병 현상에 대해 가졌던 심성(mentality)을 추출할
수 있다.

신체적 이상이라고 해서 모두 질병의 범주에 들어가는 것은 아니다.
질병이라 규정되기 위해서는 그 특정 현상이 당대인의 주요 관심사여야
하며, 당대 의학체계의 틀로 조망할 수 있어야 하며, 경우에 따라서는
대처 방법이 있어야 한다. 전염병, 질병관에 대한 연구는 당대의 의학은
물론 당대인들의 세계관을 보여주기 때문에 중요하다. 전염병이 고려사회
를 분석하는 틀이 될 수 있는 이유가 여기에 있다. 지금까지 질병관에
관해서는 고대 또는 조선에 관한 연구가 있으며, 고려시대의 것은 아직
시도된 바가 없다.[1]

본 연구는 고려시대 사람들의 질병에 대한 인식을 고려시대의 의서,
『鄕藥救急方』분석을 통해 살펴보고자 한 것이다. 『향약구급방』에서 어떠
한 질병을 구급 질환으로 파악하였으며, 이것이 내포하고 있는 함의가
무엇인가를 도출함으로써 고려시대 질병에 대한 인식을 고찰하는 것이
본고의 최종 목표이다.

고려 고종 연간 몽골 침입기에 출간된 『향약구급방』은 현존하는 가장
오래된 醫書로서, 전란기에 정상적인 치료를 받을 수 없는 상황에서 일반
대중 누구나 간단하게 치료할 수 있도록 하기 위한 구급법이나 간단한
치료방법을 모아 놓은 민간구급방에 지나지 않는다고 한다.[2] 『향약구급방』
에는 총 55종의 질병명과 치료법이 나온다. 여기에 실린 질병은 일상에서

---

1) 고대 한국의 질병관에 관해서는 장인성, 「고대 한국인의 질병관과 의료」, 『한국고
   대사연구』 20(2000)의 연구가 있으며, 조선시대에는 변정환, 「조선시대의 역병에
   관련된 질병관과 의료시책에 관한 연구」(서울대 석사학위논문, 1984)가 있다.
2) 신영일, 『향약구급방에 대한 연구』(경희대 한의과대학 박사학위논문, 1994), 347쪽.
   본 연구가 나올 수 있었던 것은 신영일의 정밀한 복원작업이 있었기에 가능하였다.

흔히 볼 수 있는 것이며 약재 역시 쉽게 구할 수 있는 것들이다.

고려시대 질병에 대한 인식을 추출하기 위해 첫째, 『향약구급방』에 실린 건강-질병 현상을 오늘날의 의학 용어로 해석한다. 해석되지 않는 현상은 그대로 남겨두려고 한다. 이를 목록화해 보면 당대에 어떠한 질병을 구급한 것으로 여겼는지 그 윤곽이 떠오를 것이다. 둘째, 목록화한 『향약구급방』의 질병을 분석함으로써 질병관을 분석할 것이다. 셋째, 당시 질병이라고 인식하였던 고려시대 의학과 오늘날의 의학을 비교하여 그러한 모습이 갖는 함의를 논하도록 할 것이다. 이는 질병 현상이 사회 현상을 반영하고 있기 때문이다. 이 과정에서 주로 문헌의 고찰과 해석, 그리고 근대의학의 관점에서 바라본 분석에 치중하려고 한다. 본고는 고려시대 질병관과 『향약구급방』 연구에 관한 기초석 하나를 놓았을 뿐이다. 미비한 부분은 앞으로의 연구를 통해 보완해 나갈 것이다.

2. 『향약구급방』의 구성

1) 『향약구급방』의 질병 구성

『향약구급방』은 고려 의학서 가운데 온전한 형태로 전해지는 유일한 것이다. 3권 1책으로서 原刊本은 본래 강화도의 大藏都監에서 간행되었으나 현재 전해지는 것은 일본 궁내청에 소장된 중간본으로 1417년(태종 17) 崔自河가 경상도 義興에서 編寫한 것이다. 대장도감은 고려 1236년(고종 23)에 설치한 官署이므로 13세기 전반에 간행되었을 것으로 여겨지고 있다. 방문의 대부분은 『備預百要方』, 『千金要方』, 『外臺備要』, 『太平聖惠方』 등에서 채록하였으며 주변에서 쉽게 구할 수 있는 향약재로만 구성된 처방을 발췌해놓은 것이다.[3]

『향약구급방』의 구성은 상, 중, 하 3권으로 되어 있다. 상권은 食毒, 肉毒 등을 비롯한 18항목, 중권은 丁瘡, 凍瘡 등을 비롯한 25항목, 하권은 婦人雜方 등 12항목이 실려 있다. 각 항목의 병명 아래에 그 병에 대한 여러 종류의 치료방법이 열거되어 있으며 복약의 禁忌와 製藥 방법, 用藥에 있어서의 중량 등이 적혀 있어서 구급의 실용에 편하도록 되어 있다. 현전하는 본은 부록으로 方中鄕藥目草部에 180종의 향약에 대한 우리말 이름, 藥味, 藥毒, 채취방법 등이 설명되어 있지만, 이것이 향약구급방의 원 내용은 아닌 것으로 보인다.4) 따라서 본고에서는 이를 다루지 않았다.

구성을 보면 食毒, 肉毒이라는 병명이 나오고, 그 다음으로 식독을 치료하는 처방이 열거되었다. 대부분이 질병명 뒤에 몇몇 증상을 나열하고 이에 대한 치료법과 처방이 등장한다. 이 모든 내용은 각종 의서의 인용문으로 되어 있기 때문에 일관성이 있다고 하기 어렵다. 또 각 증상에 내리는 처방은 지극히 경험적인 것이 대부분이며 그런 처방을 사용하는 이론적인 근거는 제시되어 있지 않다. 또한 약재의 사용에 있어서도 여러 종의 약재를 섞어 조제하기보다는 주변에서 구하기 쉬운 단방 약재나 食物을 활용하고 있는데, 이는 값비싼 중국산 약재에 의존하기보다 우리나라에서 생산되는 약재나 흔히 구할 수 있는 품목으로 질병을 치료하겠다는 『향약구급방』 본래의 편찬 의도에서 기인한 것으로 보인다. 이러한 점은 조선 세종대에 편찬된 『향약집성방』과 동일하다.

이후의 의서 특히 『향약집성방』과 비교하여 보면 『향약구급방』은 이른바 病症論治를 하지 않고 단순한 증상과 처방을 모은 처방집이라고 볼 수 있다. 즉 『향약구급방』은 전래의 의서들에서 인용한 증상 대비 처방집으

---

3) 한국한의학연구소 편, 『한국한의학사의 재정립』(보건복지부, 1995), 198쪽.
4) 신영일, 앞 논문(1994), 341~347쪽.

로, 체계적인 이론화의 소산과는 거리가 있다.

『향약구급방』에 나오는 질병의 종류를 알기 위해 이를 표로 정리해보면
다음과 같다.

<표 1> 『향약구급방』의 병명 구성

상권	식독(食毒)	식중독
	육독(肉毒)	고기를 먹은 뒤의 식중독
	균독(菌毒)	독버섯중독
	지창(地瘡)	땅위에 난 버섯을 먹고 생긴 중독
	목창(木瘡)	나무에 난 버섯을 먹고 생긴 중독
	백약독(百藥毒)	비상, 파두, 오두, 부자, 대극 등을 먹은 후의 중독
	석교독(螫咬毒)	지네, 벌, 뱀, 호랑이, 개, 쐐기, 거미 등에 물린 중독
	골경방(骨鯁方)	생선을 먹은 후 인후에 가시가 걸린 것
	식얼방(食噎方)	목구멍이 막힌 것
	졸사(卒死)	갑자기 쓰러진 것
	자액사(自縊死)	스스로 목을 맨 것
	이열갈사(理熱喝死)	열사병
	낙수사(落水死)	물에 빠져 죽음
	중주욕사방(中酒欲死方)	알콜중독 후 섬망(delirium : 착란증상)
	단주방(斷酒方)	술 끊는 법
	타연압상절타파(墮捐壓傷折打破)	추락해서 뼈가 부러진 상처와 맞아서 터진 것
	금창(金瘡)	금속물체에 찔린 상처
	후비(喉痺)	인후염
	중설(重舌)과 구창(口瘡)	혀 아래가 부은 것과 입이 허는 것
	치감닉(齒蚶匿)	충치와 잇몸병
중권	정창(丁瘡)	심한 피부/결체조직 염증
	화정(火丁)	화상으로 인한 피부염
	정종(丁腫)	부종이 있는 피부염, 종기
	어제정창(魚臍丁瘡)	끝이 검고 뿌리가 깊은 심한 염증
	냉창(冷瘡)	열기가 없는 염증
	열창(熱瘡)	열기가 있는 염증
	표저(瘭疽)	팔의 염증
	발배(發背)	목 뒤의 염증

	옹저(癰疽)	커다란 종기
	옹(癰) 장옹방(腸癰方)	작은 부스럼
	동창(凍瘡)	동상
	악창(惡瘡)	증세가 심한 염증
	칠창(漆瘡)	옻오름
	상화창(傷火瘡)	화상
	단독옹진(丹毒癰疹)	단독과 두드러기
	대지창(大指瘡)	생인손
	부골저(附骨疽)	임파선염 또는 골수염
	개선(疥癬)	버짐, 개선증(옴)
	과창(瘑瘡)	팔다리에 대칭으로 생기는 부스럼
	금창(金瘡)	금속 물체에 다친 상처
	수독(水毒)	수독증, 여분의 (나쁜) 체액으로 인한 부종, 부스럼 등 증상
	옹종(擁腫)	작은 종기
	독종(毒腫)	심한 종기
	인후종(咽喉腫)	목구멍이 붓고 아픈 것
	타시(吒腮)	볼거리
	치루(痔漏)	치질
중권	장풍(腸風)	혈변
	심복통(心腹痛)	가슴과 배의 통증
	냉열리(冷熱痢)	설사병
	냉리(冷痢)	몸이 차고 습한 이질로 곱똥을 누고 몸이 차다.
	열리(熱痢)	더위를 먹어 설사하는 병으로 배가 아프고 피가 섞인 설사하는 것
	기리(氣痢)	기가 허하거나 체해서 하는 거품 같은 설사
	감리(疳痢)	젖을 잘 못 조절해서 생기는 어린이의 설사
	대변불통(大便不通)	대변이 나오지 않음
	소변불통(小便不通)	소변이 나오지 않음
	임질(淋疾)	임질
	석림(石淋)	소변에 모래알 같은 것이 나오는 임질
	고림(膏淋=肉淋)	소변에 고깃덩어리 같은 것이 나오는 임질
	기림(氣痲)	기가 막혀서 소변이 나오지 않는 임질
	노림(勞痲)	소변이 방울로 떨어지며 소변본 후 음부가 아픈 임질
	혈림(血淋)	피가 섞여 나오는 임질
	소갈(消渴)	소갈증, 목이 마른 증상
	유뇨(遺尿)	잔뇨감
	소변하혈방(小便下血方)	소변에 피가 섞여 나옴

중권	음퇴(陰癀)	불알이 부은 것
	음창(陰瘡)	여성 음부의 부스럼이나 종기
	음양생창(陰瘍生瘡)	음부가 가려워 상처가 남
	부인음종견통(婦人陰腫堅痛)	부인의 음부가 붓고 통증이 있는 병
	비뉵(鼻衄)	코피를 자주 흘리는 병
	안(眼)	눈병
	청위소상손파(睛爲所傷損破)	햇빛을 보아 눈이 다친 병
	적안통(赤眼痛)	눈이 빨갛고 아픔
	풍독폭적(風毒暴赤)	풍독으로 눈이 빨갛게 됨
	풍안루출(風眼淚出)	풍독으로 눈물이 남
	안청맹(眼靑盲)	청맹(실명)
	안청돌출(眼睛突出)	눈동자가 튀어나옴
	안내외장(眼內外障)	백내장
	이병(耳病)	귀병
	이졸종(耳卒腫)	귀가 부어오름
	이정출농(耳聤出膿)	귀에서 고름이 나옴
	이농(耳聾)	귀머거리
	이내생창(耳內生瘡)	귀 안에 부스럼이 생김
	구순(口脣)	입과 입술
	구건열(口乾熱)	입이 마르고 열이 남
	구설건조(口舌乾燥)	입과 혀가 트고 마름
	심신두목불리(心身頭目不利)	심신과 머리 눈이 피로한 것
	순창(脣瘡)	입술 부스럼
	순견면종(脣堅面腫)	입술이 당기고 얼굴이 붓는 병
	견순(堅脣)	입술이 붓는 것
하권	부인잡방(婦人雜方)	부인잡방
	부인자사복중불출(婦人子死腹中不出)	자궁내 태아 사망
	산후오혈부지(産後惡血不止)	산후 대량출혈
	포의불출(胞衣不出)	태반이 나오지 않는 것
	산후출혈대다(産後出血大多)	산후출혈과다
	번갈(煩渴)	목마름
	부인산후중풍(婦人産後中風)	산후중풍
	구금(口噤)	구금, 입을 못 벌림
	아관긴급(牙關緊急)	턱이 경련을 일으키며 입이 안 벌어지는 증상
	부인중풍(婦人中風)	부인 중풍
	구금설본축(口噤舌本縮)	혀뿌리가 짧음
	부인장조(婦人臟燥)	부인의 히스테리
	무고비애부지(無故悲哀不止)	산후우울증
	임신하혈(姙娠下血)	임신중 하혈

	포건갱사(胞乾更死)	자궁의 음혈이 부족함
	부인난산삼일불출(婦人難産三日不出)	진통이 3일 동안 지속되어도 아기가 나오지 않음
	역생(逆生)	태아 전좌, 아기가 거꾸로 나옴
	유즙불출(乳汁不出)	젖이 나오지 않음
	소아방(小兒方)	소아방
	소아졸경(小兒卒驚)	어린이 경기
	소아완두창(小兒豌豆瘡)	어린이 완두창/완두콩만한 발진),
	소아제생창(小兒臍生瘡)	소아 배꼽 부스럼
	침음창(浸淫瘡)	급성 습진
	소아급황(小兒急黃)	어린이 황달
	소아징하(小兒癥瘕)	어린이 뱃속의 멍울
	소아졸사(小兒卒死)	어린이의 갑작스런 죽음
	소아중설(小兒重舌)	어린이 혀가 부어오름
	소아설상백포여설(小兒舌上白胞如雪)	어린이 혀의 백태
	소아졸해수(小兒卒咳嗽)	어린이의 급격한 기침
	소아리(小兒痢)	어린이 설사
	소아오탄제물(小兒誤呑諸物)	이물질을 삼킨 것
하권	수종(水腫)	몸이 붓는 것
	수기편신부종(水氣遍身浮腫)	전신 부종
	중풍(中風)	중풍
	구안(口眼)	눈이 돌아감
	괘사(喎斜)	안면마비
	중풍구금부지인(中風口噤不知人)	중풍으로 입을 못 벌리고 사람을 알아보지 못함
	중풍대편비삽(中風大便秘澁)	중풍으로 대변이 굳어 잘 나오지 않음
	백호풍종통(白虎風腫痛)	범이 무는 것 같이 아픈 류마티스성 관절염
	풍전근입장중(風轉筋入腸中)	중풍으로 반신불수가 됨
	전광(癲狂)	정신분열증
	학질(疾)	학질
	두통(頭痛)	두통
	잡방(雜方)	잡방
	백박(白駁)	피부백반증
	면상간암(面上䵟黯)	얼굴의 기미
	면상분자(面上粉刺)	여드름
	제황병(諸黃病)	황달
	고취(孤臭)	액취증
	아취(鵝臭)	체취
	우목(疣目)	무사마귀

위 <표 1>은 『향약구급방』에서 질병을 어떻게 분류하였는가를 잘 보여준다. 『향약구급방』이라는 제명은 일상생활에서 급한 경우를 당하였을 때 구하기 쉬운 향약을 사용하여 병을 치료하고자 하는 편찬 목적을 내포하고 있다. 그렇다면 역으로 이를 통하여 13세기 『향약구급방』을 편찬한 찬자가 일상생활에서 위급한 질병이 무엇이라고 생각하였는지 유추해 볼 수 있을 것이다.

2) 『향약구급방』에 기재된 질병의 공통점

『향약구급방』에서 제시한 처방들은 고려시대 사람들이 일상생활에서 救急하다고 생각하는 질병을 반영한 것이다. 물론 여기에는 찬자의 시각이 강하게 반영되어 있을 것이다. 위 <표 1>에 나타난 질병에서 공통점을 추출해 볼 수 있으니, 다음과 같다.

① 흔한 질병이다

위 <표 1>의 병은 외과 내과 소아과 산부인과 피부과 정신과 이비인후과 등 거의 모든 주요 진료 분야를 망라하며 오늘날에도 흔하게 볼 수 있는 것들이다. 식중독이나 설사, 경기, 산후출혈 등은 지금도 일차 진료 영역의 주요 질병들이다. 오늘날과의 차이를 군이 살펴보자면 각종 종기와 옴(개선증)등이 중시되고 있다는 점을 들 수 있다. 이는 당시의 위생상태가 상당히 불량했음을 시사한다. 사실 종기와 옴 등은 20세기 초반까지도 우리나라에 매우 흔했던 질병으로 고려시대에도 이런 질병들은 흔했을 것이다. 항생제가 없고 개인 위생에 대한 개념이 없었던 시절에 종기와 피부질환은 자칫하면 목숨을 앗아갈 수도 있는 중요한 병이었다.

② 신속한 대처를 요하는 질병이다

목을 맨 것, 산후출혈, 어린이가 이물을 삼킨 것 등은 매우 신속한 대처를 요하는 질환이다. 치통도 당장 고통이 심하기 때문에 환자가 빨리 어떤 처치를 기대하는 질환이라 할 수 있다. 그러나 기미나 여드름, 무사마귀 등도 신속한 대처를 요할까? 현재의 의학적 관점에서는 그렇지 않지만 당대 고려인의 관점에서 볼 때는 이러한 질환도 구급의 범주에 포함시킬 만큼 중요한 의미가 있었음을 알 수 있다. 그 이유는 이런 병들이 정상적인 사회생활을 하지 못하게 하는 것들이기 때문일 것이다. 예절을 중시하는 사대부들로서는 얼굴에 백반이나 여드름투성이가 되었을 때 관에 출사하 거나 빈객을 맞이하기 어려웠을 것이고, 당연히 이런 병들은 신속한 대처를 요하는 질병의 범주에 들어가게 될 것이다. 액취증과 몸 냄새 역시 마찬가지다. 역으로 이러한 병이 포함되어 있음은 『향약구급방』의 주 독자층이 이러한 문제를 중시하는 상류계급이었을 것임을 시사한다. 하지만 오늘날의 구급 개념에서처럼 『향약구급방』에 수록된 구급 질환은 당장 처치를 하지 않으면 생명이 위급하거나 커다란 장애를 일으키는 병을 언제나 의미하는 것은 아니었다. 술 끊는 법이나, 충치, 두통, 액취, 여드름 등이 들어간 것이 그 예이다. 충치를 예로 들면 신속한 대처를 요하기는 하나 그것 때문에 사망하지는 않는다. 이와 같은 병들은 당시 고려인들이 시급한 해결을 요하는 중요한 문제로 파악하였다는 점에서 의의가 있다. 또 수많은 병 중에 유독 이와 같은 질병들을 선택한 이유에서 당대인의 사고와 문화를 파악할 수 있다.

③ 증상이 분명하거나, 눈에 명확히 보이는 질병이다

이는 『향약구급방』뿐 아니라 전통의서, 특히 구급서에서 공통적으로 보이는 현상이다. 한의학을 포함한 근대 이전의 의학체계에서는 질병을 생물학적 장기나 조직의 이상, 즉 정상성에서 일탈이나(예컨대 중풍이 아닌 뇌혈관사고) 특정 원인으로 인한 결과(예컨대 포도상구균 감염증)로 보지 않았기에 모든 질병은 주관적으로 느끼는 증상이나 증상의 모음, 혹은 가시적으로 파악할 수 있는 증상에 기반을 두고 이해될 수밖에 없었다. 그리고 구급서에 수록될 만큼 흔한 질환은 증상이 분명하고 初見에 의해 바로 파악되어야 할 것이므로 이런 질환 위주로 기술된 것은 너무나 당연하다고 하겠다.

④ 환자의 성별과 연령에 따라 질병을 분류하였다

이러한 점은 『향약구급방』뿐 아니라 전통의서에서 공통적으로 보이는 현상이다. 동일한 질병이라 할지라도 환자의 성별에 따라 처치와 처방을 다르게 제시하고 있다. 『향약구급방』의 경우, 그 대표적인 질환으로 중풍을 들 수 있으니 다음의 자료가 그것이다.

A-1. 부인이 바람을 맞아(中風) 이를 악물고 혀가 말리는 증상이 있는 데는 겨자 한 되를 곱게 갈아 식초를 세 되 넣고 한 되가 될 때까지 졸인 다음 이것을 턱과 광대뼈 아래에 붙이면 바로 낫는다.[5]
   2. 중풍으로 이를 악물면서 사람을 알아보지 못하는 것을 치료하는 데는 백출 네 냥을 술 세 되에 넣고 한 되가 될 때까지 달여 한 번에 모두 복용한다.[6]

---

5) 『향약구급방』 하권, "理婦人中風 口噤 舌本縮 用芥子一升 細研以醋三升 煎取一升 付頷頰下 立效". 본고에서 사용하는 『향약구급방』 원문은 한국한의학연구원 (http://jisik.kiom.re.kr)에서 제공하는 것과 신영일의 교정본을 이용하였다. 번역문은 신영일, 앞 논문(1994), 213쪽에서 인용하였다.
6) 『향약구급방』 하권, "理中風 口噤不知人 以朮(鄕名沙邑菜 四兩) 酒(三升) 右煮取一升 頓服" ; 신영일, 앞 논문(1994), 229쪽 원문과 231쪽 번역문.

두 자료 모두 중풍이라는 병명을 사용하고 있다. 병명은 동일한 중풍구
금이지만, 증상은 약간 다르다. 전자는 이를 악물고 혀가 말리는 증상이
만 후자는 중풍으로 이를 악물면서 사람을 알아보지 못하는 것을 치료하는
처방이다. 이를 성인 질환으로서 함께 다루지 않고 부인과잡방과 일반
질환으로 굳이 나누어 서술하였다. 그 원인으로서 동일한 중풍이라고 하더
라도 고려시대 여성에 흔한 증상과 남성에 나타나는 증상이 다르기 때문은
아니었을까 추정해 볼 수 있다고 생각한다.

소아의 경우도 마찬가지다. 소아에게 흔히 나타나는 각종 질환과 구급
상황을 다루고 있다. 오늘날 두창에 해당하는 것으로 보이는 완두창은
성인질환에서는 다루지 않고 소아 완두창으로만 그 증상과 처방을 서술하
고 있는 것이 눈에 띈다.

3. 『향약구급방』의 내용 분석

앞의 <표 1>을 통해 『향약구급방』에서 어떠한 질병을 일상생활에서
급박한 질병으로 생각하였는지 전체적인 윤곽을 알 수 있었다. 질병분류학
(nosology)적 시각으로 볼 때, 『향약구급방』에서는 질병의 범주들을 뚜렷하
게 구분하지 않고 있다. 이는 다른 전통의서에서도 드러나는 현상으로,
병인과 병리에 대한 지식이 부족했던 데 기인하였다.[7]

『향약구급방』은 질병이 나타나게 되는 특수한 원인에 따른 분류(中毒,
蟲獸傷), 드러나는 증상에 따른 분류(虐, 水腫, 腰痛, 癨亂, 腸風, 心痛,
嘔吐 등), 질병부위에 따른 분류(眼病, 耳病, 鼻, 口舌, 齒牙, 咽喉 등), 체표면

---

7) 권복규, 『朝鮮時代 傳統醫書에 나타난 疾病觀에 對한 硏究』(서울대 의학과 박사학
   위논문, 2001), 28쪽.

의 외과질환류(創傷癰疽, 打撲折傷, 諸損傷), 환자의 종류에 따른 분류(婦人方, 小兒方), 상태의 긴급성에 의한 분류(諸救急) 등이 혼재되어 있다. 그렇다면 어떠한 근거로 상중하 3권으로 질병을 편재하였을까? 이를 알아보기 위해 그 내용을 상세하게 분석해보면 다음과 같다.

① 상권 : 중독과 응급질환들

상권에서 가장 먼저 다루고 있는 것이 각종 중독 증상이다. 그 중에서도 잘못 먹어서 나타나는 각종 중독 증상에 대한 처방을 제시하고 있다. 식품 보존방법이 여의치 않았던 당시로서는 식중독이 중요한 문제가 되었을 것이다. 그 다음으로는 주정 중독이 문제였는데, 술을 너무 마셔 죽을 것 같은 경지까지 갈 수 있는 부류는 지배층일 것이다. 술 끊는 법[斷酒]까지 제시해 놓은 것으로 미루어 당시 지배층에 스며든 알콜중독의 심각성을 짐작할 수 있다.

救急方답게 각종 사고로 인한 急死를 다루고 있는데 목을 맨 경우나 물에 빠진 경우 등을 대표적으로 다루고 있다. 卒死는 갑작스럽게 정신을 잃고 사망하는 병으로 쇼크나 심장마비, 혹은 뇌졸중에 의한 사망으로 추측된다. 溺死와 스스로 목을 매는 自縊이 급성 사망원인으로 흔했음을 알 수 있다. 그런데 『鄕藥集成方』에서 다루고 있는 凍死는 다루지 않고 있는데,[8] 이는 지배층의 입장에서 볼 때 凍死할 확률이 거의 없기 때문이 아닌가 한다.

쇠붙이에 상한 金瘡도 중시되었는데, 당시가 몽골침입이라는 전시상황이었다는 점이 금창이 중시된 이유 중 하나일 것이다. 또한 치통과 충치,

---

8) 조선 세종대 의학서 『향약집성방』에서는 卒死 즉 급사로서 凍死와 溺死, 또 스스로 목을 매는 自縊死와 함께 기근에 의한 굶주림도 다루고 있다. 권복규, 앞 논문(2001), 30~31쪽.

치간출혈 및 잇몸출혈 등이 보이는데 치과질환도 매우 흔했고 중요한 건강문제로 여겨졌음을 짐작할 수 있다. 인후 질환으로는 종양이나 농양, 이물질에 의해 폐색이 생기는 문제를 중시하였으며, 가시나 뼈가 걸리는 경우[骨鯁]가 구급 상황으로 중요시 되었다. 인후와 목이 부어오르는 인후염, 이하선염이나 림프선염의 모습을 볼 수 있기도 하다.

② 중권 : 외과, 안과, 이비인후과 영역

『향약구급방』 중권에서는 당시의 외과질환 중 흔하고 대표적인 종기와 부스럼(종창)을 가장 먼저 다루고 있다. 체표면에 자주 발생하는 종창으로서 다양한 종류들이 나열되어 있는데, 크기와 모양, 부위, 예후 등에 따라 구분되었다. 현대의학의 시각에서 볼 때 이러한 구분은 큰 의미가 없는 것으로 모두 피부 및 결체조직의 세균성 감염에 해당되지만 항생제가 없고 외과술이 발달하지 않은 당시에는 이러한 구분이 진단 및 예후 판정에 의미가 있다고 보았을 것이다. 종기와 부스럼이 여러 종류가 자세히 열거되어 있는 것은 당시 위생상태가 매우 불량했음을 시사한다. 종기는 20세기 초중반까지 우리나라의 주요 사망원인 중 하나였다. 이외에도 습진, 건선, 옴 등의 피부질환도 포함된다. 외상의 원인으로 타박상과 창・칼 등 도검에 의한 자상[金瘡]이 있었으며, 화살촉이나 대나무 창에 찔린 것 등이 나열되어 있다.

치질도 흔한 질환이었다. 그런데 치질로 인한 장풍 출혈에 금을 약재로 사용하고 있는 것이 눈에 띈다. 腸風으로 피를 쏟는 것을 바로 치료하는 처방으로 금가루 5돈에 탱자를 넣고 볶아 간 다음 땅위에 놓고 사발로 덮은 다음 기다려 火毒이 빠져 차가워지도록 한 것에 羊脛炭(양의 다리뼈를 태워 탄으로 만든 것) 3돈을 섞은 뒤 반으로 나누어 진한 쌀뜨물 한잔에 타서 공복에 복용하도록 하였다.[9] 여기에 사용되는 금가루는 약재로 水飛된 것으로 지배계층만이 사용 가능한 약재라고 하겠다. 기존의 이해처럼 『향약구급방』이 일반백성을 대상으로 한 의학서라면, 이러한 처방은 결코 바람직한 것이 아니다. 이는 오직 귀족을 위한 처방이다.

또한 심장과 폐의 통증을 의미하는 心腹痛은 寒氣가 갑자기 오장육부에 침입하면 心痛과 胸痞가 생기는데, 한기가 안으로 들어가면 장이 움츠리고 활동을 잘하지 못하여 아픈데 마땅히 따뜻한 약으로써 한기를 물리치면 통증이 멎는다고 하였다. 전통의학의 주 병인인 六淫(風寒暑濕燥火)에 의한 질병관을 잘 보여주고 있다. 이 중 심통에는 9종류가 있는데, 蟲心痛만 약을 다르게 쓴다고 하면서 큰 기생충이 심장을 침범하면 가슴속이 송곳이나 칼로 찌르는 것 같고 얼굴이 파래지면 멀건 거품을 토하는데 살충약을 써서 치료한다는 것에서 기생충 질환을 나름대로 인식하고 있었던 것으로 보인다. 水病은 여러 종류의 부종을 다루며, 黃病은 황달을 주 증상으로 하는 질환들이다.

다음으로 안과와 이비인후과 영역을 다루었다. 안과는 직접 눈으로 볼 수 있는 증상이 많으므로 다양한 증상들을 열거해 놓았다. 눈의 發赤과 가려움, 통증 등은 각결막염 등을 시사하며 백내장도 인식하고 있었다. 안과 영역에서 흥미로운 것은 시력 저하, 즉 근시나 원시 등을 언급하지 않았다는 것인데 시력 저하는 굳이 질병으로 보지 않았을 것으로 추측된다. 이과 영역에서는 귀울림과 통증, 분비물 등의 증상을 볼 수 있는데 중이염, 외이도염 등이 흔했을 것이다.

---

9) 『備預百要方』(『醫方類聚』 권8, 580쪽)의 조문이라고 한다. 신영일, 앞 논문(1994), 136쪽에서 재인용.

③ 하권 : 산부인과와 소아과, 중풍과 기타 영역

산부인과 영역은 실제 질병은 아니지만 응급상황에 처하게 되는 死産이
나 逆産 등을 다루었다. 태반이 나오지 않거나 출혈을 많이 하거나, 산통을
사흘 동안 하는 경우 등 모두 산모를 사망에 이르게 하는 것들이다. 특히
부인의 장이 건조해져 까닭 없이 비통해하며 그치지 못하는 증세(婦人臟燥
無故悲哀不止)는 산후우울증 증세를 자세히 적어놓아 전통사회에서도
산후우울증을 중요시 여겼음을 알 수 있다. 소아방에서는 신생아 황달과
소아돌연사를 다루고 있다.

다음으로 제시된 中風은 대부분의 전통의학서에서 성인 질환으로 매우
중요시되었던 것이지만, 여기에서는 마지막 부분에서 다루었다. 中風은
그 증상으로 의식 상실, 경련, 마비, 실음증, 입이 돌아가는 것 등으로
오늘날의 뇌혈관사고(cerebrovascular accident, CVA)에 해당한다고 짐작할
수 있다.[10)

다음으로 우울증과 미친 병, 瘧疾과 頭痛 등 지금까지 다루지 않았던
질병을 배열하고 있다. 瘧疾은 발열과 오한을 주 증상으로 하는 질환으로
대개 말라리아를 의미하나 오한과 발작을 일으키는 여러 상태들도 이에
포함된다. 마지막 雜方에서는 피부에 흰 얼룩이 생기는 白駁과 기미 여드름
諸黃病을 다루어 당시에도 피부미용이 매우 중요시되었음을 알 수 있다.
그런데 겨드랑이에 나는 냄새인 孤臭와 몸에서 나는 냄새 鵝臭에 대한
처방을 제시하고 있는 것이 매우 특이하다. 이러한 점은 『향약구급방』이
일반 민중을 대상으로 한 구급방서라는 기존의 이해가 반드시 올바른
것은 아니라는 의심을 갖게 한다.

---

10) 권복규, 앞 논문(2001), 19쪽.

4. 질병과 전염병에 대한 인식

1) 전통의학의 질병 인식

지금까지 본고의 최종 목표인 고려시대 의학서에서 전염병과 질병을 어떻게 인식하고 있었는지 살펴보기 위해, 『향약구급방』의 내용을 분석해 보았다. 고려시대 일반적인 사람이 생각하는 질병과 의학에 종사하는 사람이 생각하는 질병이 반드시 일치하지는 않았을 것이다. 『향약구급방』에서 드러내 보이는 질병관은 고려시대 질병관의 일부에 불과할 것이다.

당시 사람들이 질병이 발생하는 원인을 무엇이라고 생각하였는가 살펴보는 것은 질병관을 고찰하는 좋은 방법이다. 고대에는 원한을 품은 귀신 癘鬼가 질병을 야기하며, 군주의 부도덕한 정치를 견책하는 의미로 나타나는 災異현상 가운데 하나로 역병이 유행한다고 인식하였다고 한다.[11] 질병 가운데 수많은 사람들이 한꺼번에 동일한 증상으로 사망하는 것을 역병이라고 이해할 때, 역병의 원인을 어떻게 인식하였는가를 통하여서도 당시의 질병관을 살펴볼 수 있다.

조선시대 역병에 대한 인식을 연구한 결과에 따르면, 역병의 발생은 ① 기상 이변 ② 음양의 부조화 ③ 하천이나 하수도가 막혀 썩어서 냄새가 나는 것 ④ 억울하게 죽은 자의 寃氣 ⑤ 雜鬼의 소행 ⑥ 감옥이나 科場 墓地 神祀 등 사람이 많이 모이는 곳에 군집하는 것 등이라고 한다.[12] 이는 중국 중세의 역병관의 영향을 받은 것으로, 고려에서도 이와 비슷하였을 것으로 보인다.

『향약구급방』은 구급할 때 사용하는 처방을 모아 놓은 것이라 醫論이

---

11) 장인성, 앞 논문(2000), 105~114쪽.
12) 변정환, 『조선시대 역병에 관련된 질병관과 救療시책에 관한 연구』(서울대 보건대학원 박사학위논문, 2000), 105~114쪽.

따로 없다. 따라서 고유의 질병관을 추출해 내기가 어렵다. 그러나 『향약구급방』은 기존의 의서에서 인용한 것이기 때문에, 동양 전통의서에 나타나는 질병관을 그대로 따르고 있다고 할 수 있겠다.

전통의학의 질병관은 증상이 출발점이 된다는 점에서는 근대서양의학과 동일하다. 그러나 근대서양의학이 환자가 주관적으로 느끼는 증상뿐 아니라 現症이 없어도 문제를 일으킬 가능성이 있는 신체의 유기적 이상을 대상으로 하는 데 비해서 전통의학은 어디까지나 증상 위주로 질병을 기술한다. 이는 신체의 유기적 구성과 기능에 관한 객관적이고 과학적인 지식이 부족한 상태에서 직관에 따른 단순한 생리이론과 병리이론을 가지고 질병을 설명한 데 기인하겠지만, 환자 개개인의 주관적 증상 체험을 중시한다는 면에서는 근대서양의학보다 더욱 상세하고 환자 자신의 경험과 일치한다는 장점이 있다. 즉 전통의학의 질병의 모습은 환자가 확실하게 느끼는 불편함(complain)과 제3자가 눈으로 보아 알 수 있는 증후(sign)로 구성되어 있다.[13]

전통의학의 증상[症]은 엄밀히 말해서 근대 서양의학의 증상(symptom)과 같지 않다. 증상은 각각 독립된 사태(event)이며 진단의 초기에는 서로 관련을 갖지 않고 진단 과정을 통해 연결되어 가면서 질병실체(entity)를 떠오르게 하는 인자들로 작용하는데 비해 전통의학의 증상은 그 자체로 病態를 구성한다. 따라서 앞으로 전통의학에서 '證'이라고 하는 것을 증상이라는 용어보다는 병태라는 표현을 사용하도록 할 것이다. 전통의학의 證이 무엇을 의미하는가에 대해서는 여러 논의가 있을 수 있으며 전통의학 자체의 역사적인 발전과정에 따라 의미가 조금씩 달라진다. 현재 전통의학의 證은 ① 임상적 표현 ② 변증을 하기 위한 근거 ③ 병리의 개괄 ④

---

13) 권복규, 앞 논문(2001), 27쪽.

진단의 기본 등 네 가지 의미를 포괄한다고 한다.[14) 이 차이는 근대 서양의
학이 질병실체(disease entity)의 존재를 전제로 증상을 취합하고 각종 이학적
검사를 통해 그 실체를 파악하는 것을 진단의 목적으로 하는 데 비해
전통의학에는 그 질병실체의 개념이 존재하지 않는 데서 기인한다.

　전통의학의 진단, 이른바 辨證論治는 질병실체의 파악이 아니라 여러
질병인자(外因, 內因, 不內外因)가 특정 환자의 몸에서 어떻게 작용하고
있으며 환자의 몸은 그에 대해 어떻게 반응하는지를 파악하는 것이다.
그 차이를 비교해 보면, 다음의 <표 2>와 같이 정리할 수 있다.[15)

<표 2> 근대 서양의학과 전통의학의 질병 비교

구분	증상/증 이름	원인	이해
근대서양의학	aphasia(CVA에서의 경우)	뇌출혈에 의한 신경기능의 마비	뇌출혈에 의한 기능손상이라는 근본 원인의 표현 양태 중 하나
전통의학	失音不語	風邪에 목구멍이 상함	그 자체로 하나의 독립된 병증을 구성함

　이런 차이는 다른 질병명에서도 반복되기 때문에 위 표에서 제시한
전통 질병명을 오늘날의 의학용어로 이해할 때는 특히 주의해야 한다.
예컨대 心疝이라는 병태는 편의를 위해 '흉통(chest pain)'으로 표기하였으
나 사실은 "寒邪가 心經에 침입하여 발생한 병으로 날카로운 흉통(sharp
chest pain), 입술이 파래짐(lip cyanosis), 손끝 저림(fingertip numbness) 등의
증상을 보이는 것"이다. 이는 사실상 심근경색 등으로 인한 심부전의 증상
을 기술한다고도 보인다. 근대의학의 관점에서 볼 때 이런 증상을 보이는
해부병리학적, 기능적 이상은 다양할 수 있으므로 오늘날의 진단 명과

---

14) 전국한의과대학 한방병리학교실 편, 『東醫病理學』(一中社, 1998), 328쪽.
15) <표 2>는 권복규, 앞 논문(2001), 27쪽에서 전재.

일대일로 대응시키기는 불가능하다.16)

근대서양의학의 영향을 받은 최근의 전통의학자들은 病과 證, 症을 구별한다. 병은 근대서양의학의 질병실체(disease entity)와 비슷한 개념이나 그 근거를 병리조직학적 변화에 두지 않는다는 점에서 다르다. 하지만 병리조직학적 변화를 굳이 들지 않아도 임상적으로 바로 판별이 되는 병들이 있는데 옴(疥癬), 蛔蟲病(ascariasis), 화상 등이 이에 해당한다.

'證'은 때로 병과 혼동되어 사용되는데 이미 언급한 바와 같이 특정한 신체적 이상들에 대한 병태생리학적 판단이 이미 개입한 인식론적 결과물 이다. 예컨대 '脾胃虛寒證'이라 한다면 脾胃라는 제반 영양공급과정을 주관하는 신체의 臟腑에 '寒邪'가 들어가 문제를 일으킨 상태라는 것이다. 이 문제가 외부로 표현되는 양상이 症이며 이는 근대서양의학의 증상 (symptom)과 유사하다.17) 그러므로 최근의 전통의학의 진단과정은 "症을 바탕으로 하여 證을 판별하는 것", 즉 辨證을 목적으로 하고 있다.18) 이 진단과정에 대한 이해는 전통의학의 질병관을 이해하는 데 필수적이다.

『향약구급방』이 저본으로 삼았던 隋·唐과 宋나라 시대의 의학서들은 이 辨證에 대한 개념이 비교적 소략했으며 질병들의 분류에서도 증상 위주의 모호한 부분들이 많다.19) 고유의 의론이 없이 기존 의학서에서 처방을 그대로 인용한 『향약구급방』의 질병 서술도 이러한 전통에 충실하 였다고 하겠다.

---

16) 권복규, 앞 논문(2001), 25〜28쪽.
17) 전국한의과대학 한방병리학교실 편, 앞 책(1998), 331〜338쪽.
18) 李鳳教. 『韓方診斷學 Ⅱ(4판)』(성보사, 1997), 44쪽.
19) 권복규, 앞 논문(2001), 28쪽.

2) 선정된 질병으로 본 질병관

지금까지 『향약구급방』의 구성과 내용을 분석해 봄으로써 기본적인 이해를 정리해 보았다. 이를 토대로 하여 『향약구급방』에서는 어떠한 질병을 구급한 것으로 선정하였는지 알 수 있었다. 그런데 무엇을 구급 질병이라고 선정할 것인가 하는 점은 시대마다, 의학서마다 동일하지 않았다. 조선시대 구급의학서의 질병이 같지 않았다는 점에서도 확인해 볼 수 있다. 이는 질병에 대한 인식도 시대마다 동일하지 않았으며, 무엇을 응급질환이라고 선정하는가라는 문제는 당시의 상황에 따라 다르게 나타났기 때문일 것이다.

질병은 단순히 신체의 생물학적인 이상에 국한된 것이 아니라 환자가 호소하는 증상이 사회와 문화에 따라 달라지는 '의학 이론', 혹은 '의학적 세계관'에 따라 해석되고 구조화되는 산물이다.[20] 시대마다 사유세계가 같지 않았으며, 질병관은 당시 사람들이 사유하는 방식과 밀접한 관련이 있다. 특정한 의학서에 나타나는 질병관의 경우, 그것이 편찬되던 시기의 사회상과 당시의 질병에 대한 인식이 나타나기 마련이다. 이렇게 볼 때, 『향약구급방』에서 선정하였던 질병을 통해 13세기 고려 사람들이 가졌던 질병관의 일면을 살펴볼 수 있을 것이다. 이러한 시각 하에, 『향약구급방』의 찬자가 선정한 질병이 내포하고 있는 의미를 살펴보기로 하겠다.

『향약구급방』에 나타나는 질병관을 살펴보기 위해서는 같은 성격을 가진 다른 구급방과 비교해 보면 그 특성을 보다 쉽게 파악할 수 있을 것이다. 『향약구급방』의 전통을 이어 조선 전기에 편찬된 여러 각종 구급방들이 편찬된다. 조선 전기 구급방의 수요가 많았기 때문으로 보인다. 1427년 前 羅州牧使 黃子厚가 『향약구급방』을 인쇄하여 배포하기를 건의하므

---

20) 권복규, 앞 논문(2001), 7쪽.

로, 충청도에서 간행하도록 명하였다고 한다.[21] 이후 새로운 왕조에 의해 새로운 구급의학서가 편찬되는데, 현전하는 조선 전기의 대표적 구급의학서로서는 세조 때 편찬된『救急方』, 1498년 간행된『救急易解方』과 1559년 간행된『救急良方』등이 있다. 여기에서 소개한 구급방류의 의학서는 다루는 질병이 서로 같지 않은 경우가 많다.

어떠한 질병을 선택하여 서술할 것인가 하는 점에서 그 의학서가 가지고 있는 질병관을 추출해 볼 수 있다고 생각한다. 이러한 의미에서 조선 전기에 편찬된 구급방과『향약구급방』의 비교는 13세기 고려에서 생각했던 구급한 질병과 15세기 조선에서 필요하였던 구급방이 달랐던 것을 의미하며, 질병관의 차이를 파악하기 위한 하나의 접근 방법이 될 수 있을 것이다.

조선 전기의 구급 의학서 역시 일상생활에서 흔히 접하는 질병들에 대한 간단한 치료법을 수록한 책들이다. 그 내용을 비교해보면, 당시에 문제가 된 흔한 질병들의 모습을 파악할 수 있다. 이 가운데『구급방』과『구급이해방』에 실린 질병명을 비교해 보면 다음의 <표 3>과 같다.[22]

<표 3> 조선시대『구급방』과『구급이해방』의 병명 비교

『구급방』과 『구급이해방』에 모두 실린 질병명	中寒 中暑 卒死 嘔吐 大小便不通 骨鯁 脫腸陰縮 溺水
『구급방』에만 실린 질병명	中氣 中忤 中惡鬼氣 鬼魘鬼打 卒心痛 尸厥 纏喉風 喉閉 吐血 下血
『구급이해방』에만 실린 질병명(소아 및 부인과 질환 제외)	中風 傷寒 中濕 眼疾 齒痛 咽喉口舌 耳病 鼻病 頭面 毛髮 血病 諸氣 癩疝 腹痛 脇痛 脾胃 眩暈 積聚 咳逆 咳嗽 聲音不出 瘧疾 消渴 浮症 脹滿 黃疸 淋疾 瀉痢 諸虛 虛勞驚悸 諸汗 癲癇 酒病 蟲毒 癮疹 疥癬 癰疽 癩癧 瘻瘤 痔疾 脫肛 便毒 打撲損傷 諸瘡 湯火傷 漆瘡 金瘡 箭鏃諸刺 蟲傷 獸傷 凍傷 眯目 自縊 眯目 癧癤風

---

21)『세종실록』권37, 세종 9년 9월 11일 병신 4번째 기사. 이하『조선왕조실록』의 원문과 번역문은 http://sillok.history.go.kr의 것을 사용하였다.
22) 권복규, 앞 논문(2001), 32쪽의 표 전재.

이 책들은『향약구급방』과 마찬가지로 매우 소략하며 본격적인 의미의 의서라기보다는 간단한 구급 처방집이다. 이 구급서에 실린 질병들은 대개 『향약구급방』에서도 찾아볼 수 있는 것들이다.

위의 <표 3>에서 알 수 있듯이『구급방』에 비해『구급이해방』의 내용이 훨씬 풍부하다.『조선왕조실록』에서 1466년(세조 12) 6월에 "8도에『구급방』을 각각 2件씩 하사하였다"라고 한 점으로 보아,[23)]『구급방』은 1466년 무렵에 편찬되었을 것이다.『구급방』의 특징은 한글을 아는 일반민도 알 수 있도록 한문 다음에 언해를 병기하고 있다는 점이다.[24)]『구급이해방』은 1498년(연산군 4)에 내의원 도제조 尹弼商, 제조 洪貴達, 부제조 鄭眉壽, 내의 金興壽 등 관리들에게 명하여 급한 병에 필요한 약방을 알기 쉽게 한글로 풀이한 책이다. 그러나 초간본은 현재 전하지 않고 언해본 역시 사라진 상태라고 한다.[25)]

『향약구급방』과 관련하여 보다 주목되는 것은『구급방』이다.『구급이해방』에 비해 간단한 구성과『향약구급방』과 그 편찬 시기가 보다 가깝기 때문이다. 구급 상황에서 사용하기 위해 국가에서 편찬한 의학서라는 동일한 성격을 가지고 있다는 점을 염두에 둘 때, 두 의학서가 어떻게 같고 다른지를 비교해 보면『향약구급방』의 성격을 보다 명확히 파악할 수 있을 것이다. 두 구급의학서를 비교하기 위하여『구급방』에서 어떠한 질병을 다루고 있는지, 그 목차를 살펴보면 다음과 같다.

> B. 救急方 中寒第二 中暑第三 中氣第四 中惡 鬼氣第五 鬼魘 鬼打第六
> 卒死第七 卒心痛第八 霍亂吐瀉第九 尸厥第十 纏喉風 喉閉第十一 骨鯁

---

23) 『세조실록』권39, 세조 12년 6월 13일 임자 1번째 기사, "壬子 賜八道救急方各二件".
24) 한국한의학연구소(http://jisik.kiom.re.kr)에서 제공하는『구급방』해제에서 재인용.
25) 안상우, 「救急易解方 : 고의서 산책(162)」,『民族醫學』421(2003) ; 한국한의학연구소의『救急易解方』해제에서 재인용.

第十二 脫陽 陰縮第十三 吐血 下血第十四 大小便不通第十五 溺水第十
六 自縊第十七26)

17항목으로 구성된『구급방』은 제목과 같이 구급 상황에 대한 내용으로
구성되어 있다.『향약구급방』과 비교해 보았을 때, 체제 구성과 서술 방식
에서 다음과 같은 차이점을 지적할 수 있다.

첫째, 전체적으로 제목을 붙이고 복잡한 醫論은 생략하고 처방을 나열하
는 형식을 취하고 있다는 점에서는『향약구급방』의 서술 양식과 동일하다.
그러나 처방을 쓸 때는 반드시 출전을 밝히고 있으며, 경우에 따라 증상에
대한 설명보다는 처방전의 이름인 방제명부터 시작한다는 점이 크게 다른
점이라고 할 수 있다.

예컨대 같은 동상에 관한 서술이라 할지라도『향약구급방』은 그 출전과
방제명을 밝히지 않지만『구급방』은 모두 밝히고 있다. 즉 동상 치료 처방
으로서 대황 가루로 만든 如神散을 들면서, 이것이『衛生寶鑑』에서 인용한
것을 가장 먼저 밝히고 있다.27)

둘째, 주로 인용하고 있는 의학서를 비교해 보면, 후대 구급방의 것이
더 많은 의학서를 인용하고 있다.『향약구급방』은『備預百要方』,『千金要方』,
『外臺備要』,『太平聖惠方』에서 주로 인용하였다. 특히『備預百要方』의 인용
빈도가 매우 높게 나타났는데, 이는『향약구급방』에서 찾아볼 수 있는 失傳
고려의학서라고 한다.28) 이에 비해『구급방』이 주로 인용한 의학서는『和劑

---

26) 한국한의학연구소의『구급방』書目에서 인용. 이하 본고에서 인용하는 의학서의
   원문은『향약구급방』을 제외한 나머지는 모두 여기에 의거하였다.
27)『救急方』, 中寒第二, "『衛生寶鑑』如神散 治凍瘡皮膚 破爛痛 不可忍 大黃爲細末
   新水調搽 凍破瘡上".
28) 안상우,「고려의서『비예백요방』의 고증」,『서지학연구』21(2001), 325～350쪽
   참조.

局方』,『太平聖惠方』,『聖濟總錄』,『百一選方』,『衛生十全方』,『本朝經驗方』,
『千金方』,『管見大全良方』,『經驗良方』,『備急大典良方』,『肘後方』등으로
그 인용의 폭이 훨씬 다양하다.

셋째,『향약구급방』에서 각종 식중독 현상을 서두에 배치한 것에 비해
『구급방』은 中寒을 앞쪽에 두고 있는 점을 들 수 있다. 동양의 서책은
편찬자가 가장 중요하게 생각하는 것을 서두에 두는 경향이 있다. 이렇게
보았을 때, 13세기 중엽 강화도로 천도한 고려사회와 15세기 중엽의 조선사
회에서 구급이라고 생각한 질병의 중요도가 같지 않았던 점을 감지할
수 있다. 특히『구급방』은 中寒에서 凍瘡과 凍死의 경우를 매우 다양한
의학서에서 인용하여 다루고 있는 데 비해,『향약구급방』은 동창을 아주
간단하게 다루고 있으며, 그나마 동사는 항목조차 없다.『향약구급방』에
기재된 동창의 경우,

> C. 꿩의 뇌를 바르면 좋다. 또한 낙소의 전초를 진하게 달여 담근다. 돼지기
> 름을 바른다.[29]

라고 하여 아주 간단하게 취급하였다. 동창이란 오늘 날의 동상에 해당하는
것으로, 추위로 인하여 신체의 일부가 손상된 상태를 의미한다.『향약구급
방』에서 제시한 처치법은『聖濟總錄』에서 인용한 것이다.[30] 이에 비해
『구급방』에서는『和劑方』,『聖惠方』,『聖濟總錄』,『百一選方』,『衛生寶鑑』,
『衛生十全方』등의 여러 의학서에서 다양한 처방을 인용하고 있다. 또한
『향약구급방』에서는 다루고 있지 않은 凍死를 중요하게 취급하고 있다.

---

29) 신영일, 앞 논문(1994), 107쪽.
30) 신영일, 앞 논문(1994), 107쪽의 凍瘡 校注에서 이 구절이『聖濟總錄』에서 인용한
    것임을 밝히고 있다.

가장 큰 차이점 중의 하나는『구급방』에는 숙취에 관한 항목이 없다. 이러한 차이가 나타난 원인은 무엇일까? 다양한 이유를 찾아볼 수 있겠지만, 무엇보다 두 구급방이 대상으로 하는 계층이 달랐던 연유가 아닌가 생각한다. 동창이나 동사가 주요한 구급상황이 되는 계층은 분명 지배계층은 아닐 것이다. 혹한의 추위 속에서 야외에서 장기간 활동해야 나타나는 이러한 증상은 분명 피지배 계층에게 보다 더 자주 나타났을 것이다. 따라서 두 구급의학서가 대상으로 하는 계층은 달랐다고 파악된다.

넷째,『향약구급방』과 달리『구급방』에는 초자연적인 원인에 의한 질병을 다루고 있다. 鬼氣第五와 鬼魘·鬼打第六이 그것이다. 이러한 질병은 귀신이 병을 일으킨다는 질병관에 기인하고 있다. 귀신에 의해 발생하는 질병에 대해서『향약구급방』뿐 아니라『구급이해방』에서도 찾아볼 수 없다.『향약구급방』에는 귀신에 관한 언급이 없지만 세조대에 편찬된『구급방』에는 귀신으로 인한 질병을 다루었다는 것을 어떻게 해석하여야 할까? 세조대에는 고려시대에 비해 질병에 대한 인식이 후퇴하였다가 연산군대에 다시 귀신에 의한 질병 발생을 부정하게 된 것일까? 세종대에 편찬된『향약집성방』에서도 이를(中惡鬼氣 鬼魘鬼打) 다루고 있다는 점을 눈여겨 볼 필요가 있다. 즉『향약집성방』의 救急門에서는 구급의방서에서 보이는 수많은 卒死를 다루고 있다. 이는 갑작스럽게 정신을 잃고 사망하는 병으로 쇼크나 심장마비, 혹은 뇌졸중에 의한 사망으로 추측된다. 그런데 여기에서 초자연적 원인에 의한 갑작스런 사망을 네 가지(鬼擊, 卒魘, 鬼魅, 猫鬼)나 열거하고 있다. 귀신이 병을 일으킨다는 초자연적인 원인을 병인에서 완전히 제외하지는 않았음을 알 수 있다.『향약집성방』에는 동사와 익사, 또 스스로 목을 매는 自縊 등의 항목이 있다. 이렇게 볼 때,『향약구급방』은『향약집성방』에 비해 질병이 발생하는 원인에 대한 인식이 보다 합리적이라고 해석하기 쉽다.[31] 그러나 여기에는 분명한 일관성을 찾아볼 수 없기 때문에 앞으로 좀더 고민해 보아야 할 문제라고 생각한다.

앞 장에서 살펴 본 바와 같이, 『향약구급방』에는 ① 일반 민에게는 있기 어렵지만 상류층에는 흔한 질환이었던 알콜중독을 구급으로 인정하고 있으며, ② 일반 민이 구할 수 없는 금과 같은 고급 약재를 권했으며, ③ 상류층의 사회생활에서 중시되는 증상들, 예컨대 기미나 액취증 등이 구급 질환으로 포함되었다는 점에서 그 대상이 일반 민이 아니고 귀족층이었을 가능성에 대해 의문을 제기하였다. 조선 세조대에 편찬된 『구급방』과 비교해 보았을 때, 동창이나 동사와 같이 귀족층에게는 흔하지 않은 질병은 『향약구급방』에서 거의 다루지 않았다는 사실은 본고의 가설을 더욱 뒷받침해 주는 것이라고 생각한다.

다섯째, 전근대 사회에서 수많은 사망자를 가져 온 역병에 관한 기술이 많지 않다는 점에서 두 의학서는 공통점을 가지고 있다. 당시 문제되었던 역병은 주로 溫疫과 장역이었다.[32] 특히 『향약구급방』은 이를 전혀 다루지 않고 있다. 그런데 전염성 질환으로서 광견병과 소아 두창에 대한 처방을 제시하고 있다는 점을 주목할 필요가 있다.

D-1. 늦은 봄에서 초여름까지 개가 많이 발광하는데, 체견(광견)이라고

31) 권복규, 앞 논문(2001), 31쪽에서 필자 역시 조선 세종조에 편찬된 『향약집성방』에 비해 후대에 나온 『구급이해방』에서 질병을 보는 관점이 좀 더 합리적이었기 때문일 것이라고 해석하였다. 그러나 고려시대 의학서 『향약구급방』을 분석해 봄으로써, 여기에도 그러한 항목이 없다는 것을 알게 되었다. 그렇다면 구급방류에 초차연적인 사망을 다루지 않았던 것은 질병을 보는 관점이 합리적이어서가 아니라 간략한 구급방에서는 미처 옮길 여력이 없었던 연유가 컸을 가능성도 고려해 볼 필요가 있다.
32) 이현숙, 「전염병, 치료 권력 : 고려 전염병의 유행과 치료」, 『이화사학연구』 34(2007) ; 본서 수록 논문 참조.

한다. 만일 사람이 미친 개에 물리면 발광하다가 죽는 수도 있는데, 이럴 때는 반드시 물린 곳에 하루 한 장씩 백일 간 뜸 백장을 뜨고, 술 돼지고기 개고기를 먹지 말아야 한다. 큰 화가 곧 이르러 하루 만에 죽을 수도 있다. 매우 위험한 것이니 비록 뜸을 떴더라도 반드시 위의 약으로 잘 다스려야 한다.33)

2. 어린 아이에게 완두창이 생기려고 하거나 이미 생겨 푹 꺼져 가라앉은 것은 모두 마땅히 급히 치료해야 하는데, 그렇지 않으면 독이 장으로 들어가 치료할 수 없게 된다. 이때에는 섣달에 잡은 돼지피를 병에 담아 바람이 잘 통하는 곳에서 증발시킨 다음 이것을 대추알 반만큼 같은 양의 녹두가루를 넣고 따뜻한 술에 타서 먹이면 신기하게 낫는다. ……34)

위의 자료로 보건대, 당시 광견병이 주요한 질병으로서 미친 개에게 전염되고 있다는 사실을 분명하게 인식하고 있었다. 완두창 역시 전염병으로서, 급히 치료해야 한다는 점을 주지시키고 있다. 여기에서 강조하는 것은 빠른 처치이다. 처치가 늦으면 회복 불가능하며 하루 만에도 사망할 수 있다고 경고하고 있다.

또한 전염병으로서 時氣病을 언급하고 있으니 다음의 자료가 그것이다.

E. 어린 아이의 돌림병을 목욕시켜 치료하는 방법은 복숭아 잎 7냥을 잘게 썰어 물 5되를 넣고 열 번 끓어오를 정도로 달인 다음 찌꺼기는

---

33) 『鄕藥救急方』上卷, "春末夏初 犬多發狂 謂之猘犬(俗云狂犬) 若人逢此猘犬咬 必發 狂 以至於死 必灸其上百壯 不飮酒 及食猪犬肉 凡一日必須灸一壯 若初見瘡 差 卽言平復者難理 大禍卽至 死在旦夕此所深畏 雖灸必須用上項藥理之". 번역문 은 신영일, 앞 논문(1994), 29쪽에서 인용.

34) 『鄕藥救急方』下卷, "小兒豌豆瘡欲發 及已發而陷伏者 皆宜速療不爾 毒入藏 不可 理 以猪血臘月取甁盛 掛風中令乾 右取半大 如碌豆粉 又半黍大同硏 溫酒調下 卽差 ……". 신영일, 앞 논문(1994), 219쪽에서 인용.

버리고, 온도를 알맞게 하여 바람이 들어오지 않는 곳에서 목욕을 시켜서
땀이 나오게 하면 낫는다.[35]

시기병은 이상 기후에 의하여 일어나는 광범위한 질환을 의미한다.
돌림병으로 번역하고 있는데, 한의학에서는 대표적인 전염성 질환으로
인식하고 있음을 알 수 있다. 주목할 점은 전염병으로서 소아 전염성 질환
을 주로 선정하였다는 점이다.

요컨대 『향약구급방』은 기존의 동양 의학서처럼 六淫論에 입각한 질병
관을 가지고 있었다고 할 수 있다. 당시의 온역이나 장역에 관해서는 거의
다루고 있지 않기 때문에 전염병에 관한 인식을 추출해 내기 어려웠다.
다만 전염성이 강하고 무서운 질병 가운데 광견병과 소아 완두창과 소아
시기병을 다루고 있다. 온역이나 장역과 같은 역병이 항상 있는 것이 아니
므로 그보다는 일상적인 질병을 보다 중시하여 이에 관한 처방을 채록하였
다고 생각한다. 『향약구급방』은 조선 전기 구급방과 비교해 보건대, 식중
독과 술로 인한 질병이 중요시되었음을 알 수 있었다. 13세기 몽골의 침입
으로 전 국토가 유린되는 상황에서 강화도에 거주할 수 있었던 계층은
국왕과 최씨 정권을 중심으로 하는 극소수의 귀족, 이들을 위한 시봉 인력
이었다. 이러한 사회적 배경을 고려해 보았을 때, 『향약구급방』의 구급
질병은 본서를 해독하고 이용할 수 있는 主讀者層인 귀족을 주요 대상으로
삼아 선정하였다고 파악해야 할 것이다.

---

35) 『鄕藥救急方』 下卷, "小兒時氣病浴法 取桃葉七兩 以水五升 煮十餘沸 去滓 ……".
    신영일, 앞 논문(1994), 219쪽에서 인용.

5. 맺음말

본 연구는 고려 고종 연간에 출간된 고려의학서『鄕藥救急方』의 질병 내용을 분석함으로써『향약구급방』의 성격을 파악하고, 나아가 고려시대 사람들이 생각하였던 질병과 전염병에 대해 살펴보고자 한 것이다. 이를 위해『향약구급방』의 구성과 구체적인 내용을 구체적으로 분석해 보았다. 특히 조선 전기에 편찬된 다른 구급방서와 비교하여 같은 점과 다른 점을 추출해 봄으로써,『향약구급방』이 가지고 있는 독특한 성격을 찾아낼 수 있었다. 이러한 과정을 통해 다음과 같은 점을 새롭게 밝혀볼 수 있었다.

첫째,『향약구급방』에 선정된 질병은 ① 흔한 질병이고 ② 신속한 대처를 요하는 질병이면서 ③ 증상이 분명하거나 눈에 명확히 보이는 질병으로서 ④ 성인 남성과 여성, 소아에게 자주 발생하는 질병으로 분류되어 있었다. 뇌졸중, 의식상실, 감기(폐렴), 일사병(혹은 열사병), 간질, 흉통과 호흡곤란, 심계항진, 복통, 설사, 구토, 당뇨병, 황달, 부종, 배뇨장애 등의 내과적 질환과 안질, 치통, 중이염, 가시 걸림, 탈모증 등의 안・이비인후과 질환, 타박상과 창상, 화상, 동상, 옻오름, 짐승이나 벌레에게 물린 상처, 옹저, 치루, 탈항 등의 외과적 질환들이었으며 목을 매거나 물에 빠져 죽는 일도 흔했음을 알 수 있다. 이는 오늘날 일차 진료 현장에서 흔히 볼 수 있는 모습들과 크게 다르지 않으며 당시의 다른 자료를 통해서도 이런 질환들의 존재를 확인할 수 있다. 또한 흥미로운 것은 급성발열성질환군(epidemic febrile diseases)에 해당하며 장티푸스, 발진티푸스, 유행성폐렴 등과 같은 상한을 중요하게 취급하지 않은 점이다. 이러한 역병은 당시의 관심대상이 아니었는지 그 원인은 알 수 없지만 구급방에서 상한을 별도로 취급하지 않았다는 점이 주목된다.

둘째,『향약구급방』이 일반 민을 위해 편찬된 구급방서라는 기존의 이해와 달리 강화도로 천도한 지배계층을 위해 편찬된 구급의학서라는 점이다. ① 장풍으로 인한 하혈을 멈추기 위해 5돈이나 되는 금을 약재로 사용하고 있으며, ② 55개 항목만 채택한 질병 종류에는 숙취와 술 끊는 처방, 기미나 주근깨, 겨드랑이 악취 제거 등도 포함되어 있다는 사실, ③ 조선 전기에 편찬된 다른 구급방에서 중요시 된 동한기의 질병 가운데 凍死를 전혀 다루고 있지 않다는 사실 등이 이를 방증한다. 일반 백성을 위한 구급방이라면 기아나 기근에 대한 대응책을 채록하였어야 할 터인데, 이에 대한 항목은 전혀 없다. 오히려 술을 너무 많이 마신 것에 대한 것이 우선적으로 다루어지고 있다면, 이는『향약구급방』의 편찬 목적이 철저히 지배층을 위한 구급의학서라고 파악해야할 것이다. 즉 몽골과의 전쟁을 피해 강화도로 피난 온 상태에서도 기미나 여드름 등 외모와 관련된 피부질환과 겨드랑이나 몸에서 나는 냄새가 중요하였다는 점에서 본서의 성격이 철저하게 당시 지배층을 위한 것이었다는 것을 짐작해 볼 수 있다.

셋째,『향약구급방』의 질병관은 궁극적으로 고려 지배층의 질병관이며, 강화천도라는 비상시국의 산물이다. 전통의학의 주 병인인 六淫(風寒暑濕燥火)에 의한 질병관에 주로 근거하고 있으며, 급성 전염병과 같은 사회적 질병보다 일상생활에서 부딪히는 개인 질병에 대한 서술이 주류를 이루고 있다. 급성 열성 전염병이었던 상한에 관한 개별 항목이 없이 개인 질병이 주되게 다루어졌다. 전염병에 관해서는 광견병과 소아 두창이 중요시하게 다루어졌다. 또한 조선 전기 구급방과 비교해 보건대, 식중독과 술로 인한 질병이 중요시되었음을 알 수 있었다.

넷째,『향약구급방』은 의료혜택을 받지 못하는 일반 대중들이 의사의 손을 빌리지 않고 손쉽게 처치·활용할 수 있도록 하기 위해서라기보다, 강화천도로 인해 개경에서처럼 중국산 약재 등 고급 약재를 사용할 수 없게 되었던 최씨 정권하의 지배층의 상황을 반영한 의학서라고 파악된다. 중국의 약재를 수입할 수 없었던 전시 상황에서 약재의 구성을 향약으로 할 수밖에 없었던 당시 지배층을 위한 구급의학서였던 것이다. 따라서 지금까지 『향약구급방』이 전란기에 고통 받는 일반 민을 위하여 편찬되었다는 이해는 수정되어야 할 것이다.

부록···고려시대 전염병 관련 사료

범 례

1 『고려사』·『고려사절요』 – 문집 – 묘지명 – 불교 자료 순서로 정리하였다.
2 『고려사』·『고려사절요』는 연도 순으로 배열하고, 중복될 경우 풍부한 내용
   의 사료를 번역하고, 나머지는 서지사항만 제시하였다.
3 문집은 저자의 생몰연대순으로 배열하였다.
4 열전, 문집 기사 중 연도가 밝혀져 있지 않은 경우는 『고려사』 등을 확인하여
   가능한 한 명기하였다.
5 번역은 기존의 번역서들을 참조하였으며, 수정·보충하였다. 참고한 번역서
   는 참고문헌에 제시하였다.
6 疫, 癘, 疫疾, 疾疫으로 표현된 병을 '전염병'으로 번역하였다. 전염병일
   가능성이 있는 질병 기록을 함께 정리하였다.
7 (   )은 번역자 주이다.

1)『고려사』·『고려사절요』

■ 918년 8월

『高麗史』卷1, 世家1 太祖 元年 8月 辛亥 ;『高麗史節要』卷1, 太祖 元年 8月

조서를 내리기를, "이전 임금(궁예를 가리킴)이 백성 보기를 초개와 같이 여기고 오직 자기의 욕심만 채우려고 하였다. 이리하여 허무한 도참설을 믿어 갑자기 송악(松嶽)을 버리고 철원으로 돌아가 궁실을 지었으므로 백성들은 토목 공사에 시달려서 농사철을 빼앗겼다. 게다가 또 기근이 연달아 들고 전염병[疫疾]도 따라 일어나서 집을 버리고 떠돌다가 길에서 굶어 죽는 자가 잇따르게 되었다. 또 고운 베[細布] 한 필이 겨우 쌀 다섯 되 값밖에 안되어 백성들이 자기 몸과 처자식을 팔아 남의 노비로 되게 하였다. 짐은 이를 매우 불쌍하게 생각한다. 각 소재처에서 조사하여 기록하여 보고하라!"고 하였다. 이에 (노비가 된 자를 조사하여) 1천여 명을 얻었으므로, 내고(內庫)의 베와 비단[布帛]으로 몸값을 갚아주고 돌려보냈다.

　詔曰 前主視民如草芥 而惟欲之 從乃信讖緯 遽棄松嶽 還居斧壤 營立宮室 百姓困於土功 三時失於農業 加以饑饉荐臻 疾疫仍起 室家棄背 道殣相望 一匹細布直米五升 至使齊民賣身鬻子 爲人奴婢 朕甚悶焉 其令所在具錄以聞 於是得一千餘口 以內庫布帛贖還之

■ 981년 7월

『高麗史』卷2, 世家2 景宗 6年 7月 ;『高麗史節要』卷2, 景宗 6年 7月

왕이 병든 지 오래되었으므로 갑신일에 당제(堂弟)인 개녕군(開寧君) 치(治)를 불러서 왕위를 물려주었다. 유언으로 남긴 조서에서 "한번 태어나고 한번 죽는 것은 훌륭한 사람도 피하기 어렵고, 수명이 짧거나 긴 것도 예나 지금이나 모두 이렇다. 과인이 위 4대 왕의 남은 위엄을 이어 삼한(三韓)을 통일한 패업을 받아서 산천, 토지를 보전하고 종묘, 사직을 평안하게 하기에 힘써 나날이 근신하여 온 지 전후 7년이 되었다. 이 노고로 말미암아 마침내 질진(疾疹)이 생겼다.”라고 하였다.

王疾彌留 甲辰 召堂弟開寧君治內禪 遺詔曰 一生一死 賢哲難逃 或短或脩 古今皆是 寡人承四朝之餘烈 受三韓之霸圖 獲保山川土地 務安宗廟社稷 日愼一日 首尾七年 因此勤勞 遂成疾疹

■ 991년 10월

『高麗史節要』卷2, 成宗 10年 10月 ;『高麗史』卷80, 志34 食貨3 賑恤 災免之制

서도(西都)에 행차하였다. 지나는 주·현의 부로(父老) 중에 쇠고기와 술을 가지고 와서 바치는 자가 있었다. 술은 군사에게 내려 주고 쇠고기는 민호(民戶)에게 돌려주었다. 민호 중 전염병[疾疫] 때문에 농사를 짓지 못한 자들이 있어서 조세를 면제해 주었다. 중병이 들었거나 불구인 자들에게는 약을 주었다. 또 해당 관청에게 “이번 행차는 제사 때문에 가야 하는 것이지만, 역시 간소하게 하는 방법이 있을 것이다. 지나온 주, 군에서 나이가 80살이 넘은 남녀를 특별히 구휼하도록 하라.”고 명령하였다.

幸西都 所經州縣父老 有持牛酒以獻者 酒以賜軍士 牛還之民戶 有以疾疫失農業者 免其租賦 篤疾癈疾者 給藥 且謂有司曰 此行雖因齋祭 亦爲省方 所歷州郡 男女年八十已上者 特加賑恤

■ 1018년 4월

『高麗史』卷4, 世家4 顯宗 9年 4月 庚午 ;『高麗史』卷55, 志9 五行3 土, 顯宗 9年 4月

누런 안개가 4일 동안 사방에 자욱하더니 서울에 장역(瘴疫) 환자가 많아져서 왕이 의사를 나누어 보내어 치료하게 했다.

黃霧四塞 凡四日 京城多患瘴疫 王分遣醫療之

■ 1018년 윤4월

『高麗史』卷85, 志39 刑法2 恤刑, 顯宗 9年 閏4月 ;『高麗史節要』卷3, 顯宗 9年 4月 ;『高麗史』卷94, 列傳7 劉瑨

문하시중 유진(劉瑨) 등이 "민간에 전염병[疫癘]이 돌고 기후가 순조롭지 못한 것은 다 형벌을 집행하는 정사가 시기에 맞지 않기 때문입니다. 삼가 월령(月令)을 상고해보니 '3월 중에는 죄수의 수를 줄이고 형틀을 벗겨 주며 매를 치지 말고 소송을 정지하며 4월 중에는 중죄수를 너그럽게 대하고 경죄수를 내어 보내며 7월 중에는 감옥을 수리하고 형구를 정비하며 가벼운 형을 집행하고 작은 죄를 판결한다고 하였습니다.' 또한 옥관령(獄官令)을 살펴보니 '입춘부터 추분까지는 사형 판결을 청할 수 없으나 대악이나 반역죄를 범하였을 때에는 이 법령에 구애되지 않는다'고 하였습니다. 그러나 법을 맡은 관리가 이것을 자세히 알지 못한 듯합니다. 앞으로는 중앙과 지방의 해당 부서에서 모두 월령에 따라 시행하게 하십시오!"라고 상소하였다. 왕이 상소를 따랐다.

門下侍中劉瑨等奏 民庶疫癘 陰陽愆伏 皆刑政不時所致也 謹按月令 三月節 省囹圄 去桎梏 無肆掠 止獄訴 四月中氣 挺重囚出輕繫 七月中氣 繕囹圄 具桎梏 斷薄刑 決小罪 又按獄官令 從立春至秋分 不得奏決死刑 若犯惡逆 不拘此令 然恐法吏 未盡審詳 伏請今後內外所司 皆依月令施行 從之

■ **1030년 12월**

『高麗史』卷5, 世家5 顯宗 21年 12月 ;『高麗史』卷55, 志9 五行3 土

서울에 전염병[疫]이 돌아서 사람이 많이 죽었다.

京城疫 人多死

■ **1040년 11~12월**

『高麗史』卷64, 志18 禮6 軍禮 季冬大儺儀, 靖宗 6年 11月 戊寅

왕이 조서를 내려서 "짐이 즉위한 후 호생(好生 : 생명을 구한다는 뜻)할
것을 마음먹고 새, 짐승, 곤충까지도 모두 어진 은혜를 입도록 하려 하였다.
그런데 연말에 하는 액막이굿[儺禮]에 닭 다섯 마리를 찢어서 전염병 기운
을 쫓아내려 하니 짐의 마음이 몹시 아프도다. 될수록 다른 것으로 대용하
게 하라"고 하였다. 사천대(司天臺)에서 "서상지(瑞祥志)에서 말하기를 '12
월에 해당 부서에 지시하여 큰 액막이굿을 할 때에 사방에서 흙으로 만든
소를 찢어서 찬 기운을 가시게 한다'고 하였습니다. 황토로 길이 1척,
높이 5촌 되는 소 네 마리를 만들어 닭 대신 사용하십시오."라고 아뢰었다.
왕이 이를 따랐다.

詔曰 朕卽位以來 心存好生 欲使鳥獸昆虫咸被仁恩 歲終儺禮 磔五雞以
驅疫氣 朕甚痛之 可貸以他物 司天臺奏 瑞祥志云 季冬之月 命有司大儺
旁磔土牛 以送寒氣 請造黃土牛四頭各長一尺高五寸 以代磔雞 從之

■ **1080년 7월**

『高麗史』卷9, 世家9 文宗 34年 7月 癸亥

유홍(柳洪) 등이 송에서 귀국하였다. 송 황제가 칙서 8도(道)를 붙여보냈
다. (중략) 네 번째 칙서에서 말하기를, "경은 순수한 덕을 삼가하여 삼한을

돌보고, 오랫동안 수고하여 열병[疚瘝]이 수족에 들었다고 하는데, 근자에 이 말을 듣고 항상 마음에 두었다. 의술은 창령(倉令 : 漢의 명의)과 같은 이를 구하고 약은 동군(桐君 : 중국 黃帝 때 사람. 약을 구하는 것에 관한 책을 썼다고 함)의 옛 기록을 상고하였으니, 바라건대 잘 복용하여 몸이 쾌유하도록 하라. 시일이 경과하면 어떤 병인들 낫지 않겠는가? 멀리서 괴로워할 것을 생각하니 짐의 근심이 얽혀 있도다. 바닷가 나라[海邦 : 고려를 말함]로 생각이 달려갈 때 말탄 사신의 소식도 더디구나! 경은 화기를 오로지하여 복을 이루고 마음가짐을 조심스럽게 가져서 양순함을 잊지 말고 수복(壽福)을 이루라."라고 하였다.

> 柳洪等還自宋 帝附勑八道 (中略) 其四曰 卿祗愼一德 拊循三韓 積勤勞於
> 歲年 客疚瘝於支末 頃者聞問 恒焉置懷 術求倉令之餘師 藥按桐君之舊
> 錄 冀善服食 俾躬有瘳 迨踰寒暄 何恙未已 邈念所苦 曰紆朕憂 騖想海邦
> 緩音驛使 卿其專和致福 虞意持神 毋忘養順 用介壽祺

■ 1100년 6월

『高麗史』卷63, 志17 禮5 吉禮小事 雜祀, 肅宗 5年 6月 戊午

5부(五部)에서 다섯 온신(瘟神 : 질병을 일으키는 귀신)에게 제사를 지내어 전염병[溫疫]을 방지하여 줄 것을 빌었다.

> 祭五溫神於五部 以禳溫疫

■ 1101년 2~4월

『高麗史』卷63, 志17 禮5 吉禮小事 雜祀, 肅宗 6年 2月 甲午 ;『高麗史』卷11, 世家11 肅宗 6年 3月 丙戌

2월 갑오일에 사신을 파견하여 차례대로 산천에 제사지냈다. 병신일에

5부(部)에서 온신(溫神)에게 제사를 지내어 전염병[溫疫]을 물리쳐주기를 빌었다. 3월 병술일에 다섯 온신에게 제사지냈다. 4월 무신일에는 기묘년 (1099)에 왕이 삼각산(三角山)으로 행차하던 도중에 통과한 명산, 대천에 대하여 개성과 양주에서 합동 제사를 지냈다.

二月 甲午 遣使秩祭于山川 丙申 祭溫神于五部 以禳溫疫 三月 丙戌 祭五溫神 四月 戊申 合祭己卯年幸三角山所過名山大川 于開城及楊州

■ 1109년 4월

『高麗史』卷13, 世家13 睿宗 4年 4月 甲辰

왕이 근신(近臣)들을 보내어서 박연(朴淵)과 모든 신사(神祠)에서 기우제를 지내고, 5부(部)에서는 온신(瘟神)에게 제사를 지냈다. 이어서 반야도량을 설치하여 전염병[疾疫]이 없어지기를 빌었다.

遣近臣禱雨于朴淵及諸神廟 祭瘟神于五部 仍設般若道場 以禳疾疫

■ 1109년 5월

『高麗史』卷80, 志34 食貨3 賑恤 水旱疫癘賑貸之制, 睿宗 4年 5月

왕이 명령을 내리기를, "서울 안 인민들이 전염병[疫疾]에 걸렸으므로 마땅히 구제도감(救濟都監)을 설치하여 그들을 치료하여야 할 것이다. 또 시체와 뼈들은 모아서 매장하여 길 위에 널려져 있지 않도록 하라"고 하였다. 근신(近臣)들을 파견하여 동북, 서남 2도의 굶주린 백성들을 구제하였다.

制曰 京內人民罹于疫疾 宜置救濟都監療之 且收瘞屍骨 勿令暴露 分遣 近臣 賑東北西南二道飢民

■ 1109년 6~7월

『高麗史』卷96, 列傳9 尹瓘 ;『高麗史』卷13, 世家13 睿宗 4年 6~7月

윤관(尹瓘)이 공옥(孔沃), 이관중(李管仲), 이현(異賢) 등을 인질로 잡으니, 요불(褭弗) 등이 드디어 와서 아홉 성(城) 지역을 돌려달라고 요청하였다. 처음에 조정에서 의논할 때 병항(瓶項)을 점령하여 그 통로를 막으면 여진에 대한 근심은 영원히 없어질 것이라고 생각하였다. 그런데 이 통로를 점령하고 보니 수로, 육로 어느 쪽으로도 통하지 않는 곳이 없어서 이전의 소문과 판이하게 달랐다. 여진은 이미 그들의 소굴을 잃은 후 기어코 보복하려고 맹세하고, 이에 멀리 있는 추장들을 끌어들여 해를 이어 전쟁하고, 흉악한 속임수와 갖은 무기로 하지 않는 바가 없었다. 성들이 험하고 견고하여 좀처럼 함락되지는 않았으나 전투와 방어에서 우리 병력의 손실도 또한 많았다. 또 새로 개척한 지역이 너무 넓어서 아홉 성들의 거리가 멀 뿐만 아니라 골짜기가 깊고 수목이 무성하여 적들이 자주 매복하고 있다가 왕래하는 사람들을 약탈하였다. 국가에서도 군사의 조련에 비용이 많이 들어 전국이 소란했는데, 이에 더하여 기근과 전염병[疾疫]이 겹쳐서 원망과 탄식이 드디어 일어났으며 여진도 또한 귀찮게 굴었다. 이때에 이르러 왕이 여러 신하들을 모아서 의논한 결과 마침내 아홉 성을 여진에게 돌려주기로 결정하고, 전투 기자재와 식량 등을 내지로 옮기고 성에서 철수하였다.

瓘以孔沃・李管仲・異賢等爲質 褭弗等遂來請還九城地 初朝議以得瓶項塞其徑 狄患永絶 及其攻取 則水陸道路無往不通 與前所聞絶異 女眞旣失窟穴 誓欲報復 乃引遠地群酋連歲來爭 詭謀兵械無所不至 以城險固不猝拔 然當戰守 我兵喪失者亦多 且拓地大廣 九城相去遼遠 谿洞荒深 賊屢設伏抄掠往來者 國家調兵多端 中外騷擾 加以飢饉疾疫 怨咨遂興 女眞亦厭苦 至是王集群臣議之 竟以九城還女眞 輸戰具資糧于內地 撤其城

■ 1109년 12월

『高麗史』 卷13, 世家13 睿宗 4年 12月 乙酉

해당 기관에 명령하여 송악산 및 모든 신사(神祠)에 제사를 지내어 전염병[疾疫]을 물리치게 하였다.

命有司分祭于松嶽及諸神祠 以禳疾疫

■ 1110년 4월

『高麗史』 卷13, 世家13 睿宗 5年 4月 甲戌 ; 『高麗史節要』 卷7, 睿宗 5年 4月

사천대(司天臺)에서 "금년에 전염병[疫癘]이 크게 발생하여 시체와 해골이 길에 널렸습니다. 해당 기관에 명령하여 그것을 거두어 묻게 하십시오." 라고 아뢰니, 왕이 이를 따랐다.

司天臺奏 今年疫癘大興 尸骸載路 請令有司收瘞 從之

■ 1120년 5~8월

『高麗史』 卷54, 志8 五行2 金, 睿宗 15年 5月 ; 『高麗史』 卷14, 世家14 睿宗 15年 8月 ; 『高麗史節要』 卷8, 睿宗 15年 8月

5월에 날이 가물었다. 갑자일에 산천과 사직에서 비를 빌었다. 6월 신미일에 기우제[雩祭]를 지냈다. 7월 경술일에 또 원구, 종묘, 사직, 군망(群望)에서 비를 빌었다. 여름부터 8월까지 비가 내리지 않았으므로 오곡이 자라지 않고 전염병[疫癘]이 크게 유행하였다.

五月 旱 甲子 禱雨于山川社稷 六月辛未 雩 七月庚戌 又禱于圓丘廟社群望 自夏至八月 不雨五穀不登 疫癘大興

■ 1120년 8월

『高麗史』卷14, 世家14 睿宗 15年 8月 辛未 ;『高麗史節要』卷8, 睿宗 15年 8月

왕이 외제석원에 행차하였다. 5부(部)에 명령하여 3일 동안 『반야경』을 읽어서 전염병[疫癘]이 없어지기를 기도하게 하였다.

幸外帝釋院 命五部 讀般若經三日 以禳疫癘

■ 1122년 4월

『高麗史』卷14, 世家14 睿宗 17年 4月 乙未 ;『高麗史節要』卷8, 睿宗 17年 4月

왕의 병이 위독하였다. 부축을 받고 앉아서 재상들을 보면서 이르기를 "짐이 덕이 없어서 하늘이 벌을 내리고 질진(疾疹)도 낫지 않으니 장차 어떻게 신민(臣民)들의 윗자리에 앉아서 군국(軍國) 대사를 총람하겠는가? 태자가 비록 나이는 어리지만 덕행이 숙성했으니 그대들은 한 마음으로 도와 조상들이 이루어놓은 것을 그르치지 않게 하라."고 하였다. 여러 신하들이 왕의 앞에 엎드려서 눈물을 흘리면서 말할 바를 알지 못하였다. 왕이 태자를 불러서는 "내 병세가 점점 심해져서 회복되지 못할 듯하므로 나의 중책을 오로지 너에게 맡기노라. 내가 뒤돌아 생각해보니 일생 동안 한 일이 잘한 것은 적고 잘못한 것이 많구나. 부디 본받지 말라. 다만 옛날 성현의 도를 상고하며 우리 태조의 훈계를 받들어서 왕위에 있으면서 나태하지 말고 길이 백성을 편안하게 하라."고 일렀다. 태자가 머리를 숙이고 울면서 일어나지 못하였다.

王疾革 扶坐 見宰樞曰 朕以不德 天降之孽 疾疹不瘳 將何以處臣民之上 摠軍國之事 太子雖在幼少 德行宿成 諸公同心恊輔 無墜祖構 群臣俯伏 流涕 不知所言 王召太子曰 予疾大漸 勢不復痊 爰釋重任 傳歸於汝 予追

思平生所行 得少失多 愼勿效焉 但當稽古聖賢之道 奉我太祖之訓 不懈
于位 永綏庶民 太子俛首泣 不能起

■ 1123년
『高麗史』卷97, 列傳10 李永 ;『高麗史節要』卷9, 仁宗 元年 1月

이영이 대답하기를 "내 스스로 반성하건대 마음에 거리끼는 것이 없기
때문에 죽을 것을 참고 괴로움도 기다렸다. 그런데 나의 노모(老母)께서
나 때문에 적몰되어 천한 종이 되신다면 내가 구차하게 살아서 무엇하겠느
냐?"라고 하더니, 술을 한 말이나 마시고 분이 북받쳐서 죽었다. 당시의
사람들이 애석히 여겼다. 이 소식을 듣고 이자겸이 술사(術士)를 보내서
그 시체를 길가에 묻게 했더니, 소나 말들도 감히 밟지 못했다. 간혹 학질[病
瘧]에 걸린 사람이 그 무덤에 기도를 드리면 나았다. 이자겸이 패망하자
이영의 아들이 고쳐 장사하기를 청하였다. 그 무덤을 파보니 시체가 변하지
않은 채 있었다.

永曰 吾內省不疚 故忍死以待苦 老母以予故沒爲賤隷 吾苟生何爲 乃飮
酒一斗 憤懣而卒 時人惜之 資謙遣術士瘞道傍 牛馬不敢踐 或病瘧者就
禱則愈 資謙敗 永子請改葬 掘之 屍不變

■ 1142년 10월
『高麗史』卷55, 志9 五行3 土, 仁宗 20年 10月 戊寅

서남 지방의 주, 군에서 소와 말의 전염병[疫]이 돌므로 일관(日官)을
여러 곳에 보내 전염병이 없어지기를 빌게 하였다.

以西南路州郡牛馬疫 遣日官分道祈禳

■ 1146년 2월

『高麗史』卷17, 世家17 仁宗 24年 2月 甲子 ;『高麗史節要』卷10, 仁宗 24年 2月

왕의 병이 위독해지자 태자 현(晛)에게 왕위를 전하고 왕명을 발표하였다. "짐이 덕이 박한 몸으로 외람되게 대업을 계승한 후 깊은 못에 임한 듯하고 썩은 새끼줄로 말을 모는 듯 어찌할 바를 몰랐더니, 하늘이 벌을 내려 질진(疾疹)도 낫지 않는다. 위로는 하늘의 뜻이 두렵고 아래로는 백성들 보기에 부끄럽도다! 낮이나 밤이나 허물을 면할 생각에 다른 겨를이 없으나 나라의 모든 정사를 오래 비워둘 수 없고 중요한 왕위를 잠시라도 비워둘 수 없다. 태자 현은 나의 맏아들로서 일월과 같이 총명하며, 태자로서의 덕은 상하 모든 사람에게 이르렀도다. 그러므로 옛날 선왕들이 사랑하는 아들을 후계자로 세워서 삼대(三代)에 정권을 자식에게 물려주던 일을 본받아 중대한 책임을 맡겨 삼한(三韓)을 통치하게 하노라. 반드시 나라의 옛 법과 제도를 상고하여 모든 일에 성과를 거둘 것이다. 이제부터 모든 군국 대사는 모두 새 임금의 결정을 들을지어다!"

王疾大漸 傳位于太子晛 制曰 朕以涼德 叨纘丕業 臨深馭朽 不知所圖 天降之孼 疾疹不瘳 上懼天心 下愧民望 夙夜靡遑思免厥咎 庶政萬機不可久曠 神器大寶不可暫虛 太子晛處震之長 重離之明 元良之德 格于上下 是故惟先王立愛之模 法三代與子之義 付之重任 主之三韓 必能稽若典章 以凝庶績 自今已往凡軍國事務 並取嗣君處斷

■ 1152년 6월

『高麗史』卷17, 世家17 毅宗 6年 6月 庚辰

개국사(開國寺)에서 기근으로 굶주리는 사람과 전염병[疾疫]에 걸린 사람들에게 음식을 먹였다.

饗飢饉疾疫人於開國寺

■ 1152년 6월

『高麗史』卷17, 世家17 毅宗 6年 6月 癸未

왕이 묘통사(妙通寺)에 행차하여 마리지천도량(摩利支天道場)을 베풀었다. 이 날 수창궁(壽昌宮)으로 돌아와서 명인전(明仁殿)에서 72성신(星神)에게 기도를 하고 또 옥황상제[天皇大帝], 태일(太一) 및 16신(神)에게 초제(醮祭)를 지내서 전염병[疫疾]이 없어지기를 빌었다.

幸妙通寺 設摩利支天道場 是日還壽昌宮 醮七十二星於明仁殿 又醮天皇大帝太一及十六神 以禳疾疫

■ 1162년 3월

『高麗史』卷18, 世家18 毅宗 16年 3月 丙寅 ;『高麗史節要』卷11, 毅宗 16年 3月

간관(諫官)들이 합문(閤門) 밖에 엎드려서 별궁(別宮)의 공납(貢納)을 폐지하자고 상소했으나 왕이 듣지 않았다. 왕이 음양가들의 비결이니 축원이니 하는 말을 혹신하여 행차하는 곳마다 승려와 도사를 수백 명씩 모아서 항상 재(齋)를 올리고 기도를 하였으므로 소모되는 비용이 막대하여 국고 재정은 탕진되었다. 또 개인 저택을 많이 빼앗아서 별궁(別宮)으로 만들어 놓고 별공(別貢)이라는 명목으로 재물을 수탈하면서 환관들이 감독하게 하였다. 이것을 기회로 환관들이 사리를 채웠다. 이때에 가뭄으로 흉년이 들고 전염병[疫癘]이 일어나서 서울과 지방에는 굶어죽은 시체가 길가에 잇대었다.

諫官伏閤上疏 請罷別宮貢獻 不聽 王酷信陰陽秘祝之說 每於行在 集僧

道數百餘人 常設齋醮 麋費不貲 帑藏虛竭 又多取私第爲別宮 誅求貨財
名曰別貢 使宦者監領 夤緣營私. 時旱荒疫癘 中外道殣相望

■ 1162년 5월

『高麗史』卷18, 世家18 毅宗 16年 5月 丁巳

왕이 다음과 같이 명령하였다. "임금의 덕은 백성의 생명을 아껴주고
죽이기를 싫어하며, 백성들의 남모르는 괴로움까지 근면하게 보살펴 주는
데 있는 것이다. 요즈음 감옥이 비지 않고 민간에 전염병[疫癘]이 창궐하므
로 짐이 심히 민망하게 여긴다. 해당 관리는 사형 이하 죄수들을 석방하고
각 도 군(郡), 현(縣)의 미납된 조세를 면제하라. 창고에 있는 곡식을 나누어
서 가난하여 살 곳이 없는 사람들을 구제하라. 겸하여 청백하고 절개를
지키는 자를 천거하라."

> 宣旨 人君之德 在於好生惡殺 勤恤民隱 近者囹圄不空 民多疫癘 朕甚憫
> 焉 其赦殊死以下 蠲諸道郡縣逋租 發倉廩 以賑貧窮失所者 兼擧清白守
> 節者

■ 1171년 5월

『高麗史』卷19, 世家19 明宗 元年 5月 己丑

유응규(庾應圭)가 금으로부터 돌아왔다. 황제가 조서를 보내어 전왕(前
王)의 왕위 이양을 허락하지 않았다. 조서에서 말하기를, "경이 왕위를
계승한 지 24년 동안 우리나라의 울타리국가[藩邦]가 되었다. 근자에 누차
사신이 와야 할 기한에 어긋나고 단지 편지로만 소식을 전할 뿐이어서
무슨 변고나 생기지 않았나 하여 매우 우려하였더니 이제야 비로소 자세한
글월을 보았다. 그대가 질진(疾疹)에 걸렸다고 한 지 오래되었으므로 왕위

가 오랫동안 비게 될까 염려하여 아버지의 유언을 받들어 아우에게로
왕위를 계승시켜 임시로 국사를 맡긴다고 하였다. 경의 말이 비록 순리이기
는 하나 짐의 생각에는 미흡한 바가 있도다. 연달아 사신을 파견하여 그대
나라에 가서 이 문제를 조사하게 할 것이다."라고 하였다.

> 庚應圭還自金 帝迴詔不允前王讓位 曰 卿襲封二紀 作屏一邦 近者屢愆
> 信使之期 徒有郵書之報 向深憂乎變故 今始閱于封章 稱疾疹之淹延 懼
> 保釐之曠闕 述其父命之遺囑 欲以弟及而相傳 付之伊人 攝以國事 卿言
> 雖順 朕意未孚 續遣使騑 往詢厥事

■ 1173년 4~5월

『高麗史』卷54, 志8 五行2 金, 明宗 3年 4~5月;『高麗史』卷19, 世家19
明宗 3年 4月 丙子;『高麗史節要』卷12, 明宗 3年 4月

4월 병자일에 무당을 모아 기우제를 지내고, 근신들을 파견하여 군망(群
望)에게 빌었다. 정월부터 비가 오지 않아서 냇물과 우물이 모두 고갈되고
곡식의 싹도 말라버렸는데, 겹쳐서 전염병[疾疫]까지 유행하였다. 사람들
이 많이 굶어 죽었는데, 심지어 인육(人肉)을 팔기도 하였다. 또 화재가
많이 일어났다. 경진일에 양부(兩府)의 재상들이 보제사(普濟寺)에서 기우
제를 지냈으며, 무자일에도 재추(宰樞)가 또 신중원(神衆院)에서 비를 빌었
다. 5월 갑진일에 문무관 3품관리들의 녹봉을 떼어내어 그것으로써 보제사
에서 재를 올려 비를 빌게 하였다.

> 四月 丙子 聚巫禱雨 分遣近臣 禱于群望 自正月不雨 川井皆渴 禾麥枯槁
> 疾疫並興 人多飢死 至有市人肉者 又多火灾 庚辰 兩府宰樞禱雨于普濟寺
> 戊子 宰樞又禱于神衆院 五月 甲辰 令文武三品抽祿 設齋于普濟寺以禱

■ 1177년 6월

『高麗史』卷19, 世家19 明宗 7年 6月 辛巳

금에서 횡선사(橫宣使) 대부감 도단(徒單) 양신(良臣)이 왔다. 금에서 사신이 올 때에 나라에서는 서경 반란군[조위총의 반란을 말함]의 남은 무리들이 길을 막을까 염려하여 사신에게 군대를 동원한 뒤라 연로에 전염병[疫]이 크게 유행하기 때문이라고 핑계를 대고 다른 길로 안내하여 맞아들였다. 그리고 호부낭중(戶部郎中) 박소(朴紹)와 중랑장 아응시(牙應時)를 보내어 관군과 신기군(神騎軍) 80명을 인솔하고 가서 만일의 사고에 대비하게 하였다. 일행이 통덕역에 다다랐을 때 과연 적이 갑자기 나타나서 충돌하게 되어 십중팔구가 죽었다. 박소도 역시 해를 입었다.

金橫宣使大府監徒單良臣來 金使之來也 國家疑西京餘孽梗道路 託言軍旅之後 沿路大疫 從他路迎候 仍遣戶部郎中朴紹 中郞將牙應時 率官軍及神騎軍八十人 往備不虞 行至通德驛 賊果猝出掩擊 死者十八九 紹亦遇害

■ 1185년

『高麗史』卷99, 列傳12 咸有一

함유일은 일찍부터 엄하게 무당을 배척하였는데, 그 까닭은 사람과 귀신이 함께 뒤섞여 있으면 사람에게 창질[瘡瘋 : 염병]이 많이 생기기 때문이었다. 도감(都監)이 되자 서울에 있는 무당집을 모두 교외로 이사시켰고, 민가에 있는 음사(淫祀)를 모조리 없애고 불태워 버렸다. 여러 산의 신사(神祠)들도 특이한 증험이 없는 것은 역시 모두 파괴하여 버렸다. 구룡산(九龍山)의 산신이 가장 영험하다는 소문을 듣고는 신사로 가서 귀신의 화상을 활로 쏘았더니 갑자기 회오리바람이 일어나 두 짝 문이 닫히면서 화살을 막아 냈다. 또 용수산(龍首山) 신사에 가서는 그 신령함을 시험하여 징험이 없자 불태워 버렸다. 그 날 밤 왕의 꿈에 신이 나타나 구원을 청하였으므로 이튿날 해당 기관에 명령하여 그 신사를 다시 세우게 하였다.

[咸]有一嘗酷排巫覡 以爲人神雜處 人多疵癘 及爲都監 凡京城巫家悉徙 郊外 民家所畜淫祀盡取而焚之 諸山神祠無異跡 者亦皆毁之 聞九龍山神 最靈 乃詣祠射神像 旋風忽起 闔門兩扇 以防其矢 又至龍首山祠 試靈無 驗 焚之 是夜王夢 有神求救者 翼日命有司 復構其祠

■ 1187년 5월

『高麗史』卷55, 志9 五行3 土, 明宗 17年 5月 ; 『高麗史節要』卷13, 明宗 17年 5月

서울에 전염병[疫]이 크게 유행하였으므로 오부(五部)에 명령하여 도부 신(道符神)의 초제(醮祭)를 베풀어 쫓게 하였다.

京城大疫 命五部 設道符神醮以禳之

■ 1197년 9월

『高麗史』卷20, 世家20 明宗 27年 9月 癸亥

최충헌 형제가 왕을 핍박하여 홀로 말을 타고 성문을 나가게 하여 창락궁 (昌樂宮)에 유폐시키고, 태자 숙(璹)을 강화도로 쫓아 보냈다. 평량공(平涼公) 민(旼)을 맞아들여 왕으로 세우고 아들 연(淵)을 태자로 삼았다. 신종 5년 (1202) 9월에 왕이 이질(痢疾)에 걸렸다. 신종이 환관[中使]을 보내 "의원과 약을 보내려 하는데 어떤 의원이 마음에 듭니까?"라고 청하였다. 왕이 말하기를 "내가 28년간이나 왕위에 있었고 나이가 72세이니 어찌 더 살기 를 바라리오!"라고 하면서 끝까지 듣지 않았다. 11월 무오일에 창락궁에서

붕어하였다. 시호를 광효(光孝)라 하고 묘호(廟號)는 명종(明宗)이다.

忠獻兄弟逼王 單騎出向成門 幽于昌樂宮 放太子璹于江華島 迎平涼公晫
立之 以子淵爲太子 神宗五年九月王患痢疾 神宗遣中使請曰 欲遣醫進藥
誰其可者 王曰 我忝位二十八年 壽七十二 豈希延生 遂不聽 十一月戊午
薨于昌樂宮 謚曰光孝 廟號明宗

■ 1232년 4월
『高麗史』卷23, 世家23 高宗 19年 4月 壬戌

상장군 조숙창(趙叔昌)과 시어사 설신(薛愼)을 몽골에 파견하여 표문을
올려 신하국이라고 칭하고, 나(羅), 견(絹), 능(綾), 주(紬) 각 10필과 금, 은으로
만든 여러 가지 술 주전자와 그림 말다래, 그림 부채 등의 물품을 바쳤다.
동시에 살리타이에게 편지를 보내고 금, 은으로 된 그릇과 피류, 수달피,
그림 부채, 그림 말다래를 주고 그 부하 16명의 관원들에게까지도 물품을
차등 있게 주었다.

살리타이에게 보낸 편지는 다음과 같다.

"지난 편지에서 황제에게 보내는 물품 중 수달피 1천 장을 좋은 것으로
가져오라는 문제에 대해서입니다. 우리나라에서는 이전에 그런 것을 잡은
일이 없었습니다. 귀국에서 요구한 뒤부터 비로소 온갖 방법을 다하여
잡았지만, 역시 많이 잡을 수 없기 때문에 매번 보내는 공물을 준비하기
어려웠습니다. 이번에 요구한 것도 수량이 너무 많아서 구하기가 또 어려우
므로 요구한 것에 응하기 어려울 듯합니다. 사방으로 탐색하여 다달이
모으고 날마다 저축하여도 숫자를 채울 수 없었습니다. 겨우 977장을 보내
어 바치니 그렇게 알기를 바랍니다."

또 말하기를, "국왕과 모든 종친, 공주, 군주(郡主), 대신들의 동남(童男)
5백 명과 동녀(童女) 5백 명을 보내라고 한 건에 관해서입니다. 지난번

편지에서 말한 바와 같이, 우리나라 법에는 아무리 높은 임금이라도 오직 한 사람의 정실이 있을 뿐이요 다른 잉첩이 없으므로 왕실의 자손이 번성하지 못합니다. 또한 나라가 작기 때문에 관직에 있는 관료도 역시 수가 많지 않으며, 아내를 취하는 것도 한 사람에 불과하기 때문에 자식은 더러 없기도 하고 있기도 한데, 있다 하여도 많지 않습니다. 만일 이들을 전부 상국(上國)으로 보낸다면 누가 왕위를 잇고 정부 관리의 직책을 계승하여 대국을 섬기겠습니까? 만일 귀국이 우리나라를 보살펴서 영원한 우호관계를 유지하게 하려거든, 좁은 나라에서 감당할 수 없는 이 같은 요구 조건을 삭감함으로써 소국을 보살피고 도와주는 뜻을 보여준다면 정말 고맙겠습니다.”라고 하였다.

또 말하기를, “여러 장인을 보내라는 건에 관해서입니다. 우리나라에는 예로부터 기술자가 적습니다. 또 기근과 전염병[疾疫]으로 많은 사람이 죽었습니다. 게다가 귀국의 병마가 지나온 크고 작은 성에서 피해를 입고 쫓겨난 자가 적지 않은데, 이로부터 흩어져서 본토에 정착하여 자기 기술로 전업을 하는 자가 없으므로 형편상 요구한대로 보낼 수가 없습니다. 더군다나 자수 놓는 부녀는 본래 없습니다. 이런 것은 다 사실대로 말하는 것이니 사정을 양해하고 가엾게 여겨 주기 바랍니다.”라고 하였다.

또 말하기를, “조병마(趙兵馬)에게 위촉한 의주의 민호를 조사 탐색하는 건에 관해서입니다. 이미 그 지방 병마사에게 지시하여 철저히 조사하게 하였는데, 보고에 의하면 그 성의 책임자가 백성들과 함께 배를 타고 도망하다가 풍랑으로 인하여 모두 침몰되었기 때문에 사실을 분명하게 해명할 수가 없다고 하니, 문서를 참조하십시오. 그 나머지 문서에서 언급한 문제들은 일일이 받들겠습니다. 또 귀국 군사가 철수할 때 두고 간 여원 말들을 각처에서 수색해보니 모두 15필입니다. 곧바로 거두어 들여 기르다가 금번 사신 편에 함께 돌려보냅니다."라고 하였다.

遣上將軍趙叔昌·侍御史薛愼如蒙古 上表稱臣 獻羅絹綾紬各十匹 諸般
金銀酒器·畫鞴·畫扇等物 仍致書撒禮塔 贈金銀器皿·匹段·獺皮·
畫扇·畫鞴 以至麾下十六官 亦有差 其書曰 前次所輸進皇帝物件內 水
獺皮一千領好底與來事 我國 於遮箇物 前此未嘗有捕捉者 自貴國徵求以
後 始以百計捕之 亦未能多得 故每次所輸貢賦 艱於准備 今所需索 其數
過多 求之又難 似未堪應副 然旁搜四遠月集日儲 猶未得盈數 粗以九百
七十七領輸進 惟冀照悉 又稱 國王諸王公主郡主大官人童男五百箇·童
女五百箇須管送來事 如前書所載 我國之法 雖上之爲君者 唯配得一箇嫡
室 更無媵妾 故王族之枝葉 例未繁茂 又以國之褊小 故臣僚之在列者
亦未之師師 而所娶不過一妻 則所産或無或有 有或不多人耳 若皆發遣上
國 則誰其承襲王位及朝廷有司之職 以奉事大國耶 若貴國撫存弊邑 使通
好萬世 請蠲省偏方叢土所不得堪如此事段 以示字小扶弱之義 幸甚幸甚
又稱 諸般工匠遣送事 我國工匠 自昔欠少 又因饑饉疾疫 亦多物故 加以
貴國兵馬經由大小城堡 罹害被驅者不少 自此耗散 而莫有地著專業者
故節次不得押遣應命 況刺繡婦人 本來無有 此皆以實告之伏 惟諒情哀察
又 於趙兵馬處所囑當義州民戶檢會物色事 已曾行下其界兵馬委令根究
則告以城守與民戶等 乘桴逃閃 因風沒溺 故便不得顯驗 請照悉之 其餘
文字內所及 一一承稟 又貴國還兵次所留下瘠馬 每處搜集 凡十五疋 卽
令收管牧養 今此行李幷分去 奉呈

■ 1232년 11월

『高麗史』卷23, 世家23 高宗 19年 11月 ; 기사 뒷부분의 「上皇帝陳情表」가
『東國李相國集』卷28, 書·狀·表 및 『東文選』卷39, 表箋에 수록

몽골 사타관인(沙打官人)에게 답하는 문서에서,

"이전에 왕이 교외까지 나오지 않을 것이면 대관인(大官人)을 대신 내보
내라고 했습니다. 우리나라(小國)는 이전 문서에 쓴 바와 같이 비록 대국을

두려워하여 여기에 들어와 있으나, 삼가 대국을 받드는 마음은 더하여 마지않습니다. 그래서 감히 엄명을 어기지 않고 이미 대관인 아무개를 보내어 막하에 나아가게 하여 응답을 기다리고 있었습니다. 그런데 다시 국왕이 교외까지 나오지 않으면 최영공(崔令公 : 崔瑀(怡)를 가리킴)이 대신 교외까지 나오라는 말씀으로 언급하심이 이처럼 연달아 이르니 우리나라가 장차 어찌하겠습니까? 바라건대 막하(幕下)께서는 이 궁박한 사정을 헤아려서 조금 너그러움을 보여주시어 (대국으로) 향하는 기원에 부응해주시면 다행이겠습니다.

황제께 바친 나라의 선물[國贐]은 비록 힘과 정성을 다하여 부지런히 준비한 것입니다만, 때마침 우리나라가 이사를 했는데 많지 않은 인민을 거느리고 창졸간에 섬으로 들어오느라 운반한 재물이 또한 적습니다. 빈약한 토산물로 오로지 정성만을 드러내고자 하였습니다. 지금 균지(鈞旨)를 받아보니 '가진 대로 다시 바치라'고 하였기 때문에 이전에 언급한 숫자에 조금 더 첨부하여 받들어 바치니 황공하옵니다.

조병마(趙兵馬)와 송입장(宋立章)을 보내라는 건에 관해서입니다. 조숙장(趙叔璋)은 상국에서 돌아올 때에 불행하게도 마음의 병을 얻어서 지금까지 아직 쾌차하지 못해서 보내지 못했습니다. 소위 송입장이란 자에 관해서 말하면, 우리나라가 천도한 것이 그의 말에 따르지 않음이 없었습니다. 그 뒤 우리나라의 두 차례 사신이 상국으로부터 돌아와서 '송입장이 말한 바는 본래 상국의 뜻이 아니므로 정확하다고 말할 수 없습니다'라고 하였습니다. 이에 조정에서 모두 의논하기를 '이 사람은 특히 뜬구름 같은 망언으로 사람들 마음을 동요시킬 뿐 아니라 만인으로 하여금 도망하게 하더니, 지금은 온 나라가 이곳으로 천도하게 만들었으니 그 죄를 용서할 수 없다'라고 하였습니다. 그래서 체포하여 깊은 섬으로 보내버린 지 오래

되었는데, 지금 (상국으로부터) 온 명령에 따라 이미 사람을 그곳으로 보내어 붙들어 오게 하였으니 헤아려 주시기 바랍니다.”라고 하였다.

황제에게 올리는 진정표(陳情表)에서는,

“우리나라[下國]가 상국(上國)으로 쏟아보내는 정성은 아교칠처럼 더욱 굳은데 상국이 엄하게 꾸지람의 위엄을 더하시니 천둥소리가 갑자기 울리는 듯합니다. 명을 듣자 두렵고 떨려 목을 놓아 울부짖고 애원합니다. 엎드려 생각건대 신은 외람되이 용렬한 자질로써 황복(荒服 : 天子의 은덕과 교화가 미치지 못하는 먼 곳)의 나라에 살지만, 우러러 하늘같으신 덕을 믿고 온 나라가 힘입어 살아가며 모든 별들이 북극성을 향하듯 하는 마음을 오로지 쏟아 교화에 감복함이 더욱 간절하였습니다. 그런데 어찌 이와 같이 거듭 꾸지람을 하십니까? 힘으로 감당할 수 없으니 마땅히 정성으로 고하겠습니다. 말을 반복하더라도 마땅히 사실대로 진술하겠습니다.

조지(詔旨)에서 언급하신, 원병(援兵)을 더 징발해서 만노[蒲鮮萬奴]의 토벌을 도우라 하신 일에 관한 것입니다. 이 구석진 땅에 있는 우리나라는 본래 작은 나라입니다. 더욱이 대군이 거쳐 갔으므로 몇 사람이나 남아있겠습니까? 살아 있는 자들도 오히려 상처 입은 나머지들인데, 여기에 기근과 전염병[疫]이 더해져서 죽었습니다. 그러므로 천자의 군대가 쓰는데 도움이 되지 못할 것이므로 어쩔 수 없이 엄한 황제의 명령을 어기게 되었으니, 그 죄는 비록 피할 수 없지만 그 사정은 또한 용서받을 만합니다.

국왕이 친히 조근(朝覲)하라고 하신 일에 관해서입니다. 폐하께서 황통(皇統)을 이었다는 소식을 들은 뒤에 진작 상국을 관광(觀光)했어야 마땅한데, 하물며 외신(外臣)으로서 친히 황제를 알현하는 것은 영광이니 진실로 바라던 바입니다. 그러나 번국의 왕위를 하루라도 비워둘 수 없기 때문에 이것이 실로 황공한 일입니다.

호구 자료를 제출하여 살리타이[沙里打 : 몽골 장수]가 알게 하라고 하신 일에 관한 것입니다. 유언비어로 전해지기를 '대병(大兵)이 장차 치러 온다.'고 하니 어리석은 백성들이 그 말에 쉽사리 현혹되어 재산을 모두 가지고 도망간 사람이 많습니다. 여러 사람들이 다 같이 하는 바를 형세상 금하기 어려워, 지금 민가(民家)가 비로 쓸어버린 듯이 쓸쓸하여 도리어 풀만 우거진 황무지가 되었습니다. 만약 임금과 신하만 외롭게 남게 된다면 보잘 것 없는 공물이나마 마련하지 못할까 염려됩니다. 바라건대 남은 호구를 모아서 길이 대국을 섬기려 합니다. 비록 몸은 바다 속 섬에 있지만 마음은 오히려 자나깨나 (황제께서 계신) 하늘 위를 꿈꿉니다. 이는 실로 위엄을 두려워하기 때문이니, 황제께서는 의심하지 마시옵소서. 마음이 진실로 처음부터 끝까지 한결같으면, 땅의 이곳저곳을 어찌 논하겠습니까? 엎드려 바라건대, 쑥대 속에 사는 사람들을 살리고 한 나라를 보전토록 허락하여 주시면, 산과 들에서 나는 공물을 받들어 반드시 어떤 제후에게도 뒤지지 않겠습니다."라고 하였다.

荅蒙古沙打官人書曰 前者 以王不出交 大官人出來爲諭 小國如前書所載 雖畏懼大國 入處于此 以勤仰之心 有加無已 故不敢違忤嚴命 已遣大官人某 詣幕下 方候寵荅 而復以國王不出交 崔令公出來事及之 所諭踵至如此 弊邑將若之何 伏望 幕下諒窮迫之情 小示以寬 以副傾企之望 幸甚其所輸皇帝處國贐 則雖竭力盡誠 勤於准備 方小國之移徙也 唯與不多人民 倉卒入於水內 所轉財物 亦爲欠少 故以微薄土物 聊欲表誠耳 今蒙鈞旨 諭及更罄所有 小添前數奉進 慙恐慙恐. 趙兵馬·宋立章發遣事 叔璋自上國回來次 不幸値心腹之疾 至今猶未安較 故未卽發遣 所謂宋立章者 我國之遷移 莫不因其言 而其後我國兩齰使佐自上國還來 言 立章所言本非上國之意 不可謂的實 於是 朝廷僉議以爲 此人非特以浮說妄言 動搖衆心 亦使萬人逃閃 至令一國大遷于此地 罪不可赦 遂捕送深窩海島久矣 今依來命 已遣人卽其所 將收拿發來者 伏惟照悉 上皇帝陳情表曰

下國有傾輸之懇 膠漆益堅 上朝加譴責之威 雷霆忽震 聞命怖悸 失聲籲
呼 伏念臣猥以庸資 寄于荒服 仰戴天臨之德 擧國聊生 篤馳星拱之心
嚮風滋切 夫何徵詰 若此稱重 力所不堪 宜將誠告 言如可復 當以實陳
其詔旨所及添助軍兵征討萬奴事 緊僻土是居 弊邑本惟小國 況大軍所過
遺民能有幾人 在者尙瘡痍之餘 加之因饑疫而斃 故莫助天兵之用 無奈違
帝命之嚴 罪雖莫逃 情亦可恕 其親身朝覲事 自聞繼統 早合觀光 矧外臣
榮覲於九天 固所望也 然藩位難虛於一日 玆實恐焉 其出人戶使撤禮塔見
數事 游舌所傳大兵將討 在愚民而易惑 擧恒産而多逃 衆所同爲 勢難固
禁 顧家戶蕭然如掃 乃反爲茂草之場 若君臣子爾獨存 懼未辨苞茅之貢
庶收殘口 永事大邦 雖潛藏江海之閒 猶夢寐雲霄之上 實畏懼之所致 冀
聖明之不疑 心苟一於始終 地何論於彼此 伏望存蓬艾之生 儻許全於一國
奉山野之賦 必不後於諸侯

■ 1254년 6월

『高麗史』卷55, 志9 五行3 土, 高宗 41年 6月；『高麗史』卷24, 世家24 高宗
41年 6月；『高麗史節要』卷17, 高宗 41年 6月

서울에 전염병[疫]이 크게 유행하여 죽은 자들끼리 서로 베개를 베었다.
京城大疫 死者相枕

■ 1255년 12월

『高麗史』卷24, 世家24, 高宗 42年 12月；『高麗史』卷55, 志9, 五行3, 土；『高
麗史節要』卷17, 高宗 42年 12月

이해 겨울에 눈이 내리지 않고 서울에는 전염병[疫]이 크게 돌았다.
是歲 冬無雪 京城大疫

■ 1256년 12월

『高麗史』卷24, 世家24 高宗 43年 12月 ;『高麗史』卷53, 志7 五行1 火 ;『高麗史節要』卷17, 高宗 43年 12月

겨울에 눈이 내리지 않고 기근과 전염병[疫]이 서로 이어져 시체가 길을 덮었다. 은 한 근 값이 쌀 두 곡(斛)이었다.

冬無雪 飢疫相仍 僵屍蔽路 銀一斤直米二斛

■ 1262년 10월

『高麗史』卷55, 志9 五行3 土, 元宗 3年 10月

서울에 전염병[疫]이 크게 돌았다.

京城大疫

■ 1262년 12월

『高麗史節要』卷18, 元宗 3年 12月

서울에 전염병[疫]이 크게 돌았다.

京城大疫

■ 1264년 5월

『高麗史』卷26, 世家26 元宗 5年 5月 己丑 ;『高麗史節要』卷18, 元宗 5年 5月

몽골 사신 호도(胡都)와 강화상(康和尙)이 먼저 돌아갔다. 왕이 교외에 나가서 전송하고 국자좨주 장일(張鎰)과 통역관 낭장 강윤소(康允紹)로 하여금 그들과 동행케 하였다.

그들에게 붙여 보낸 표문은 다음과 같다.

"중화의 사신이 유성처럼 빨리 달려와서 여기 이르렀는데, 황제 폐하의 글을 가지고 왔습니다. 그 글을 보니 온 천하의 왕공들의 모임을 이미 선포한 것이어서, 기뻐 춤추기를 더욱 부지런히 했습니다. 엎드려 생각해 보면 신[고려국왕을 말함]은 상국(上國)이 돌보아주는 음덕에 의지하여 동쪽 나라를 분봉받았으며, 온 천하 나라들은 모두 황제의 은혜에 귀순하여 황제의 덕에 교화를 받지 않음이 없습니다. 삼한(三韓)은 각별한 보살핌을 받았으니 그 은혜가 망극합니다. 지난 번 신이 몸소 조회에 참여하고 귀순 하려 할 때에 문득 다시 조회하는 문제를 언급했습니다. 신이 '제가 귀국하여 뿔뿔이 흩어진 백성을 모아 모두 옛 땅으로 나가 살게 하여 그들의 생활이 안정되면 어찌 다시 오지 않겠습니까?'라고 아뢰었습니다. 삼가 폐하의 밝은 교훈을 받들어 돌아왔습니다.

그런데 지금 우리 고려의 상태를 보면, 전쟁과 기아와 전염병[疫]이 엎치고 덮친 지 30년 동안 모든 것이 거의 다 소모되고 탕진되었으므로 산과 바다로 흩어져 떠도는 외로운 백성들을 4~5년 동안에 어찌 다 모을 수 있겠습니까? 국가 경영을 이전처럼 복구하지 못한 것은 왕래하는 사신들이 직접 보았습니다. 이제 조서(詔書)로써 부름을 받으니 실로 더욱 송구스럽습니다. 부름이 있었으니 수레가 준비되기를 기다릴 여유 없이 즉시 길에 올라야 할 것입니다만, 적은 폐백과 단촐한 행장이라도 어찌 잔폐한 번국 (藩國)이 쉽게 마련할 수 있으며, 먼 길 혹독한 더위는 진실로 약한 몸으로 감내할 수 없어서 서늘한 시절을 기다려 대궐에 조회하려 합니다. 이런 사사로운 편의를 봐주시길 바라는 것은 또한 오로지 용서하시고 가엾게 여기실 것을 믿기 때문입니다. 오직 바라건대 지극한 인덕으로 길이 깊은 사랑을 내리소서."

또 금으로 만든 종과 금사발 각각 3개씩, 백은으로 만든 종 4개, 은사발

10개, 자줏빛 비단 3필을 바쳤다.

> 蒙使胡都·康和尙先還 王餞于郊外 以國子祭酒張鎰·譯語郎將康允紹
> 伴行 附表曰 華使鼎至 疾於星火之馳 璽書帶來 諭以風雲之會 頒宣已往
> 舞蹈惟勤 伏念臣依蔭上朝 撫封東徼 萬宇皆歸於覆燾 仰化無遺 三韓別
> 荷於矜憐 銜恩罔極 嚮也躬叅而將返 俄然語及於再朝 而臣奏云 退修離
> 散之殘民 咸使出居於舊土 訖有所定 盍往乎來 恭承明訓以旋歸 爰示小
> 邦之形狀 兵戎飢疫之相壓三十年 垂盡耗亡 山海蕩流之孑遺 四五載詎能
> 招集 完復經營之未旣 往還使佐之實觀 今被詔徵 實增兢悚 有召 不宜於
> 俟駕 應時當趍於登途 然薄贄單裝 亦豈殘藩之易辦 遄程酷暑 亮非劣質
> 之能堪 要趍涼辰 方朝邃闕 酒此私使之覲徇 亦專恕卹之侍優 惟冀至仁
> 永加深眷 且獻金鍾·金盃各三隻 白銀鍾四隻 銀盃十隻 眞紫羅三匹

■ 1268년 6월

『高麗史節要』卷18, 元宗 9年 6月;『高麗史』卷102, 列傳15 李藏用

몽골에서 오도지(吾都止)를 이장용과 함께 보내어 전함(戰艦)과 군사 수효를 사열하였다. 처음에 이장용이 황제를 알현하였을 때 황제가 이르기를,

"짐이 너희 나라에 군사를 보내어 전투를 도우라고 명령하였는데, 너희 나라는 군사의 수효를 분명하게 아뢰지 않고 모호한 말로 아뢰어왔다. 왕준(王綧 : 볼모로 몽골에 잡혀 있던 고려 왕족)이 일찍이 아뢰기를 '우리나라에는 항상 5만 군사가 있습니다.'라고 하였으므로, 짐이 어제 너희에게 칙하기를, '왕에게도 군사가 없어서는 안 되니 1만 명은 머물러서 왕국을 호위하게 하고 4만 명은 와서 전투를 돕게 하라.'고 하였다. 그랬더니 너희가 아뢰기를, '우리나라에는 5만 군사가 없습니다. 왕준의 말은 사실이 아닙니다. 만일 믿을 수 없으면 시험 삼아 사신과 고한 자를 함께 파견하여

군사 수효를 점검하십시오. 만일 실지로 4만이 있으면 배신(陪臣)이 죄를 받겠고 아니면 무고한 자에게 죄를 주십시오.'라고 하였다. 너희가 만일 군사 수효를 분명하게 아뢰었다면 짐이 어찌 이런 말을 하였겠는가?"라고 하였다. 드디어 왕준을 불러 "이장용과 대질하여 변명하라."고 하였다.

또 이장용에게 칙하기를 "너는 환국하여 군사 수효를 빨리 사실대로 아뢰어라. 그렇지 않으면 토벌하겠다. 너희는 군사를 내어 장차 어느 나라를 치는지 알지 못하느냐? 송과 일본을 토벌하려는 것이다. 이제 짐이 너희 나라 보기를 한 집같이 여기니, 너희 나라에 어려운 일이 있으면 짐이 구원하지 않겠는가? 짐이 조회하러 오지 않는 나라를 정벌하는 것이니, 너희 나라가 군사를 파견하여 전투를 돕는 것 역시 마땅하다. 네가 돌아가 왕에게 말하여 전함 1천 척을 만들되, 큰 배는 3, 4천 석을 실을 수 있게 하라."고 하였다.

이장용이 대답하기를, "전함에 대한 일은 감히 명을 받들지 않겠습니까? 다만 급히 독촉하면 비록 배 짓는 재목은 있더라도 기한에 미치지 못할까 염려됩니다."라고 하였다.

황제가 이르기를, "역대의 일은 너희가 아는 것이니 다시 말할 필요가 없다. 짐이 가까운 일을 들어 말하겠다. 하서왕(河西王)이 딸을 바치고 칭기즈칸[成吉思皇帝]에게 화친을 청하면서 '황제께서 만일 여진과 회회(回回)를 정벌한다면 제가 마땅히 좌우에서 힘을 바치겠습니다.'고 하였다. 회회를 정벌할 때 하서왕에게 전투를 도우라고 명령하였으나 응하지 않았으므로 황제께서 쳐서 멸하였다. 너도 또한 들었는가?"라고 하였다.

이장용이 대답하기를, "우리나라에 옛날에는 4만 군사가 있었으나 30년 동안 전쟁과 전염병[疫]으로 거의 다 죽고, 비록 백호(百戶), 천호(千戶)라 하지만 이름뿐입니다."라고 하였다. 황제가 이르기를, "죽은 자도 있겠지

마는 산 사람은 없는가? 너희 나라에도 부녀자가 있는데 어찌 출생하는 사람이 없겠는가? 네가 늙고 일에 어두워서 함부로 말하는 것이 아닌가?"라고 하였다. 이장용이 대답하기를, "우리나라가 성은을 입어서 군사가 물러난 이래로 나서 자란 사람이 있으나 이제 겨우 10살, 9살입니다."라고 하였다.

황제가 또 이르기를, "너희 나라에서 송에 갈 때 순풍을 만나면 이삼일이면 이를 수 있고, 일본에는 아침에 출발하면 저녁에 도착한다는 것은 너희 나라 사람과 남송 사람의 말이다. 너희 나라가 어째서 토벌하는 이 일을 주장하지 않는가?"라고 하였다.

왕준이 다시 군사 일을 말하려 하니, 이장용이 말하기를, "지존 앞에서 논쟁할 수 없으니, 사람을 보내어 보면 곧 입증될 것입니다."라고 하였다.

蒙古遣吾都止 偕李藏用來 閱戰艦軍額 初藏用謁帝 帝曰 朕命爾國出師 助戰 爾國不以軍數分明奏聞 乃以模糊之言來奏 王綧曾奏 我國常有五萬 軍 故朕昨日勅爾等云 王所不可以無軍 其留一萬 以衛王國 以四萬來助 戰 爾等奏云 我國無五萬軍 綧之言非實也 苟不信 試遣使與告者偕往 點其軍額 若實有四萬 陪臣受罪 否則反坐誣告者 爾等若以軍額分明來奏 朕何有此言 遂呼綧曰 宜與藏用辨 又勅藏用曰 爾還國 速奏軍額以實 否則將討之 爾等不知出師將討何國 是乃欲討宋與日本耳 今朕視爾國猶 一家 爾國有難 朕不救乎 朕征不庭之國 爾國出師助戰亦宜也 爾歸語王 造戰艦一千艘 其大可載來三四千碩者 藏用對曰 舟艦之事 敢不承命 但 督之則 雖有船材 恐不及也 帝曰 歷代之事 爾等所知 不必更說 朕將取近 而言之 河西王納女 請和於成吉思皇帝曰 皇帝若征女眞及回回 我當左右 效力 及征回回 命河西助戰 竟不應 帝討而滅之 爾亦聞乎 藏用對曰 我國 昔有四萬軍 三十年來死於兵疫殆盡 雖有百戶千戶之類 但虛名耳 帝曰 死者尚有 獨無生者乎 爾國亦有婦女 豈無生者 爾乃年老諳事 說何妄耶 藏用對曰 小邦蒙荷聖恩 自罷兵以來有生長者 僅十歲九歲耳 帝又曰 爾

國之於宋 風順則可兩三日而至 日本則朝發夕至 此汝國與蠻子人言也
汝國何不主是事乎 綧欲復言軍事 藏用曰 至尊前 不當爭辨 遣人就視
便可立驗

■ 1268년 8월

『高麗史』卷26, 世家26 元宗 9年 8月

대장군 최동수(崔東秀)를 파견하여 오도지(吾都止)를 따라 몽골에 가도록
하였다. 상주문의 대략은 다음과 같다.

"돌이켜보건대 우리나라는 비록 전성기에도 인민이 오히려 적었습니다.
하물며 신묘년(1231, 고종 18) 이래로 30년간 전쟁과 전염병[疫]이 계속 잇달
아서 죽은 자가 대단히 많았으며 지금도 편호(編戶) 가운데 살아남은 백성
들도 겨우 농사를 지어 살아갈 정도에 지나지 않습니다. 군대에 속한 자들
도 또한 장정으로서 용맹스러운 자들은 없습니다. 그러나 황제의 명령을
거듭 어길 수 없으므로 다방면으로 뽑아서 겨우 1만 명을 얻었습니다.
전함은 이미 연해지방 관리에게 맡겨서 바야흐로 재목을 갖추어 건조하기
시작하였습니다."

遣大將軍崔東秀 隨吾都止如蒙古 奏略曰 顧惟小邦 雖在全盛之時 人民
尚寡 況自辛卯三十年來 兵疫相仍 喪亡太多 惟玆編戶之子遺 僅復農畎
之生業 其隷于兵衛 亦未有丁壯驍勇者 然重違帝勅 多方調發 僅得萬人
其舟艦 則已委沿海官吏 方始庀材營造

■ 1279년 12월

『高麗史』卷55, 志9 五行3 土, 忠烈王 5年 12月

경상도에서 소 전염병[牛疫]이 돌았는데, 소를 도살한 사람의 손이 불에
덴 것처럼 살이 벗겨져서 죽었다.

慶尙道牛疫 屠者爛手而死

■ 1281년 6월

『高麗史節要』卷20, 忠烈王 7年 6月 壬申;『高麗史』卷104, 列傳17 金方慶

김방경·김주정·박구·박지량·형만호(荊萬戶) 등이 일본군과 힘껏
싸워 3백여 급(級)을 베었다. 일본군이 돌진하여 오니 관군이 무너져서
홍다구가 말을 타고 달아났는데, 왕만호(王萬戶)가 다시 측면에서 공격하여
50여 급을 베니, 일본군이 마침내 물러가고 홍다구는 겨우 목숨을 구하였
다. 이튿날 다시 싸우다가 패전하였다. 군대 안에 전염병[疫]이 크게 유행하
였다. 전쟁과 전염병[疫]으로 죽은 자가 모두 3천여 명이나 되었다. (중략)
얼마 후에 범문호가 전함 3천 5백 척과 만군(蠻軍 : 南宋 출신 군인) 10여만
명을 거느리고 이르렀다. 마침 큰 바람을 만나 만군이 모두 물에 빠져
죽었다. 시체가 밀물과 썰물에 밀려 항구로 들어와서 항구가 막혀 시체를
밟고 다니게 되었다.

金方慶·金周鼎·朴球·朴之亮·荊萬戶等 與日本兵力戰 斬首三百餘
級 日本兵突進 官軍潰 茶丘乘馬走 王萬戶復橫擊之 斬五十餘級 日本兵
乃退 茶丘僅免 翼日 復戰敗績 軍中大疫 死于兵疫者 凡三千餘人 (中略)
旣而 文虎以戰艦三千五百艘·蠻軍十餘萬至 適値大風 蠻軍皆溺死 屍隨
潮汐入浦 浦爲之塞 可踐而行

■ 1281년 12월

『高麗史』卷29, 世家29 忠烈王 7年 12月;『高麗史』卷55, 志9 五行3 土

이해는 봄부터 겨울까지 전국에 전염병[癘疫]이 크게 유행하여 죽은
사람이 매우 많았다.

是年 自春至冬 中外疫厲大興 死者甚衆

■ 1282년 4월

『高麗史』卷29, 世家29 忠烈王 8年 4月

경성(京城) 진고개[泥峴]의 불복장리(佛腹藏里)에 눈이 먼 아이가 있었는데, 부모는 모두 전염병[疫]으로 죽고 아이가 홀로 흰 개 한 마리와 살고 있었다. 아이가 개의 꼬리를 잡고 거리로 나오면 사람들이 밥을 주었는데 개가 감히 먼저 핥아먹지 않았다. 아이가 목이 마르다고 하면 개가 인도하여 우물로 가서 물을 마시게 하고는 다시 인도하여 돌아왔다. 아이가 "내가 부모를 잃었는데 이 개를 의지하고 살아갑니다."라고 하였다. 보는 사람들이 가엾게 여겨 의견(義犬)이라고 불렀다.

京城泥峴佛腹藏里有盲兒 其父母俱疫死 兒獨與一白狗居 兒執狗尾出于路 人施以飯 狗不敢先舐 兒言渴 狗引至井 令飮 復引還 兒曰 我失父母 賴狗以活 觀者憐之 號爲義犬

■ 1348년 4월

『高麗史』卷80, 志34 食貨3 水旱疫癘賑貸之制, 忠穆王 4年 4月 ;『高麗史』卷37, 世家37 忠穆王 4年 4月

서울에 큰 흉년이 들고 전염병[疫]이 유행하여 길에는 굶어 죽은 시체들이 연이었다. 전라도의 쌀 1천 4백 섬을 배로 운반해서, 6백 섬으로는 충청, 서해 2도에 나누어 구제하고, 8백 섬으로는 쌀값을 깎아서 5부(五部)의 빈민에게 베[布]와 교환하여 주었다.

京城大饑疫 道饉相望 漕運全羅道米一千四百石 以六百石 分賑忠淸·西海二道 以八百石 減價換布五部貧民

■ 1366년 5월

『高麗史』卷132, 列傳45 叛逆6 辛旽

신돈은 왕에게 전민변정도감(田民辨整都監)을 설치할 것을 청하고 스스로 판사(判事)가 되었다. 서울과 지방에 유고문(諭告文)을 붙여 이르기를 "근래에 기강이 크게 파괴되어 탐욕이 풍습을 이루었다. 종묘, 학교, 창고, 사사(寺社), 녹전(祿轉), 군수전(軍須田) 및 사람들의 세업(世業) 전민(田民)을 귀하고 세력 있는 집들이 거의 다 강탈하여 점령하였고, 혹은 이미 반환 판결을 받고도 그대로 차지하고 있거나, 혹은 양민을 노비라고 주장하고 있다. 각 주현(州縣)의 역리(驛吏), 관노(官奴), 백성으로서 역(役)에서 도피한 자를 모두 은닉하여 크게 농장을 설치함으로써 백성을 병들게 하고 나라를 궁핍하게 만들었다. 이것이 하늘에 감응하여 수재, 한재를 부르고 전염병[癘疫]이 없어지지 않는다. 이제 도감을 설치하여 이를 시정하려고 한다. 서울에서는 15일, 지방에서는 40일을 기한으로 하여 자기 잘못을 알고 스스로 고치는 자는 잘못을 묻지 않을 것이다. 그러나 기한이 경과한 후에 발각된 자는 처벌할 것이며, 무고한 자는 도리어 그 벌을 받을 것이다."라고 하였다.

[辛]旽請置田民辨整都監 自爲判事 榜諭中外曰 比來紀綱大壞 貪墨成風 宗廟·學校·倉庫·寺社·祿轉·軍須田及國人世業田民 豪强之家奪占幾盡 或已決仍執 或認民爲隷 州縣驛吏·官奴·百姓之逃役者 悉皆漏隱 大置農莊 病民瘠國 感召水旱 癘疫不息 今設都監 俾之推整 京中限十五日 諸道四十日 其知非自改者勿問過 限事覺者糾治 妄訴者反坐

■ 1374년 3월

『高麗史』卷55, 志9 五行3 土, 恭愍王 23年 3月;『高麗史節要』卷29, 恭愍王 23年 3月

서울에 전염병[疫]이 크게 돌았다.

京城大疫

■ 1383년 8월

『高麗史節要』卷32, 辛禑 9年 8月 ;『高麗史』卷107, 列傳20 權近

좌사의 권근 등이 상서하여 아뢰기를, "우리 태조께서 걱정과 근면함으로 통일의 (업적을) 만대에 내려주셨고, 여러 조상이 서로 계승하여 하늘을 두려워하고 백성에게 부지런히 하며 법과 제도를 준수하여 차차 태평을 이루었습니다. 선대에 수백 년 동안 쌓아올려 어렵게 이룬 왕업이 전하여 전하에게 이르렀으니, 물려받으신 책임이 무겁다 하겠습니다. 임금의 지위는 어려울 뿐이며 관계되는 것이 지극히 중하기 때문에 한 번이라도 삼가서 생각하지 않으면 혹은 사해에 근심을 끼치기도 하고, 하루라도 삼가지 않으면 혹은 천백 년의 근심에 이르게 됩니다. 비록 정치가 잘 되어 무사한 때라도 오히려 마땅히 두려워하며 조심하여 뜻밖의 변에 대비하여야 할 것인데, 하물며 국가가 위급한 때를 당하였으니 조심하지 않을 수 있겠으며 두려워하지 않을 수 있겠습니까? 지금 우리나라는 수재와 한재가 잇달아 일어나고 기근과 전염병[疫]이 겹쳐 이르러 나라에는 몇 달을 지탱할 저축이 없고 백성은 하루저녁거리도 없어서, 늙고 약한 자는 죽어서 개천과 구덩이에 뒹굴고 굶어죽은 시체가 길거리에 널려 있습니다. 게다가 이웃나라(明을 말함)가 국경 가까이에 군사를 주둔하여 우리 영토를 침범하고 우리 인민을 꾀어 갑니다. 또 왜적이 깊이 들어와 약탈해서 각 고을이 쓸어낸 듯 버려져 적의 소굴이 되었어도 수령은 능히 막지 못하고 장수는 능히 제압하지 못합니다. 옛부터 위태하고 혼란스럽기가 이때보다 더 심한 적이 없었습니다.(하략)"라고 하였다.

左司議權近等上書曰 惟我太祖 憂勤垂統萬世 列聖相承 畏天勤民 遵守
憲度 馴致大平 祖宗數百年積累艱難之業 傳至殿下 付界之任 可謂重矣
君位惟艱 所係至重 一念不謹 或以貽四海之憂 一日不謹 或以致千百年
之患 雖在理平無事之時 猶當兢畏儆戒 以備不虞 況當國家危急之際 可
不愼哉 可不懼哉 今我國家 水旱相仍 饑疫荐至 公無數月之儲 民乏一夕
之資 老弱轉于溝壑 餓殍僵於道路 加以隣國 屯兵近境 侵我封疆 誘我人
民 又致倭賊深入爲寇 州縣騷然棄爲賊藪 守令不能禦 將帥不能制 自古
危亂之極 未有甚於此時者也

■ 1383년

『高麗史』卷113, 列傳26 鄭地

(우왕) 9년에 또 왜적과 교전해 대파하였다. 우왕이 금으로 만든 요대(腰
帶) 하나와 은 50냥을 주었다. 이때 마침 봄철을 당하여 전염병[疾疫]이
대단히 유행하여 수군 사망자가 태반이나 되었다. (정지는) 해상에서 죽은
시체를 즉시 육지로 운반해 매장하였으므로 사졸들이 감격하여 목메어
울지 않는 자가 없었다. 정지가 병에 걸리자 우왕이 산기(散騎) 하충국(河忠
國)을 보내어 술을 가지고 가서 위문하게 하였다.

[禑王] 九年 又與倭戰大破之 禑賜金帶一腰 · 白金五十兩 時方春 疾疫大
興 舟師物故大半有死 海上者輒出陸以葬 士卒無不感咽 地有疾 禑遣散
騎河忠國 齎酒問慰

■ 1388년 4월

『高麗史』卷137, 列傳50 辛禑 14年 4月 乙巳 ;『高麗史節要』卷33, 辛禑
14年 4月

우왕이 봉주(鳳州)에 도착했다. 처음에 우왕이 최영과만 의논하여 요동

을 공격하기로 국책을 결정하고도 감히 말을 꺼내지 못하다가, 이날에 최영과 우리 태조[이성계]를 불러서 "과인이 요양(遼陽)을 공격하려 하니 경들은 있는 힘을 다 하라!"고 말하였다. 태조가 "지금 군대를 출정시키는 것은 네 가지 측면에서 불가합니다. 소국으로서 대국을 거역하는 것이 첫 번째 불가한 점이요, 여름에 군사를 동원하는 것이 두 번째 불가한 점이요, 온 나라가 멀리 정벌을 떠나와서 왜구가 빈틈을 탈 우려가 있는 것이 세 번째 불가한 점이요, 지금은 더운 장마 때이므로 활에 먹인 아교가 풀리고 대군이 전염병[疾疫]에 걸릴 우려가 있는 것이 네 번째 불가한 점입니다."라고 하였다. 우왕도 자못 그럴 듯하게 여겼다.

禑至鳳州 初禑獨與瑩 決策攻遼 未敢顯言 是日召瑩及我太祖曰 寡人欲攻遼陽 卿等宜盡力 太祖曰 今者出師 有四不可 以小逆大一不可 夏月發兵二不可 擧國遠征 倭乘其虛三不可 時方暑雨 弓弩膠解 大軍疾疫四不可 禑頗然之

■ 1391년 6월
『高麗史』卷46, 世家46 恭讓王 3年 6月 己未

판선공시사(判繕工寺事) 양천식(楊天植)과 예조총랑 공부(孔俯) 등을 명나라 서울에 파견하여 말 1500필을 바쳤다. 도평의사사가 명나라 예부(禮部)에 신문(申文)을 보냈다. 그 내용은 "삼가 권서국사(權署國事 : 공양왕을 가리킴)의 말씀을 받들어 환관(宦人)을 별도로 추쇄하는 일을 제외해두고 말씀드립니다. 가만히 생각해보건대 본국에서 나는 말은 왜소하며 큰 것은 희소합니다. 그러나 왜구와 전투를 수행하기 위해 멀리 가기 때문에 말들이 짊어진 짐이 무거워 힘들지만, 우리나라 사람들은 여기에 의지합니다. 근년 이래 요동(遼東)에서 수매한 말이 이미 많고, 마침 전염병(疫)이 유행하여 거꾸러져 죽은 말들도 적지 않으므로 한꺼번에 숫자를 채우기가 어렵습니다. 이미 보낸 것 외에는 해당 관사와 부주군현(府州郡縣)에서 힘을 다하여 (요구한) 숫자를 채워서 육지로 운송하겠습니다. 또 권서국사의 말씀을 받드니 말씀하시기를 '우리나라가 공물을 바치는 것은 응당 신하된 예의를 다하는 것일 뿐인데, 바친 말에 대하여 어찌 감히 값을 받겠는가? 예부에 알려서 (예부가 황제께) 잘 아뢰어서 말 값을 지불하겠다는 명을 중지시키도록 하라. 단 요동도사(遼東都司)는 우리가 보내는대로 접수하여 우리나라의 정성을 표하도록 하라.'고 하셨습니다. 삼가 이 말씀을 받들어서 먼저 잡색말 1500필을 운송하여 요동도사에 가서 교부합니다."라는 것이었다.

遣判繕工寺事楊天植・禮曹摠郎孔俯等如京師 獻馬一千五百匹 都評議使司申禮部 曰 敬奉權署國事言語 除闥人另行推刷外 竊照本國所産馬匹 軀幹矮小 其稍大者稀少 然戰倭服遠 負重耐苦 小邦之人 實以賴之 近年以來 遼東收買旣多 時疫倒損不少 難以一時措辦 除已欽依行移 在城官司并府州郡縣儘力措辦 陸續起解 閒又奉權署國事言語 小邦貢獻 合盡臣子之禮 所進馬匹 何敢受價 可申覆禮部 從容奏達 停給價之命 但令遼東都司 隨到隨收 庶表小邦之誠信 敬此 先將辦到雜色馬一千五百匹管押前去遼東都司交割

■ 1391년 9월

『高麗史』卷46, 世家46 恭讓王 3年 9月 甲辰

간관 허응(許應) 등이 상소하였다.

"전하께서 상인의 폐단을 근심하여 사람을 파견하여 금지하셨으니 실로 백성이 본업에 힘쓰고 말업[상업을 말함]을 버릴 때입니다. 그런데 지금 김인용(金仁用) 등 장사꾼을 북평(北平)에 보내어 양(羊)을 사들이게 하신 것은 절약과 검소를 숭상하는 전하의 아름다운 뜻이 아닙니다. 더군다나 세자가 중국에 입조(入朝)하는 이때에 장사꾼들이 뒤따라가는 것은 또한 전하께서 만민(萬民)을 위하여 세자를 입조시키는 뜻에도 위배됩니다. 저희들은 중국 사람들이 세자의 이번 행로를 장삿길을 터놓으려는 것으로 생각할까 염려됩니다. 또 양을 사 오는 일은 오늘날의 긴급한 일이 아니므로 전하께서 김인용 등이 이번 행로를 가지 못하도록 하시기를 바랍니다.

성곽을 수축하고 군사를 훈련하는 것은 실로 선왕(先王)들이 편안할 때에도 위태한 것을 잊지 않고 태평한 때에도 난리를 잊지 않은 길입니다. 지금 전하께서 뜻밖의 사변을 염려하시어 도성을 수축하는 데 성터가 이미 결정되고 공사할 기구도 구비되었습니다. 삼한의 모든 백성의 목숨은 실로 여기에 달려 있으니 어찌 위대한 사업이 아니겠습니까? 그러나 금년은 홍수와 가뭄, 서리와 우박의 재해뿐 아니라 기근과 전염병[疾疫]의 근심이 한꺼번에 일어났습니다. 또 (명에서) 공마(貢馬) 1만 필을 바치라는 명령이 있어서 전국이 소란스러운데, 이에 더하여 성을 쌓고 하천을 뚫는 공사까지 겹쳤으므로 백성의 고통이 오늘과 같이 심한 적이 없습니다. 그러므로 서울 성곽을 수축하는 공사를 일체 중지하고 내년 농한기를 기다리십시오. 하물며 가을장마가 계속되니 하늘의 꾸지람을 감당하기 어렵습니다. 저희들은 가을장마가 일단 그치면 서리와 눈이 연달아 내려서 추위와 굶주림에 쓰러진 자들이 길가에 연달아 눕지나 않을까 염려하고 있습니다. 엎드려 생각건대 전하께서는 이들 민생을 불쌍히 여겨서 돌려보낸다면, 가을걷이하고 밤을 주워 흉년 대비책을 세우기에 늦지 않을 것이라고 생각합니다. 전하께서는 이 점을 유의하십시오.”

도당(都堂)에게 이 상소를 심의하여 시행하라고 명령하였다.

諫官許應等上疏曰 殿下慨念商賈之弊 遣使禁斷 實斯民務本捨末之秋也 今遣金仁用等商賈之徒 前去北平貿羊 竊恐非殿下崇節儉之美意也 況當 世子朝見之日 商賈之徒繼踵而行 又違殿下爲萬民遣世子朝覲之意 臣等 恐中國之人 將以爲世子今日之行 欲階商販之路也 且貿羊一事 非今日急

務 願殿下毋令仁用等有此行也 夫完城郭練士卒 實先王安不忘危 理不忘
亂之道也 方今殿下慮及不虞 修葺都城 域基已定 器械俱備 三韓萬民之
命 實繫於此 豈不偉歟 今年水旱霜雹之灾飢饉疾疫之患並起 又有貢馬萬
匹之命 使中外騷然 加之以尊城開河之役 民之憔悴 莫甚於今日 其都城
之役 一皆停罷 以待明年農隙 況秋霖連日 天譴難諶 臣等恐秋霖一霽
霜雪繼至 凍餒之徒 相枕於道路矣 伏惟殿下 哀此民生 及時放遣 則秋耕
拾栗 備荒之計 未爲晚也 願殿下留意焉 命下都堂 擬議施行

2) 문집

■ 金富軾,「俗離寺占察會疏」,『東文選』卷110 疏
속리사(俗離寺) 점찰회(占察會)를 기원하는 글

삼계(三界 : 중생이 윤회하는 욕계(欲界)·색계(色界)·무색계(無色界))는 오
직 마음이므로 진여(眞如)의 청정함과 같습니다. 하지만 중생은 깨닫지
못하고 육도(六道 : 중생이 업에 따라 윤회하는 여섯 개의 길)를 떠돌아다니는
것을 괴로워하며, 벗어날 기약 없이 갖은 괴로움과 근심을 맛보고 있습니
다. 오직 부처님만이 원만한 거울과 같은 지혜[大圓鏡智]로 널리 비추어,
사람들이 제 가슴 속에 보배를 간직하고 있으면서도 (알지 못하고) 스스로
곤궁하게 여기는 것을 불쌍히 여겨 주십니다. 그리하여 모든 참회하는
법도와 의식을 마련해 믿음을 일으키게 하는 방편으로 보여주셨습니다.
보현보살(普賢菩薩)의 열 가지 소원은『화엄경(華嚴經)』에서 갖추어 말씀하
셨으며, 진표(眞表) 스님의 부지런한 수행은 마침내 미륵불에 감통(感通)하
였습니다. 부처님의 가르침은 영원토록 행해지고, 부처님의 은택은 항하(恒
河)의 모래같이 많은 사람들을 적실 것입니다.
생각하건대 어린 제가 외람되게 왕위에 올라 역대 임금들께서 힘들고

고생스럽게 이룬 일을 계승하였습니다. 그런데 오랫동안 누적된 폐단의 나머지를 만나게 되었습니다. 이에 깊은 연못가에 선 것 같고 살얼음을 밟는 것과 같아 내 마음은 겁나고 두려웠으므로, 자비로운 구름을 덮어 감로(甘露)를 내려 주심과 같은 부처님의 은덕에 의지하기를 바랐습니다. 그런데 갑자기 재앙을 만나 병들어 눕게 되었습니다. 무당과 의원의 방술(方術)을 찾음이 진실로 한 번이 아니었으며 신성한 영(靈)에 기도한 일 또한 이미 많지만, 아직 효험이 나타나지 않아 근심이 더욱 심합니다.

조부 숙종(肅宗)께서 재위하시던 때부터 이씨(李氏 : 李資謙 一家를 가리킴)가 정권을 잡고 있을 즈음까지 사람들을 죽이고 귀양 보내 귀신과 사람들을 뒤흔들었으므로 분한 기운이 답답하게 막히고 원망이 닫히고 뭉쳐져 있을까 삼가 두렵습니다. 이제 그 혼백을 실어 보내 그 떠돌아다니는 혼을 편안하도록 하고, 팽생(彭生 : 춘추시대 제(齊) 양공(襄公)의 아들. 노(魯) 환공(桓公)을 죽인 죄로 일찍 죽음)처럼 요절하지 않고 백유(伯有 : 춘추시대 정(鄭)의 대부 양소(良霄))가 죽어서 되었다는 전염병[癘]이 길이 사라지게 하려면 다시 다른 방도가 없습니다. 모름지기 진실한 부처님의 가르침에 의탁해야 합니다. 시어(侍御)하는 신하를 이름난 절에 보내 불전에 법단(法壇)을 높이 마련하였습니다. 향과 꽃은 빽빽하게 벌여 놓았으며, 범패(梵唄) 소리가 퍼져나가며 부지런합니다. (혼령들의) 정신을 거두어 모아 그들로 하여금 부처님을 뵙고 설법을 듣게 하며 악업(惡業)의 장애를 드러내어, 고해에서 벗어나 하늘에 왕생하기를 기약합니다. 부처님의 거울같이 밝게 빛나는 지혜가 저의 정성을 모두 비쳐 주신다면, 저들이 저승길에서 반드시 뜨거운 번뇌를 벗어날 것입니다.

엎드려 원하옵건대 부처님의 자연스러운 위엄과 덕, 불가사의한 자비로 그 이생(異生 : 중생)들을 끌어당겨서 단번에 고(苦)와 공(空)의 이치를 깨달게 하시고, 그 영혼들의 소리를 막아서 모두 적멸을 좇아 노닐게 해주십시오. 저들이 이승에 넘나드는 것을 끊게 된다면 저는 이로움을 입게 됩니다. 제 몸이 액을 면하여 길이 복록의 편안함을 누리게 하시고, 온 나라가 함께 쉬면서 오래도록 영화로운 경사가 있게 해주십시오.

三界唯心 同一眞之淸淨 衆生不覺 困六道之漂沉 無有出期 備嘗苦患 惟佛以圓鏡而普照 憫人有寶藏而自窮 □□設諸懺悔之軌儀 示之發起之 方便 普賢之願 具宣說於華嚴 眞表之勤 終感通於彌勒 敎行永世 澤洽恒 沙 言念冲人 叨臨大位 承列后投艱之業 遇多年積弊之餘 深淵薄冰 懼予 心而方恐 慈雲甘露 冀佛德之是依 遽爾遘灾 玆焉寢疾 訪巫醫之術 固非 一焉 乞神聖之靈 亦已多矣 尙微效驗 愈極憂思 竊恐自肅祖有爲之年 及李氏用事之際 誅流人物 擾動幽明 憤氣鬱陞 寃對封執 今欲載其營魄 安其遊魂 不作彭生之夭 長消伯有之癘 更無他道 須托眞乘 遣贄御於名 藍 峙法壇於寶殿 香花森列 梵唄熏勤 抽集精神 使之見佛而聞法 發露業 障 期於離苦而生天 慧鑒悉照於悃誠 幽塗必失其熱惱 伏願無功用威德 不思議慈悲 攝其異生 頓悟苦空之理 杜其靈響 皆從寂滅之遊 彼旣絶通 朕其蒙利 俾躬免厄 永符福履之綏 與國咸休 久有榮懷之慶

■ 李奎報, 「軍還後寄兵馬留後朴郎中仁碩手書」, 『東國李相國全集』 卷27, 書

군대가 돌아온 뒤 병마유후(兵馬留後) 낭중(郎中) 박인석(朴仁碩)에게 보내는 편지글

모월 모일, 모(某)는 아룁니다. 작별한 이래 존체(尊體)의 지내심이 어떠한지 궁금하기 그지없습니다. 저는 원래 경망한데다 또한 녹사(祿仕)란 관직에 얽매인 처지도 아닌데, 하루아침에 몰아세워 억지로 군막(軍幕)에서 보좌하게 되었으니, 만약 지기(知己)를 만나지 못했다면, 단연코 장지(瘴地 : 풍토병이 있는 변방)에서 몸을 버리고 다시 서울을 밟지 못하게 되었을

것입니다.

다행히 각하께서 상과 대우가 대단하신데다가, 아침저녁으로 언제나 곁에서 떠나지 않고 함께 글을 논하고 술을 마시며 이야기함으로써 근심이 풀리게 하여 주셨음은 이미 이루 말할 수 없습니다. 또한 단점을 두둔하고 장점을 격려하시어 제가 나아가고 은둔할 거취를 일찍이 마음에 두어 성취시키려고 하지 않은 때가 없으셨습니다. 비록 부형이나 구숙(舅叔)이라 한들 누가 각하처럼 저를 사랑할 수 있겠습니까? 몸이 죽어서 뼈가 썩더라도 잊을 수 없을 것입니다.

군중에 있는 동안 각하께서 보호하여 주셨기 때문에 거의 3년이 되도록 잔병 한 번 없어, 운문산(雲門山)에 주둔한 전염병[疫疾] 걸린 군사처럼 죽는 것을 면했었습니다. 군사가 돌아올 때 혜음원(惠陰院)에 이르러 갑자기 중병에 걸렸습니다. 서울에 들어와서도 흐리멍텅하여 몹시 취한 사람 같았습니다. 비록 집에 왔으나 오히려 어딘 줄을 알지 못하였고, 두어 순(旬)을 몹시 앓다가 비로소 조금 나았지만, 그래도 다리 힘이 부들부들 떨려 지팡이를 짚어야 일어설 수 있으므로, 공사 간에 찾아뵙기를 지금까지도 못했습니다. 이런 까닭으로 한 번도 아드님을 찾아가 보고 남쪽에서 소식이 왔는지를 묻지 못했으니, 어찌 이다지도 면목이 없는지요? 처음 제가 병에 걸렸을 적에 생각하기를, '평소에 목숨 아까울 것이 없었기에, 비록 죽고 사는 것이 마음에 걸리지 않는다. 다만 다시 각하를 뵙고 맑은 운치를 받들며 옛 정을 펴지 못하면 어쩌나?' 두려웠습니다. 이 때문에 살고자 하는 마음이 전연 없지는 않았습니다. 지금 병이 조금 나았습니다. 생각건대 각하께서 돌아오실 때가 얼마 남지 않아 만나 뵐 날이 있게 되었으니, 다시 무엇을 걱정하겠습니까?

요사이 또 각하께서 몸소 갑옷을 입고 병기를 들고 적과 싸워 40여

명을 사로잡아 임금님께 보고하셨다고 들었습니다. 제가 기뻐서 손뼉 치며
말하기를 "과연 내 말과 같다. 내가 본래 말하지 않았는가? 무릇 사는
것을 아끼고 죽는 것을 두려워하는 것은 인지상정이요, 상 받기를 탐하고
형벌을 두려워하는 것 또한 사람의 상리(常理)이다. 상벌이 분명하면 사졸
이 모두들 진격하다 불리해도 죽고, 후퇴하여 벌을 받아도 죽게 된다.
그러나 후퇴하면 반드시 죽지만 진격하면 승패를 알 수 없다. 다행히 이기
게 되면 죽음을 면하게 될 뿐 아니라 또한 상을 받게 된다고 하였다. 이에
서로 앞서기를 다투어 감히 뒤처지지 않는 것이다. 이런 사졸로 적과 대항
한다면 어떤 전투에선들 이기지 못하겠는가마는, 상벌이 밝지 못하면 어떻
게 진격하고 후퇴하는 것을 징계하거나 권장하여 누구에게 아끼는 생명을
내던지고 두려운 죽음으로 나아가게 할 수 있겠는가?"라고 하였습니다.

　이전에 각하께서 이를 알지 못하신 것이 아니라, 다만 원융(元戎 : 元帥)을
보좌해야 하므로 권병(權柄)을 마음대로 못하시기 때문이었는데, 지금 대군
(大軍)이 바야흐로 돌아오는데 천자께서 공을 유후(留後)로 삼아 병권을
일체 위임하셨으니, 이른바 상벌을 어찌 분명하게 하지 않아서 적으로
인하여 군부(君父)에게 후환을 끼치게 하겠습니까? 도적들이 멸망할 날이
며칠 남지 않았습니다. 저의 이런 말은 공께서 친히 들으시던 것인데,
과연 타당한지요? 제가 비로소 자랑할 만합니다. 돌아오실 날이 얼마 남지
않았다고 한 말을 대개 이로써 스스로 기약할 수 있습니다. 남은 종자들이
오래지 않아 마땅히 사로잡히게 될 것이니, 힘쓰시고 또 힘쓰십시오. 여름
이라 더워 수의(手衣)가 썩기 쉬울 것이기에 감히 멀리서 이를 올립니다.
오직 국가를 위하여 자중하시며 조섭을 잘 하시어 경축(傾祝)하는 소망에
부합하십시오. 다 말씀드리지 못합니다. 모는 재배합니다.

　月日 某啓 別來 未審台體動用何似 傾渴萬萬 僕素狂 且非有祿仕所縻

一旦被驅迫 强佐軍幕 脫不遇知己 決棄身瘴地 不復踏京華矣 幸蒙閣下
賞遇大繆 其朝夕未曾離左右 論文飲酒 開口展眉 已不可勝言 至如護短
扶長 以僕之行藏去就 未嘗不爲念 力欲成就之 雖父兄舅叔 孰有如閣下
之愛我者也 身死骨朽 其可忘哉 在軍中 以閣下所庇 幾及三年 略無微恙
得不隨雲門屯壘之疾疫軍士同斃 及軍還 已至惠陰院 暴得重病 其入京師
怳怳若大醉人 雖至家 尙不識何處 沈痛數旬 始得小間 脚力猶頓 杖而後
起 公私展謁 至今尙闕 以是不得一往見賢胤 問南音來否 何無狀如之
始予之被疾也 顧平生無所顧惜 雖不以死生嬰懷 但恐不得復謁閣下奉淸
塵敍舊好 用是不得大無求活之心也 今者疾小間 計閣下之廻斾 又無幾何
則攀援當有日 寧復憂哉 近復聞 閣下躬自攬執 與賊戰 生獲四十餘人
馳聞闕下 僕喜且抃曰 果若吾言 吾固不云乎 夫愛生懼死 人之常情 貪賞
畏刑 亦人之常理也 賞罰剛明 則士卒皆以爲進而不利死 退而受罰亦死
然退則必死 進則勝敗未可知 幸而得捷 旣免死又受賞矣 於是爭先無敢後
以此當敵 何戰不捷哉 賞罰不明 則進退何有懲勸 而孰有損其所愛 趨其
所懼者乎 日者 閣下非不能知此 但佐元戎而未得擅其柄故也 今大兵方還
天子以公爲留後 一委兵柄 則所謂賞罰何有不明 而以賊遺君父耶 賊滅無
日矣 僕之此言 公所親聞 果中耶不中耶 予始可誇之矣 其謂之廻斾無幾
日 蓋以此自必也 餘種不久當就擒 勉斾勉斾 夏熱 想手衣易腐 敢以此遠
獻 惟冀爲國自重 精加調攝 以副傾祝之望 不宣 某再拜

■ 李奎報, 「國銜行答蒙古書[壬辰二月]」, 『東國李相國全集』卷28,
　書 · 狀 · 表[隣國交通所製]
국함(國銜)이 갈 때 몽골에 답하는 글 [임진년(1232) 2월]

운운. 엎드려 내려 주신 편지를 받고 균후(鈞候)의 기거 안녕하심을 갖추
알았습니다. 이는 우리가 항상 축원하는 바에 부합하는 것이므로 실로
춤을 출 듯이 반갑습니다. 더욱이 안부까지 자세히 물으시니 감사함을
이기지 못하겠습니다. 일러주신 바 회안공(淮安公)과 조 대장군(趙叔璋을

가리킴)을 포상하는 일에 관해서입니다. 이들은 대국과 강화하고 우호를
맺는 일을 잘하여 그 공로가 적지 않으므로 조정에서 바야흐로 포상을
논의하고 있던 터였습니다. 하물며 이같이 일러주시니 감히 받들어 준행하
지 않겠습니까?

그 변방 성마다 설치된 다루가치[達魯花赤]를 접대하는 일에 관해서입니
다. 이 일 역시 하나하나 명령대로 하겠습니다. 다만 전에 온 거란인과
한인[漢兒]을 돌려보내는 일은 본래 사람이 많지 않았고 그 죄가 벌써
죽였어야 마땅하지만, 저의 차마 그렇게 못하는 마음 때문에 서울에 유치시
켜 두었습니다. 그런데 해마다 기근이 들고 전염병[疾疫]이 유행하여 죽은
자가 반이 넘습니다. 혹 그 가운데 여러 번 도망하는 자가 있어서 그들을
잡아 섬으로 보내었는데 또한 모두 굶어 죽고 몇 명 남지 않았습니다.
그런데 이제 대국에서 사신이 들어온다는 소문을 듣고는 망령되이 본국의
병마(兵馬)를 가지고 달아나 (대국 사신에게) 의탁할 것을 꾀했습니다. 이는
제가 먹여 살려 준 은혜를 배반한 것이라 그냥 둘 수 없어 이미 모두
죽여 버렸습니다. 오직 이 한 가지에 대해 교시(教示)를 따르지 못했으니
황공하기 그지없습니다. 오직 각하께서는 이를 용서하십시오. 저의 말에
가식이 있다면 하늘이 이를 살필 것입니다.

云云 伏蒙手教 備認鈞候起居萬順 副吾常所禱祝 誠抃誠抃 加之俯問
耗息滋悉 不勝感荷 所諭淮安公 · 趙大將軍褒賞之事 此人等善與大國講
和結好 功勤不小 故朝廷方議行賞 況今所諭如此 敢不祗稟 其邊封每城
留置達花赤接遇之事 亦一一承命 但前來契丹 · 漢兒等廻送事 本不多人
耳 其罪早合誅夷 以子不忍之心 留置京師 因年年飢饉疾疫 物故者過半
或其中屢有逋逸者 捕送海島 亦皆飢死 唯有些小餘類 今聞大國之入境
妄意其本國兵馬 謀欲逃去依附 其辜負我豢養之恩 在所不忍 已皆誅戮
唯此不如所教 惶恐萬萬 惟閣下恕之 言如餙也 天其鑑之

■ 李奎報,「陳情表」,『東國李相國全集』卷28, 書·狀·表 ; 李奎報,
「陳情表」,『東文選』卷39, 表箋 ; 1232년 11월 기록 뒷부분과 같음

진정표(陳情表)

우리나라[下國]가 상국(上國)으로 쏟아보내는 정성은 아교와 칠처럼 더욱 굳은데 상국이 엄하게 꾸지람의 위엄을 더하시니 천둥소리가 갑자기 울리는 듯합니다. 명을 듣자 두렵고 떨려 목을 놓아 울부짖고 애원합니다. 엎드려 생각건대 신은 외람되이 용렬한 자질로써 황복(荒服 : 天子의 은덕과 교화가 미치지 못하는 먼 곳)의 나라에 살지만, 우러러 하늘같으신 덕을 믿고 온 나라가 힘입어 살아가며 모든 별들이 북극성을 향하듯 하는 마음을 오로지 쏟아 교화에 감복함이 더욱 간절하였습니다. 그런데 어찌 이와 같이 거듭 꾸지람을 하십니까? 힘으로 감당할 수 없으니 마땅히 정성으로 고하겠습니다. 말이 반복되더라도 마땅히 사실대로 진술하겠습니다.

조지(詔旨)에서 언급하신, 원병(援兵)을 더 징발해서 만노[浦鮮萬奴]의 토벌을 도우라 하신 일에 관한 것입니다. 이 구석진 땅에 있는 우리나라는 본래 작은 나라입니다. 더욱이 대군이 거쳐 갔으므로 몇 사람이나 남아있겠습니까? 살아 있는 자들도 오히려 고통받은 나머지들인데, 여기에 기근과 전염병[疫]이 더해져서 죽었습니다. 그러므로 천자의 군대로 쓰는데 도움이 되지 못할 것이므로 어쩔 수 없이 엄한 황제의 명령을 어기게 되었으니, 그 죄는 비록 피할 수 없지만 그 사정은 또한 용서받을 만합니다.

국왕이 친히 조근(朝覲)하라고 하신 일에 관해서입니다. 폐하께서 황통(皇統)을 이었다는 소식을 들은 뒤에 진작 상국을 관광(觀光)했어야 마땅한데, 하물며 외신(外臣)으로서 친히 황제를 알현하는 것은 영광이니 진실로 바라던 바입니다. 그러나 번국의 왕위를 하루라도 비워둘 수 없기 때문에 이것이 실로 황공할 따름입니다.

호구 자료를 제출하여 살리타이[沙里打 : 몽골 장수]가 알게 하라고 하신 일에 관한 것입니다. 유언비어로 전해지기를 "대병(大兵)이 장차 쳐러 온다."고 하니 어리석은 백성들이 그 말에 쉽사리 현혹되어 재산을 모두 가지고 도망간 사람이 많습니다. 여러 사람들이 다 같이 하는 바를 형세상 금하기 어려워, 지금 민가(民家)가 빗자루로 쓸어버린 듯이 쓸쓸하여 도리어 풀만 우거진 황무지가 되었습니다. 만약 임금과 신하만 외롭게 남게 된다면 보잘 것 없는 공물이나마 마련하지 못할까 염려됩니다. 바라건대 남은 호구를 모아서 길이 대국을 섬기려 합니다. 비록 몸은 바다 속 섬에 있지만 마음은 오히려 자나깨나 (황제께서 계신) 하늘 위를 꿈꿉니다. 이는 실로 위엄을 두려워하기 때문이니, 황제께서는 의심하지 마시옵소서. 마음이 진실로 처음부터 끝까지 한결같으면, 땅의 이곳저곳을 어찌 논하겠습니까? 엎드려 바라건대, 운운. 황복의 나라를 포용하시는 도량을 널리 펴시고 작은 나라를 사랑하는 인(仁)을 드리우셔서, 쑥대 속에 사는 사람들을 살리고 한 나라를 보전토록 허락하여 주시면, 산과 들에서 나는 공물을 받들어 반드시 어떤 제후에게도 뒤지지 않겠습니다."라고 하였다.

云云 下國有傾輸之懇 膠漆益堅 上朝加譴責之威 雷霆忽震 聞命怖悸 失聲籲號 中謝 伏念臣猥以庸資 寄于荒服 仰戴天臨之德 舉國聊生 篤馳 星拱之心 嚮風滋切 夫何徵詰 若此稠重 力所不堪 宜將誠告 言如可復 當以實陳 其詔旨所及 添助軍兵 征討萬奴事 緊僻土是居弊邑 本惟小國 況大軍所過 遺民能有幾人在者 尙瘡痍之餘 加之因飢疫而斃 故莫助天兵 之用 無奈違帝命之嚴 罪雖莫逃 情亦可恕 其親身朝覲事 自聞啓統 早合 觀光 矧外臣榮覬於九天 固所望也 然藩位難虛於一日 茲實恐焉 其出人 戶使沙里打見數事 游舌所傳 大兵將討 在愚民而易惑 舉恒産以多逃 衆 所同爲 勢難固禁 顧家戶蕭然如掃 乃反爲茂草之場 若君臣子爾獨存 未 辦苞茅之貢 庶收殘口 永事大邦 雖潛藏江海之間 猶夢寐雲霄之上 實畏 懼之所致 冀聖明之不疑 心苟一於始終 地何論於彼此 伏望云云 廓包荒

之度 垂字小之仁 存蓬艾之生 儻許全於一國 奉山野之賦 必不後於諸侯
云云

■ 李奎報, 「柳樞密公權乞辭職表[第三表]」, 『東國李相國全集』 卷29, 表
추밀공 유공권(柳公權)이 사직을 청하는 표문 [세 번째 표문]

신 모는 아룁니다.

지난번 오랜 병으로 누차 표문을 올려 퇴직하기를 청하였습니다만,
이번 달 모일에 다시 조서를 내리시어 윤허하지 않으심을 엎드려 받들었습
니다. 필부의 뜻을 돌이키기 어려워서 감히 여러 번 피끓는 정성을 바쳤는
데, 지엄한 분부가 거듭 내리어 아직도 윤허하심을 듣지 못하였기에 주선하
는 행동이 순서를 잃고 머물러 있어도 경황이 없습니다. 중사(中謝)

삼가 생각하건대, 임금과 신하가 만난다는 점에서 관직에 나아가거나
물러나는 것이 쉬운 일이 아닙니다. 윗사람은 억지로 잡아두는 것을 은혜로
여겨 그 단점이 드러나게 해서는 안 되며, 아랫사람은 재주가 없으면서도
무릅쓰고 자리를 차지하고 있음을 영화롭게 여겨서 마지막에 낭패해서는
안 될 것입니다. 그런 뒤에라야 상하가 서로 알고 정과 예의를 다하게
됨으로써 조정에는 관직자가 제 구실 못한다는 꾸지람이 없어지고 사람은
본성의 마땅함을 이루게 될 것입니다

삼가 생각하건대, 신은 재주가 뛰어나서 승진된 것이 아니고 본래 요행
으로 인한 것입니다. 문장은 능히 관직의 일[吏事]을 빛나게 꾸미지 못하고,
경술(經術)은 또한 임금의 구상을 윤색하지 못하면서도 요직에 있어서
어진 이의 길을 막았습니다. 갑자기 섶나무를 등에 진 듯한 병이 절박해져
서 속이 뒤집힐까 더욱 걱정이 간절하온대, 임금의 말씀은 따뜻하게 자주자
주 위문해주시고 어의는 곁에서 연이어 진찰하여 중단하지 않으시니, 눈물

이 소매에 가득하고 감격은 폐와 장으로 스며듭니다. 비록 송구스럽게 성상의 은혜를 입어 구차히 세월을 연장하였으나, 지난날의 형상이 아침저녁으로 변해감을 스스로 놀라고 있사오니, 진실로 물러가 안정함이 마땅한데 감히 다시 관직에 나아가기를 뜻하겠습니까?

신은 또 들으니 '관직에 있는 사람이 평시에 일이 없을 때는 퇴직하려는 마음이 조금도 없다가 일단 병이 들면 빨리 직책에서 물러나기를 구한다'고 합니다. 이는 감히 영화로운 것을 싫어해서 관직을 그만 두는 것이 아니라 스스로 목숨을 아껴서 그럴 따름입니다. 신의 형편도 이와 비슷하나 실정은 다릅니다. 항상 차서 넘치는 것을 염려하여 편안하지 않은데 어찌 수습하여 일찌감치 물러갈 줄 몰랐겠습니까? 이상과 같이 임금의 은혜는 두터운데 신이 보답할 바가 없습니다. 임금께 바칠 것은 오직 이 한 몸뿐입니다. 실로 제 욕심만 따른다면 그 은혜를 어찌하겠습니까? 그러므로 선뜻 물러갈 것을 청하지 못하고 다만 스스로 힘을 다하기를 바랐던 것입니다. 이제는 몸이 이미 병들어 무릎 꿇고 절할 힘조차 없고 걸음도 이미 비틀거려서 의식에 성큼성큼 따라가지도 못하게 되었습니다. 이미 일어나 관직의 반차(班次)를 지키지 못하면서 또 어찌 누워서 나라의 녹을 썩게 하겠습니까?

옛날에 광덕(薛廣德 : 漢 元帝 때 정치인)이 병을 아뢰매 한 황제[漢 元帝]께서 해직시켜 집으로 돌아가게 하셨었고, 배도(裴度 : 唐 후기의 명재상)가 병을 칭탁하매 당 황제[唐 憲宗]도 집에 있을 것을 허락하셨습니다. 이 두 분은 모두 국가가 의지하고 제왕이 신뢰하여 그 재주와 어짊을 아껴서 내보내고 싶지 않았지만, 또한 그 늙고 병든 것을 불쌍하게 여겨서 관직에 나오라고 핍박하지 않았습니다. 하물며 신은 본래 경륜에 도움이 되지 않고 또한 오랫동안 질진(疾疹)에 걸려 있으니 무엇을 바라고 또다시 주저

하십니까? 병든 새가 빙빙 돌면서 오랫동안 연못물에 목욕하는 은혜만 허비한 격이요, 곤한 고기가 엎드려 있으면서 갑자기 바다에서 헤엄치기를 생각하는 격입니다.

엎드려 바라건대 성상 폐하, 성덕의 관용을 보이시고 햇빛이 두루 비추는 것처럼 하셔서 애처로운 청을 받아들여 물러가 쉬도록 허락하시옵소서. 이 녹봉의 풍성함을 훌륭한 보필에게 돌리시면 반드시 특별한 선비가 나와서 막중한 권세를 감당할 것이옵니다. 구구한 정성은 하늘의 해가 밝게 비출 것입니다. 운운.

臣某言 昨以寢疾 累表乞退 伏蒙今月日復降手詔不允者 匹夫難奪 敢沓
貢於血誠 嚴勅屢加 尙阻聞於領可 周張失次 啓處不遑 中謝
竊以際會之間 進退非易 上不以苟留爲惠而露洩其短 下不以冒處爲榮而
蹙踖於終 然後上下相知 情禮曲盡 朝無曠官之誚 人有遂性之宜 伏念臣
非以才昇 本緣幸進 文雅不能絢飾吏事 經術又未潤色皇猷 翺翔要津 疣
贅賢路 遽迫負薪之疾 益懷覆餗之虞 王言溫密而慰訊滋深 御醫旁午而診
視不絶 淚盈襟袖 感入肺腸 雖賴聖人之恩靈 苟延時月 自驚曩日之形狀
坐變朝昏 亮宜退安 敢意復進 臣又聞 在位之人 當平居無事 則略無求退
之心 及一旦臨病 亟求解職 此則非敢惡榮而止 自惜其身命而已 臣勢雖
類此 實則異焉 常懲滿溢以未寧 豈昧斂收而早退 徒以上之優渥厚矣 臣
之報效缺然 所致於君 唯此身耳 苟徇諸欲 其若恩何 故未勇於乞閑 但自
努於竭節 今則體已瘠而無拜跪之力 步已澁而闕趨蹌之儀 旣不得起守官
班 又何宜臥腐公廩 右者 廣德移病而漢帝罷令就第 裴度稱疾而唐皇許以
在家 此皆國家之所庇依 帝王之所倚注 雖惜其才賢而不欲許遣 亦憫其老
病而不使逼來 況臣本無補於經綸 復久罹於疾疹 有何冀望 而又遷延 病
翼遲廻 久費浴池之惠 困魚跳伏 驟思游海之心 伏望聖上陛下 示聖德之
兼容 委天光之旁燭 俯從哀請 許遂退藏 用玆俸祿之豐 畀以英豪之優
必有異士 堪守劇權 區區之誠 天日炤臨 云云

■ 李奎報,「七鬼五溫神醮禮文」,『東國李相國全集』卷38, 道場齋醮疏 祭文[東京招討兵馬所製]

칠귀와 오온신에게 초례를 지내는 글

운운. 병의 경중은 상제(上帝)가 명하는 바이며, 사람의 선악을 참작하는 것은 바로 신의 권한이기에, 감히 형편이 가긍함에 따라 우러러 정총(正聰)의 보살피심을 바랍니다. 지금 우리의 전루(戰壘)에 나온 자가 누구인들 용감한 사내가 아니겠습니까? 모두 국가를 위하여 부지런히 노력하고 있으니 분명 천심(天心)의 보호가 있으실 터인데, 어찌하여 위중한 병에 걸려 힘차게 돌진하지 못하는 것입니까? 혹 사졸 하나가 그날 조반(朝飯)을 걸러도 오히려 음식을 정지하고 서로 걱정하는데, 더구나 큰 전염병[大疫]이 군중에 유행하니 어떻게 가만히 앉아서 차마 보고만 있을 수 있겠습니까?

이에 정결히 제수를 차려 놓고 정성 들여 비오니, 부디 종군하는 병사들이 피곤하다고 하는 사람이 하나도 없어, 검은 구름이 개듯 묵은 병이 물러가고 봄눈이 녹듯 더러운 풍속이 맑아지게 하소서. 운운.

云云 注病重輕 惟帝所命 酌人善惡 迺神之權 敢沿機勢之可矜 仰覬正聰之斯諒 赴予戰壘 孰匪勇夫 皆從王事而勤勞 固合天心之保護 何嬰沈頓 莫效奔馳 且一士容失其朝餐 猶欲輟甘而相恤 況大疫多行於軍伍 其能安坐而忍觀 玆展信羞 寔申精禱 庶令凡百從役 無一告疲 釋去宿痾 猶陰雲之廓卷 洗清汙俗 若春雪之旋消 云云

■ 李奎報,「疾疫祈禳般若法席文」,『東國李相國全集』卷38, 道場齋醮 疏祭文[東京招討兵馬所製]

전염병[疾疫] 물리치기를 비는 반야법석문(般若法席文)

운운. 삼천대천 세계의 자비하신 분은 우리 석가세존만한 분이 없으시고, 12부(十二部) 중에서 가장 훌륭한 경전은 바로 이『반야경(般若經)』을 말하는 것입니다. 진실로 간절하게『반야경』을 선양한다면 많은 도움이 있을 것입니다.

　지금 우리의 군사들이 다 종군하고 있는데 어느 한 사졸인들 공을 세우려 노력하지 않겠습니까? 화는 소홀한 데서 생기는 것인데 군사들이 병들어 일어날 수 없으니, 통솔의 책임을 맡고 있는 사람으로서 당연히 물리칠 계책을 서둘러야 합니다. 그래서 성대하게 불교의식을 갖추고 이름 있는 승려들을 소집하여, 특별히 군루(軍壘)의 네 모퉁이에서 이 진전(眞詮 :『반야경』을 가리킴)을 7일 동안 열람합니다. 조금이라도 막힌 것이 있으면 원만히 살피시어 바로 통하게 하여 주십시오. 삼가 바라는 것은 신음 소리가 노래로 변하여 약을 안 써도 병이 낫고, 지친 말은 한번 채찍을 가하면 금방 재빨라져 향하는 곳에 대적하는 자가 없게 되고, 적의 소굴을 모두 뒤엎고 빨리 서울로 돌아가게 하여 주십시오. 운운.

云云 三千界之慈悲父 無如我釋尊 十二部之殊勝經 斯謂之般若 宣揚苟切 饒潤滋多 顧吾軍皆效於從征 何一士不思其努力 禍生所忽 病莫能興 凡司統領之權 宜急鎭禳之術 張皇梵釆 召集名緇 特於軍壘之四隅 閱此眞詮於七日 一毫所締 圓鑑卽通 伏願化謳歌於呻吟 勿藥有喜 策疲駑爲趫捷 所向無前 盡覆賊巢 遄還京輦 云云

■ 李奎報,「東林寺行疫病祈禳召龍道場文」,『東國李相國全集』卷39, 佛道疏[翰林修製]

동림사(東林寺)에서 전염병[疫病]을 물리치기를 비는 소룡도량문(召龍道場文)

　진승(眞乘 : 진실한 교법)은 가장 오묘하여 부처님과 부처님이 서로 보호하고 잘 부탁한 바가 있어서, 사람이나 사람 아닌 것이나 모두 기뻐하는 바이므로 진실로 부지런히 받들면 바로 은혜로운 자비를 입나이다. 돌아보

건대 날씨가 화기를 상하여 온 백성들이 전염병[疫疾]에 걸렸나이다. 임금
은 백성들이 아니면 나라를 지킬 수 없으니 불쌍히 여겨서 구원하려는
마음을 어찌 감히 늦추겠습니까? 하늘이 내린 재앙은 오히려 피할 수
있는 것이므로 가만히 기도할 요체를 헤아려 보니, 마땅히 법보(法寶 : 부처
가 말한 법문)에 의탁하여 부처님의 음덕을 빌어야 하겠나이다. 이에 각석(覺
席 : 부처에게 기도하는 법석)을 절에 베풀고 간직해온 규장(虯藏)의 영문(靈
文)을 부연하나이다. 원컨대 진리의 바람이 일어나서 천하가 다 함께 즐겁
고 길이 편안하며, 영원히 음양의 재앙이 없어져서 백성이 번영하여 함께
어질고 장수하는 곳으로 오르게 하소서!

眞乘最妙 佛與佛以護持 善囑猶存 人非人而歡喜 苟勤熏奉 尋沐恩慈
顧時令之傷和 亘民居而被疫 后非衆罔與守 敢寬矜恤之心 天作孼猶可違
竊計檜禳之要 宜投法寶 用丐梵庥 陳覺席於鶩廬 演靈文於虯藏 伏願眞
風所作 環宇同加 將樂將安 永絶陰陽之寇 旣繁旣庶 咸躋仁壽之鄉

■ 李奎報,「疾疫祈禳召龍道場文」,『東國李相國全集』卷39, 佛道疏 [翰林修製]

전염병[疾疫] 물리치기를 비는 소룡도량문(召龍道場文)

운운. 여래(如來)께서는 전염병[疫]을 다스림에 질병에 따라 약을 쓰시며,
어진 임금은 사람을 구원하는 정치를 베풀되 마치 자기가 구렁에 빠진
것처럼 간절하게 하나이다. 진실로 높이고 받들어 행하면 즉시 신령스러운
가호를 받게 됩니다. 생각건대 박덕한 사람이 외람되게 중대하고 어려운
자리를 이어받아 항상 백성을 마음에 담고서 한 사람이라도 제자리를
잃은 자가 없게 하려 하나이다. 흉년이 들면 추(鄒) 백성들이 죽어서 구렁텅
이에 구르는 것과 같이 될까 염려하고, 더위가 찌는 듯하면 주(周) 임금이
더위 먹은 이를 부채질해 준 일과 같이 할 것을 기하려 하는데, 하물며

질병에 걸린 사람들을 차마 잠시라도 그냥 보고만 있을 수 있겠습니까? 부처님의 자비에 의탁하여 잘 구원해주실 것을 빌며, 가장 뛰어난 진전(眞詮)을 선양하여 영부(靈府)로 하여금 함께 기뻐하게 하여 주시기를 바라나이다. 엎드려 바라옵건대 대화(大和 : 음양이 조절된 기운)의 부채로 각 마을에 쌓여진 병을 쓸어버리시고, 순수한 복을 두텁게 하시어 국가의 안녕을 이루게 하소서!

云云 如來攝疫之門 應病投藥 仁主恤人之政 若已納隍 苟龔閣以奉行 卽靈承於護蔭 念循涼薄 叨襲重艱 常以百姓而爲心 庶無一物之失所 年其饑嗛 猶恐鄒民之轉溝 暑或敲蒸 尙期周后之扇喝 況復有罹於疾病 可能忍視於須臾 期託等慈 仰祈善救 俾暢眞詮之最勝 庶令靈府以同歡 伏願扇以大和 掃里閭之沈頓 篤于純嘏 致家國之寧安

■ 李奎報,「經行日景靈殿告事祝」,『東國李相國全集』卷40, 釋道疏 · 祭祝[翰林誥院幷]

경행일(經行日)에 영령전(景靈殿)에서 사유를 고하는 글

저 궁궐 뜰을 향해 (아뢰옵건대), 장차 경(經 : 『반야경』을 가리킴)을 주어 길을 돌겠습니다. 신선(조상의 영혼을 가리킴)이 사는 침소에 아뢰려고 먼저 변두(籩豆 : 祭器)를 베풀어놓았습니다. 바라옵건대 조상의 신령에 힘입어 길이 전염병[疾疫]의 기운을 제거하게 하옵소서.

僉彼闕庭 將授經以徇路 扣于仙寢 先寓信以陳籩 庶仗祖先之靈 永除疾疫之氣

■ 李奎報,「崔相國攘丹兵畵觀音點眼疏[晉康公元嗣也 此下十九首 皆相國所請代作]」,『東國李相國全集』卷41, 釋道疏

최상국(崔相國)이 거란 군사를 물리치기 위해 관음상을 그리고 점안하며 기원

하는 글 [최상국은 진강공(晉康公 : 최충헌)의 계승자다. 이 아래 19수(首)는 모두 최상국(崔相國)이 청하여 대신 지은 것이다.]

신성한 지혜를 바라기는 어려워도 중생은 의지하여 살기 마련입니다. 만약 천수천안(千手千眼 : 천 개의 눈과 천 개의 손으로 모든 중생을 구원한다는 뜻이 들어 있음)의 방편으로 보살님[梵]의 위엄을 보이신다면, 비록 1만의 말과 가려뽑은 1만의 강력한 군사일지라도 곧 우리에게 사로잡힐 것입니다. 슬프다, 저 오랑캐들이 우리의 강토를 소란스럽게 하여, 북에서 동에까지 피비린내가 흘러넘치고, 늙은이 어린이 할 것 없이 놈들의 독 이빨이 삼켜 버립니다. 그 하는 짓을 볼 때 놈들의 포악한 천성이 본래 그렇기는 하나, 원인을 살펴보면 역시 우리 국정이 문란한 데서 유래한 것입니다. 마땅히 참회하여 이 재앙을 풀어야 하겠습니다.

그러나 제자들은 생각을 논하는 직책에 처했으나 방어할 계책이 없습니다. 폐백을 받들어 신께 기도했지만 신은 나타나 응하지 않고 피눈물을 흘리며 하늘에 호소했지만 하늘은 못 들은 듯하니, 형세는 이미 궁박한데 계획이 어디에서 나오겠습니까? 삼가 대비다라니신주경(大悲陁羅尼神呪經)을 상고해보니 거기에 이르기를, "만약 환란이 일어나거나 적이 침입하거나, 전염병[疾疫]이 유행하거나 귀마(鬼魔)가 설쳐 어지럽히는 일이 있거든, 마땅히 대비(大悲 : 관세음보살)의 상(像)을 만들어 모두가 지극히 공경하는 마음을 기울이며, 당번(幢幡 : 불교의 의식용 깃대와 깃발)과 개(蓋 : 불상의 머리를 가려 비 등을 막는 일산이나 닷집)로 장엄하고 향과 꽃으로 공양하면 저 적들이 모두 스스로 항복하여 모든 환란이 아주 소멸되리라." 하였습니다. 이 남기신 말씀을 받들자 마치 친히 가르치는 말씀을 듣는 것 같았습니다. 이에 단청의 손을 빌어서 수월관음(水月觀音 : 바다 위에 뜬 한 잎의 연꽃에 서 있는 관음상)의 얼굴을 모사합니다. 아! 화공(畵工)이 우리 백의관음(白衣觀

音)의 모양을 비슷하게 한지라, 지극한 정성을 다 피력하여 우러러 연꽃 같은 눈동자를 점안합니다. 엎드려 원하건대 빨리 큰 음덕을 내리시고 이내 신통한 위력을 더하시어, 지극히 인자한 부처님의 큰 덕과 같아 적의 무리를 통틀어 무찌르게 하고, 두려움 없는 신통한 힘으로 옛 소굴로 돌아가 저절로 물러나게 하옵소서!

> 聖智難思 衆生所倚 若以千手千眼之方便 權示梵威 雖云萬馬萬步之精强
> 卽爲我虜 嗟彼戎羯 擾吾封疆 流腥臭之淫夷者 自北自東 被毒牙之吞噬
> 者 無老無幼 原其迹素 縱天資虐戾之使然 省厥因由 示國政陵夷之所自
> 宜其懺悔 弭此禍殃 若弟子者 處論思之司 無守禦之計 捨幣禱神兮 神莫
> 顯應 泣血號天兮 天若不聞 勢已垂窮 計將安出 謹案大悲陁羅尼神呪經
> 云 若患難之方起 有怨敵之來侵 疾疫流行 鬼魔耗亂 當造大悲之像 悉傾
> 至敬之心 幢蓋莊嚴 香花供養 則擧彼敵而自伏 致諸難之頓消 奉此遺言
> 如承親囑 玆倩丹靑之手 用摹水月之容 吁哉 繪事之工 肖我白衣之相
> 磬披霞懇 仰點蓮眸 伏願遄借丕庥 仍加妙力 如至仁廣大 憚令醜類以盡
> 劉 以無畏神通 俾反舊巢而自却

■ 崔滋, 「曹溪宗禪師混元爲大禪師教書·官誥」, 『東文選』 卷27, 制誥 조계종(曹溪宗) 선사(禪師) 혼원(混元)을 대선사(大禪師)로 삼는 교서(敎書), 관고(官誥)

해는 오년(午年 : 丙午년, 1246)을 당하였고, 달은 5월에 속했으니, 이때는 태자가 처음 정사(政事)에 나아간 때이고, 여러 장수들이 군사를 의논하는 즈음이었다. 이런 즈음에 그들의 의논이 우리를 침공하자는 데에 미칠까 두려웠다. 이에 어떤 종신(宗臣)이 홀로 묘한 꾀를 발휘하여 선림(禪林)의 칼을 의지해 은밀히 이역(異域)의 군사를 무너뜨리기 위해 특별히 절[精廬]을 창건하여 과감히 도를 깨친 승려를 맞아들이려고 하였다. (선사는) 비록 흰 구름과 함께 늙어 가면서 귀암(龜庵)에 높이 누워 있으려 했으나, 또한 붉은 옷 입은 자들(고위 관료를 가리킴)을 따라 함께 가서 법석을 주관하기를 허락하였다. 백성들이 이를 듣고 모두 기뻐하며 즐거운 얼굴로 "먼 길을 오셨으니, 또한 장차 우리나라를 이롭게 하려는가?"라고 말하였다. 과연 (선사가) 한 번 조사(祖師)의 등불과 부처의 등불을 들자 곧 천화(天火)와 인화(人火)가 둘 다 없어졌고, 그 빛이 미치는 곳에서는 전염병[疾疫] 또한 사라졌다. 학(鶴)은 송사(松社)의 옛 집에 깃들어서 헛되이 자기 집의 밝은 달을 안았고, 용은 화산(花山)의 새 절에서 뛰놀아 고루 법계(法界)를 적시는 단비를 내렸다.

내가 (선사의 공덕을) 아름답게 여겨 잊지 못하고, 차츰 친근해질수록 더욱 공경하게 되었다. 그러므로 조서로 빛나는 명을 전하여 승도들의 지극한 반열의 첫 머리에 둔다. (선사는) 명언(名言)을 멀리 끊었으니 비록 벼슬을 지극히 귀하게 여기지 않을 것이나, (국왕께서는) 관례대로 은혜를 내려 장려하는 것이니 어찌 천하에서 특출난 자[達尊]를 특별히 제수하지 않을 수 있겠는가? 운운

아, (선사의) 도와 행실이 이미 둘 다 높으니, 부처님의 뜻에 응하고 하늘을 감동시킨 것을 내가 의심하지 않는다. 죽이고 살리는 것이 오직 한 생각에 있으니, 왕업(王業)을 일으키고 전쟁의 재난[兵災]을 진압하기를 축원하는 바이다. 처음과 끝을 잊지 말고 자신과 남을 모두 이롭게 하라. 주관하는 자는 시행하라.

年當立午 月屆鳴蜩 是貳君卽政之初 是諸將論兵之會 恐於此際 議及我侵 爰有宗臣 獨揮妙策 欲仗禪林之劒 潛摧異域之兵 特刱精廬 敢邀悟侶 雖欲與白雲共老 高臥龜庵 亦許從紫衣偕行 主張象席 百姓聞之 擧欣然有喜色曰 千里來而亦將以利吾國乎 果一擧祖燈佛燈 卽兩亡天火人火 光明所及 疵疫亦消 鶴棲遲松社舊巢 空把自家之明月 龍蹴蹋花山新刹

普霑法界之甘霖 予嘉不忘 漸近愈敬 是用臚傳紫渙之明命 首置緇流之極
班 邈絶名言 雖無人爵之至貴 例加恩獎 盍循天下之達尊 可特授云云
於戱 道行已爲雙高 則其應佛意感天心 我無疑焉 殺活是惟一念也 欲興
王業鎭兵災 在所祝耳 無忘終始 同利自他
主者施行

■ 崔滋,「持念業禪師祖猷爲大禪師敎書」,『東文選』卷27, 制誥
지념업(持念業) 선사(禪師) 조유(祖猷)를 대선사로 삼는 교서(敎書)

조유(祖猷)에게 교하노라.

무릇 국가가 불교를 높이 받들고 승려의 작위(爵位)를 마련하여 경·대부
와 짝하게 하기까지 하는 것은 다른 까닭이 아니라, 그들이 대개 인민을
복되고 이롭게 하기 때문이다. 그러나 불교를 업으로 하는 사람 중 자기
본분에서는 선정(禪定)이 익숙하고 지혜가 원만하더라도, 다른 사람을 이롭
게 하는 공이 공공연히 인민에게 미치는 사람은 대개 적다.

선사는 총지(摠持 : 다라니)의 법력으로 사나운 전염병[癘]을 몰아냈으니,
무릇 구제하고 살린 것이 몇 사람인가? 더구나 우리 사직의 중신[崔怡를
가리킴]이 바야흐로 음양(陰陽)의 조화을 헤쳐 병에 걸렸는데, 선사(禪師)가 일갈
하시니 병에서 회복되었다. (그리하여) 삼한(三韓)의 기둥과 주춧돌이 오늘
날에 다시 견고하게 하였으니, 그 복되게 하고 이롭게 하는 효험이 뚜렷하
게 이미 나타났다. 비록 승려 작위에서 최고 지위로 우대한다 한들 누가
불가하다고 하겠는가? 이제 대선사(大禪師)로 삼는 직첩 한 통을 내리니,
이르거든 받으라.

教祖猷 凡國家崇奉浮屠 設其僧爵 至配於卿大夫者 無他 盖爲其福利生
民耳 然業浮屠者 雖自己分上 定熟慧圓 其利他之功 公然顯及於生民者
盖寡矣 某 以摠持法力 驅除虐癘 凡救活幾人耶 況我社稷重臣 方寇於陰

陽 而師之一喝 轉作和倪 使三韓柱礎 復固於今日 則其福利之効 公然已
著矣 雖以僧爵之極位待之 誰曰不可 今賜大禪師告身一通 至可領也

■ 李承休,「病課詩并序」,『動安居士行錄』卷1, 行錄
병과시 병서(病課詩 并序)

계해년(1263, 원종 4) 정월 상순에 이르러, 집안에 병이 옮아 홀어머니께서
검은 평상 위에 계시면서 호흡이 거칠어 아침이나 저녁도 바랄 수 없는
지경이었다. 종들이 혹 죽는 자도 있었고 나머지 역시 병으로 일어나지
못해 심부름꾼이 하나도 없었다. (내가) 홀로 탕약을 시중들며 밤부터 아침
까지 계속하고, 겸하여 종들도 보살폈다. 2월 중순에 이르자 병이 좀 나았
다. (어머니를) 모시는 여가에 날마다 앞 시내에서 노닐었다.

당시 어떤 마을 노인이 나와 또한 논란하였다. 그의 말을 받들어 시가를
지어 답한다. 모두 122운인데, 병과시라 이름한다. 바라건대 나와 뜻을
같이하는 자들이 내가 몸을 단속하여 스스로 고생하고, 자주 곧아서 세상에
용납되지 못했어도 하늘을 원망하거나 사람을 탓하지 않고 편안히 여기기
를 천명과 같이 했을 따름임을 알아주었으면 한다.

날마다 사립문을 나와 시냇물을 따라 거닐었다.

시냇가의 사슴들도 점점 친숙해져 곧 같은 무리가 되었다.

서로 함께 시냇물에서 노닐고 오래 앉아 있으니 푸른 이끼도 따뜻해졌다.

때에 어떤 마을 노인이 오셔서 나에게 웃으며 말했다.(중략)

"이래로 또 병에 걸려, 열기가 불타는 듯하였소.

(그대의) 홀어머니께서 검은 평상에 계시니, 생각이 매우 혼미하였겠소.

탕약도 오히려 마련하기 어렵거늘,

북당(北堂)에 어찌 원추리를 얻을 수 있겠소?

증자(曾子)는 부질없이 탄식을 머금었고,

초사(楚辭)에서는 공연히 초혼을 썼소.

종들의 시체가 방에 가득하였고,

머리를 나란히 함이 또한 자라와 같았소.

병든 몸도 오히려 둘 데 없거늘, 어찌 다시 부엌일을 하겠소?

밤마다 홀로 촛불을 잡고, 앉아서 동쪽이 밝기를 기다렸소.

살붙이들은 아직도 길에 나다녔으나, 재앙을 장차 누구와 나누겠소?

세간의 사물을 다 보아도, 빈천은 누가 그대와 같겠소?

몸을 행함도 이와 같거늘,

어느 겨를에 실같이 어지러운 것을 다루겠소?

나는 시골 늙은이로, 젊어서부터 밭 갈며 김매기를 일삼았소.

검술로는 무예를 배우지 못하였고, 유술(儒術)로는 글을 배우지 못하였소." (중략)

나는 마을 노인에게 답하였다.

"청컨대 그대는 앞으로 와 들으시오.

봉황은 비록 덕이 쇠미해져도 참새가 지저귀는 데 끼이지 않소. (중략)

떠나시오. 그대 마을 노인이여.

그대가 이러쿵 저러쿵 할 일이 아니오."

마을 노인은 선 채 안정하지 못하다가 망연자실하여 놀라 도망갔다.

至癸亥陬月上旬 家染患 孀親在蟻床之上 喘喘然難以冀朝夕 臧獲或有物
故者 餘亦病不能興 無一使令 獨侍湯藥 夜以繼明 兼護臧獲 至如月中旬
病稍間 承順之餘 日以遊于前溪 時有村叟 予且難之 因推其言而播于諷
詠以答之 凡一百二十二韻 名之曰病課詩 庶幾與我同志者 知我之律身自
苦 動以耿介 不容於世 亦不怨天尤人 安之若命而已
日日出柴門 散步溪之源

溪邊麋與鹿　漸熟還同群
相與弄溪水　坐久蒼苔溫
時有村叟至　謂我笑且言 (中略)
邇來又罹病　熱氣如惔焚
孺親在蟻床　意思殊惛惛
湯藥尙難具　樹背焉得萱
曾參謴含啼　楚些空招魂
臧獲殭滿室　倂頭還似黿
病骨尙無措　那復供炮燔
夜夜獨秉燭　坐待扶桑暾
骨肉尙行路　災患將誰分
閱盡世間物　貧賤孰如君
行身且如此　何暇理絲棼
儂是田園叟　小少事耕耘
劍術不學虎　儒術不學文 (中略)
我乃報村叟　將子來前聞
鳳凰雖德衰　不參鳥雀喧 (中略)
去矣彼村叟　非子所云云
村叟立不定　自失而驚犇

■李承休,「次韻崔直講 諱寧 詠雪詩 三十韻」,『動安居士行錄』 卷1, 行錄
최직강(崔直講 : 이름은 寧)이 눈을 읊은 시 30운에 차운하다

이미 떨어지고 또 나부껴 일어나니,
장차 나르려다가 또 도리어 붙는다.
비단이 비치는 듯함은 오(吳) 미인이 분발라 윤기 나기 때문이고,
흰 비단을 묶은 듯함은 초(楚) 미인의 허리가 가늘기 때문이다.

교태를 찾아 휘장을 뚫기를 다투고,

애교가 많다가 땅까지 이르러 적신다.

전염병[瘟]이 없어지기를 어찌 다시 점칠 수 있을까

풍년들 것을 문득 미리 점친다.

已落還飄起 將飛又却粘 映綃吳粉膩 束素楚腰纖
聘巧穿帷競 多嬌到地淹 瘟消何更卜 歲稔輒先占

■ 李穡, 「梁州謠 [寄梁州任使君]」, 『牧隱詩藁』 卷4, 詩
양주의 노래(梁州謠)[양주 임사군(任使君)에게 부치다]

객이 멀리 남녘으로부터 와서

나에게 양주의 노래를 전해 주었네.

지난해엔 여름 비가 심히 내려

사방 들에서 봄에 심은 싹이 모두 없어지니,

농부들은 낯빛이 매우 슬프고

집에 들면 꺼져버린 차가운 재처럼 썰렁하였네.

옛날엔 관청 창고에 곡식이 쌓여 썩더니

지금은 먼지만 날릴 뿐이라네.

늙은 할아비가 슬하의 손자를

천금같이 애지중지하다가,

하루아침에 그를 돈벌이로 여겨

보내고 나서는 길이 슬퍼했다네.

성곽을 두른 청산은 갑절이나 선명하고

대문 밖은 썰렁하여 곡소리도 안 나는데,

두어 집 아전들이 대대로 이어온 직책을 생각하여

없는 것을 쥐어짜서 접대할 것을 마련했네.

빈 뜰에 열 지어 사군(使君)께 절하고선

어려움 호소하니 어찌 차마 들을 수 있을까!

사군은 차마 양주 곡식을 먹지 못하여

산 속의 승려에게 편지 보내 두어 곡(斛 : 10말)을 얻어서,

노파의 기국편(杞菊篇 : 구기와 국화 잎으로 만든 나물)을 소리 높여 읊조리니

북해 찬 곳에서 고생하기보단 낫네.

사군은 일찍이 천관(天官 : 吏部)에 소속되어

눈동자가 반짝반짝 사람을 환히 비췄고,

엄숙한 말은 광인의 말이 아니었기에

간악한 자가 보고는 도망가서 숨었네.

추천으로 발탁되었으나 뜻을 펴기 어렵자

훌쩍 떠나 남쪽의 지방관이 되었는데,

그 남쪽 지방은 또한 전염병[瘴]을 만났으니

조물주가 사람 놀리는 일을 어찌하겠는가?

양주의 노래가 내 마음을 몹시 슬프게 하는구나!

누가 너희들에게 옷을 주고 밥을 줄꼬?

사군의 백성 돌보는 뜻이 깊고 깊으니

후세에 양주에는 임씨 성이 많으리라.

客來南天遙　遺我梁州謠　去年夏雨苦　四野無春苗

農夫色甚哀　入室空寒灰　官倉昔紅腐　今也生塵埃

老翁膝下孫　愛重如千金　一朝作貨視　旣送長悲吟

靑山繞郭倍鮮明　門巷蕭條無哭聲

數家群吏念世職　强刮龜毛辦供億

空庭羅拜朝使君　告訴艱難那可聞
使君不忍食梁粟　書與山僧得數解
高吟老坡杞菊篇　遠過北海寒餐氈
使君曾作天官屬　眸子照人光可燭
風霜口吻非其狂　奸夫望之驚走藏
招得營營意難寫　翩然南游跨五馬
南游又逢歲札瘥　造物戲人知奈何
梁州曲令我心惻惻　誰與汝衣誰汝食
使君撫字深復深　後世梁民多姓任

■ **鄭道傳, 「君道[宋仁宗]」, 『三峯集』 卷12, 奉化鄭道傳著, 經濟文鑑 別集下**

임금의 도[송 인종(1022~1062)]

북국(北國 : 거란)의 사신이 '고려에 군사를 출동시키자'고 말하자, '백성들이 죄없이 도륙된다'고 하여 드디어 출병을 그만두었다. 궁중에서 통천서(通天犀 : 물소뼈. 약재로 쓰임)를 내어주어 서울[京師]의 전염병[疫疾]을 구호하게 하고 말하기를, '짐이 어찌 특이한 물건을 귀하게 여기면서 백성을 천하게 여기겠는가?'라고 하였다.

北使言加兵高麗 則曰 百姓無辜屠戮 遂寢兵 內出通天犀 救京師之疫曰 朕豈貴異物而賤百姓哉

■ **李崇仁, 「先大夫人行狀」, 『陶隱先生文集』 卷5, 雜著**

돌아가신 어머님의 행장(行狀)

어머님[大夫人]의 성은 김씨이고, 선대는 계림(雞林) 언양(彦陽) 사람이다. (중략) 나의 할아버지 평양공(平壤公)은 일흔 두 살까지, 할머니 선부인(宣夫

人)은 일흔 세 살까지 사셨는데, 몇 달 동안 병을 앓으셨다. 어머니는 손수 약을 달이고 대소변을 받아내면서 밤낮으로 게을리하지 않았다. 돌아가시 자 대렴, 소렴을 모두 직접 하시고 통곡하여 견디지 못하시니 마을 사람들 과 친척들이 모두 칭찬하였다. 항상 우리 형제를 교훈하시며 "몽가(蒙哥)야, 너는 이미 글 읽는 사람이 되었으니 학문에 힘써서 게을리하지 말아야 한다. 보한(普漢)아, 너는 무예를 배우니 활쏘고 말타는 것을 잘해야 되지만, 반드시 함부로 생물의 목숨을 해치는 것을 경계하라."고 말씀하셨다. 또 "의복은 몸을 덥게 하는 것을 취할 뿐이니 사치해서는 안 되며, 음식은 배고프지 않게 하는 것을 취할 뿐이니 진미를 귀하게 여기지 말라. 너희들 은 명심해라."고 말씀하셨다. 몽가는 숭인의 어릴 때 이름이요, 보한은 숭문의 어릴 때 이름이다. 평소에 베 짜고 바느질하는 일을 손에서 놓지 않았으며 첫닭이 울면 세수하고 머리 빗고 앉아서 『금강반야경(金剛般若經)』, 『화엄경(華嚴經)』「보현행원품(普賢行願品)」 외는 것을 일과로 삼았다. (어머님 께서는) 54세 되는 해 신유년 정월 이질(泄痢)에 걸려 28일 갑인에 돌아가셨다. 아버지의 명에 의하여 다음 달 병진일에 성 동쪽에 있는 백산(栢山) 남쪽 들판에 장사지냈다.

大夫人姓金氏 先世 雞林彦陽人也 (中略) 吾王父平壤公享年七十二 王母 宜夫人享年七十三 患病歷數月 大夫人手自湯藥 至奉溲器 晝夜罔懈 及 卒 大小斂皆親之 哭幾毁 鄕黨稱焉 恒言敎吾兄弟曰 蒙哥汝旣作書生 當力學不倦 普漢汝業武 射御當善 然必戒其妄害物命 又曰 衣服取其暖 体耳 不尙華侈 飮食取其無飢耳 不尙珍異 汝輩識之 蒙哥 崇仁小字 普漢 崇文小字 平居 紡績箴線之勞 未嘗蹔釋 雞初鳴 盥櫛而坐 誦金剛般若 經・華嚴行願品爲日程焉 年五十又四 歲在辛酉正月 患泄痢 二十八日甲 寅卒 以大人命 越翼日丙辰 葬于城東栢山之南原

■ 權近, 「勅祭白岳鎭國伯及都邑五方地祗之神[新都城開基文]」, 『陽村先生文集』卷23, 祭文類

왕명으로 백악(白岳)의 진국백(鎭國伯) 및 도읍 오방(五方)의 지신(地神)에게 제사한다[새로운 도성(都城)의 터를 닦는 제문]

왕은 다음과 같이 말씀하셨다. "대개 듣건대, 왕후(王侯)가 도읍을 세울 때 반드시 성곽을 설치하여 그 나라를 견고히 한다고 하니, 이는 고금에 통하는 이치이다. 내가 덕이 없는 사람으로 왕업을 이루게 되어 한양(漢陽)에 와 도읍을 정했다. 침묘(寢廟)와 궁실(宮室)은 이미 완성되었으나 도성을 쌓지 못하여 주위가 허술하고 궁궐의 법도가 갖추어지지 못했다. 이는 느슨히 할 수 없는 일인지라, 이번 달 초아흐렛날에 비로소 판축(板築)의 일을 시작하여 도성을 만드는데, 농사철이 닥치기 전에 그 일을 마치기로 하였다. 신은 오직 이를 도와 날씨[雨陽]를 순조롭게 하고 전염병[疫疾]이 일어나지 않게 하여, 이 큰 일을 이루어 영원히 만세의 견고한 성지(城池)가 되게 하면, 신 또한 영원히 흠향할 바 있을 것이다. 그러므로 이에 가르쳐 보이거니 마땅히 그리 알도록 하라."

王若曰 盖聞王侯之建都 必設城郭以固國 此古今之通義也 予以否德 獲造丕業 乃來宅于漢陽 寢廟宮室旣已告成 而惟都城未築 襟袍虧踈 規模未備 是不可以緩也 肆以今月初九日 始興板築之役 以作都城 迨農未興 期畢其功 惟神保佑 雨暘克順 疾疫不興 俾大役而成 永爲萬世金湯之固 神亦永有所享食矣 故玆敎示 想宜知悉

■ 權近, 「水陸齋疏」, 『陽村先生文集』卷28, 疏語類

수륙재(水陸齋)에서 기원하는 글

모든 부처님께선 중생을 불쌍히 여겨 자비를 베푸시므로 구제되지 않은 중생이 없지만, 백성은 임금을 위해 일을 하다가 목숨을 바치므로 더욱

구해 주어야 합니다. 이에 간절한 정성을 다하여 은혜로운 힘을 입기를 비옵니다.

　돌아보건대, 박덕한 몸으로 국가의 큰 기업을 시작하고, 좋은 터를 골라 도읍을 정하여 이미 궁실의 제도를 마련하였으며, 험한 장치를 설치하여 나라를 굳게 하고자 성곽의 규모도 만들었습니다. 이에 판축(板築) 공사를 일으켜 재력을 소비하게 된 것은 저 자신만을 위해서 한 일이 아니라, 만세의 백성들을 잘 살게 하기 위해서였습니다. 그러나 일이 이처럼 많고 보니 희생자도 연달아 생겨납니다. 혹은 전염병[疾疫]에 걸리거나 나무와 돌에 부딪혀 상하고, 혹은 굶주림과 추위로 인해, 혹은 벼랑과 골짜기에 떨어져 생명을 잃으니, 영혼이 의지할 곳이 없게 되었습니다. 이미 고향 산천으로 좋게 돌아가지를 못하였으니, 어찌 그 부모처자가 애통해하지 않겠습니까? 이런 말을 드리고 보니 측은한 마음 이루 형언할 수 없습니다. 비록 태평성대에 오래 살게 하지 못하였지만, 어찌 극락세계[壽域]에 가도록 천도하지 않겠습니까? 이에 수륙재의 법회(法會)를 열어서 저승 가는 길에 도움을 드립니다. 장만한 것은 이처럼 미미하오나 밝게 살펴 흠향하소서.

　엎드려 바라건대, 부처님의 방편에 힘입어 길이 원한을 씻어버리고, 감로수로 목을 적시고 법공양의 음식을 배불리 드시어, 자비한 광명을 눈과 코로 접하시어 모두 좋은 과보(果報)의 인연을 이루게 하소서.

諸佛愍群生以施慈 無不濟矣 凡民從王事而殞命 尤可恤焉 庸瀝誠心 爲 祈惠力 顧惟涼德 肇造丕基 相地定都 旣已營宮室之制 設險固國 亦須作 城郭之規 爰興板築之功 以致財力之費 匪以徇一時之徇己 盖將慮萬世之 宅民 然徒役之斯多 宜物故之相繼 或遭疾疫 或木石之觸傷 或因飢寒 或崖谷之隕墜 性命已失 精魄無依 旣不得鄕閭田里之好還 是孰無父母妻 孥之至慟 興言及此 深用惻然 縱莫令壽域之躋 盍亦導覺之往 玆開水陸

之會 用薦津梁之資 倘施作之微微 格照詳之了了 伏願獲蒙方便 永洗寃
愆 滋甘露於咽喉 得飽法羞之食 接慈光於耳目 悉成妙果之因

■ 卞季良, 「與或人 [乙丑八月 · 出趙判書寅永家藏]」, 『春亭先生續集』 卷1, 書

어떤 사람에게 주다 [을축년(1385) 8월. 판서 조인영(趙寅永)의 가장(家藏)에 나온다]

전후로 드린 편지는 이미 보셨을 것으로 생각합니다. 지금 새로 가을을 맞이하여 영감(令監)께서 정사를 보시는 가운데 안부가 어떠하신지 우러러 향하는 마음 구구합니다.

아뢸 말씀은, 예조의 강(姜) 원외랑(員外郎)이 지금 휴가를 얻어 내려가는데 영감께서 예전 얼굴을 기억하실런지 모르겠습니다. 그가 아내와 형제의 상을 당하여 네 개의 관(棺)이 한 집에 있으니, 그 정경이 사람으로 하여금 처참한 생각이 들게 합니다. 영감께서 특별히 돌봐 주시기를 바라는데 어떻습니까? 강 원외는 나이가 젊지만 글재주가 있어서 친구들이 아끼고 중하게 여기는 사람입니다. 더구나 영감과 한 고향 사람이니 이 아우의 한두 마디 말을 기다릴 것이 없을 것입니다. 나머지는 이 친구가 일일이 직접 전하도록 두고 그만 여기서 줄이겠습니다. 삼가 바라건대, 영감께서는 살펴주소서. 삼가 절하고 안부의 글월을 올립니다.

前後書 想已入覽矣 即今新秋 令監政履何若 仰溯區區 就悚春官姜員外 今方受由下去 令監能記認舊面否 遭其妻喪及同氣之慽 四柩同在一室 其情境令人慘然 幸令監拔例顧見 如何如何 姜員外年少有文才 親舊之所 愛重者 況是令監土民 無待弟一二談也 餘留此友口伸 ——姑此不宣 伏 惟令監下察 謹拜上候狀

3) 묘지명

■任益惇墓誌銘 (김용선, 2001, 『高麗墓誌銘集成(第3版)』, 한림대학
교출판부, 347쪽)

　기유년(명종 19, 1189)에 황려(黃驪)의 수령이 되었는데, 바야흐로 부임하
자마자 온 경내에 전염병[疫病]이 돌고 있었다. 공이 즉시 몸소 승려와
도사들을 거느리고 『대반야경(大般若經)』을 외우게 하면서 마을을 두루
돌아다니자, 사람들이 나발[螺]과 경쇠[磬]소리를 듣고 마치 술이 깨고 꿈이
깨는 듯하였다. 이로 인해 점차 차도가 있으면서 병이 나은 사람들이 매우
많았다.

　　至己酉調爲黃驪長 方下車而一境病疫 公卽躬率緇黃俾讀大般若遍巡閭
　　巷 人聞螺磬有若醒醉而寤夢 因得輕差濟活甚衆

■金周鼎墓誌銘 (김용선, 2001, 『高麗墓誌銘集成(第3版)』, 한림대학
교출판부, 402쪽)

　신사년(충렬왕 7, 1281)에 우익만호(右翼萬戶)로서 □(倭를?) 정벌할 때 군사
들이 많이 전염병[疾□]에 걸려서 능히 서로 구휼하지 못하였다. 공은 □군
(□軍)이었는데, 힘써 □하여 마침내 □가 보호되어 온전하게 □된 것이
많았다

　　辛巳 以右翼萬戶 征□ 軍中多疾□(疫으로 추정) 不能相恤 公□軍 以公力
　　□ 卒□保護 多護全□

■金方慶墓誌銘 (김용선, 2001, 『高麗墓誌銘集成(第3版)』, 한림대학
교출판부, 407쪽)

　신사년(충렬왕 7, 1281) 여름에 다시 일본을 정벌하였으나, 남송군(南宋軍)
이 약속보다 석 달 뒤에 왔으므로 이로 말미암아 지체되어 배가 상하고

전염병[疫]이 일어났다. 상국(上國 : 元)의 여러 장수들이 매번 군사를 돌이키자고 꾀었으나, 공은 힘써 불가하다고 쟁론하고 여러 차례 싸운 뒤에야 돌아왔다.

> 辛巳夏 又入日本 南宋軍後期三月 因以淹留 腐船而疫興 上國群師每誘
> 以還軍 公力爭不可累戰而後還

4) 불교 자료

■ 慧諶,『曹溪眞覺國師語錄』,『韓國佛敎全書』6, 6쪽c6~10

정월 초하루에 법당에 올라 설법하기를,

"미래는 오지 않고 과거는 가지 않으며, 현재는 머무르지 않고 삼세(三世)는 허현(虛玄)하다. 그 경지에 이르러 과연 태세천자존신(太歲天子尊神)을 알겠는가? 만약 알 수 있다면 해와 달이 새롭고 하늘과 땅이 특별하여, 전쟁·전염병[疾疫]·굶주림 등 천만 가지의 재앙이 하나도 없게 될 것이다."라고 하였다.

> 正旦 上堂云 前際不來 後際不去 今則無住 三際虛玄 到者裏還知大歲天
> 子尊神麼 若也知得 斬新日月 特地乾坤 刀兵疾疫飢饉 萬禍千災一不存

■ 慧諶,『曹溪眞覺國師語錄』,『韓國佛敎全書』6, 13쪽c9~14

법당에 올라 설법하기를,

"모든 법은 생기지도 않고 멸하지도 않는다. 만일 이렇게 알면 모든 부처님이 앞에 나타날 것이다. 이 앞에 나타나는 모든 부처님의 존엄하고 헤아릴 수 없는 그 큰 힘을 의지해, 위로 한 사람을 축수하면 삼황(三皇)이 사황(四皇)이 되고 오제(五帝)가 육제(六帝)가 될 것이며, 어진 제후를 축수하면 이윤(伊尹)은 왼쪽이 되고 주공(周公)은 오른쪽이 된다. 이로써 천하를 복되고 이롭게 하면 집안이 편하고 백성에게는 전염병[疵癘]이 없을 것이다. 이로써 법당을 세우면 어떻겠는가?"라고 하고, 주장자를 세웠다.

上堂云 一切法不生 一切法不滅 若能如是解 諸佛常現前 仗此現前諸佛
大威神力 上祝一人則四三皇六五帝 次祝賢侯則左伊尹右周公 以此福利
天下 則家用平康 物無疵癘 以此立法幢 則又且如何 卓拄杖

■ 慧諶,『曹溪眞覺國師語錄』,『韓國佛敎全書』6, 18쪽c22~19쪽a5

대중에게 "전쟁과 굶주림, 전염병[疾疫]과 원한과 증오, 사방에는 모진 관리들 때문에 온갖 폐단이 한꺼번에 일어난다. 바로 이런 경우를 당해 어떻게 하면 고요히 일 없을까?"라고 하였다.

한참 있다가 "많은 노력 필요 없고 다만 잠자지 말라. 자지 않으면 꿈이 없고 꿈이 없으면 일이 없을 것이다. 그러므로 말한다. 꿈 속에서는 매우 시끄럽다가, 깨고 나면 고요히 일이 없다."라고 하였다.

또 이르기를 "전쟁과 굶주림의 온갖 고통은, 모두 사람 마음이 지어낸 것이니라."라고 하였다.

示衆 刀兵飢饉 疾疫怨憎 四面酷吏 百蔽繁興 正當伊摩時 如何得寂然無
事去 良久云 不用多功 唯須不寐 不寐則無夢 無夢則無事 所以道 夢裏甚
紛紜 覺來寂無事 又道 刀兵飢饉千般苦 盡是人心造出來

■ 惠永,『白衣解』,『韓國佛敎全書』6, 411쪽b3~8

(인간의 수명이 스무) 살 때에 이르면 전염병[疫病] 재난이 시작되어 7개월 7일이 지난다. 열 살이 될 때에 이르면 전쟁[刀兵] 재난이 시작되어 7일 밤낮으로 서로 죽이고 다치게 하니, 이것이 작은 삼재(三災)이다. 경에서 이르기를 "여러 생명에게 한 덩어리의 밥을 보시했기 때문에 기근겁(饑饉劫)에 태어나지 않으며, 여러 승려들에게 1아리(나무 이름)만큼의 약을 보시

했기 때문에 전염병겁[疫病劫]에 태어나지 않는다. 하루 밤낮으로 살생하지 말라는 계를 지켰기 때문에 전쟁겁[刀兵劫]에 태어나지 않는다."고 했다.

(缺落) 歲時疫病災起 經七月七日 至十歲時 刀兵災起 七日七夜 更互殺傷 是爲小三災也 經云 由施衆生一摶食故 不生飢饉劫 由施衆僧一阿梨藥 不生疫病劫 由一日夜持不殺戒 不生刀兵劫已上

■ 惠永, 『白衣解』, 『韓國佛敎全書』 6, 414쪽c14~415쪽a12

지극한 마음으로 목숨을 바치는 예를 행합니다. 바닷가 홀로 떨어진 곳에 보타락가산이 있는데 흰 옷에 화관을 쓰고 원만한 용모에 아름다운 자질을 지닌, 큰 연민의 마음을 지니고 큰 서원을 세운 위대한 성인이시며 큰 사랑의 마음을 지닌, 흰 옷을 입은 성스러운 관자재보살마하살께서는 (머리에) 푸른 옥빛 소라무늬가 아름답게 돌고, 붉은 금빛 연꽃이 손바닥에 분명하게 그려져 있으며, 8공덕수로 어리석은 이들을 씻어주고 7보(七寶)로 장식된 버드나무가지로 열이 나는 고통을 없애주십니다. 이제 생각으로 지은 업(業)으로 경건하고 정성스럽게 예를 행하니, 타심통(다른 사람의 마음을 꿰뚫어 아는 신통력)으로 멀리서 알아주시기 바랍니다.

서술해 말한다. 제8단이다. 찬송 가운데 처음 구절은 머리카락의 모양을 찬미한 것이고, 두 번째 구절은 손의 모양을 찬탄한 것이다. 다음 두 구절은 손으로 잡고 있는 보배병을 찬탄한 것이다.

연꽃 손바닥이라고 말한 것은 『관무량수경』에서 "손바닥에 5백억 여러 연화색을 그렸고 10개의 손가락 끝에는 각각 8만 4천 개의 그림이 그려져 있는 것이 마치 인문(印文)과 같아 하나하나의 그림에 8만 4천 색이 있다."고 한 것이다. 8공덕수란 첫째 맑음, 둘째 시원함, 셋째 단 맛, 넷째 부드러움, 다섯째 윤택함, 여섯째 온화함, 일곱째 마실 때에 적합함, 여덟째 마신 뒤에 탈이 없음이다.

7보로 장식된 버드나무가지로 열이 나는 고통을 없애준다고 한 것은 『관정경』에서 "부처님께서 선제(善提) 비구로 하여금 유야리성(維耶梨城)에 가서 신이한 주문[神呪]을 가지고 사람들을 전염병[疫病]에서 구하도록 하시니, 29년간 백성들이 그의 교화에 편안하였다. 그런데 선제 비구가 죽은 후 사람들이 다시 전염병을 만나자 그가 살던 곳에 갔는데, 다만 그가 씹던 치목(齒木 : 이를 닦는 데 사용하던 나무. 버드나무를 말한다)을 땅에 던져 놓았던 것이 숲을 이루었고 숲에는 샘이 있음을 보았다. 사람들이 그 물을 담고 버드나무가지[楊枝]를 꺾어 돌아와 병든 사람들을 씻어 주니 몸의 독기가 소멸되었고 흙도 때에 맞아 모두 나았다."고 하였다. 또 중국 북쪽 사람들[漢土北人]은 매번 단오 등의 날이 되면 그릇에 물을 담고 버드나무가지를 꽂아 문에 두어 독을 물리치는데, 이 보살이 풍속을 교화했던 것을 따르기 때문에 7보로 버드나무를 장식하고 8공덕수를 병에 담는다.

至心歸命禮 海岸孤絶處 補陀洛迦山 素服華冠 圓容麗質 大悲大願 大聖大慈 聖白衣 觀自在菩薩摩訶薩碧玉螺紋旋宛轉 紫金蓮掌劃分明 八功德水滌昏蒙 七寶楊枝除熱惱 今將意業虔誠禮 望他心通遙證知

逑曰 第八段也 讚頌中 初句 讚髮相 第二句 讚手相 次二句讚手執寶瓶 言蓮掌者 觀經云 手掌作五百億雜蓮華色手 十指端 各有八萬四千畫猶如印文 一一畫 有八萬四千色已 上八功德水者 一淸 二冷 三甘 四耎 五潤澤 六安和 七飮時調適 八飮已無患 言七寶楊枝除熱惱者 灌頂經云 佛使禪提比丘 往維耶梨城 持神呪 救人疫病 二十九年 民安其化 禪提死後 民復遭疫 往其住處 但見所嚼齒木 擲地成林 林下有泉 民酌其水 折楊枝歸 灑病者 身 毒氣消土應時皆愈 又漢土北人 每至端午等日 以盆盛水 挿楊枝 置于門辟毒 既此菩薩 順俗化故 以七寶飾楊枝 八功德水盛瓶

■ 雲默, 『釋迦如來行蹟頌』, 『韓國佛教全書』 6, 488쪽a23~b7

별은 부피가 같지 않아서 큰 것은 18구로사(1㎞ 남짓한 거리)이고 중간 것은 11구로사이며 작은 것은 4구로사인데, 그 수가 헤아릴 수 없으며 이름 또한 여러 가지이다. 각기 인간의 화와 복 등의 일을 관장한다. 이런 까닭으로 만약 해와 달과 별이 그 상도(常度)를 잃지 않으면 천하가 태평하며 성현이 출현한다. 참으로 그 상도를 잃으면 변괴가 나타나서 나라에 반드시 재앙이 있어 군주가 죽기도 하고 신민의 반란이 있기도 하며, 세상에 흉년이 들어 곡식이 귀하고, 전쟁이 일어나고 질병이 유행한다. 이와 같은 세 가지 빛은 풍륜(風輪)을 의지하여 머무는데 높이가 4만 2천 유순(由旬 : 멍에를 황소 수레에 걸고 하루에 가는 거리. 불교에서는 8구로사를 1유순으로 봄)이다.

> 星量不等 大者十八俱盧舍 中者十一俱盧舍 小者四俱盧舍 其數無量 名
> 亦多種 各掌人間禍福等事 是以 若不失其常度 則天下泰平 聖賢出興
> 苟失其度 而現變怪 則國必有殃 或君主危殂 或臣民逆亂 歲凶穀貴 兵起
> 病行矣 如是三光 依風而住 高四萬二千由旬

■ 雲默,『釋迦如來行蹟頌』,『韓國佛敎全書』6, 492쪽b6~9

또 겁(kalpa)이란 여기 말로 시간[時分]을 말하니, 기근겁・질역겁・도병겁으로 (인간의 수명이) 늘어나는 겁과 줄어드는 겁이 있다. 이것은 모두 소겁(小劫)으로, 합하여 한 번 늘어나고 줄어든다. 혹은 스무 번 늘어나고 줄어드는 것이 한 겁이 되는데 이는 중겁(中劫)이며, 모두 여든 번 늘어나고 줄어드는 것을 대겁(大劫)이라고 한다.

> 又劫者 此云時分 有飢饉劫 疾疫劫 刀兵劫 增劫減劫 此皆小劫 合一增減
> 或二十增減爲一劫 此爲中劫 統八十度增減 乃名大劫

■ 雲默,『釋迦如來行蹟頌』,『韓國佛敎全書』6, 514쪽c19~515쪽a10

혜원은 다시 (폐불의 부당함을) 항의하여 소리 내어 말하기를 "폐하께서는 지금 세력을 믿고 마음대로 삼보를 부수어 없애고 있으니, 이는 삿된 견해를 가진 사람입니다. 아비지옥(무간지옥이라고도 하며, 고통의 간격이 없는

지옥)은 귀한 이와 천한 이를 가리지 않는데, 폐하께서는 어찌 두려워하지 않으십니까?"라고 하였다.

이에 무제는 갑자기 얼굴빛을 바꾸어 혜원을 똑바로 쳐다보며 "다만 백성들로 하여금 즐거움을 얻게 한다면, 짐 또한 지옥의 온갖 괴로움도 사양하지 않겠소."라고 하였다.

혜원이 "폐하께서 삿된 법으로 사람들을 교화하여 현세에 온갖 괴로운 업을 심으면, 마땅히 폐하와 함께 아비지옥으로 갈 것인데 무슨 즐거움이 있겠습니까?"라고 하니, 무제는 또한 대답이 없이 다만 "승려들은 (속세로) 돌아가라."고 말하였다. 이에 절[寺廟]들을 헐어 모두 왕공(王公)에게 내려 저택으로 쓰게 했고, 승려 3백만 명을 속세로 돌려보내 모두 군인과 일반민을 만들어 편호(編戶)로 돌아가게 했다. 불상을 녹이거나 깎고 경전을 불태웠으며, 삼보의 복된 재물[福財]은 문서로 기록하여 궁(宮)에 넣어 두었다. 무제는 그로부터 한 달을 채우지 못하고 전염병[癘]의 기운이 안에서 끓어 운양궁(雲陽宮)에 은거했으나 얼마되지 않아 세상을 떠났다.

遠因抗聲曰 陛下今恃勢力 自在破滅三寶 是邪見人 阿鼻地獄 不揀貴賤 陛下何得不怖 帝悖然作色直視遠曰 但令百姓得樂 朕亦不辭地獄諸苦 遠曰陛下以邪法 化人現種苦業 當共陛下 同趣阿鼻 何樂之有 帝亦無答 但云 僧等且還 於是毁諸寺廟 竝賜王公 充爲第宅 退僧三百萬人 皆復軍民 還歸編戶 融刮佛像 焚燒經敎 三寶福財 簿錄入宮 帝未盈一月 癘氣內蒸 隱雲陽宮 尋崩

■雲默, 『釋迦如來行蹟頌』, 『韓國佛敎全書』6, 517쪽c17~518쪽a18

기근겁에는 여러 곡식이 없어지나니 어디에서 좋은 맛을 얻겠는가.
사람들은 오직 뼈만 달여 마시니 굶주리고 바짝 말라 죽는 이 많네.
병겁에는 사람 아닌 것들 성하여 활활 타는 불꽃처럼 독을 토하니 독에 맞은 이들은 목숨을 잃어 주검이 온 세상에 가득하리라.

　도병겁에는 사람들 성냄이 많아 손에 쥐는 대로 모두 칼을 이루며 아비와
자식이 서로 죽여 사람들이 거의 없어지도다.

　『유가론(瑜伽論)』에 이르기를, "사람의 수명이 서른 살이 될 때 굶주리고
흉년드는 재난[飢儉災]이 있을 것이다. 이때 사람들은 대부분 악을 행하니
하늘의 용이 성내고 꾸짖어 단비를 내리지 않으므로 좋은 음식을 다시는
얻을 수 없고, 다만 썩은 뼈를 달여서 함께 잔치를 베푼다. 만약 한 톨의
벼나 보리, 조나 피를 얻으면 마니보배와 같이 소중히 여겨 굳게 감춰
지킨다. 저 여러 중생이 대부분 기력이 없어 넘어져도 일어나지 못하며,
죽어서 거의 다 없어지게 된다. 이러한 흉년 드는 재난은 7년 7개월 7일
밤낮을 지나야 바야흐로 쉬게 된다.

　사람의 수명이 스무 살이 될 때 전염병의 재난[病疫災]이 있을 것이다.
이때 사람들은 대부분 착하지 않은 일을 행하여 여러 허물을 가지고 있기
때문에 사람 아닌 것들이 독을 토하여 전염병[疾疫]이 유행하니, 뜻밖에
갑자기 목숨을 잃어 치료하여 구하기 어렵다. 도무지 의사나 약의 이름을
들을 수 없으니 거의 다 죽게 된다. 이러한 병의 재난은 7개월 7일 밤낮을
지나야 바야흐로 쉬게 된다.

　사람의 수명이 열 살이 될 때 전쟁의 재난[刀兵災]이 있을 것이다. 이때
사람들은 업의 힘 때문에 아버지와 자식, 형과 동생이 서로 알아보지 못하고
각각 맹렬하고 날카롭게 죽이려는 마음을 일으켜 잡히는 대로 풀과 나무,
기왓장이나 돌을 모두 창이나 칼로 만들어 서로 죽이고 다치게 한다. 이러한
전쟁의 재난은 7일 밤낮을 지나야 바야흐로 쉬게 된다. 재난이 지나간
뒤에 이 염부제에는 만여 명만이 남게 된다."고 하였다.

飢劫諸穀滅　何處得精味　人唯煎骨飮　飢羸多滅亡
病劫非人盛　吐毒如猛燄　遇者卽殞命　屍遍一天下
刀劫人多恚　隨執皆成刀　父子互相殘　人民皆略盡
　瑜伽論云 人壽三十歲時 有飢儉災 此時人多行惡 天龍忿責 不降甘雨

精妙飮食 不可復得 唯煎朽骨 共爲醠會 若得一粒 稻麥粟稗 重若末尼
堅藏守護 彼諸有情 多無氣力 蹎僵不起 亡沒欲盡 如是儉災 經七年七月
七日七夜 方息 人壽二十歲時 有疾疫災 是時人民 多行不善 具諸過故
非人吐毒 疾疫流行 遇輒命終 難可救療 都不聞有醫藥之名 死立略盡
如是病災 經七月七日七夜 方息 人壽十歲時 有刀兵災 爾時有情 以業
穢[1]故 父子兄弟互相不知 各起猛利 殺害之心 隨執草木瓦石 皆成鋒刀
更相殘害 如是刀災 經七日七夜方息 無災過後 此閻浮中 存萬餘人云云

■ 元旵,『現行西方經』,『韓國佛敎全書』6, 874쪽c11~16

(낙)서가 말하였다. 여기에서 벗어나지 않는다. 먼저 이 법을 행하고
정좌한 후 관세음보살과 대세지(보살)를 생각하면 빠르게 영험이 있을
것이다. 만약 열병이 유행하는 곳에서 한결같이 이 법을 행하면 여러 신들
이 환희하여 모두 정토에 날 것이고 병은 없어져 치유될 것이다. 모든
재앙의 일들을 모두 이 법으로 구원하니, 모든 소원이 성취되지 않음이
없다.

西云 莫過於此 先行此法 定坐之後 念觀世音菩薩及大勢至 則速有靈應
若熱病行處 一行此法 則諸神歡喜 皆生淨土 病則除愈 一切厄難之事
皆以此法救之 一切所願 無不成就

■ 미상,「三十八分功德疏經」,『韓國佛敎全書』6, 879쪽c~880쪽

옛날 서촉(西蜀)의 대왕이 밤에 꿈을 꾸었는데, 키가 한 장 남짓한 승려가
왕에게 말하기를 "옛날부터 이십육분공덕소를 염송하기를 권하였습니다.
이것은 여러 여래들과 여러 존귀한 보살의 이름입니다. 청컨대 왕께서도
지니고 염송하시고 널리 인민에게도 베껴 쓰기를 권하십시오. 매일 새벽
입을 깨끗이 하여 한 번 독송하고 염송하여 천조(天曹)와 지부(地府)의 여러

---

1) 원문에는 '歲'이다.

사령관(司靈官 : 영혼의 판결을 맡은 관리들)에게 회향하게 하면, 죽어서는 지옥에 떨어지는 것을 면하고 천상(天上)에 날 수 있습니다. 사람들이 지극한 마음으로 100일동안 지니고 염송하면 반드시 은밀하게 신의 도움이 있을 것이니 현세에는 얻는 복의 과보가 한량없어 가족들이 당시에 유행하는 나쁜 병에 걸리지 않으며 여러 장애와 어려움이 없을 것입니다. 본명일(本命日 : 태어난 해와 간지가 같은 날)에 이르러 한 번 염송하고 공덕과 재물을 문건으로 아뢰면 천조와 지부에서 바로 공덕안(功德案)에 수록하니 무릇 뜻하여 구하는 바가 모두 걸맞게 이루어질 것입니다."라고 하였다.

천조부군을 위해 나무대통지승존불(南無大通智勝尊佛)을 염송합니다.
지부영관을 위해 나무청정법신비로자나불(南無淸淨法身毗盧遮那佛)을 염송합니다. (중략)
유행병을 일으키는 귀신왕의 일행과 사자를 위해 나무무진의보살(南無無盡意菩薩)을 염송합니다. (하략)

昔西蜀大王 夜夢僧身長丈餘 語王曰 故來勸念二十六分功德疏 是諸如來及諸尊菩薩名號 請王持念 廣勸人民書寫 令每日淸朝淨口 讀誦持念一遍 廻施天曹地府諸司靈官 死免墮地獄 得生天上 人閒至心持念百日 必有陰神相助 現世獲福報無量 家眷不染時行惡病及諸障難 至本命日 轉念一遍 功德幷錢財 文疏奏上 天曹地府 直入功德案收錄 凡所意求 皆獲稱逐
奉爲天曹府君念南無大通智勝尊佛
奉爲地府靈官念南無淸淨法身毗盧遮那佛 (中略)
奉爲行病鬼王一行使者念南無無盡意菩薩 (下略)

■ **元貞 元年 二十六種 梵字圓相胎藏界曼茶羅**(온양박물관 소장 1302년 봉안 아미타불 복장)

　대불정(大佛頂) 사십보수(四十寶手) 능엄(楞嚴) 견색(羂索) 준제(准提) 소만
병(消萬病) 소재(消災) 예적(穢跡) 보루각(寶樓閣) 삼신(三身) 해원(解寃) 단온
(斷瘟) 문수심(文殊心) 파지옥(破地獄) 안토지(安土地) 마리지천(摩哩支天) 육
자(六字) 제불래영(諸佛來迎) 승묘(勝妙) 존승심(尊勝心) 정법계(淨法界) 호신
(護身) 대륜(大輪) 미타(彌陀) 삼주(三呪) 사왕종(四王種) 등 眞言. 元貞 원년
(1295년, 충렬왕 21) 5月 日에 쓰다.

　大佛頂四十宝手楞嚴羂索准提消万病消災穢跡宝樓閣三身解寃斷瘟文
殊心破地獄安土地摩哩支天六字諸佛來迎勝妙尊勝心淨法界護身大輪
弥陁三呪四王種等眞言 元貞元年 五月日 書

참고문헌

1. 원사료

1) 역사 자료

(1) 국내 자료

『高麗史』(亞細亞文化社 영인, 1972).

『高麗史節要』(亞細亞文化社 영인, 1973).

『太宗實錄』.

『世宗實錄』.

『文宗實錄』.

『東文選』.

『大東野乘』.

吉再, 『冶隱集』(『韓國文集叢刊』 7).

金坵, 『止浦集』(『韓國文集叢刊』 2).

金九容, 『惕若齋學吟集』(『韓國文集叢刊』 6).

南在, 『龜亭遺藁』(『韓國文集叢刊』 6).

閔思平, 『及菴詩集』(『韓國文集叢刊』 3).

朴宜中, 『貞齋逸稿』(『韓國文集叢刊』 8).

朴翊, 『松隱集』(『韓國文集叢刊』 5).

朴興生, 『菊堂遺稿』(『韓國文集叢刊』 8).

白文寶, 『淡庵逸集』(『韓國文集叢刊』 3).

白賁華, 『南陽詩集』(『韓國文集叢刊』 2).

卞季良, 『春亭集』(『韓國文集叢刊』 8).

成石璘, 『獨谷集』(『韓國文集叢刊』 6).

申㮣, 『寅齋集』(『韓國文集叢刊』 8).

安鼎福, 『東史綱目』.

梁誠之, 『訥齋先生文集』(한국문집편찬위원회 편, 1993).

元天錫, 『耘谷行錄』(『韓國文集叢刊』 6).

柳方善, 『泰齋集』(『韓國文集叢刊』 8).

劉燕庭, 『海東金石苑』.

尹祥, 『別洞集』(『韓國文集叢刊』 8).

李圭景, 『五洲衍文長箋散稿』.

李奎報, 『東國李相國集』(『韓國文集叢刊』 1～2).

李達衷, 『霽亭集』(『韓國文集叢刊』 3).

李崇仁, 『陶隱集』(『韓國文集叢刊』 6).

李承休, 『動安居士集』(『韓國文集叢刊』 2).

李植, 『澤堂先生別集』.

李原, 『容軒集』(『韓國文集叢刊』 7).

李存吾, 『石灘集』(『韓國文集叢刊』 6).

李種學, 『麟齋遺稿』(『韓國文集叢刊』 7).

李稷, 『亨齋詩集』(『韓國文集叢刊』 7).

李集, 『遁村雜詠』(『韓國文集叢刊』 3).

李詹, 『雙梅堂篋藏集』(『韓國文集叢刊』 6).

李行, 『騎牛集』(『韓國文集叢刊』 7).

李荇・洪彦弼, 『新增東國輿地勝覽』.

田祿生, 『埜隱逸稿』(『韓國文集叢刊』 3).

鄭夢周, 『圃隱集』(『韓國文集叢刊』 5).

鄭摠, 『復齋集』(『韓國文集叢刊』 7).

鄭樞, 『圓齋槁』(『韓國文集叢刊』 5).

鄭誧, 『雪谷集』(『韓國文集叢刊』 3).

趙浚, 『松堂集』(『韓國文集叢刊』 6).

陳澕, 『梅湖遺稿』(『韓國文集叢刊』 2).

崔瀣, 『拙藁千百』(『韓國文集叢刊』 3).

卓光茂, 『景濂亭集』(『韓國文集叢刊』 6).

河演, 『敬齋集』(『韓國文集叢刊』 8).

河崙, 『浩亭集』(『韓國文集叢刊』 6).

韓脩, 『柳巷詩集』(『韓國文集叢刊』 5).

韓致奫, 『海東繹史』.

洪侃, 『洪崖遺槁』(『韓國文集叢刊』 2).

洪鳳漢 外, 『增補文獻備考』.

『(國譯)稼亭集 牧隱集 : 附原文』(가정・목은문집편찬위원회, 1980).

『(국역)가정집』(민족문화추진회, 2006).

『(국역)동국이상국집』(민족문화추진회, 1978~1981).

『(국역)동문선』(민족문화추진회, 1968).

『(국역)목은집』(민족문화추진회, 2000~2005).

『(국역)삼봉집』(민족문화추진회, 1977 ; 솔출판사, 1995).

『(국역)양촌집』(민족문화추진회, 1986 ; 솔출판사, 1997).

『(국역)익재집』(민족문화추진회, 1979~1980 ; 솔출판사, 1997).

『(국역)졸고천백』(민족문화추진회, 2006).

『(國譯)止浦先生文集 : 全』(성균관대학교, 1984).

고려대학교 민족문화연구소, 『(國譯)破閑集』(고려대학교출판부, 1975).

구인환 역, 『보한집』(신원문화사, 2003).

김경수・진성규 역, 『國譯 動安居士集』(삼척시, 1995).

담양전씨대종회, 『(國譯)三隱合稿』(담양전씨대종회, 2005).

문집국역간행위원회, 『(國譯)冶隱吉先生文集』(고려서적, 1965).

민족문화추진회 역, 『(국역)춘정집』(민족문화추진회, 1998).

민족문화추진회 역, 『(신편 국역) 춘정 변계량 문집』(한국학술정보, 2006).

석당전통문화연구원, 『(譯註)西河集』(동아대학교출판부, 1985).

이상보 역, 『보한집』(범우사, 2001).

이상보 역, 『파한집』(범우사, 1994).

이용호・이태길・민원식 역, 『(國譯)復齋集』(소문출판사, 1988).

이인재・허경진 역, 『耘谷詩史』(원주문화사, 2001 ; 혜안, 2007).

이정훈, 『西河集』(지식을만드는지식, 2008).

이종찬 역, 『韓國漢詩大觀』(이회문화사, 1998).

이준직 역, 『인재선생유고집』(목은문화재단, 1999).

이창우・이종락・정광순 역, 『(증보역주)石灘集』(기창, 2008).

이태길 역, 『파한집』(문성출판사, 1980).

이한조 역, 『도은집 야은집 포은집』(대양서적, 1975).

이화형 역, 『補閑集』(지식을만드는지식, 2010).

한국고전번역원 역, 『도은집』(한국고전번역원, 2008).

한국정신문화연구원 고전연구실, 『(國譯)冶隱集』(한국정신문화연구원, 1980).

김용선, 『고려묘지명집성』 개정판(한림대학교 아시아문화연구소, 1997).

노명호 외, 『한국고대중세고문서연구』 상・하(서울대출판부, 2000).

성균관대 대동문화연구원 편, 『高麗名賢集』(1973~1980).

이기백(편), 『한국상대고문서자료집성』(일지사, 1987).

이난영(편),『韓國金石文追補』(아세아문화사, 1968).
이지관,『校勘譯註 歷代高僧碑文 2・3(고려편)』(사단법인 가산불교문화연구원, 1995・1996).
장동익,『宋代麗史資料集錄』(서울대학교 출판부, 2002).
장동익,『日本古中世 高麗資料 研究』(서울대학교 출판부, 2004).
조선총독부(편),『朝鮮金石總覽』상(아세아문화사, 1919).
허홍식(편),『한국중세사회사자료집』(아세아문화사, 1972).
허홍식,『한국금석전문』중세 상・하(아세아문화사, 1984).
황수영(편),『韓國金石遺文』(일지사, 1976 ; 혜안, 1999).

 (2) 국외 자료
『高麗圖經』.
『金史』.
『東京夢華錄』.
『續資治通鑑長篇』.
『宋名臣奏議』.
『宋史』.
『遼史』.
『元史』.
『元朝秘史』.
『酉陽雜俎』.
『資治通鑑』.
『年代記抄節』.
『扶桑略記』.
『小右記』.
『長秋記』.
『中右記』.

  2) 의학 자료

『簡易辟瘟方』.
『廣濟秘笈』.
『救急易解方』.
『頓醫抄』.

『東醫寶鑑』.
『東醫壽世保元』.
『萬安方』.
『百鍊抄』.
『本草綱目』.
『聖濟總錄』.
『聖惠方』.
『神農本草經』.
『新撰救急方』.
『外臺秘要』.
『醫方類聚』.
『醫心方』.
『醫宗損益』.
『諸病源候總論』.
『濟衆新編』.
『肘後備急方』.
『重修政和經史證類備用本草』.
『千金方』.
『村家救急方』.
『辟疫方』.
『辟疫新方』.
『鄕藥救急方』.
『鄕藥集成方』.
『鄕藥惠民方』.

3) 불교 자료

曇無讖 譯, 『金光明經』(『新修大藏經』 16).
帛尸梨蜜多羅譯, 『佛說灌頂召五方龍王攝疫毒神呪上品經』(『新修大藏經』 21).
菩提流志 譯, 『千手千眼觀世音菩薩姥陀羅尼身經』(『新修大藏經』 20).
不空 譯, 『佛說摩利支天經』(『新修大藏經』 21).
不空 譯, 『佛說摩利支天菩薩陀羅尼經』(『新修大藏經』 21).
僧伽婆羅 譯, 『孔雀王呪經』(『新修大藏經』 19).

310

失譯, 『摩利支天陀羅尼呪經』(『新修大藏經』 21).

阿地瞿多 譯, 『陀羅尼集經』(『新修大藏經』 18).

義淨 譯, 『佛說大孔雀呪王經』(『新修大藏經』 19).

智通 譯, 『千眼千臂觀世音菩薩陀羅尼神呪經』(『新修大藏經』 20).

玄奘, 『大般若經』(『新修大藏經』 5～7).

惠祥, 『弘贊法花傳』(『新修大藏經』 51).

覺訓 撰, 『海東高僧傳』(『韓國佛教全書』 6).

景閑, 『白雲和尚語錄』(『韓國佛教全書』 6).

景閑, 『白雲和尚抄錄佛祖直指心體要節』(『韓國佛教全書』 6).

均如 撰, 『釋華嚴教分記圓通抄』(『韓國佛教全書』 4).

均如 撰, 『釋華嚴旨歸章圓通抄』(『韓國佛教全書』 4).

均如 撰, 『十句章圓通記』(『韓國佛教全書』 4).

均如, 『釋華嚴三寶章圓通記』(『韓國佛教全書』 4).

均如, 『一乘法界圖圓通記』(『韓國佛教全書』 4).

法藏, 『普濟尊者三種歌』(『韓國佛教全書』 6).

普愚, 『太古和尚語錄』(『韓國佛教全書』 6).

普幻, 『首楞嚴經環解刪補記』(『韓國佛教全書』 6).

瑞龍禪老連, 『南明泉和尚頌證道歌事實瑞龍禪老連』(『韓國佛教全書』 6).

守其, 『大藏目錄』(『韓國佛教全書』 6).

野雲, 『法界圖記叢髓錄』(『韓國佛教全書』 6).

野雲, 『禪門綱要集』(『韓國佛教全書』 6).

野雲, 『自警序』(『韓國佛教全書』 6).

了圓, 『法華靈驗傳』(『韓國佛教全書』 6).

雲默, 『釋迦如來行蹟頌』(『韓國佛教全書』 6).

雲默, 『天台末學雲默和尚警策』(『韓國佛教全書』 6).

元旵, 『現行西方經』(『韓國佛教全書』 6).

義天, 『大覺國師文集』(『韓國佛教全書』 4).

義天, 『大覺國師外集』(『韓國佛教全書』 4).

義天, 『釋苑詞林』(『韓國佛教全書』 4).

義天, 『新編諸教藏總錄』(『韓國佛教全書』 4).

義天, 『圓宗文類』(『韓國佛教全書』 4).

一然 撰, 『三國遺事』(『韓國佛教全書』 6).

一然, 『衆編曹洞五位』(『韓國佛教全書』 6).

志謙, 『宗門圓相集』(『韓國佛教全書』 6).

知訥 撰, 『誡初心學入文』(『韓國佛教全書』 4).

知訥 撰, 『眞心直說 ; 誡初心學人文』(『韓國佛教全書』 4).

知訥, 『看話決疑論』(『韓國佛教全書』 4).

知訥, 『勸修定慧結社文』(『韓國佛教全書』 4).

知訥, 『牧牛子修心訣』(『韓國佛教全書』 4).

知訥, 『法集別行錄節要 幷入私記』(『韓國佛教全書』 4).

知訥, 『圓頓成佛論』(『韓國佛教全書』 4).

知訥, 『六祖法寶壇經跋』(『韓國佛教全書』 4).

知訥, 『華嚴論節要』(『韓國佛教全書』 4).

天因, 『萬德山白蓮社第二代靜明國師後集』(『韓國佛教全書』 6).

天頙, 『萬德山白蓮社第四代眞淨國師湖山錄』(『韓國佛教全書』 6).

天頙, 『禪門寶藏錄』(『韓國佛教全書』 6).

諦觀 錄, 『天台四教儀』(『韓國佛教全書』 4).

體元, 『白花道場發願文略解』(『韓國佛教全書』 6).

體元, 『三十八分功德疏經跋文』(『韓國佛教全書』 6).

體元, 『華嚴經觀音知識品』(『韓國佛教全書』 6).

體元, 『華嚴經觀自在菩薩所說法門別行疏』(『韓國佛教全書』 6).

沖止, 『海東曹溪第六世圓鑑國師歌頌』(『韓國佛教全書』 6).

赫連挺, 『大華嚴首座圓通兩重大師均如傳 幷序』(『韓國佛教全書』 4).

慧勤, 『懶翁和尙歌頌』(『韓國佛教全書』 6).

慧勤, 『懶翁和尙語錄』(『韓國佛教全書』 6).

慧諶, 『狗子無佛性話揀病論』(『韓國佛教全書』 6).

慧諶, 『金剛般若波羅蜜經贊 幷序註』(『韓國佛教全書』 6).

慧諶, 『無衣子詩集』(『韓國佛教全書』 6).

慧諶, 『禪門拈頌 拈頌說話會本』(『韓國佛教全書』 5).

慧諶, 『曹溪眞覺國師語錄』(『韓國佛教全書』 6).

惠永, 『白衣解』(『韓國佛教全書』 6).

『(한글대장경 25~29)禪門拈頌』 1~5(동국역경원, 1986).

『(한글대장경 139)大覺國師文集』(동국역경원, 1996).

『(한글대장경 139)大覺國師外集』(동국역경원, 1996).

『(한글대장경 159)한국고승 9(海東曹溪宗第六世圓鑑國師歌頌)』(동국역경원, 1983).

『(한글대장경 166)普照國師集』(동국역경원, 2002).

『(한글대장경 167)懶翁和尙歌頌』(동국역경원, 1995).

『(한글대장경 167)懶翁和尙語錄』(동국역경원, 1995).

『(한글대장경 167)普濟尊者三種歌』(동국역경원, 1995).

『(한글대장경 167)太古和尙語錄』(동국역경원, 1995).

『(한글대장경 222・223)釋華嚴教分記圓通抄』 1・2(동국역경원, 2001・2002).

『(한글대장경 223)大華嚴首座圓通兩重大師均如傳 幷序』(동국역경원, 2002).

『(한글대장경 239)釋華嚴旨歸章圓通抄』(동국역경원, 2003).

『(한글대장경 239)十句章圓通記』(동국역경원, 2003).

『(한글대장경 239)華嚴三寶章圓通記』(동국역경원, 2003).

경완・한운진 역, 『권수정혜결사문』(지식을만드는지식, 2008).

곽자일 역, 『(법화영험전)법화행자의 초상』(불교시대사, 1998).

김달진 역주, 『眞覺國師語錄』(세계사, 1993).

김영욱 역, 『조계진각국사 혜심 어록』(가산불교문화연구원출판부, 2004).

김월운 역, 『(우리말)釋迦如來行蹟頌』(동문선, 2004).

대한불교조계종 교육원 편, 『석가여래행적송』(대한불교조계종 출판사, 1996).

동국대 역경원, 『直旨』(조계종 출판사, 2005).

배규범 역, 『무의자 시집』(지식을만드는지식, 2008).

여성구 역, 『화랑세기, 해동고승전』(지식을만드는지식, 2008).

유영봉 역, 『(國譯) 無衣子詩集』(을유문화사, 1997).

이창섭・최철환 역, 『(일연 스님의) 중편조동오위』(대한불교진흥원 출판부, 2002).

한국정신문화연구원, 『國譯 大覺國師文集』(한국정신문화연구원, 1989).

2. 저서

1) 국내

G. 프루너 저, 조흥윤 역, 『중국의 신령』(정음사, 1984).

아노 카렌, 권복규 역, 『전염병의 문화사(*Men and Microbes*)』(사이언스북스, 2001).

Pierre Huard・Ming Wong, 허정 역, 『동양의학사』(대한교과서주식회사, 1985).

加納喜光, 한국철학사상연구회 기철학분과 역, 『중국의학과 철학』(여강출판사, 1991).

加納喜光, 동의과학연구소 역, 『몸으로 본 중국사상』(소나무, 1999).

葛挑光, 沈揆昊 역, 『道教와 中國文化』(동문선, 1993).

강희정, 『중국관음보살상연구』(일지사, 2004).

고경식, 『고려시대 한문학연구(1)』(집문당, 1995).

고병익, 『동아교섭사의 연구』(서울대출판부, 1970).

국사편찬위원회(편), 『한국사15 : 고려전기의 사대와 대외관계』(탐구당 1994).

국사편찬위원회(편), 『한국사16 : 고려 전기의 종교와 사상』(탐구당, 1994).

국사편찬위원회(편), 『한국사17 : 고려전기의 교육과 문화』(탐구당, 1994).

菊竹淳一・鄭于澤(編), 『高麗時代의 佛畵』(시공사, 2000).

권영규(총편), 『(논문으로 본)중의학총론』 1・2(법인문화사, 2001).

권태환・신용하, 『인구의 이해』(서울대학교출판부, 1990).

권희경, 『高麗寫經의 研究』(미진사, 1986).

김남일・신동원・여인석, 『한권으로 읽는 동의보감』(들녘, 1997)

김교빈・박석준 외, 『동양철학과 한의학』(아카넷, 2003).

김두종, 『韓國醫學史』(탐구당, 1966).

김상기, 『新編高麗時代史』(서울대학교출판부, 1985).

김신근, 『韓醫藥書攷』(서울대출판부, 1989).

김우겸, 『한의학과 현대의학』(서울대출판부, 2003).

김윤곤, 『한국 중세의 역사상』(영남대출판부, 2001).

김윤곤, 『고려대장경의 새로운 이해』(불교시대사, 2002).

김인철, 『고려무덤 발굴보고』(사회과학출판사, 2002 ; 백산자료원, 2003).

김장태・유동식(공저), 『한국종교사상사 2 : 유교, 도교편』(연세대학교 출판부,
       1986).

김재만, 『거란・고려 관계사 연구』(국학자료원, 1999).

김종명, 『한국 중세의 불교의례 : 사상적 배경과 역사적 의미』(문학과지성사,
       2001).

김종열・김우중, 『동서의학비교연구』(계축문화사, 1996).

김준기・서부일・김상찬(편역), 『상한론 처방과 약증』(법인문화사, 2000).

김호, 『허준의 동의보감 연구』(일지사, 2000).

김호동, 『고려무신정권시대 문인 지식층의 현실대응』(경인문화사, 2003).

남권희, 『고려시대 기록문화 연구』(청주고인쇄박물관, 2002).

노계현, 『고려외교사』(갑인출판사, 1994).

노정우, 『한국문화사대계Ⅲ-한국의학사』(고려대출판부, 1977).

大塚恭男, 이광준 역, 『일본의 동양의학』(소화, 2000).

동국대학교 불교문화연구소(편), 『韓國佛敎撰述文獻總錄』(동국대학교 출판부,
       1976).

르네 팍스, 조혜인 역, 『의료의 사회학』(나남, 1993).

314

리창언, 『고려 유적연구』(사회과학출판사, 2002 ; 백산자료원, 2003).

馬伯英 외, 鄭遇悅 역, 『中外醫學文化交流史』(電波科學社, 1997).

박상국(편), 『全國寺刹所藏木板集』(文化財管理局, 1987).

박옥걸, 『고려시대의 귀화인 연구』(국학자료원, 1996).

박용운 외, 『고려시대 사람들 이야기』 1·2·3(신서원, 2002·2003).

박위근·김동일·로룡갑 외, 『동의학 용어해설집』(科學百科事典出版社, 日月書
        閣 復刊本, 1997).

박재금, 『한국선시연구』(국학자료원, 1998).

박종기 외, 『고려시대연구』1~13(한국정신문화연구원, 2000~2008).

服部敏良, 이경훈 역, 『佛敎醫學』(경서원, 1987).

富士川遊, 박경·이상권 역, 『日本醫學史』(법인문화사, 2006).

山田慶兒, 김석근 역, 『朱子의 자연학』(통나무, 1991).

山田慶兒, 전상운·이성규 역, 『중국의학은 어떻게 시작되었는가-중국의학의 기
        원과 발달-』(사이언스북스, 2002).

서윤길, 『고려밀교사상사연구』(불광출판부, 1993).

손홍렬, 『韓國中世의 醫療制度硏究』(수서원, 1988).

송춘영, 『高麗時代雜學敎育硏究』(형설출판사, 1998).

신동원, 『조선사람의 생로병사』(한겨레신문사, 1999).

안병우, 『고려 전기의 재정구조』(서울대출판부, 2002).

안주섭, 『고려·거란 전쟁』(경인문화사, 2003).

안지원, 『고려의 국가 불교의례와 문화』(서울대학교출판부, 2005).

楊力, 김충렬 역, 『周易과 中國醫學』上·中·下(법인문화사, 1995).

윌리엄 H. 맥닐, 허정 역, 『전염병과 인류의 역사』(한울, 1992).

劉昭民, 박기수·차경애 역, 『기후의 반역』(성균관대학교 출판부, 2005).

윤이흠, 『고려시대의 종교문화』(서울대출판부, 2002).

이구의, 『고려한시연구』(아세아문화사, 2001).

이능화, 『영인한국학자료총서5-조선도교사』(중앙대학교 한국학연구소, 1977).

이병욱(편), 『의천』(예문서원, 2002).

이병욱, 『고려시대의 불교사상』(혜안, 2002).

이병주 외, 『고려한문학사』(반도출판사, 1991).

이수건, 『한국중세사회사연구』(일조각, 1984).

이재동·김남일(공편), 『중국 침뜸 의학의 역사』(집문당, 1997).

이종묵, 『한국 한시의 전통과 문예미』(태학사, 2002).

이태진, 『醫術과 인구, 그리고 농업기술』(태학사, 2002).

이혜순, 『고려전기 한문학사』(이화여자대학교 출판부, 2004).

이희덕, 『고려유교정치사상의 연구』(일조각, 1984).

임동권, 『한국원시종교사(1)』(고려대학교 민족문화연구소, 1977).

林殷, 문재곤 역, 『한의학과 유교문화의 만남』(예문서원, 1999).

자크 르 고프, 유희수 역, 『서양 중세 문명』(문학과지성사, 1992).

자크 르 고프·장 샤를 수르니아(편), 장석훈 역, 『고통받는 몸의 역사』(지호, 1995).

전종휘, 『한국급성전염병개관』(최신의학사, 1975).

전해종, 『한중관계사연구』(일조각, 1970).

정병조·이석호(공저), 『한국종교사상사1 : 불교, 도교편』(연세대학교 출판부, 1991).

정은우, 『高麗後期 佛敎彫刻 硏究』(문예출판사, 2007).

조동일, 『한국문학통사』1(지식산업사, 1982).

주채혁, 『元朝 官人層 硏究 : 征服王朝期 中國社會身分構造의 한 分析』(정음사, 1986).

차주환, 『한국의 도교사상』(동화출판공사, 1984).

채상식, 『고려후기불교사연구』(일조각, 1991).

토마스 매큐언, 서일·박종연 역, 『질병의 기원』(동문선, 1995).

필립 지글러, 한은경 역, 『흑사병』(한길사, 2003).

賀志光(편), 김종석 역, 『新中國韓醫學』(裕盛出版社, 1995).

한국도교사상연구회(편), 『도교와 한국사상』(범양사, 1987).

한국도교사상연구회(편), 『道敎의 韓國的 受容과 轉移』(아세아문화사, 1994).

한국도교사상연구회(편), 『道敎의 韓國的 變容』(아세아문화사, 1996).

한국전통의학연구소, 『韓醫學槪說』(영림사, 1997).

한국한의학연구소(편), 『韓國韓醫學史再定立』上·下(한국한의학연구소, 1995).

한국한의학연구소(편), 『高麗時代 以前 韓醫藥學에 關한 硏究』(한국한의학연구소, 1996).

한국한의학연구소(편), 『歷代 韓醫學 文獻의 考證1(자료집)』(한국한의학연구소, 1996).

한기문, 『고려사원의 구조와 기능』(민족사, 1998).

허흥식, 『고려과거제도사연구』(일조각, 1981).

허흥식, 『고려사회사연구』(아세아문화사, 1981).

허흥식, 『고려불교사연구』(일조각, 1986).

허흥식, 『한국중세불교사연구』(일조각, 1994).

호이징가, 최홍숙 역, 『중세의 가을』(문학과지성사, 1988).

홍승기, 『고려사회사연구』(일조각, 2001).
홍원식, 『中國醫學史』(동양의학연구원, 1984).
홍원식·유창렬, 『增補 中國醫學史』(일중사, 2001).
황경숙, 『한국의 벽사의례와 연희문화』(도서출판 月印, 2000).
황상익(편저), 『문명과 질병으로 보는 인간의 역사』(한울림, 1998).

  2) 국외
郭志猛, 『中國宋遼金夏 科技史』(人民出版社, 1994).
近江吉明, 『黑死病の時代のジャクリ』(未來社, 2001).
滕經之, 『中國人口通史』(山東人民出版社, 1999).
服部敏良, 『奈良時代醫學の研究』(科學書院, 1944).
富山川游, 『日本醫學士』(裳華房, 1904).
三木榮, 『朝鮮醫學史及疾病史』(三木榮宅, 1963).
魏子孝·聶莉芳, 『中醫中藥史』(文津出版社).
張劍光, 『三千年疫情』(江西高校出版社, 1998).
中島陽一郎, 『病氣日本史』(雄山閣出版, 1998).
陳邦賢, 『中國醫學史』(商務印書館, 1973).
韓世明(編著), 『遼金生活掠影』(沈陽出版社, 2002).
洪潤植, 『韓國佛教儀禮の研究』(隆文館, 1976).

Aronowitz R. A., *Making Sense of Illness*, Cambridge : Cambridge University Press, 1998.

Kiple K. F. (ed), *The Cambridge World History of Human Disease*, Cambridge : Cambridge University Press, 1995.

Ping-ti Ho, *Studies on the Population of China 1368-1953*, Cambridge : Havard University Press, 1959.

Rosenberg C. E., *Farming Disease*, New Jersey : Rutgers University Press, 1997.

William Wayne Farris, *Population, Disease, and Land in Early Japan, 645-900*, Cambridge : Havard University Press, 1995.

L. Fabian Hurst, *The Conquest of Plague : A Study of the Evolution of Epidemiology*, Oxford : Clarendon Press, 1953.

J, Thorold Rogers, *A History of Agriculture and Prices in England*, Oxford : Clarendon Press, 1966.

T. W. Page, *The End of Villainage in England*, NewYork : [S.N.], 1990.

3. 논문

1) 국내

강남석, 「고려 천태사상사의 연구」(원광대학교 불교학과 박사학위논문, 2001).

강도현, 「高麗時代 性理學 수용과 疾病 대처 양상의 변화」(서울시립대학교 국사학과 석사학위논문, 2004).

강민구, 「臥病으로부터의 思索과 문학적 표현」, 『동방한문학』 23(2002).

강민구, 「李奎報의 疾病에 대한 意識과 문학적 표현」, 『동방한문학』 40(2009).

강은경, 「고려시대의 국가, 지역 차원 祭儀와 개인적 신앙」, 『동방학지』 129(2005).

강인구, 「瑞山文殊寺 金銅如來坐像腹藏遺物」, 『美術資料』 18(1975).

강희정, 「高麗 水月觀音圖像의 연원에 대한 재검토」, 『美術史硏究』 8(1994).

구병수, 「한의학과 유학에 나타난 心에 대한 고찰-『心經』을 중심으로-」, 『동의신경정신과학회지』 9(1998).

구산우, 「高麗前期 香徒의 佛事 조성과 구성원 규모」, 『한국중세사연구』 10(2001).

구산우, 「고려시기의 촌락과 사원」, 『한국중세사연구』 13(2002).

권복규, 「조선전기 역병의 유행에 관하여」, 『한국사론』 43(서울대학교 국사학과, 2000).

권복규, 『朝鮮時代 傳統醫書에 나타난 疾病觀에 對한 硏究』(서울대학교 의학과 박사학위논문, 2001).

권복규, 「서양근대의학의 의학론」, 『의사학』 13-1(2004).

권순정, 「1302년 아미타불복장물 분석」, 『고려의 불복장과 염직-1302년 직조환경과 직물의 특성』(계몽사, 1999).

권오상·구병수, 「한의학과 유가철학에 있어서 心의 이해」, 『동의신경정신과학회지』 9(1998).

권태환·신용하, 「조선왕조시대 인구 추정에 관한 일시론」, 『동아문화』 14(1977).

권희경, 「연대 불확실한 고려사경의 표지화에 관한 연구(1)」, 『서지학연구』 24(2002).

권희경, 「親元系 高麗寫經의 發願者·施財者에 관한 연구」, 『서지학연구』 26(2003).

吉元昭治, 「중국의 도교의학」, 『도교학연구』 6(1967).

김갑동, 「고려시대의 성황신앙과 지방통치」, 『한국사연구』 74(1991).

김구진, 「元代 遼東地方의 高麗軍民」, 『李元淳華甲記念 史學論叢』(1986).

김남규, 「高麗前期의 女眞觀-女眞懷柔政策과 관련하여」, 『가라문화』 12(1995).

김남윤, 「고려중기 불교와 法相宗」, 『한국사론』 28(서울대학교 국사학과, 1992).

김남일, 「『鄕藥集成方』의 인용문헌에 대한 연구」, 『진단학보』 87(1999).

김남주, 『高麗時代에 流行된 傳染病의 史的研究』(서울대학교 보건관리학과 박사
학위논문, 1988).

김대원, 「18세기 민간의료의 성장」, 『한국사론』 39(서울대학교 국사학과, 1998).

김대원, 「朝鮮時代 傳染病史-醫書編纂을 중심으로」, 『대한의사학회 월례학술집
담회 발표문』(1998).

김두종, 「우리나라의 疫病考」, 『대한의학협회지』(1964-4).

김두진, 「체관의 천태사상」, 『한국학논총』 6(1984).

김병인, 「고려 예종대 도교 진흥의 배경과 추진세력」, 『전남사학』 20(2003).

김보경, 「고려후기 주역 인식의 특성과 그 의미-백문보를 중심으로」, 『한국한문학
연구』 32(2003).

김산웅, 「이규보의 도교관」, 『한국사상사학』 13(1999).

김상기, 「단구와의 항쟁」, 『국사상의 제문제』 2(국사편찬위원회, 1959).

김상영, 「고려 예종대 선종의 부흥과 불교계의 변화」, 『청계사학』 5(1988).

김상영, 「고려 중기의 선승 혜조국사와 수선사」, 『이기영박사고희기념논총 佛敎와
歷史』(한국불교연구원, 1991).

김상훈, 「라마佛敎가 고려後期 佛敎美術에 미친 影響」(원광대학교 사회교육과
석사학위논문, 1998).

김성수, 「韓國 醫서지의 發展에 관한 考察」, 『서지학연구』 8(1992).

김성언, 「김부식의 삶과 시」, 한국한시학회(편), 『한국한시작가연구』 1(태학사,
1995).

김성준, 「10世紀 東北아시아의 國際情勢와 韓·日交涉問題」, 『대동문화연구』
23(1989).

김성진, 「『동문선』소재 고려전기 산문의 기술방식」, 『한국학논집』 25(계명대학교
한국학연구소, 1998).

김수연, 「高麗時代 佛頂道場 研究」(이화여자대학교 사학과 석사학위논문, 2004).

김순자, 「원 간섭기 민의 동향」, 『역사와 현실』 7(1992) ; 『14세기 고려의 정치와
사회』(민음사, 1994 재수록).

김순자, 「고려전기 대중관계사 연구의 현황」, 『역사와 현실』 43(2002).

김순자, 「고려, 元의 영토정책, 인구정책 연구」, 『역사와 현실』 60(2006).

김승혜, 「동문선 초례청사에 대한 종교학적 고찰」, 『한국도교사상연구서1-도교와
한국사상』(범양사, 1987).

김연옥, 「高麗時代의 氣候環境 ; 史料分析을 中心으로」, 『論叢』 44(이화여자대
학교 한국문화연구원, 1984).

김열규 외(편), 「高麗時代의 가요문학」, 『韓國文學硏究叢書 古典文學篇』 2(새문
　　　사, 1982).

김영미, 「대각국사 의천의 아미타신앙과 정토관」, 『역사학보』 156(1997).

김영미, 「불교의 수용과 여성의 삶·의식세계의 변화」, 『역사교육』 62(1997).

김영미, 「고려전기 아미타신앙과 천태종 예참법」, 『사학연구』 55·56합집(1998).

김영미, 「고려 전기의 아미타신앙과 결사」, 『정토학연구』 3(2000).

김영미, 「11세기 후반~12세기 초 고려·요 외교관계와 불경교류」, 『역사와 현실』
　　　43(2002).

김영숙, 「高麗時代 後期 佛服藏 織物의 一考察-溫陽民俗博物館 所藏 1302年
　　　阿彌陀佛腹藏織物을 中心으로-」, 『문화재』 38(1995).

김영숙, 「고려시대 직조환경과 아미타불복장 직물의 특성」, 『고려의 불복장과
　　　염직-1302년 직조환경과 직물의 특성』(계몽사, 1999).

김용선, 「고려묘지명 일람」, 『한국학보』 36(1984).

김용선, 「고려 귀족의 결혼, 출산과 수명」, 『한국사연구』 103(1998).

김위현, 「麗宋關係與其航路考」, 『關東大學論文集』 6(1978-2).

김위현, 「宋高麗關係與宋代文化財高麗의 傳播及其影響」, 『中國海洋發展史論
　　　集』 6(중앙연구원, 1997).

김위현, 「고려와 거란의 관계」, 『한민족과 북방관계사연구』(한국정신문화연구원,
　　　1998).

김위현, 「宋代의 高麗文化」, 『宋遼金元史硏究』 3(1999).

김위현, 「徐熙의 外交」, 고구려연구회(편), 『徐熙와 高麗의 高句麗 繼承意識』(학
　　　연문화사, 1999).

김응환, 「이인로 문학에 나타난 도교사상」, 『도교와 한국문화』(아세아문화사,
　　　1989).

김인락, 「統一新羅時代의 醫學」, 『韓國 韓醫學史 再定立』 上(한국의학사연구소,
　　　1995).

김일권, 「고려시대의 다원적 지고신 관념과 그 의례사상사적 배경」, 『한국문화』
　　　29(서울대학교 한국문화연구원, 2002).

김정대, 「近世朝鮮時代의 傳染病 流行과 保健對策에 關한 文獻的 考察」(서울대
　　　학교 보건학과 석사학위논문, 1980).

김종명, 「고려 연등회와 그 유산」, 『불교연구』 16(1999).

김진환, 「이인로 문학에 나타난 도교사상의 연구」, 『한양어문연구』 4(1986).

김철웅, 「고려중기 도교의 성행과 그 성격」, 『사학지』 28(1995).

김철웅, 「高麗後期의 燒香會」, 『박물관지』 5(1996).

김철웅, 「고려 충렬왕과 도교」, 『문화사학』 11·12·13합집(1999).

김철웅, 「조선초의 道敎와 醮禮」, 『한국사상사학』 19(2002).

김태곤, 「한국민속과 도교」, 『도교와 한국문화』(아세아문화사, 1989).

김태우, 「고려시대 巫覡의 身分과 世襲化 과정에 대하여」, 『예성문화』 18(1998).

김태희·홍원식, 「宋代 醫學의 학술적 특징」, 『경희한의대논문집』 7(1984).

김학주, 「儺禮와 雜戱-中國과의 比較를 中心으로-」, 『아세아연구』 6-2(고려대학교 아세아문제연구소, 1963).

김현영, 「醫·占·巫 : 16세기 질병 치유의 여러 양상」(제41회 전국역사학대회 발표요지, 1998).

김현정, 「고대 일본의 病에 관한 연구」, 『일본문화학보』 16(2003).

김형우, 『高麗時代 國家的 佛教行事에 대한 硏究』(동국대학교 박사학위논문, 1992).

김형우, 「고려전기 국가적 불교행사의 전개양상」, 『가산이지관스님화갑기념 韓國 佛教文化思想史』(가산문고, 1992).

김형우, 「고려시대 연등회 연구-설행실태를 중심으로」, 『국사관논총』 55(1994).

김형우, 「한국불교의례의 성격과 불교문화재의 분류문제」, 『불교미술』 13(1996).

김형우, 「고려후기 국가설행 불교행사의 전개양상」, 『연사홍윤식교수정년퇴임기 념 韓國文化의 傳統과 佛教』(연사홍윤식교수정년퇴임기념논총간행위 원회, 2000).

김혜숙, 「고려 팔관회의 내용과 기능」, 『역사민속학』 9(1999).

김혜완, 「고려 前期의 彌勒信仰」, 『부촌신연철교수정년퇴임기념 史學論叢』(일월 서각, 1995).

김호, 「16세기 말 17세기 초 '疫病'발생의 추이와 대책」, 『한국학보』 71(1993).

김호, 「허준의 『東醫寶鑑』연구」, 『한국과학사학회지』 16(1994).

김호, 「麗末鮮初 '鄕藥論' 형성과 『鄕藥集成方』」, 『진단학보』 87(1994).

김호, 「朝鮮前記 對民 醫療와 醫書 編纂」, 『國史館論叢』 68(1996).

김호동, 「원간섭기 유불계의 동향과 영남지역」, 『민족문화논총』 21(2000).

나종우, 「홍건적과 왜구」, 『한국사론』 20(국사편찬위원회, 1994).

남권희, 「高麗時代 陀羅尼와 曼茶羅에 대한 書誌的 分析」, 『高麗의 佛服藏과 染織-1302年 織造環境과 織物의 特性』(계몽사, 1999).

노희상, 「歷代의 韓·中貿易에 關한 小考」, 『한국북방학회론집』 창간호(1995).

도광순, 「八關會와 風流道」, 『한국학보』 79(1995).

도현철, 「고려후기 주자학 수용과 주자서 보급」, 『동방학지』 77·79(1993).

문철영, 「고려중기 사상계의 동향과 新儒學」, 『국사관논총』 37(1992).

문철영, 「고려후기 신유학의 수용과 사대부의 의식세계」, 『한국사론』 41·42(서울
　　　대학교 국사학과, 1999).

문철영, 「고려 중·후기 유학사상 연구」(서울대학교 국사학과 박사학위논문,
　　　2000).

박걸순, 「고려 전기 진휼정책」(1·2), 『호서사학』 12·13합집(1984·1985).

박경안, 「고려 중기 서민들의 경제생활 소고-서긍의 고려도경을 중심으로」, 『하현강
　　　교수정년기념논총 韓國史의 構造와 展開』(혜안, 2000).

박경안, 「고려인들의 다양한 금기와 질병을 대하는 태도」, 『역사와 현실』 59(2006).

박경화, 「고려시대의 도교와 민간신앙」, 『철학사상의 제문제』 Ⅳ(한국정신문화연
　　　구원, 1986).

박계홍, 「巫가 중세사회에 끼친 영향」, 『한국민속학』 1(1969).

박계홍, 「근세 무격의 사회적 기능에 대하여」, 『한국민속학』 4(1971).

박노준, 「유구곡과 예종의 사상적 번민」, 『한국학논집』 8(한양대학교 한국학연구
　　　소, 1985).

박성규, 「고려전기 귀족문학」, 황패강(공편), 『한국문학연구입문』(지식산업사,
　　　1982).

박성래, 「高麗時代의 科學文化」, 『한국사상사대계』 3(한국정신문화연구원, 1991).

박옥걸, 「高麗來航 宋商人과 麗·宋의 貿易政策」, 『大同文化硏究』 32(1997).

박용운, 「고려·송 교빙의 목적과 사절에 대한 고찰」(상·하), 『한국학보』 81·82합
　　　집(1995·1996).

박용진, 「高麗後期 仁王道場의 設行과 그 意義」, 『북악사론』 6(1999).

박용진, 「고려중기 인왕경 신앙과 그 의의 : 의천과 대각국사문집을 중심으로」,
　　　『한국중세사연구』 14(2003).

박재금, 「혜심의 선시에 나타난 역설」, 『우리 한문학사의 새로운 조명』(집문당,
　　　1999).

박종기, 「예종대 정치개혁과 정치세력의 변동」, 『역사와 현실』 9(1993).

박종기, 「고려중기 대외정책의 변화에 대하여-선종대를 중심으로」, 『한국학논총』
　　　16(1994).

박종기, 「李奎報의 생애와 著述 傾向」, 『한국학논총』 19(1996).

박종기, 「11세기 고려의 대외관계와 정국운영론의 추이」, 『역사와 현실』 30 (1998).

박종기, 「고려시대 묘지명과 신례」, 『한국학논총』 20(1998).

박종기, 「민족사에서 차지하는 고려의 위치」, 『역사비평』 1998겨울호(1998).

박종기, 「고려시대 묘지명 역주 작업의 현황과 과제」, 『고려시대연구』 Ⅰ(한국정신
　　　문화연구원, 2000).

322

박종기, 「고려전기 시문 습유」, 『고려시대연구』 Ⅱ(한국정신문화연구원, 2000).

박종진, 「고려전기 의창제도의 구조와 성격」, 『고려사의 제문제』(삼영사, 1986).

박철향, 「고려시기 의학도서편찬에 대한 간단한 고찰」, 『력사과학』1998-4(사회과
　　　학원 력사연구소, 1998).

박한남, 「고려의 대금외교정책 연구」(성균관대학교 사학과 박사학위논문, 1993).

박한남, 「고려시대 외교문서에 나타난 민족문화의 전개 :『東人之文四六』편찬」,
　　　『한국사의 국제환경과 민족문화』(경인문화사, 2003).

박호원, 「고려의 산신신앙」, 『민속학연구』 2(1995).

방인욱, 「佛敎醫學의 形成과 韓醫學에 미친 影響」(동국대학교 한의학과 석사학위
　　　논문, 1998).

배상현, 「『高麗國新雕大藏校正別錄』과 守其-『高麗大藏經』의 校勘과 彫成에
　　　반영된 13세기 佛敎界의 現實認識」, 『민족문화논총』 17(1997).

배수나, 「고려 예종의 개혁정치에 대한 연구」(명지대학교 사학과 석사학위논문,
　　　1998).

변동명, 「고려후기 성리학의 수용과 승려의 儒佛觀」, 『국사관논총』 71(1996).

변동명, 「圓妙國師 了世의 定慧結社 참여와 결별」, 『역사학보』 156(1997).

변동명, 「高麗 忠烈王의 妙蓮寺 창건과 法華信仰」, 『한국사연구』 104(1999).

변정환, 「朝鮮時代의 疫病에 關聯된 疾病觀과 救療施策에 관한 硏究」(서울대학
　　　교 보건학과 박사학위논문, 1984).

변정환, 「조선시대의 疫病에 관련된 질병관과 구료시책에 관한 연구」, 『대한보건협
　　　회지』 11(1985).

서건운, 「『論語』의 의학사상」, 『(논문으로 본) 중의학총론』 1·2(법인문화사, 2001).

서경전·양은용, 「고려도교사상의 연구」, 『원대논문집』 19(1985).

서경휘, 「서긍과 선화봉사고려도경」, 『퇴계학연구』 4(단국대학교, 1990).

서영대, 「민속종교」, 『한국사』 16(국사편찬위원회, 1994).

서영대, 「한국무속사의 시대구분」, 『한국무속학』 10(2005).

서용규, 「『수이전』에 나타나는 도교문학적 양상」, 『도교문학연구』(2001).

서윤길, 「高麗 瑜伽·律·神印 等 諸宗의 性格과 그 展開」, 『한국사론』 20(국사편
　　　찬위원회, 1990).

손광락, 「新羅時代 醫學에 關한 硏究」(동국대학교 한의학과 석사학위논문, 1989).

손창학, 「『三和子鄕藥房』의 간행시기에 대한 연구」(경희대학교 한의학과 석사학
　　　위논문, 1992).

손홍렬, 「高麗時代의 醫療制度」, 『역사교육』 29(1981).

손홍렬, 「한국 古代사회의 의료제도」, 『청대사림』 4·5합집(1985).

손홍렬, 「삼국시대의 佛敎의학」, 『가산이지관스님화갑기념 韓國佛敎文化思想史』
  (가산문고, 1992).
손홍렬, 「선초 향약의 개발과 향약서의 편찬」, 『중산정덕기박사화갑기념논총 韓國
  史學論叢』(경인문화사, 1996).
송방송, 「高麗 唐樂의 音樂史學的 照明」, 『이기백선생고희기념 韓國史學論叢』
  上(일조각, 1994).
송은석, 「高麗 後期 觀經十六觀變相圖의 硏究」(서울대학교 고고미술사학과 석사
  학위논문, 1995).
송창한, 「金貂의 척불론에 대하여-공양왕 3년의 상소문을 중심으로-」, 『대구사학』
  27(1985).
송창한, 「朴礎의 척불론에 대하여-공양왕 3년의 상소문을 중심으로-」, 『대구사학』
  29(1986).
송창한, 「崔瀣의 척불론에 대하여-送僧禪智遊金剛山序를 중심으로-」, 『대구사학』
  58(2000).
송창한, 「목은 이색의 척불론에 대하여-공민왕 원년 4월의 상소문을 중심으로-」,
  『대구사학』 59(2001).
송춘영, 「원 간섭기의 자연과학 − 의학을 중심으로」, 『국사관논총』 71(1996).
송항용, 「한국고대의 도교사상」, 『철학사상의 제문제 2 : 한국철학의 근원탐구』(한
  국정신문화연구원, 1984).
송현주, 「현대 한국불교 의례의 관제와 제언」, 『철학사상』 11(서울대학교 철학사상
  연구소, 2000).
송화섭, 「민속과 사상 : 유교, 불교, 도교, 풍수지리설 연구성과를 중심으로」,
  『한국사론』 29(국사편찬위원회, 1999).
송효정, 「高麗時代 疫疾에 대한 硏究 : 12·13세기를 중심으로」, 『명지사론』 11·
  12합집(2000).
신동원, 「향약의술 발달이 인구증가를 이끌었을까」, 『역사비평』 2002겨울호(2002).
신영일, 「『鄕藥救急方』에 대한 연구(복원 및 의사학적 고찰)」(경희대학교 한의학
  과 박사학위논문, 1994).
신채식, 「송대 관인의 고려관」, 『변태섭박사화갑기념 史學論叢』(삼영사, 1985).
신채식, 「10-13世紀 東아시아의 文化交流」, 『中國과 東아시아世界』(국학자료원,
  1996).
신채식, 「宋·麗의 문화교류에 관하여」, 『梨花史學硏究』 25·26합집(1999).
안병우, 「고려와 송의 상호인식과 교섭 : 11세기 후반~12세기 전반」, 『역사와
  현실』 43(2002).

324

안상우, 「高麗 醫書 『備豫百要方』의 考證」, 『서지학연구』 22(2001).

안정자, 「고려시대 수월관음보살도 연구」(동아대학교 사학과 석사학위논문, 1997).

안지원, 「고려시대 帝釋信仰의 양상과 그 변화」, 『국사관논총』 78(1997).

안지원, 「고려 연등회의 기원과 성립」, 『진단학보』 88(1999).

安浩龍, 「儒教儀禮의 普遍化와 傳統社會의 構造化-喪·祭禮」, 『韓國의 社會와 文化』 21(한국정신문화연구원, 1993).

양은용, 「고려 도교의 정사색고」, 『한국종교』 7(원광대학교 종교문제연구소, 1982).

양은용, 「고려 도교의 역사자료」, 『한국종교』 10(원광대학교 종교문제연구소, 1985).

양은용, 「고려 도교의 醮禮靑詞資料」, 『원대논문집』 20(1986).

양은용, 「고려시대의 도교와 불교」, 『한국도교사상연구서1-도교와 한국사상』(범양사, 1987).

양은용, 「福源宮 건립의 역사적 의의」, 한국도교사상연구회 편, 『도교와 한국문화』(아세아문화사, 1989).

양은용, 「도교사상」, 『한국사』 16(국사편찬위원회, 1994).

엄기표, 「高麗時代 石造浮屠 硏究」(단국대학교 사학과 박사학위논문, 2003).

여인석, 「삼국시대의 불교교학과 治病活動의 관계」, 『의학사』 5-2(1996).

연제영, 「甘露幀畵의 意味 考察: 追薦 對象을 中心으로」, 『역사민속학』 19(2004).

오영선, 「무신정변·무신집권의 재조명」, 『역사비평』 32(1995).

오종록, 「한국중세사는 유교에 의해 발전했는가」, 『역사비평』 2002 겨울호(2002).

오형근, 「了圓撰 法華靈驗傳의 史的 意義」 『韓國天台思想硏究』(동국대출판부, 1983).

유경아, 「북한의 고려시대 정치사 연구동향」, 「남북역사학논총5-북한의 한국사 연구동향(1) 고·중세편」(국사편찬위원회, 2000).

유창렬·홍원식, 「金·元시대 의학의 학술적 특징」, 『경희한의대논문집』 7 (1984).

윤미길, 「삼국유사와 도교사상」, 『논문집』 17(원광대학교, 1983).

윤사순, 「주자학 이전의 성리학 도입 문제: 최충의 구재와 관련하여」, 『최충연구논총』(경희대학교 전통문화연구소, 1984).

이경록, 「고려초기 구료제도의 형성-광종대와 성종대를 중심으로」, 『대동문화연구』 61(2008).

이경록, 『고려시대 의료사 연구』, 성균관대학교 사학과 박사학위논문(2009).

이기영, 「한국문화사상의 불교와 도교」, 『한국종교』 10(원광대학교 종교문제연구소, 1985).

이덕봉, 「『鄕藥救急方』의 方中鄕藥目 연구」, 『아세아연구』 6(고려대학교 아세아문제연구소, 1966).

이동환, 「고려전기 정신사에 있어서의 낭만주의적 및 탐미주의적 성향에 대하여 : 주로 문학・예술을 통한 연구를 위한 하나의 점검」, 『한국학논집』 25(계명대학교 한국학연구소, 1998).

이두현, 「무용과 연극」, 『한국사』 21(국사편찬위원회, 1996).

이   만, 「高麗時代의 觀音信仰」, 佛敎文化硏究院(編), 『韓國觀音信仰硏究』(동국대 출판부, 1988).

이미숙, 「고려시대 醫官의 임무와 사회적 지위」, 『호서사학』 31(2001).

이미숙, 「高麗 中央醫官의 職制」, 『백산학보』 61(2002).

이미숙, 「고려 太醫監의 변천」, 『이화사학연구』 30(2003).

이미숙, 「고려시대 기술관 연구-醫官과 譯官을 중심으로-」(상명대학교 사학과 박사학위논문, 2003).

이미지, 「고려 선종대 각장의 설치문제와 對遼 관계」, 『한국사학보』 14(2003).

이민홍, 「고려조 팔관회와 예악사상」, 『대동문화연구』 30(1995).

이범직, 「高麗史 禮志의 분석」, 『한우근박사정년기념 史學論叢』(지식산업사, 1981).

이범학, 「소식의 고려 배척론과 그 배경」, 『한국학논총』 15(1983).

이병서・윤창열, 「도교의학에 관한 연구-韓醫學과 관련된 부분을 중심으로」, 『대한원전의사학회지』 6(1992).

이병욱, 「고려 불교의 세속화와 대중화」, 『승가』 19(2003).

이병희, 「高麗時期 落成行事의 設行」, 『문화사학』 21(2004).

이복규, 「묵재일기에 나타난 무속」, 『묵재일기에 나타난 조선전기의 무속』(민속원, 1999).

이상배, 「高麗時代 訛言・妖言・匿名書를 통해 본 政治・社會相에 관한 연구」, 『강원사학』 17・18합집(2002).

이석규, 「고려시대 민본사상의 성격-진휼정책과 관련하여-」, 『국사관논총』 87(1999).

이수건, 「조선초기 호구연구」, 『논문집 : 인문과학편』 5(영남대학교, 1971).

이언화, 「高麗後期 觀音圖의 조성배경과 특징」(부산대학교 사학과 석사학위논문, 2007).

이연재, 「고려시대 한시문학의 선적 주제양상 : 선 추구를 중심으로」, 『한국도교사상연구서1-도교와 한국사상』(범양사, 1987).

이영택, 「우리나라 痲疹에 對한 醫史學的 연구」, 『중앙의학』 33-6(1977).

이용주, 「주희의 정통의식과 귀신론」, 『대동문화연구』 34(1999).

이 욱, 「조선전기 귀신론에 관한 연구」, 『종교연구』 15(1998).

이 욱, 「유교기양의례에 관한 연구 : 조선시대 국가 사전을 중심으로」(서울대학교 종교학과 박사학위논문, 2000).

이용주, 「여말선초 불교의례의 축소와 천도재의 역할」(서울대학교 국사학과 석사학위논문, 1999).

이익주, 「14세기 전반 성리학 수용과 이제현의 정치활동」, 『전농사론』 7(2001).

이익주, 「조선 건국을 둘러싼 정통과 異端의 격돌」, 『한국사학보』 10(2001).

이정숙, 「고려사회와 전염병」, 『한국문화연구』 10(이화여자대학교 한국문화연구원, 2006).

이정임, 「高麗時代 碑誌文學 硏究」(고려대학교 국어국문학과 박사학위논문, 1995).

이정임, 「의종대 묘지명의 성행과 그 서술양상」, 『한국한문학연구』 19(1996).

이정주, 「麗末鮮初 儒學者의 佛敎觀-鄭道傳과 權近을 중심으로-」(고려대학교 사학과 박사학위논문, 1998).

이종문, 「고려전기의 문풍과 김부식의 문학 : 예・인종대 문풍의 변화와 관련하여」(계명대학교 한문학과 석사학위논문, 1982).

이종문, 「고려전기 한문학 연구-문예의식과 시세계를 중심으로」(고려대학교 국어국문학과 박사학위논문, 1991).

이종은, 「靑詞硏究」, 『한국학논집』 7(한양대학교 한국학연구소, 1985).

이종은・양은배・김낙필, 「고려중기 도교의 종합적 연구」, 『한국학논집』 15(한양대학교 한국학연구소, 1989).

이창국, 「元간섭기 閔漬의 현실인식-불교기록을 중심으로-」, 『민족문화논총』 24(2001).

이태진, 「고려후기의 인구증가 요인 생성과 향약의술 발달」, 『한국사론』 19(서울대학교 국사학과, 1988) ; 『의술과 인구 그리고 농업기술』(태학사, 2002) 재수록.

이태진, 「고려~조선 중기 天災地變과 天觀의 변천」, 『韓國思想史方法論』(小花, 1997).

이태진, 「『鄕藥集成方』편찬의 정치사상적 배경과 의의」, 『진단학보』 87(1999).

이해준, 「매향신앙과 그 주도 집단의 성격」, 『김철준박사화갑기념 史學論叢』(지식산업사, 1983).

이현숙, 「신라 哀莊王代 唐 의학서 廣利方의 도입과 그 의의」 (1)・(2), 『동양고전연구』 13・14합집(2000).

이현숙, 「몸 질병, 권력 : 신라통일기 군진의학」, 『문화사학』 6(2002).

이현숙, 「신라중대 의료관료의 역할과 지위변화」, 『사학연구』 68(2002).

이현숙, 「新羅醫學史硏究」(이화여자대학교 사학과 박사학위논문, 2002).

이현숙, 「신라통일기 전염병의 유행과 대응책」, 『한국고대사연구』 31(2003).

이현숙, 「몸, 질병, 권력 : 통일전쟁기 신라의 군진의학」, 『역사와 문화』 6(2003).

이현숙, 「韓國 中世醫學의 誕生」, 『의사학』 15-2(2006).

이현숙, 「고려시대 官僚制下의 의료와 民間의료」, 『동방학지』 139(2007).

이혜순, 「고려전기 귀족문화와 한시」, 『한국한문학연구』 15(1992).

이혜순, 「11세기 고려한시의 특성과 의의」, 『우리한문학사의 새로운 조명』(집문당, 1999).

이혜영, 「신라인과 고대 중국인의 疾病觀 비교 연구」(서울시립대학교 역사교육과 석사학위논문, 2003).

이호철, 「조선전기 농업기술론의 재검토」, 『역사비평』 2002겨울호(2002).

이희관, 「高麗前期 靑磁에 있어서 蒲柳水禽文의 유행과 그 배경」, 『美術資料』 67(국립중앙박물관, 2001).

이희덕, 「三國史記에 나타난 天災地變 기사의 성격」, 『東方學誌』 23·24합집 (1980).

이희덕, 「董仲舒의 災異說과 고려시대의 정치」, 『황원구교수정년기념논총 東아시아의 人間像』(혜안, 1995).

이희재, 「醮禮의 종교적 의미」, 『종교교육학연구』 12(2001).

장인성, 「고대 한국인의 질병관과 의료」, 『한국고대사연구』 20(2000).

장정룡, 「민속」, 『한국사』 21(국사편찬위원회, 1996).

장정룡, 「고려 후기의 사상과 문화」, 『한국사』 21(국사편찬위원회, 1996).

장정룡, 「고려시대의 연희 고찰」, 『역사민속학』 9(1999).

장한기, 「高麗時代의 演劇硏究」, 『한국문화연구』 2(경기대학교 한국문화연구소, 1985).

전해종, 「高麗와 宋과의 交流」, 『국사관논총』 8(1989).

정병삼, 「高麗 後期 觀音信仰」, 『단호문화연구』 1(1996).

정병삼, 「고려 고승 비문 역주의 과제와 방향」, 『고려시대연구』 I(한국정신문화연구원, 2000).

정수아, 「고려중기 개혁정책과 그 사상적 배경 : 북송 '신법'의 수용에 관한 일시론」, 『수촌박영석교수화갑기념 韓國史學論叢』(상)(탐구당, 1992).

정수아, 「고려중기 대송외교의 전개와 그 의의」, 『국사관논총』 61(1995).

정은우, 「高麗後期 佛敎美術의 후원자」, 『미술사연구』 16(2002).

정제규, 「高麗後期 在家佛敎信仰 硏究」(단국대학교 사학과 박사학위논문, 2001).

정제규, 「高麗時代 佛敎信仰結社에 대한 認識과 그 性格」, 『문화사학』 21(2004).

정종수, 「朝鮮初期 喪葬儀禮 硏究」(중앙대학교 사학과 박사학위논문, 1994).

조규익, 「제의 및 놀이 문맥과 고려 노래」, 『온지논총』 8(2002).

조명제, 「14세기 고려 思想界의 楞嚴經 성행과 그 思想的 性格」, 『가산학보』 5(1996).

조복현, 「『朱子家禮』의 저술과 한국전래시기의 사회적 배경 연구-喪葬禮俗의 비교를 중심으로-」, 『중국사연구』 19(2002).

지준모, 「高麗漢文學史 上」, 『어문학』 38(1979).

진민경, 「고려무인집권기 消災道場의 설치와 그 성격」, 『부대사학』 22(1998).

차주환, 「나말의 유당학인과 도교」, 『도교와 한국문화』(아세아문화사, 1989).

차주환, 「한국 도교의 종교사상」, 『도교와 한국문화』(아세아문화사, 1989).

채상식, 「고려·조선시기 불교사 연구현황과 과제」, 『한국사론』 28(국사편찬위원회, 1998).

채상식, 「『東人之四六文』의 사료 가치와 전산화-특히 『金富軾文集』의 복원 시도」, 『고려시대연구』Ⅱ(한국정신문화연구원, 2000).

채상식, 「한국중세 불교의 이해방향과 인식틀」, 『민족문화논총』 27(2003).

채웅석, 「고려시대 향도의 사회적 성격과 변화」, 『국사관논총』 2(1989).

채웅석, 「12·13세기 향촌사회의 변동과 '민'의 대응」, 『역사와 현실』 3(1990).

채웅석, 「고려중기 사회변화와 정치동향」, 『한국사』 5(한길사, 1994).

채웅석, 「고려문종대 관료의 사회적 위상과 정치운영」, 『역사와 현실』 27(1998).

천진기, 「韓國 宗敎歲時 小考」, 『民俗硏究』 5(안동대학교 민속학연구소, 1995).

최규성, 「고려 속요를 통해 본 고려후기의 사회상」, 『사학연구』 61(2000).

최길성, 「한국무속의 연구-서울 지방의 帝釋巨里를 중심으로-」, 『육군사관학교 논문집』 5(1967).

최병헌, 「고려중기 이자현의 선과 거사불교의 성격」, 『김철준박사화갑기념 史學論叢』(지식산업사, 1983).

최병헌, 「대각국사 의천의 도송활동과 고려 송의 불교교류」, 『진단학보』 71·72합집(1991).

최병헌, 「義天과 宋의 天台宗」, 『가산이지관스님화갑기념논총 韓國佛敎文化思想史』(가산문고, 1992).

최성은, 「고려시대 불교조각의 대송관계」, 『미술사학연구』 237(2003).

최연식, 「麗末鮮初 性理學的 政治談論의 形成과 分化에 관한 연구」(연세대학교 정치학과 박사학위논문, 1997).

최재석, 「日本 正倉院 소장 한약제를 통해본 統一新羅와 日本과의 관계」, 『민족문화』 26(1993).

최정운, 「朝鮮時代의 疾病豫防思想硏究」(연세대학교 보건학과 석사학위논문, 1985).

최진원, 「動動」攷(1)-八關會와 關聯하여-」, 『大東文化硏究』 8(1971).

최창무, 「고려시대의 倉積求貧에 관한 고찰」, 『사회과학』 3(경북대학교, 1984).

최창무, 「고려시대의 의료구호에 관한 고찰」, 『사회과학』 5(경북대학교, 1986).

최 철, 「고려시가의 불교적 고찰-「처용가」・「동동」・「이상곡」・「정석가」・「쌍화점」을 중심으로」, 『동방학지』 96(1997).

최태호, 「문헌공 최충의 문학연구」, 『한문학논집』 20(2002).

하정현, 「13세기 고려불교계의 경향과 『三國遺事』」, 『종교와문화』 8(2002).

한기문, 「高麗時代 定期佛敎儀禮의 成立과 性格」, 『민족문화논총』 27(2003).

한영우, 「조선전기 호구총수에 대하여」, 『人口와 生活環境』(서울대학교 人口및發展問題硏究所, 1977).

한정수, 「高麗時代 〈禮記〉 月令思想의 도입」, 『사학연구』 66(2002).

한정수, 「高麗前期 天變災異와 儒敎政治思想」, 『한국사상사학』 21(2003).

한정수, 「고려후기 天災地變과 王權」, 『역사교육』 99(2006).

허 정, 「우리나라 傳染病의 保健史的 硏究」, 『한국보건사학회지』 1(1990).

허흥식, 「13세기 고려 불교계의 새로운 경향」, 『한우근박사정년기념 사학논총』(지식산업사, 1981).

허흥식, 「『삼국유사』를 저술한 시기와 사관」, 『인하사학』 10(2003).

홍기표, 「高麗時期 <天災地變> 관련 詔書 연구」, 『인문과학』 39(성균관대학교 인문과학연구소, 2006).

홍영의, 「고려후기 대장도감간 『鄕藥救急方』의 간행경위와 자료성격」, 『간송조동걸선생정년기념논총 韓國史學史硏究』(나남, 1997).

홍원식 외, 「고려 醫書에 대한 연구」, 『대한원전의사학회지』 10(1996).

홍윤식, 「한국불교의례의 밀교신앙적 구조」, 『불교학보』 12(1975).

홍윤식, 「한국 불교의식에 나타난 정토신앙」, 『불교학보』 13(1976).

홍윤식, 「불교행사의 성행」 『한국사』 16(국사편찬위원회, 1994).

홍윤식, 「정토교와 고려청자」, 『문화사학』 17(2002).

홍현식, 「삼교관계의 사상적 고찰 : 도교를 중심으로」, 『한국종교』 18(1993).

황경숙, 「고려속요에 나타난 性의 상징적 표현연구」, 『한국문학논총』 19(1996).

황관중, 「宋麗貿易與文物交流」, 『진단학보』 71・72합집(1991).

황금순, 「高麗 水月觀音圖에 보이는 『40華嚴經』 영향」, 『美術史硏究』 17(2003).

황을순, 「高麗時代 冠婚喪祭에 관한 硏究」, 『考古歷史學志』 2(동아대학교 박물

330

관, 1986).

2) 국외

姜吉仲,「高麗與宋遼金關係史硏究」(文化大博士學位論文, 1989).
高鹽博,「養老醫疾令復原の再檢討」,『日本律の基礎的硏究』(汲古書院, 1987).
奧村周司,「高麗の外交姿勢と國家意識:仲冬八關會及び迎北朝詔使儀を中
　　　心として」,『歷史學硏究別冊特輯』(1982).
奧村周司,「使節迎接礼から見た高麗の外交姿勢－11・12世紀においての對中關
　　　係の一面」,『史觀』10, 早稻田大學(1984).
奧村周司,「高麗の圓丘祀天禮と世界觀」, 武田幸男(編),『朝鮮社會の史籍展開
　　　と東アジア』(山川出版社, 1997).
王有生,「關于中日醫學交流史的兩个問題」,『中華醫史雜誌』20-4(1990).
張文,「地域偏見和族群歧視:中國古代瘴气与瘴病的文化學解讀」,『民族硏究』
　　　(2005年 3期).
Hans Vielenstein, The Census of China During the Period 2-742A.D., *Museum of Far
　　　Eastern Antiquities, Bulletin*, 19, 1947.
John D. Durand, The Population Statistics of China, A.D. 2-1953, *Population Studies*,
　　　13, 1960.

Abstract

Epidemics, Medical Cares and Power
—Breakouts and Remedies in the epidemics of the
Goryeo Dynasty(918~1391)—

Lee, Hyun-Sook

This is my first attempt to research of the Epidemics in the Goryeo dynasty(981-1391). In Asia, from the 10th century to the 15th century, it was the ages of the conflicts and trades between the northern dynasties from nomads(Kitai, 金, Mongolia), the Sung China and Korea. It was accompanied with epidemics in East Asia, more contacts and more epidemics.

It was known as there were only 23 outbreaks in the research of Miki Sakae, as medical doctor, who was the founder of the history of diseases in Korea. In this research, I found 13 cases more by using the inscriptions of tombs and the anthologies of the literati in the Goryeo dynasty.

My conclusions are as follows :

First, the epidemics of the Goryeo breakouts with famine and war. From the 12th century, Northern nomads invaded Goryeo frequently. They might bring new zoonosis, such as anthracnose. It breakout in 1279 at southern part of Korea.

Second, the epidemics were usually eruptive diseases, like small pox and measles. They killed several kings of the Goryeo, such as King Kyung Jong(景宗), Ye Jong(睿宗) and In Jong(仁宗), as well as peoples. It seems like that the deaths of the Kings might be caused to make the King Power weak.

Third, the bureaucracy was supposed to give medical cares and remedies, but only it depends on the qualities and quantities of its power. It means the government gave the remedies to the bureaucrats by its official ranks.

332

Key words : Goryeo, epidemic diseases, remedies, medical care, political power, relief

Wars, Epidemics and Reduction of Population during the Goryeo Dynasty

Kim, Soon-Ja

There were several full-scale wars during the Goryeo Dynasty. I examine the relations between war, epidemic diseases, and the reduction of population.

The Goryeo Dynasty had wars against the Kitans during 993~1018, against the Jurchen during 1104~1109, against the Mongols and Japan during 1231~1281 and against the Japanese pirate from 1350. 35 epidemic diseases occurred during the 475 years. Epidemic occurred every 13.6 years during the Goryeo Dynasty. 25 of them did during the 152 warring years, it means epidemic occurred every 6.1 years during warring years.

There is a only one record on the population of the Goryeo Dynasty. The History of Sung recorded it 2,100,000 persons. Historians are regarding it as the population around in 1130 excepting children and slaves. The population in 1461 was 4,000,000 persons, 700,000 families legally. The increasing rate of population from 1130 to 1461 is 0.335%.

When the Mongols invaded the Goryeo, she had about 2,940,000 persons legally. The Mongol[Yuan] occupied the Northeast province in 1259, and the Northwest province in 1270. Persons in two provinces came to belong the Yuan. The percentage of two provinces was around 24.5~24.7 during the reign of King Sejong. The Mongols had captured 206,800 persons as prisoners in 1254, and had killed more. At least the population was reduced by over 40% by the end of the war in 1281. The rapid reduction of population might have influenced on various side of the Goryeo Dynasty.

334

Key words : the Mongol's Invasion, Epidemics, Reduction of Population, a Captive, the Migrants

Taoism, Shamanism and the Culture of Epidemic Healing during the Goryeo Dynasty

Lee, Jeong-Sook

Natural disasters such as droughts, floods, and epidemics beyond contemporaries' control caused enormous damage at that time. As the result, according to taking place many social problems, the authorities had to look for how to solve politically the problems. Especially, in a case of a mysterious epidemic, supposing the number of victims associated with it was occurred in succession, there would be very a high possibility of getting into a panic state with the fear of epidemic. Therefore, in case that an epidemic broke out in a town of the country of the day, the government authorities, first of all, would need to cure the infected people, and the next, do something special to stabilize the mind of people. For this, it was an Event faking countermeasure that was presented by government authorities ; it was the diverse Rites for curing a disease such as Buddhism, Confucianism, and Shamanism, Taoism.

This paper was examined the Rites connected with Shamanism and Taoism. The former was to get assistance from entity(shaman) capable of exorcising *malignant sprits*(冤魂) and *specters*(厲鬼) regarded as a source of disaster, the latter was Taoists' shamanistic remedies for agelessness or to perform religious services to Taoist gods. Through these rites, if the epidemic vanished, it would be better, but even if not, it was that government showed them trying its best to take away a disaster. After all, the government's conduct like this was the way to keep political mechanism established by him sharing the suffering with the people.

That Shamanism and Taoism, regarded as only superstition or mysticism, could be accepted wisely from a royal household to common people for curing a disease in those days was the why human's basis needs would like to seek the way as many as possible in case of emergency to gather all social capabilities and interests. Hence, the remedy systems related to Shamanism and Taoism was kept long lasting in the surroundings where Service of curative care couldn't cure everything and be universalized to everyone.

Key words : Shamanism, Taoism, Rite of exorcism, Rite connected with Taoism, Rite of curing a disease, Epidemics

Buddhism and the Culture of Epidemic Healing
during the Goryeo Dynasty

Kim, Young-Mi

In the era of Goryeo, because of the limitations in medical treatment at times of epidemic disease occurrences, the government resorted to Buddhist rituals to heal epidemics. The basis for this attempt could be found in various Sutra such as the *Mahāprajñāpāramitā Sūtra*(大般若經 : The Perfection of Wisdom Sutra) and the *Thousand Eyes and Hands Sūtra*(千手經), which mentioned healing of diseases ; it was also true that nothing but religious miracles were to be depended on.

Buddhist rituals to heal epidemic diseases were the most frequently carried out from the reign of Sukjong(肅宗) to Kojong(高宗), in other words beginning from the 12th century to the mid-13th century. The main reason for this is that this was a time of the most frequent epidemics, due to famines and war. This resulted in the debate on the three catastrophes, namely war, contagious disease and famine, all of which were mentioned in the Sutra. The monk Muki(無寄) argues in his *Seokgayoeraehangjuksong*(釋迦如來行蹟頌), written in the 15th year of king Chugsuk's reign(the year 1328), that his own age was not the prophesied time of the three catastrophes. This is thought to be reflective of the suspicion held by his contemporaries. The healing of epidemics became an important focus of the Buddhist world, so that the healing of diseases through *dharani* was extremely emphasized in biographical narration of the work of Choyu(祚猷) and Honwon(混元), both of whom were designated as Taeseonsa(大禪師).

Therefore monks encouraged adherents to rely on the miraculous power of Buddha, and in particular faith in the Avalokiteśhvara Boddhisattva(觀世音菩薩) was advocated as the solution to hardships of life. Disease healing was included among the miraculous powers of Buddha and Boddhisatva, which was mentioned in detail by various Sutra. According to Hyeyoung(惠永), the kundika and williows depicted in the Water-Moon Avalokiteshvara painting(水月觀音圖), which was sealed with approval at the end of the Goryeo era, are related to epidemic disease healing. Also various versions of the *Thousand Eyes and Hands Sūtra* was distributed around the nation to elevate faith in the Avalokiteshvara Boddhisattva. In this Sutra, it was said that epidemics could be cured by reciting the holy words of the Avalokiteshvara Boddhisattva. Thus the frequent epidemics in the era of Goryeo is understood as one of the reasons behind the popularization of faith in the Avalokiteshvara Boddhisatva.

Key words : Buddhist Rituals, Avalokiteshvara Bodhisattva(Gwahn-se-eum Bodhisattva), Epidemics, Thousand Eyes and Hands Sūtra, Mahāprajñāpāramitā Sūtra(The Perfection of Wisdom Sutra), Water-Moon Avalokiteshvara painting

The Remedies for First Aid by Korean drugs
(Hyang-yack-gu-gup-bang : The Mecial Book of the 13th century in the Goryeo dynasty)

Lee, Hyun-Sook / Kwon, Bok-Gyu

This study aims at characterization *Hyang-yack-gu-geup-bang*(鄕藥救急方 : the Remedies for First Aid by korean medicine) and analyzation of recognition of diseases in the Goryeo dynasty, by analyzing the diseases of the medical book, *Hyang-yack-gu-geup-bang*. *Hyang-yack-gu-geup-bang* was published in *Dae-jang-do-gam* (大藏都監 the administrative office of publishing Sutra : 1232-1251) of Gangwha island(江華島), where was once temporary capital of Goryeo during the Mogol's invasion.

As a method of the study I compared many *Gy-gup-bang-seo*(救急方書 : the books of remedies for First Aid) which published in early Joseon dynasty expecially *Gu-gup-bang*(救急方 : the remedies for First Aid), published in 1466.

The conclusions of this study are as follow :

First, the diseases which were compiled in *Hyang-yack-gu- geup-bang* are ① common diseases, ② needed rapid treatments, ③ symptoms appeared distinctly and ④ classified by men, women and children's.

Secondly, it was not true that *Hyang-yack-gu-geup-bang* was made for the common people's rescue without medical doctor but, it is for ruling class who transfer to Ganghwa island.

Because I found that ① there wasn't the remedy for death from cold, starvation and famine which most medical books taking care of. But there was the remedy for hangover and alcoholism. ② Some prescriptions mentioned gold as drug stuff. ③ there were prescriptions for facial chloasma and pimples, as well as bad underarm odor even people in Ganghwa island transferred to take refuge from war with Mongol. It reveals this medical book was published for the aristocrats who had refuged in small island and couldn't get the Chinese expensive medicine. I think that's the main reason to publish it by using korean medicine, Hyang-yack(鄉藥 : drugs and medicine from korean territory).

Thirdly, its cognitions of diseases depended on chinese traditional medical books, such as the theory of six yin(六淫論 : 風寒暑濕燥火). It had described mostly private diseases rather than public or contagious diseases, such as small pox.

Key Words : Goryeo dynasty, history of diseases, disease, recognition of diseases, Hyang-yack(鄉藥 : korean medicine), Hyang- yack-gu-gup-bang(鄉藥 救急方 : the Remedies for First Aid by korean medicine), Gu-gup-bang (救急方 : the remedies for First Aid), Dae-jang-do-gam(大藏都監 : the administrative office of publishing Sutra), theory of six yin(六淫論), Kojong(高宗), epidemic

찾아보기